杭理工大学公共经济与管理丛书

邓作勇 著

# 主权债务危机的
# 政治经济学分析

ZHUQUAN ZHAIWU WEIJI DE ZHENGZHI JINGJIXUE FENXI

中国财经出版传媒集团

经济科学出版社
Economic Science Press

图书在版编目（CIP）数据

主权债务危机的政治经济学分析/邓作勇著.
—北京：经济科学出版社，2020.9
（桂林理工大学公共经济与管理丛书）
ISBN 978 – 7 – 5218 – 1857 – 4

Ⅰ.①主…　Ⅱ.①邓…　Ⅲ.①债务危机 – 研究
Ⅳ.①F810.45

中国版本图书馆 CIP 数据核字（2020）第 170595 号

责任编辑：李晓杰
责任校对：齐　杰
责任印制：李　鹏　范　艳

主权债务危机的政治经济学分析
邓作勇　著
经济科学出版社出版、发行　新华书店经销
社址：北京市海淀区阜成路甲 28 号　邮编：100142
总编部电话：010 – 88191217　发行部电话：010 – 88191522
网址：www. esp. com. cn
电子邮件：esp@ esp. com. cn
天猫网店：经济科学出版社旗舰店
网址：http://jjkxcbs. tmall. com
北京密兴印刷有限公司印装
787 × 1092　16 开　15.5 印张　380000 字
2020 年 10 月第 1 版　2020 年 10 月第 1 次印刷
ISBN 978 – 7 – 5218 – 1857 – 4　定价：68.00 元
（图书出现印装问题，本社负责调换。电话：010 – 88191510）
（版权所有　侵权必究　打击盗版　举报热线：010 – 88191661）
QQ：2242791300　营销中心电话：010 – 88191537
电子邮箱：dbts@ esp. com. cn）

本书为桂林理工大学博士启动基金项目成果

本书出版受到桂林理工大学公共管理遗留学科建设和 MPA 专项建设基金资助

# 前　言

  2009 年爆发全球性的主权债务危机以来，政府庞大的债务就像悬挂在全球经济的达摩克利斯之剑，短暂的缓解更像是政府在"购买时间"①。现代政府在抗击自然灾难或者应对经济危机中起到了越来越重要的作用。但不可忽视的是，"政府失灵"不可避免地存在，存在于长期历史进程中的政府主权债务危机就是其中一种。区别于以往常常爆发于发展中国家的政府债务违约，2009 年以来的主权债务危机似乎表现得不一样，频繁爆发于发达国家的主权债务危机更多表现为根本制度的问题，甚至多数发展中国家爆发的主权债务危机特别是 20 世纪以来集中爆发的拉美债务危机和亚洲金融危机都是资本主义对全球掠夺导致发展中国家政府财政的无以为继。因此不能简单地从财政或者金融的角度去解释主权债务危机，更应该从根本制度去分析为什么主权债务危机越来越成为阻碍经济恢复和发展的严重经济危机，以及为什么这种危机会频频爆发于经济发展居于世界领先的发达国家。

  就像英格兰金融委员会前主席阿代尔在他的《债务与魔鬼》一书中所言，债务自身会创造债务。基于此论断，全球范围内主权债务滚雪球似地暴涨，并对经济产生越来越严重的影响，似乎是全球金融体系的自我膨胀所导致的。但经济关系并不是单一存在的，正如马克思所揭示的经济基础和上层建筑之间的关系，政治制度对经济基础具有很强的反作用。全球主权债务的持续扩大以及经济的缓慢复苏有着其深刻的政治制度原因，正如美国社会学家丹尼尔·贝尔在其《资本主义文化矛盾》一书中所揭露的，由利润或者"贪欲"刺激而爆发的资本主义生产力（经济文化）与自由和平等的政治文化之间存在着严重的分化。根据他对美国社会面临危机的分析，由此他提出了"公共家庭"的概念，企图在现有的政治和经济制度的框架内缓解甚至解决危机。但马克思深刻认识到，政治制度是由经济基础决定的，因此其运行也要遵循社会经济主体之间的比例结构，这种与现代资本主义政治宣扬的自由和平等原则完全相悖的政治力量构成，在面临经济利益分配时就会命令资产阶级政府屈从于他们的需求，由此也导致了资本主义政治制度的扭曲。这种经济和政治的秩序造就了政治上的不对等，以此维系着经济中的越来越严重的不平等，而正是经济上不平等的不断扩大导致了需求的两极分化越来越严重，产业的不断萎缩也就成为现实，大量产业资本变身金融资本，不断侵蚀全球经济，甚至政府本身也成为金融资本的附庸，从而不断加重着全球面临的主权债务危机风险，这种风险从被严重掠夺的发展中国家开始，最终也成为发达国家所面临的无解的危机之一。

---

  ① 德国经济学者沃尔夫冈·施特雷克在他的《购买时间：资本主义民主国家如何拖延危机》中从历史连续性的角度，将 20 世纪 60 年代以来连续的金融和财政危机描述为一个动态的过程：资本主义民主政权通过金钱购买时间的苟延残喘，以求在短期消除社会冲突中潜在的不稳定因素：通货膨胀——国家债务——私人信贷市场扩张——中央银行购买国债和银行债务。并认为这种方式带来的短期的危机终结，不过是引发一轮又一轮危机的冲突和整合缺失在表现形式上的变迁。

　　中国作为发展中的大国，在世界经济中扮演着越来越重要的角色，同时与世界经济的连接也越来越紧密，如何夯实自身的经济基础，更好应对越来越密集的国际经济危机对中国经济的巨大冲击，也成为中国政府所面临的紧迫问题。本书提供了一个主权债务危机形成的政治和经济结合的整体视角，对危机形成的政治、产业和分配背景进行了深入分析，也希望中国在经济发展中能避免陷入这样一种无解的循环危机过程，为解决危机提供一些见解和建议。

邓作勇

2020 年 7 月

# 目　　录

# 第一章 绪 论

## 一、问题的提出

主权国家政府以国家信用为担保进行借款，用于填补财政缺口或满足政府特殊的资金需求，由此形成主权国家的债务。正是由于国家信用的担保，政府的借款被认为是一种低风险的投资，国债利率也经常被当作一国资本市场的基准利率，用以衡量在无风险或者低风险的情况下资本所要求的最低收益率。但历史上主权债务违约却屡见不鲜，抛开重债穷国不断重复的违约不提，发达国家的主权债务违约也越来越频繁，特别是自2007年美国次贷危机发生以来，连续爆发于欧洲和美国的主权债务危机再一次向世人展示主权国家的负债其实并不像人们所想象中那么安全。这场连续而持久的主权债务危机所带来的影响是深远的，这种影响并不仅仅局限于金融体系内，还进一步蔓延到了实体经济，并从一个国家传导至其他国家，引起了世界范围内的经济波动，对国际经济和政治格局产生了重大影响。同时，主权债务危机频繁在发达经济体中爆发，也引起了人们对于经济学教科书宣扬的完美市场经济理论的又一次质疑，以及对金融业等虚拟经济占据主导地位的产业结构和经济发展模式的深入反思。在结合对主权债务危机产生原因的反思，及后面发达国家政府在应对主权债务危机的乏力表现，人们对于资本主义民主政治制度有了进一步质疑。

纵观历史，主权债务违约的情况至少可以追溯到中世纪的佛罗伦萨。11~12世纪，佛罗伦萨的工商业日渐发达。14世纪初，在制呢业中出现了西欧最早的资本主义萌芽，并逐渐发展出当时欧洲最为发达的工商业，其对外贸易遍及欧洲，甚至远到中国。国际贸易的繁荣催生了银行业的发展，工场主和教会将大量的资金借贷给银行，银行又将这些资金以高利贷的形式借贷给热衷于战争和扩张的领主和统治者，佛罗伦萨的高利贷资本也因为教廷存款、在各国征收教会税、向各国统治者贷款而大量增殖。13世纪的意大利的佛罗伦萨可以看作是最早的国际金融中心，快速发展的银行业进一步促进了佛罗伦萨的繁荣，但也为接下来的银行业危机乃至经济衰落埋下了伏笔。高额的收益吸引了佛罗伦萨的银行向英法等国家提供庞大的战争贷款，但英法之间的"百年战争"最终导致两个国家的债务违约，佛罗伦萨银行业遭受了巨大打击，纷纷宣布破产，金融体系的崩溃也波及了佛罗伦萨的经济，最终导致这一地区经济在14世纪40年代后逐渐衰落。

佛罗伦萨金融业的繁荣发展，吸引大量的资金从实体经济流向银行，银行又将大量资金贷给企图扩张的国家统治者，统治者利用战争掠夺而来的大量财富偿还本金和高额的利息，滋生了大量的食利阶层。由于大量的资金从生产领域流向借贷资本市场，导致了实体经济的萎缩和资本主义萌芽夭折，佛罗伦萨也逐渐衰落。

　　20 世纪末，国际性资本的投机行为导致的亚洲金融危机向人们展示脱离了监管的、且具有强大实力的资本大鳄是如何通过冲击一国的金融体系来获得巨额利润，进而引发席卷全球的金融危机的。这些食利性的资本并不投资于实体经济以促进经济的良性增长，而是通过操纵资本市场来获取巨额的投机利润，并以资本自由流动的噱头构建出低成本的全球性资本流通通道，实力强大的资本大鳄甚至能对一国金融市场和金融体系进行操纵并获利。

　　资本市场超过实体经济的需要，无限度地通过所谓的金融创新和衍生品交易吸引大量资金进入金融市场，再通过"大鱼吃小鱼"的方式获得超额收益，使金融资本快速集中，投机行为的泛滥不断推高资产的价格并形成巨大的泡沫，大量实体资本流向虚拟的金融市场导致实体经济资金的短缺，资产价格的不断提高也推高了企业生产的成本，同时巨大的金融市场泡沫也由金融市场向实体经济领域扩散，从而对整体经济造成巨大的冲击和破坏。杰夫·摩根（2014）认为资本主义具有创造和掠夺的双重属性，他把能促进经济真正增长的资本主义称之为"蜜蜂"，而将掠夺性的资本主义称之为"鳄鱼"。自由化的资本主义不仅激发了创新，也激活了人类基于自我利益的掠夺天性。资本主义制度激发的创新精神使得人类创造财富的动力越来越强，但其内部频繁地爆发破坏范围越来越大和程度越来越深的经济危机证明这一制度存在的另一种根本属性——掠夺性，强者对弱者的掠夺和富裕者对贫穷者的掠夺，使这一制度走向了自我毁灭的道路，这正是资本主义经济不断加重的周期性危机的根本原因所在，资本主义正是由于天生的掠夺性而使自己不断走向末路。

　　事实证明资本主义制度所固有的掠夺性对这一制度的打击和破坏是不可避免的、持久的。资本与生俱来的贪婪使其为了获得资本的不断增值而不择手段，这种贪婪不仅促进了技术的进步和社会生产的极大发展，也造成了不断加剧的两极分化以及日益激化的阶级矛盾和冲突。资本的掠夺性最终体现为经济发展的非均衡和收入分配的不平等，这些矛盾最终也将反馈到经济中，破坏经济自身的循环并导致日渐频繁的经济危机。

　　资本对经济的掠夺和对劳动力的剥削导致经济的非健康发展，为此政府不得不负担起资本掠夺给社会带来的巨大成本和负担。18 世纪以来，传统的自由资本主义发展导致大量资本流向金融领域并带来所谓的经济繁荣，但资本固有的贪婪最终带来的却是经济的崩溃，1929～1933 年的大萧条也正是这种放任自由经济失败的注脚。凯恩斯主义似乎为资本主义经济的发展开辟了一条新路，依靠政府大规模的公共支出刺激经济，遵循凯恩斯主义的罗斯福新政使大萧条后的美国经济得以快速恢复。这也证明了政府在促进经济发展上的积极作用，促使第二次世界大战后凯恩斯主义在世界范围的盛行。

　　西方国家完善的社会保障体系和福利制度的建立看似让平民享受了经济发展的好处，缓和了西方社会日渐尖锐的社会矛盾，但也让政府面临不断加重的财政负担。同时实施凯恩斯主义的财政扩张政策也必然导致巨大的财政支出，给政府带来巨大的负担。与此同时，宏观经济学中鼓吹的与财政政策相互配合使用的货币政策却看似更加有利于金融资本的发展和金融市场的繁荣。20 世纪 80 年代以来，经济全球化和金融自由化在全球范围内得到前所未有的认同和扩展，伴随着多次经济和金融危机的爆发，这使人不得不产生一个联想：这些频繁爆发的危机是经济全球化和金融自由化中出现的新问题，而世界各国政府却对此准备不足。

## 二、主权债务危机现状

所有的经济问题都可以归结为债务问题。自 2007 年美国次贷危机爆发以来，世界范围内的经济和金融危机就此起彼伏，对世界政治和经济秩序的冲击也在不断体现。特别是 2008 年冰岛主权债务危机爆发以来，接踵而来在欧洲五国（葡萄牙、意大利、爱尔兰、希腊、西班牙）爆发的欧债危机，美国财政悬崖和政府停摆，阿根廷和委内瑞拉的主权债务违约，日本高悬的政府债务风险，2015 年以来全球经济陷入了对以中国为代表的新兴市场国家总体债务规模和债务风险的担心，2017 年以来美国在全世界范围内掀起的新一轮贸易保护主义进一步加剧了这一担心，希腊、阿根廷等国家不断出现的主权债务违约以及其他发达国家的国家债务占国内生产值（GDP）的比重呈现不断上升的趋势，主权债务危机成为悬在全球经济头上的达摩克利斯之剑，对全球经济的复苏和健康发展产生了极大的影响。2019～2020 年新冠病毒的大流行对全球各国的财政产生了巨大的压力，在 2020 年 4 月的财政监测报告中，国际货币基金组织（IMF）警告称新冠肺炎疫情的冲击将使各国财政赤字和公共债务大幅上升，会增加卫生支出以及因支持个人和企业而采取的税收及支出措施导致直接财政成本 3.3 万亿美元，同时还会导致公共部门贷款 1.8 万亿美元，担保或者负债 2.7 万亿美元，再加上经济衰退导致财政收入的大幅缩减（预计缩减 2.5%），各国财政脆弱性会进一步加剧。2020 年 7 月，IMF 首席经济学家戈皮纳特提出在新冠病毒大流行及其造成的经济影响之后，许多国家可能需要进行债务重组。

2009 年以来，美国及其欧洲等主要发达国家的经济似乎有恢复的迹象，一些经济学家认为这次世界性的金融危机已经快要结束，并创造出"后金融危机"一词。但越来越多经济学家观察到世界经济颓势依旧，经济的风险仍然在不断累积，在主权债务危机的根源不能消除的情况下，悬挂在各国政府头上的主权债务的巨大包袱和违约风险就不可避免，这对世界范围内经济的恢复是非常不利的。有经济学家认为，在过去的 40 年中，世界信贷冲击在对经济的风险因素中总共只占约 7%，而在 2009 年全球金融海啸中，世界信贷冲击对风险因素的影响作用相当于此前的危机中其他各种因素所产生影响的总和，而由于这些冲击使得许多原本在正常水平冲击下属于最低风险类型的国家被划入高风险的一类中。

根据国际金融协会（The Institute of International Finance）的报告，截至 2019 年第三季度，全球债务总量达到 253 万亿美元，为 2018 年世界 GDP 总和的 322%，这是自 2016 年来的又一个顶峰。而且大部分债务的增加是由发达国家贡献的，如欧洲和美国的债务总额达到两者 GDP 总和的 383%。根据英国亨德森投资公司（Janus Henderson）对全球 900 家著名公司进行的估计，2020 年全球公司债务增加多达 1 万亿美元，全球公司债务总额跳升 12%，全球负债最高的公司债务规模相当于很多中等国家债务水平。根据世界银行 2020 年出版的《全球债务狂潮：成因与后果》，截至 2018 年 12 月，发达经济体总体债务达到惊人的 130 万亿美元，为 2018 年其 GDP 的 265%，其中发达国家 50 万亿美元政府公共债务达到 50 万亿美元，为其 GDP 的 104%。同时根据 IMF 在 2019 年 10 月财政监督数据，全球政府公共债务占 GDP 的比重达到了 107%，这说明在欧洲主权债务危机爆发以来，各国公共债务急剧增加，世界范围内的债务风险急剧增加。主权债务危机国家的债务风险并没有得到改善，反而更加严重了，根据美国债务钟（www. usdebtclock. org）公布的世界债务实时数据，2020 年 7 月中旬希腊政府公共债务规模达到 4480 亿美元，为其 GDP 的 220.65%，相比 2008 年的 108.8% 有了巨大的提升，说明该国由于长期的经济低迷和政府债务规模不断上升，政府违约风险长期保持在一个非常高的水平。美国政府的公共债务也在 2020 年 7 月中旬更是突破到达到 26 万亿美元的规模，相当于 2019 年其 GDP 的 100%，政府债务上限一再突破，政府停摆事件一再发生，再次凸显美国主权债务违约风险的高企。日本是世界上政府公共债务占 GDP 比重最高的国家，根据美国债务钟的实时数据，截至 2020 年 7 月中旬，其公共债务占 GDP 的比重上升到 283.29%，相对于 2020 年初有了很大的提升。日本多年的经济停滞和老年人口的不断增加，以及疫情对经济的冲击和巨大的财政压力，导致了政府巨大的财政负担和不断上升的债务违约风险，迫使安倍政府不得不增加消费税以应对日益增加的还本付息压力。2009 年欧债危机中的其他国家，除爱尔兰有所改善外，其他国家如意大利、葡萄牙、西班牙等国家政府公共债务占 GDP 的比重均保持在 100% 以上[1]。

与发达经济体不同的是经济发展较为滞后、经济结构单一的国家，它们防范经济风险的能力比较弱，一旦面临国际经济环境的剧烈变化，政府的债务偿付能力就会出问题。比如委内瑞拉，其财政是典型的"石油财政"，石油出口收入占到委内瑞拉出口收入的 95%。在 2014 年 9 月份国际油价持续下跌后，这个拥有逾 2900 万人口的国家经济遭受了灾难性打击，连最基本的生活用品都出现了短缺。根据世界银行发布的世界发展指标（WDI）数据显示，2014 年委内瑞拉 GDP 为 4824 亿美元，人均收入 13000 美元，被世界银行归类为中高收入国家；但在 2018 年 GDP 只剩下 982 亿美元，不到原来的 1/4。由于石油出口价格的持续下降，委内瑞拉无法取得足够的收入去进口日常消费品，根据世界经济展望数据（World Economic Outlook Database），2015～2017 年，委内瑞拉出口分别萎缩了 23%、50% 和 34.7%。经济的快速恶化和政府财政赤字的持续扩大，恶化了委内瑞拉政府的还债能力。2017 年 11 月 13 日，委内瑞拉电力公司（Corpoelec）宣布未能偿付于 10 月 10 日到期的债券，这是官方第一次宣布债务违约，该笔债务的收益率高达 8.5%，说明在高违约风险的情况下，委内瑞拉融资成本的快速拉升。之后，标普将委内瑞拉的主权评级降低至 SD 级，即选择性违约（selective default）。2018 年委内瑞拉又出现了连续性的主权债务违约。2018 年委内瑞拉超过 80% 的炼油厂停工，这对严重依赖石油出口的委内瑞拉而言是灭顶之灾。2019 年的政治内乱更使其偿债风险不断上升，偿还债务遥遥无期。

在新冠病毒的冲击下，全球各国主权债务持续上升，债务偿还能力不足问题已经开始显现。世界银行在一个项目里，对低收入国家的主权债务可持续性做出了分析，在 68 个低收入国家（LIC）中，有 25 个国家总体主权债务风险评级为"高级"，刚果、莫桑比克、南苏丹共和国等 6 个国家的总体主权债务风险评估为"灾难级"，而且这些国家的外债风险也都是"高级"以上的级别。[2] 如果新冠肺炎病毒的全球大流行迟迟不能得到解决，这些国家爆发主权债务危机的可能性将无限增大，对全球债权人乃至全球经济的冲击也将是巨大的。

---

① 根据美国债务钟数据，在 2020 年 7 月中旬，葡萄牙的公共债务为 GDP 的 156.2%，意大利为 158.72%，西班牙为 119.04%。

② 世界银行，https：//www. worldbank. org/en/programs/debt-toolkit/dsa。

2008 年以来，主权国家屡屡发生债务违约，这些国家既有诸如冰岛、欧洲五国等发达国家，也有诸如阿根廷这类的新兴市场国家，还有类似于委内瑞拉这类经济基础较为薄弱的国家。还有一些国家虽然目前并没有出现主权债务违约，但债务风险高度累积，已经对经济造成较为严重的影响，如日本、美国。自 2015 年以来，全球新兴市场国家家庭和企业债务不断拉高，给全球经济的复苏和发展带来了更多的不确定性，而 2018 年以来美国在全世界掀起的一轮又一轮贸易战进一步加剧了全球经济的风险，外部贸易环境的不断恶化对各国的经济发展和财政收入均产生了较大的负面影响，进而加剧了全球主权债务的风险。在这种背景下，在以资本为主导的世界经济体中，主权债务危机不再是单纯的金融问题或者财政问题，而是国家与国家之间、政治和经济之间的相互纠葛的复杂经济问题，因此也更应该从更深层次的政治和经济的层面思考导致主权债务危机产生的原因，把握其发展趋势，对解决好中国的政府债务问题提供经验的借鉴和解决的措施。

## 三、从政治经济结合的角度分析主权债务危机

自 2008 年以来，此起彼伏的国家主权债务违约带来了深远的经济影响和政治影响。这次危机所发生的区域和国家跟以往大多数的主权债务违约不同，所揭示的问题也是不同。以往的主权债务违约大多发生在经济基础薄弱的发展中国家，这些国家自身造血能力较弱，只能通过借债来维持政府的基本运行，在不能继续获得贷款后，只能宣告违约，如 20 世纪 80 年代的拉美债务危机。这次的主权债务违约大多发生于经济较为发达的西方国家，这些国家经济发展水平较高，具有较强的经济基础和抵御风险的能力。但为什么这些经济体也会出现偿债能力低下和违约的情况呢？

对主权债务危机进行政治经济学的思考，不仅出于一种学术视角对主权债务危机的发生原因和发生机理进行分析，还在于重新思考基于资本主义的市场经济和全球化对经济制度和政治制度的影响，以及在资本主义的经济和政治体制下，西方国家的主权债务累积的规模和速度为什么均远远超过其国民收入增长的水平，以及为什么会出现主权债务的违约问题等。同时，本书还关注为什么有的国家累积了非常高的政府债务却没有出现违约的情况，而有的国家却在政府财政有盈余的情况下却因为各种原因导致政府偿还债务出现问题。而在明知政府有可能违约的情况下，大多数的政府依然能以一个极低的利率甚至是负利率从金融市场中获得融资。可能我们还好奇，经济金融化和主权债务问题两者之间是否有关联，导致两者的根本原因是否是一样的；如果是同样的原因，那么这又是什么造成的呢？导致主权债务危机的根本原因是怎样起作用的，是如何在经济体系中乃至在国家之间进行传导的。本书通过政治与经济相结合的方式，分析发达国家连续发生主权债务危机的根本原因，试图为上面的问题寻找一个答案。

研究这一主题，从理论上而言，能够从根本上反思西方经济学界对主权债务危机原因的解释，探究导致西方国家主权债务累积和违约的深层次原因，并对债务危机传导的经济发展过程和政治过程进行分析，得出基于资本主义的市场经济是如何使西方国家的经济发展过程越来越金融化和虚拟化，并导致西方国家财务收支的失衡和主权债务的不断累积，最后必然导致国家信用崩溃的必然结果；西方国家的民主政治体制和政治过程又是如何加速这一崩溃过程的。

从现实上来讲，研究这一主题能从根本上认识导致主权债务危机发生的根本原因，清楚认识基于资本主义的市场经济和市场运行机制是如何导致现代经济体系崩溃的，这对认识现代市场经济的本质具有非常积极的意义。同时，学术界和各国政府对主权债务危机的原因界定不清，也导致各国政府找不到合适的应对政策，不仅使各国很难从危机中恢复，更难保持长期稳定的经济增长，从而也不利于世界政治秩序和经济秩序的稳定。从根本上认识经济运行和经济增长的本质，有助于各国政府重新认识经济运行和经济增长的规律，特别是经济的不平等是如何导致各国危机持续多次爆发的。就中国而言，分析这一问题，不仅能使中国政府更好地认识主权债务危机的原因，从而更好地应对危机。同时，通过分析中国财政收支问题和收入分配是如何导致产业结构的变化，从而导致财政的失衡的，中国的政治制度是如何决定财政制度的，以及中国面临的债务风险的实际情况，以及对中国应该如何应对频繁爆发的主权债务危机对中国经济的冲击，并避免国内出现地方政府债务危机提出相应的政策建议等。

## 四、基本框架和结构

### （一）基本框架和思路

本书从政治经济学的角度分析 2009 年以来发生在西方发达资本主义国家的主权债务危机，试图找出西方国家爆发主权债务危机的根源，并对这些原因是如何导致西方国家债务的不断累积和危机爆发的过程进行分析，将其与 20 世纪 80 年代的拉美主权债务危机及其 2000 年前后由于亚洲金融危机引发的多个国家的主权债务危机进行比较，找出这三次集中爆发的主权债务危机的资本主义根源，同时在分析中国面临的主权债务违约风险是否存在的基础上，总结西方国家和 20 世纪 80 年代以来发展中国家的主权债务危机对中国的借鉴和启示。

首先，对西方国家主权债务危机的现状、特点和类型进行总结，并分析主权债务危机与国际金融危机之间的关系。然后回顾 14 世纪以来随着资本主义发展而在历史上多次发生的主权债务危机，试图从中总结出这些主权债务危机的产生是否具有相同的原因，特别是 2009 年以来发生于多个西方发达国家的主权债务危机的共同点和根本原因是否是一致的，分析这次主权债务危机对西方国家乃至世界在政治和经济上的诸多影响和危害，同时对西方国家和国际组织应对和治理主权债务危机的措施进行分析和评价，看这些措施是否能够解决西方国家面临的日渐严重的政府债务问题。

通过分析，我们认为主权债务危机从本质上来说就是财政的危机，要分析 20 世纪 80 年代以来政府主权债务的问题就必须着眼于资本主义国家财政的框架、功能与实质。一个国家的财政不仅具有很强的经济属性，财政的决策过程还体现出明显的政治属性，因为这决定了一个国家财政取之于谁，又有利于谁的根本问题。同时分析了这些主权债务危机国家的财政收支的结构，以及为什么资本主义属性的财政收支必然出现赤字。当资本主义制度下的政府赤字不可持续时，产生的财政危机使政府不得不开辟新的方式来筹集资金，这种方式就是政府的负债，即利用政府的信用担保来负债以满足财政不断扩大的收支缺口。具有资本主义政治属性的政府财政为了弥补资本主义的"市场失灵"，就必然不断扩大政府债务的规模，从而造成政府债务的不断累积，最终必然导致债务链条的断裂和债务危机的发生。

其次，为什么这些危机发生的国家财政收入不能满足财政支出的需要？政府的收支失衡的程度为什么会变得这么大？不难理解，政府财政收支失衡导致的主权债务危机从根本上看是社会分配关系的恶化所引起，即政府从经济中取得的收入越来越少，所需要承担的支出则越来越大了。产生这种状况的根本原因正是在于资本主义生产关系的基本矛盾导致的社会收入分配恶化，通过市场反作用于资本主义经济，由此进一步恶化政府的财政收入状况。基于资本主义的市场经济的发展也必然导致社会收入的不平等，这种不平等使社会总需求结构两极化，即奢侈品生产和基本生存产品的生产还能维系，这也造成了产业结构的调整和空心化，进而导致大量累积的资本无法通过投资于实体经济而实现利润，进而导致经济的长期停滞。20世纪70年代以来，西方国家经济的长期停滞，大量过剩资本无法通过在国内投向实体经济获取利润，只能转移到其他国家或者进入金融部门进行"大鱼吃小鱼"的游戏，这也进一步导致了西方国家财政收入的恶化和政府财政危机的不断发生。

再次，对2009年主权债务危机发生在发达国家和发展中国家的原因进行分析。发达国家的债务危机表现出明显的私人成本社会化的特征。由美国次贷危机引发的发达国家政府债务危机在很大程度上是由于资本的掠夺所引起。大量资本进入金融市场导致资金的剩余，为了赚取更多的利润，这些资本进入消费信贷和住房等投资领域，不断推高个人消费信贷规模和房地产泡沫，这些债务的证券化更是为金融产品的创新提供了新的对象，其中房地产次级抵押贷款就是典型的代表。当房地产金融泡沫破灭后，就不断引起了金融市场其他泡沫的连续破灭，带来波及全球的金融危机。政府为了营救这些造成此次危机的金融机构，实施大规模的扩张性财政政策，为金融资本造成的后果埋单，最终导致政府主权债务的发生。

发生在发展中国家的主权债务危机，虽然在表面上是由于这些国家薄弱的经济以及政府盲目负债所引起，但实质上是由于资本在全球的流动和掠夺造成的，外国贷款的不断扩大以及苛刻的债务条件，不断吞噬着这些经济稍有起色的发展中国家的财富，资本主义自由主义文化和制度的输出更是为资本掠夺这些国家的财富扫除了障碍。同时，各国之间紧密的经济和金融联系，也导致了这些国家主权债务危机的连续爆发。

最后，我们分析了中国主权债务的违约风险和可持续性，以及20世纪80年代以来发生的政府主权债务危机对中国的启示。从中国政府财政收支、国债规模、债务负担等各个角度分析中国中央政府债务和地方政府债务发生债务违约的可能性。通过分析，我们认为，中国税收制度和行政制度的冲突导致了中国地方政府债务具有很大的风险，即因为地方政府财权和事权的"倒挂"导致了地方政府财政的不断累积，如果不改变这种状况，必然导致地方政府债务的违约。但从根本上来说，这种状况并非无解，因为从收入分配结构、产业结构和财政的性质等方面来分析，中国的财政是具有可持续性的生产性财政，无论是收入分配结构还是产业结构都能够保证中国财政收入是具有可持续性的，中国政府的负债能够产生的收益要超过负债的成本。根据前面对多个国家的主权债务风险的分析及其中国政府债务风险的分析，提出了相应的启示和建议。

**（二）本书结构**

本书共分为八章。

第一章为绪论，提出问题，主要论述了为什么对主权债务危机发生的政治原因和经济原因进行分析，以及选题的背景是基于主权债务危机并没有解决，反而在不断恶化的趋势，并对论文的思路和框架进行了论述。

第二章对目前研究主权债务危机的文献进行了回顾，从中认识到对主权债务危机分析文献的不足。

第三章对主权债务危机的特点、类型及其影响进行了分析。在对主权债务及主权债务危机定义的基础上，对2009年以来的主权债务危机的特点进行了总结和分析。同时，总结了主权债务危机的各种不同的类型及其与经济危机和金融危机的关系。从历史角度考察了14世纪以来资本主义生产方式的不断发展和扩张而引发的多次主权债务危机，并从政治、经济、社会等多个角度分析了主权债务危机对于国内和国际的影响和危害。同时，对2009年以后西方发达国家主权债务危机的应对和治理措施进行了总结和分析，得出这些措施虽然在短期内使西方国家暂时避免了政府债务的违约，但也导致了西方国家政府债务的快速累积和风险的不断扩大，很有可能再次在这些国家引爆新一轮的主权债务危机。

第四章从财政的角度对主权债务是如何累积和爆发的进行分析。主权债务危机首先是一个国家财政的危机。因此对资本主义国家财政制度和框架、财政的职能与目标及其国家财政的实质进行了分析；在对20世纪80年代以来发生主权债务危机的国家的财政收支规模和结构进行分析的基础上，发现财政失衡与财政赤字之间的关系，还对政府利用负债来缓解财政赤字的行为进行分析，分析了财政危机与国家债务的关系及主权债务国家的筹资成本及偿还方式，并对20世纪80年代以来各主权债务危机国家的债务累积进行了分析，得出只要是基于资本主义生产方式构建的财政制度，都不可避免地会导致主权债务的累积和危机的爆发。

第五章分析以私有制为基础的资本主义经济制度是如何导致主权债务危机爆发的。资本主义的私有制必然导致收入不平等及其后果，进而分析了收入的不平等引发发达资本主义国家主权债务危机的经济过程，指出这是导致20世纪70年代以来西方国家经济陷入长期停滞的根本原因。首先分析资本主义的基本矛盾是如何通过市场经济影响社会的收入和财富的分配的；其次对20世纪80年代以来各主权债务危机国家的收入分配状况进行了分析，论述了这些国家收入和财富的不平等，由此导致社会需求结构的失调和资本的产业转移和国家转移，进而导致了政府财政收支的不平衡和主权债务的累积，最终引发了不断爆发的主权债务危机。再次，通过分析这些主权债务危机国家的个人消费及信贷扩张、人口老龄化、失业与贫困、环境破坏、社会冲突及其金融泡沫等原因对政府债务扩张的作用，从根本上分析发达国家发生主权债务危机的最深层次原因。最后，通过分析资本全球化与自由主义的全球扩张，以及资本主义的全球掠夺，发现正是资本的全球流动和自由主义思想的全球传播必然导致发展中国家的主权债务危机。

第六章分析资本主义政治制度是如何导致政府财政收入减少和财政支出的不断增加，以及如何扩大政府的债务规模的。西方国家发展出来的政治制度是一种确保资本主义经济利益实现的制度安排，西方竞争性的政党政治和民主选举制使不同利益集团不断扩大对财政的要求，导致了西方国家财政支出的"硬约束"，政府不得不利用负债来平衡财政预算，最终导致了政府债务的不断累积。

第七章分析资本主义对发展中国家的掠夺是如何导致20世纪80年代以来发展中国家

的主权债务危机的爆发的。自由主义在全球的扩张和资本主义的全球自由流动被认为是导致国际不平等和发展中国家不得不利用外国债务来发展经济的原因，而最终庞大的债务和政治和经济不平等导致了发展中国家主权债务危机的爆发。

　　第八章分析中国的主权债务风险及西方主权债务危机对中国的启示。首先，通过对中国的主权债务规模和结构及其财政制度的规模和结构进行分析，认为中国总体的主权债务违约风险较小，但长期的中央和地方财权与事权的倒挂导致了地方政府债务风险在不断累积，地方政府债务违约和债务危机也存在爆发的可能。其次，从产业结构、就业和收入分配对中国政府债务违约风险进行了更深层次的分析。最后，分析了 20 世纪 80 年代以来爆发的主权债务危机对中国财政体制改革和经济改革的启示，认为中国政府应该积极采取对财政金融体制进行改革，改善中国的收入分配状况等措施来应对不断深化的全球性主权债务危机。

# 第二章　主权债务危机的国内外研究现状

国家主权债务产生于人类历史的早期，很早就受到了学者的关注。从亚当·斯密和李嘉图等经济学初期的代表人物到现代的众多经济学者都对政府债务问题发表过自己的观点，文献非常丰富，他们对于主权债务问题的不同观点而形成了各种不同的结论。

## 第一节　西方债务危机理论

### 一、主权债务、主权债务违约及主权债务危机的定义

要明白主权债务危机，首先应该对什么是主权债务，以及如何判定是否发生了主权债务危机，这就需要对它们进行明确的界定。目前学术界对主权债务的定义是一致的，认为主权债务是一个国家以主权信用为担保，通过向私人或者银行借入款项，或者是公开发行债券等方式向国内私人、金融机构或者其他国家或者组织筹集资金形成的，负有应负责任的债务。

当一国不能够按照原来的借债约定偿还债务时就被认为是出现主权债务的违约。目前，比较权威的对主权债务违约的定义是全球三大评级机构之一的标准普尔给出的：如果一国违反了初始订立的条款，不支付一种及以上的债务，或者一国的贬值债券互换导致利息或本金的减少或到期日的延长，则应该被认为是发生了主权债务违约。当主权债务违约爆发得集中而频繁，并对债务国和债权人造成了巨大的负面影响，就构成了主权债务危机。

莱因哈特和罗格夫（Reinhart & Rogoff，2009）认为当一国或者地区到了兑付日（或者是在特定的宽限期）不能够履行约定或偿付利息的就是主权债务违约。

麦克法登（McFadden，1985）提出了主权债务危机的三元素，认为如果一国在一年内遭遇了以下三个事件，则应该看作爆发了主权债务危机：（1）一国发生了债权人对该国债务进行重新安排的事件，即债务重组事件；（2）IMF关于救助一国债务危机的协议正在批复，或正在磋商中；（3）一国累计未支付的利息或拖欠的本金总额超过某一限额。

凯利和尼布鲁（Kaary & Nebru，2006）认为，如果某国在某一段时间内发生以下金融异常事件，则被称为债务危机：持续的债务拖欠；获得巴黎俱乐部债权人的债务免除；接受国际货币基金组织的无优惠国际收支援助。丹尼尔·科恩和色塞勒·瓦拉迪尔（2014）根据凯利和尼布鲁的定义，提出了更加具体的债务危机的定义，认为如果以下条件之一成

立，则称一个国家在某年陷入了债务危机：（1）对所有债务人的长期债务余额所产生的利息和本金拖欠的应付款合计超过全部未偿还债务的5%；（2）该国从巴黎俱乐部获得了债务免除。这里排除诸如退出重债贫穷国（HIPC）减债计划等事件，因为这通常说明一个国家的表现有所改善；（3）某国以备用安排或者扩展基金设施的形式从国际货币基金组织获得大量的国际收支援助。

上述对于主权债务危机的定义虽然在一定程度上描述了主权债务的违约和政府面临的困境，但这仅仅是政府债务的违约，并不能说明是一种系统性的危机。因此，本书认为关注点并不能仅仅局限于政府债务违约本身，而更应该关注政府债务规模的持续扩大或者违约导致的对国家政治和经济的冲击。这样的定义不仅把主权债务的违约看作危机的一种，也更加关注政府债务问题所带来的严重的经济后果和政治后果。

## 二、对主权债务危机原因的综述

关于资本主义危机爆发原因的理论中，马克思的分析是最为经典的。他认为资本主义生产关系必然导致经济危机和金融危机爆发。因为资本主义的基本矛盾是生产的社会性同资本主义生产资料占有形式之间的矛盾，这必然造成资本主义社会的贫富两极分化，使生产者不能实现自己创造的剩余价值。因此，资本主义市场体现为资本的无限累积与劳动者消费的相对减少的矛盾，这种矛盾必然导致资本主义危机的周期性发生。正如他在《贫困和贸易自由》中所指出的：

现代工商业在其发展过程中产生历时五年到七年的周期性的循环，以经常的连续性经过各种不同的阶段——沉寂，然后是若干好转，信心渐增，活跃，繁荣，狂热发展，过度扩张，崩溃，压缩，停滞，衰疲，最后，又是沉寂。[①]

鲁内·思科斯特（Rune SkarStein，2011）通过对近年来美国金融资本扩张以及其对生产部门利润的挤压的分析，认为危机的根源在于金融资本的过度积累。乔治·艾克诺马卡斯（2010）基于马克思的利润率下降规律，系统研究了美国1928～2008年的经济表现，发现自20世纪60年代以来美国一直存在无法获得高利润率的巨大困难，并认为2008年的金融危机是过剩资本在金融部门追逐利润造成的。弗拉迪米罗·贾凯（Vladimiro Giacche，2011）认为资本主义社会利润率长期趋于下降的规律导致了2007年以来的这场危机。同时他认为生产过剩危机先于信用泡沫的破裂，只是这种危机被泡沫掩盖了。中国有很多学者也认为2007年以后西方国家的危机是由于资本有机构成的提高和资本主义利润率下降规律造成的（牛文俊，2009；鲍金红和倪嘉，2012；赵英杰，2014；等等）。

高峰（2011）认为2007年以来的世界性经济危机是金融主导型经济危机，但危机的深层基础在于实体经济领域，即实体经济中的生产过剩和需求不足。

欧债危机发生后，诸多经济学家对欧洲国家集体发生主权债务危机进行了解释，有的从欧洲国家的高福利政策出发，认为远超其经济实力的社会福利制度是欧洲国家发生危机的原因。如余永定（2010）认为超出其经济能力的社会福利制度和不负责任的借贷行为是导致西方发达国家爆发主权债务危机的主要原因。也有经济学家认为欧洲主权债务危机是

---

[①]　马克思恩格斯全集（第8卷）[M]．北京：人民出版社，2010：416－417．

结构性的危机，拉尼（Lane，2012）深入探讨了欧元制度设计的缺陷，认为这些缺陷造成了欧元区内宏观经济的失衡（包括金融失衡与外部失衡）和银行业危机，最终引发了欧元区主权债务危机；埃斯特万和马蒂斯（Esteban Parez – Caldentey & Matias Vemengo，2012）认为欧洲主权债务危机是由欧元区中心和非中心国家之间的失衡造成的，在货币统一和放松金融管制进程的支撑下，欧元区核心国家实行以邻为壑的出口导向经济政策，这种政策是导致 2008 年全球金融危机的主要原因。因为这种政策是以外围国家的经济失衡和债务累积为代价的，是不可持续的。国内学者孙杰（2011）认为欧元区成员国之间存在的不对称性及政策困境是导致欧洲主权债务危机的原因。刘洪钟等（2011，2012）在分析欧元区内部经常账户失衡的基础之上，强调了失衡双方政治合作意愿对于终结危机的重要性。

随着研究的深入，学者们开始从危机的迷雾中挣脱，将主权债务危机问题置于长期历史之中，重新审视政府债务这一古老的话题，研究由此进入了更深的层次。沃尔夫（Edward N. Wolff，2011）认为在分配中资本所得所占比例的快速上升造成了美国 20 世纪 70 年代以来对中产阶级越来越严重的挤压和削弱，不平等的加剧和对富人的不断减税等因素均是导致美国不断出现财政悬崖的根源，并导致了一系列的经济后果。格林斯潘（Greenspan，2011）首先提出了欧元区的贫富差距是欧洲国家主权债务问题产生的根源。莱恩哈特和罗格夫（Reinhart & Rogoff，2011）采用类似考古学的方式仔细梳理研究了数百年经济发展史中的政府债务危机，仔细考察了政府债务对经济的影响，发现历次政府债务周期中，人们总会产生"这次不一样综合征"。阿巴斯（Abbas，2011）统计分析了自 1880 年至今的 174 个发达与发展中国家的政府债务特征，为未来其他学者的研究工作奠定了良好的基础。但赫恩登（Herndon，2013）并不认同莱因哈特和罗格夫的观点，他们认为莱恩哈特的文章出现了编码错误、选择性排除可得数据和对加总统计量进行非常规赋权等错误，因此结论也是不可信的。经过他们纠正并重新估计，得出了与莱恩哈特论文不一致的结论：公共债务与 GDP 之比大于 90% 的国家的平均 GDP 增长率实际是 2.2%，而不是莱因哈特和罗格夫所说的 -0.1%。

越来越多的经济学家在反思西方经济的模式后，对经济危机和主权债务危机根源的认识也逐渐深刻，并将目光转向了导致一系列经济问题的更深层次根源，越来越多的学者认为收入的不平等是西方国家爆发经济危机和主权债务危机的根源。拉古拉迈·拉詹在 2008 年的著作中就用三类断层线对经济和金融业的影响来描述西方金融危机发生的根源，并认为正是由于收入的不平等导致的断层线不断推高美国的住房和家庭消费信贷，从而导致次贷危机及其全球性金融危机的爆发。在冰岛及其欧洲主权债务危机爆发后，米歇尔·克罗夫和罗曼·朗西埃（Michael Kumhof & Romain Rancière，2010）认为贫富差距的不断扩大导致了讨价还价的能力逐渐从贫困的劳动者转移到富人手中，并不断推高总体的负债率，最终导致金融危机和主权债务危机的爆发。之后，越来越多的学者关注收入的不平等和主权债务危机之间的关系，珀迪斯·里三多罗（Photis Lysandrou，2011）认为全球收入的不平等是全球金融危机的根源所在。爱娃·弗兰西斯科和文森索·卡德洛尼（Eva de Fran-cisco & Vincenzo Quadrini，2012）用不完全竞争市场的政治经济模型对两者关系进行分析，认为在全球经济和金融全球化的背景下，收入不平等会推高政府负债的意愿。拉詹（Ra-jan，2010）敏锐地观察到了美国不断扩大的收入不平等与爆发金融危机之间的必然关系，指出金融体系崩溃的初始原因是薪酬水平的停滞不前与社会不公的加剧，导致美国诸多中产家庭购买力出现下降，进而在政府的鼓励之下接受金融机构无节制的信贷，最终导致了毁灭性的结果。他提出了这次金融危机爆发的最深层次的原因并不是单一的，而是沿着发达国家贫富悬殊与政治压力下的过度宽松的信贷政策、新兴国家出口导向政策与发达国家过度消费、发达国家与新兴国家在金融监管上的尺度不一致以及不当的政府干预措施等多条"断层线"爆发的。

斯蒂格利茨（Stigliz，2010）认为欧债危机并非是由过度长期债务和赤字或者由"福利"国家引起的，而是由过度财政紧缩与欧元这种有缺陷的货币安排共同造成的，即以欧元方式放肆欠债而又缺乏对欧元的直接控制。同时他对美国的赤字和债务的扩大也进行了分析，认为美国赤字快速增加的原因有布什政府大规模的减税政策、伊拉克和阿富汗战争以及大规模的军事支出、新的医疗保险药品福利、经济衰退造成的税收减少。斯蒂格利茨也批评国防支出使军事承包商们挣得盆满钵满，而奥巴马医疗法案使制药商们获得了巨大的好处：

造成赤字增加的第三股力量是新的医疗保险药品福利，尽管这种福利本身是合理的，但其部分成本变成了另一笔巨大的"租金"——这一次不是给了军方承包商而是给了制药商。此前我们注意到一个小细节——为医疗保险受益者提供药品福利的法案中有一项条款，规定作为世界上最大的药品买家的政府不能与制药商讨价还价，这不啻于送给制药商的一份厚礼——据估计 10 年下来差不多价值 5000 亿美元。[①]

基于这种分析，斯蒂格利茨认为美国的赤字财政会进一步加剧社会的不平等。因此他认为应该对"租金"进行征税以及对"坏东西征税"，这样不仅可以减少不平等，还能降低对"寻租行为"的激励。因此减少政府赤字和债务的方法也很简单：提高对上层群体的征税、消除对上层群体超比例收入的税收漏洞和特别待遇（如对投机者及股息的较低税率和对市政债券利息免除征税）、消除对公司补贴的税收漏洞和特别规定、对租金增加更高的税负、对污染征税、对金融界征税、让那些使用或开发国家资源的人支付全部价值。这样就可以"在未来 10 年时间里，轻易获得数万亿美元"。斯蒂格利茨的观点虽然触及了西方国家债务危机的部分原因，但并没有再往更深层的原因进行分析，反而提出了较为"天真"的建议。

前英国金融服务局主席阿代尔·特纳（Adair Turner，2015）是近些年来西方经济学界对西方各国主权债务危机理解较为深刻的学者，在他的著作里面将债务等同于魔鬼，认为一个国家可以在信贷融资和政府印钞之间做出选择，选择信贷融资就必然导致信贷的持续扩张，进而导致债务积压，并进而对经济增长和金融稳定造成严重的危害。他认为2007～2008 年的全球金融危机发端于过度繁荣的金融投机市场，现代金融体系使自身不可避免地创造过量债务，由房地产贷款造成的债务创造了金融繁荣，但经济泡沫的破裂也导致了全球经济复苏变得遥遥无期。他着重分析了银行货币创造的功能以及其扩张信贷的冲动，对现存资产（房地产）的投机行为进行融资贷款的过度扩张导致消费和有效需求的减少，导致危机及后危机时期的经济衰退。除了银行的货币创造功能，他认为发达经济体贫富差距的不断扩大也是信贷不断增长的又一个原因，信贷的扩张又进一步拉大了贫富差距。

---

① 约瑟夫·E. 斯蒂格利茨. 不平等的代价 [M]. 张子源，译. 北京：机械工业出版社，2014：191.

对西方国家主权债务危机的原因分析，开始的研究产生于危机爆发之时，带有极大的危机应对性质，其理论意义相对较少，研究深度略显不足。随着债务危机的不断持续以及对这方面研究的不断深入，学者们越来越多地基于当前的经济环境、宏观经济政策对各国财政状况做出预测，对推进对西方主权债务危机根源的理解取得了长足的进步，但仍然给人意犹未尽、窥豹一斑之感。因此越来越多的学者利用翔实的论据和各种不同的视角来对主权债务危机进行更加深入的分析，特别是从政治和经济的角度对引发西方主权债务危机的根源进行了深入探讨，也在不断深化人们对于西方资本主义制度缺陷是如何导致西方国家主权债务危机必然爆发的认识，但这方面的研究目前尚未就危机爆发的过程描述得非常清晰，而且并不能完全从政治经济学的角度来对引发西方主权债务危机的根源进行更加深入的探讨。

## 三、主权债务危机应对和化解的综述

面对西方国家不断累积且不可持续的政府债务问题，以及不断酝酿着的世界性主权债务危机，各国和国际组织纷纷采取措施进行救援和化解不断升高的政府债务违约风险及由此导致的一系列政治问题和经济问题。如何有效地降低政府债务规模、成功实施财政巩固计划成为当前各国政策制定者最为关心的话题。

在危机发生之前研究政府债务削减的文献相对较少，学者们通常关注政府财政和债务的可持续性问题，阿莱西亚和佩罗蒂（Alesina & Perotti，1995）通过研究发现在20世纪八九十年代，经济合作与发展组织（OECD）国家政府赤字大多由于政府财政支出的增加（尤其是转移支付和政府职员工资支出）引起，通过削减社会保障以及政府规模等方式进行的财政巩固计划似乎更容易取得成功，但这些政策的实施多以失败告终。

危机之后，伴随欧美政府债务问题的持续发酵，如何化解主权债务危机的研究文献开始具有针对性。莱恩哈特和罗格夫（Reinhart & Rogoff，2011）认为，降低政府债务规模的途径有以下几种：（1）利用强劲的经济增长；（2）实质性的财政巩固、厉行节俭；（3）明确地对债务进行重组或违约；（4）金融抑制及适度通货膨胀。莱恩哈特和圣博伦西亚（Reinhart & Sbrancia，2011）通过对第二次世界大战后各国在政府债务管理的经验进行分析，提出在20世纪40~70年代，各国政府正是通过金融抑制同时辅以通货膨胀政策实现了最为成功的政府债务削减。艾曼森和马里恩（Aizenman & Marion，2009）认为通货膨胀对削减政府债务具有非常重要的作用，特别是在经济停滞的状态下通过增加货币的发行能在很大程度上减少政府债务，并受到政府部门的青睐，如第二次世界大战结束之后的十年时间中，通货膨胀使美国政府债务水平下降了大约40个百分点。

霍尔和萨金特（Hall & Sargent，2010）考察了通货膨胀、经济增长等诸多因素对美国政府债务变化的贡献率，发现1945~1974年期间，美国政府债务下降总量中的20%可归因于通货膨胀，经济增长与利率两个因素各贡献了40%；而1974年之后通货膨胀对债务水平的影响开始显著下降，基础预算平衡、利率以及经济增长等因素对政府债务变化的影响逐渐加大。尼克尔（Nickel，2010）着重对1985~2009年欧元区国家的政府债务削减背后的影响因素进行分析，结论与阿莱西亚和佩罗蒂保持一致：即社保支出和政府雇员工资支出的减少是降低债务水平的关键，经济增长同样在扮演着积极的角色。

谢里夫和哈萨诺夫（Cherif & Hasanov，2012）认为，财政紧缩的方式并不能化解政府债务问题，他们利用 VAR 模型检验美国的例子发现财政紧缩的冲击只能在短期内降低债务水平，随后又回到冲击前的路径上，通货膨胀的作用同样不显著，唯有经济增长才能从根本上削减政府的债务规模。

这些文献虽然指出了要化解政府债务风险和危机，必须从根本上促进经济的发展，并为应对政府债务问题指明了大致的方向：财政巩固将对经济产生复杂的影响，而支出层面的削减更为重要，同时应采取循序渐进的步骤。但这些研究并没指出西方国家自 20 世纪 70 年代以来陷入长期经济停滞的原因，因此仅仅指出经济增长是化解主权债务危机的唯一途径是不够的，正是因为西方国家经济的长期停滞，才会导致西方国家财政收入来源的不断萎缩和政府财政的长期失衡。

## 第二节 马克思主义主权债务危机理论

对资本主义经济危机和金融危机的理解，马克思从资本主义的根本矛盾出发，将资本主义的发展历程置于一个长期发展的角度，发现资本主义危机爆发的必然性。

### 一、马克思债务危机理论

马克思认为借贷资本在很大程度上表现为对有价证券的投资，而国债是有价证券的主要组成部分，也是借贷资本的主要投资领域，但与现实资本不同的是，借贷特别是投资于国债的资本，因为国债券不过是"代表已经消灭的资本的纸质副本"[①]，表明的仅仅是债务的积累和国家债权人的增加而已，这些债权人有权把国家收入的一部分事先划归自己所有，因为国家通过债券筹集的资金主要用于非生产性的财政开支。马克思认为借贷货币资本的增大一般在危机过后的那个阶段最为明显，"借贷资本的增加，正是由于产业资本的收缩和萎靡不振造成的"[②]。这正说明了为什么在各国政府公共负债比率居高不下且连续出现主权债务违约的情况下，诸多西方国家还能够以非常低的利率甚至是零利率获得政府债券融资。对于资本主义的危机，马克思指出，在以信用为基础的生产制度中，

乍看起来好像整个危机只表现为信用危机和货币危机，而且事实上问题只是在于汇票能否兑换为货币。但是这种汇票多数是代表现实买卖的，而这种现实买卖的扩大远远超过社会需要的限度这一事实归根到底是整个危机的基础[③]。

但实际上，正是资本主义生产的社会化与生产资料的私人占有之间的根本矛盾导致了资本主义经济和金融危机的产生：

在资本主义生产方式内发展的、与人口相比显得惊人巨大的生产力，以及虽然不是与此按同一比例的、比人口增加快得多的资本价值（不仅是它的物质实体）的增加，同这个惊人巨大的生产力为之服务的、与财富的增长相比变得越来越狭小的基础相矛盾，同这个

---

① 资本论（第 3 卷）［M］．北京：人民出版社，1975：540．
② 马克思恩格斯选集（第 2 卷）［M］．北京：人民出版社，2012：586．
③ 资本论（第 3 卷）［M］．北京：人民出版社，1975：555．

日益膨胀的资本的价值增殖的条件相矛盾。危机就是这样发生的。[①]

从危机形式看，资本主义的产业资本、商业资本、货币资本和虚拟资本都会引起资本主义的严重波动和危机，其中产业资本是产能过剩，商品资本是商品过剩，货币资本是支付链条断裂，虚拟资本是股市泡沫破裂。

凯恩斯主义认为这属于市场的失败，可以用政府干预的手段加以纠正，但事实证明政府干预经济并不能解决资本主义的基本矛盾，经济干预的效果非常之差，资本主义也就在反复经济危机影响之下往前走。到了后工业资本主义和去工业资本主义的时候，形态发生了变化：对产业资本来说是制造业衰落服务业上升，对商品资本来说是商品资本地位下降，劳务资本相对地位上升，对货币资本来说是媒介功能衰竭，以钱生钱成为目标。虚拟资本运动成为后工业资本主义最主要的形态[②]，实体经济进一步萎缩。这个阶段资本主义的危机表现为资本积累的不足和利润率的下降，产业资本居于次要地位，实物性的商品供给不足加剧，货币资本融资功能消失，经济虚拟化与实体经济完全脱节，所以我们所看到的西方国家目前的经济危机已经不是传统意义上的生产过剩危机，而是虚拟经济和实体经济相脱节、经济完全虚拟化的危机。

## 二、奥康纳债务危机理论

奥康纳（O'Connor，1973）在1973年出版的《国家的财政危机》中提出，只能基于马克思主义才能对西方国家财政危机进行深刻分析。他认为在现代经济中，国家职能特别是经济职能的不断扩大，使国家财政及其危机已经与我们的日常生活紧密联系在一起，并已经成为当今资本主义经济危机的表现，"没有人能够幸免于财政危机和因财政危机而激化的社会基本矛盾"[③]。财政危机不仅破坏经济自身的生产能力，还直接威胁到资本主义国家的政治合法性。奥康纳首次将国家的职能与社会再生产相连接，从而把资本主义经济危机与资本主义国家职能直接联系起来。国家对资本主义经济危机确实实施着强有力的调节，但这种调节并没有解决资本主义的基本矛盾，使资本主义彻底摆脱危机。资本主义国家对经济矛盾的调节虽然在某一特定时间内缓和了矛盾，但它非但不能解决根本矛盾，反而会带来新的问题，造成问题不断积累，危机不断积累，由小问题积累为大问题，由问题、矛盾酿成危机，由局部经济危机积累成总体经济危机，以致酿成资本主义国家的总体危机、全面危机。他认为政府的财政收支失衡来自两个方面：一方面是社会投资资本和社会消费资本成本的社会化程度随着时间的推移而日趋提高，并且越来越为垄断资本有利可图的积累所必需，因为"国家财政支出的增加和预算项目的扩增既是垄断资本扩张的前因，又是垄断资本扩张的结果"，同时，"垄断部门的扩张又必然伴随着失业、贫困、经济停滞等问题的出现"，资本主义国家"为了确保民众对自己的忠诚并且维护自己的合法性，国家必须满足那些深受国家经济增长'成本'困扰的民众的请求"[④]；另一方面由此而产生的社会资本和社会费用的积累却变成导致经济、社会和政治危机趋势的矛盾过程，因为

---

① 资本论（第3卷）[M]．北京：人民出版社，1975：296．
② 何自力．马克思经济危机理论对中国特色社会主义政治经济学的借鉴价值[J]．政治经济学评论，2017（3）：29－32．
③ 詹姆斯·奥康纳．国家的财政危机[M]．沈国华，译．上海：上海财经大学出版社，2017：6．
④ 詹姆斯·奥康纳．国家的财政危机[M]．沈国华，译．上海：上海财经大学出版社，2017：7．

资本成本的社会化和利润的私人占有会造成国家财政收入和支出之间的"结构性缺口"，并导致国家财政支出增加的速度赶过国家筹资手段增长的速度。

## 三、施特雷克的国家债务危机理论

师从法兰克福学派的沃尔夫冈·施特雷克（Wolfgang Streeck，2013）对西方国家债务危机的思考更为深刻，他认为如果从更长期的时间去考察资本主义危机，各资本主义国家间的相似性和交替影响要远远大于他们在体制和经济上的差异，而一切引领民主资本主义发展方向的事件都有相同的发端：布雷顿森林体系的终结和通货膨胀，减税带来的预算赤字，政府行为增长的债务融资，20世纪90年代的整顿风潮，金融市场解除管制，2008年的金融和财政危机。从更长的时间来看，短期内被认为是危机的终结，其实不过是深层次的引发一轮又一轮危机的冲突和整合在表面形式上的变迁，危机的缓和不过是资本主义国家利用"金钱"来消除社会冲突中潜在的不稳定因素的"购买时间"的行为而已。因此，西方国家由原来的税收国家走向了负债国家的形式，危机的表现形式也慢慢从合法性危机走向了财政危机，资本主义社会陷入了三重密切相关且无终止的危机之中：银行危机、国家财政危机和"实体经济"危机[①]。

## 四、大卫·哈维的资本主义债务危机理论

大卫·哈维认为当代资本主义的危机是一种"过度积累"导致的危机，他从空间维度对马克思的危机理论进行了丰富和发展，认为货币资本稀缺、劳动力供给不足、不同部门之间比例失调、自然因素的制约、非均衡的技术和组织方式的变迁、劳动过程的无纪律及有效需求的不足，任一因素都可能导致经济危机的爆发。但这并不是对资本主义危机形成机制和化解方式的最终分析，因为资本主义可以通过资本的空间转移来缓解风险。

资本的积累与贫困的积累是如影随形的，而且都会在空间中积聚起来。……贫困的集聚构成了阶级意识和社会动荡的温床。空间上的分散逐渐显得越来越有吸引力了。……高额利润的前景引诱资本家在各个方向上进行寻找和探索。资本积累将自己的罗网扩散到了全世界愈发宽广的范围，最终将所有人和所有东西都卷进了资本的流通过程。[②]

资本要扩大积累必须要打破阻碍其流通的空间障碍和区域差异，征服和逾越任何形式的地理壁垒。与此同时，为解决过度积累危机，资本家又不得不积极开拓新的空间，从而制造出新的地理壁垒和区域差异，这些区域差异又会成为需要被克服的新的空间障碍。因此，不平衡地理发展既是资本积累的内在矛盾和危机所必然导致的一种地理景观，又是缓解过度积累危机的解决途径。由此，哈维提出了"资本三级循环及三级危机理论"。资本在初级循环中出现的第一级危机是马克思的"利润率下降趋势"规律所产生的。其表现形式是工业资本大量贬值，许多公司企业破产，以及工业用地废弃。资本主义通过时间修复

---

① 沃尔夫冈·施特雷克. 购买时间：资本主义民主国家如何拖延危机［M］. 常暄，译. 北京：社会科学文献出版社，2015：2.
② 大卫·哈维. 资本的限度［M］. 张寅，译. 北京：中信出版社，2007：639.

策略推迟资本价值进入流通领域的时间，这在一定程度上克服了第一级危机。但当资本通过各种渠道流向次级循环和第三级循环时，也会出现普遍的过度投资趋势。在次级循环中，危机表现为城市人造环境中各种固定资本和消费投资项目的贬值。在第三级循环中危机的表现形式就是城市各种社会开支的危机（健康、教育、军事镇压等）、消费资金形式的危机（住房）、技术和科学的危机等。另外，由于固定资本与消费基金的顺利流通依赖于复杂的金融体系和虚拟资本，社会支出依赖于国家经济管理机构，从而引发了金融危机、信用危机以及国家财政危机。

## 五、皮凯蒂的收入分配与国家债务理论

皮凯蒂认为公共债务问题并不是一个绝对财富问题，因为"欧洲是一个最极端的例子，它既有世界上最高水平的私人财富，也有最难解决的公共债务危机——这是一个奇怪的悖论"[①]，而是一个财富分配的问题，是公共财富和私人财富之间分配不均衡的问题。

皮凯蒂比较了几种化解主权债务的方法，他认为资本税（针对私人资本的特别税）是化解主权债务最公平和有效的解决方案；其次是通货膨胀，这种方法虽然能发挥很大的作用，但也有较大的副作用；最后是旷日持久的财政紧缩，皮凯蒂认为这种目前欧洲正在实施的财政紧缩政策是化解公共债务最差的方法。当然，他也根据法国的历史，提出了另一个解决方案，那就是"赖账不还"。

大量发行货币是解决公共债务的最常用和最便捷的方法，但英国和法国采取的方式是不一样的，英国采取温和通货膨胀的方式往往需要更长的时间才能解决过于庞大的公共债务。法国采取的措施则激烈得多。用超发货币的方式解决通货膨胀，不可避免会导致社会财富的重新分配，1913～1950年平均通货膨胀率超过13%，并导致1950年的价格水平相对1913年而言上涨了100倍，最终导致1913年的食利者及其后人几乎一无所有。皮凯蒂将这种情况称为"2/3破产"，通过这种让私人破产的方式解决了庞大的公共债务问题，"过去的债务被勾销，以便在较低的公共债务基础上实现国家的重建"[②]。但其副作用也是很明显的，一是通货膨胀的螺旋式上升导致其难以控制；二是通货膨胀的财富再分配作用会导致财富的进一步集中和贫困问题的高发；三是通货膨胀的长期持续存在会导致政府化解公共债务目标的失败（任何想借钱给政府的人都会要求更高的利率水平）。

要化解西方发达国家的主权债务危机，唯一的途径就是对资本课以重税，并认为这并不会对整体的经济造成很大的损失，同时也能极大增加政府的收入，从而化解政府的债务风险。比如针对私人资本课以15%的统一税，会使财政收入接近1年的国民收入，这样的话大部分国家都可以立即偿还所有未清偿债务，而不再需要出售公共资产了。但他同时也认为在目前的制度框架下要实现对资本进行征税，是几乎不可能的。

---

① 托马斯·皮凯蒂. 21世纪资本论［M］. 巴曙松、陈剑，余江等，译. 北京：中信出版社，2014：557-558.
② 托马斯·皮凯蒂. 21世纪资本论［M］. 巴曙松、陈剑，余江等，译. 北京：中信出版社，2014：133.

# 第三节　中国主权债务风险和地方政府债务问题研究综述

1995 年以来中国政府债务规模的不断扩大，特别是在 1997 年亚洲金融危机后中国不断加大国债的发行，较好地应对了亚洲金融危机对中国经济的冲击。随着中国政府负债的不断增加，对中国是否会发生主权债务危机，在学术界存在着诸多的争论。2007 年中国放开地方政府融资平台后，地方政府债务规模不断扩大并逐渐呈现失控的态势，加大了人们对中国地方政府债务风险的担忧，学术界对中国是否会发生地方政府债务违约的争论也在不断扩大和激化。特别是 2014 年开始，有不少经济学者和国际组织就认为随着中国社会总体债务规模的扩大、地方政府债务风险的不断上升和经济增长速度的放缓等因素，中国主权债务风险也在不断上升，很有可能会引爆主权债务危机。

## 一、对中国政府负债原因和承受程度的研究

童振源（2001）认为由于中国财政积累了巨大的收支缺口，隐性负债、积极财政政策的实施更是雪上加霜，同时在财源建设上中央与地方存在着尖锐矛盾，因此未来中国将面临严重的财政危机，随时可能爆发经济社会政治危机。

余永定（2000）对此持相反的观点，他认为财政危机的实质是如果一国政府不能保证国债负担率不会超过某一给定数值，那么该国财政就是不可持续的。国债负担率的变化主要受到赤字率和 GDP 增长速度的影响。只要赤字率增速小于 GDP 增速，财政危机就会逐渐消解。

王宁（2005）对财政最大可承受赤字率进行了测算，得出中国的财政最大可承受赤字率应在 4.04% ~ 4.67%，并在借鉴欧盟《马斯特里赫特条约》中提出的警戒线标准的基础上，测算出中国政府最大安全债务相对规模应在 50.51% ~ 58.36%。

## 二、对地方政府债务的研究

对地方政府债务的研究开始于 2007 年地方政府债务平台开放以后。龙海阳、徐智华（2009）认为在金融危机的影响下中国经济增速下降，地方政府必须担负起振兴经济的重任，目前中国私人储蓄量大，证券市场发展较为成熟，经济发展前景广阔。因此，地方政府具备较强的偿债能力，能够通过发行地方政府债券来消除金融危机的影响。章江益（2009）就中美两国地方政府在财政分权条件下的负债需求、负债方式、债务风险及控制机制等方面进行了比较，提出了应当允许地方政府以规范的方式进行举债，加强债务管理，从根本上解决中国地方政府债务问题的建议。周小川（2010）认为应当授予地方政府发债权，通过地方政府直接发行债券的方式，可以减少地方融资平台、投资公司等其他融资形式的总量，风险更容易控制。莫兰琼等（2012）从短期与长期两个层面提出地方政务管理的措施。从短期看可通过引进民间资本和通过资产证券化等方式缓解地方政府债务风险问题；而从长期看则要进行制度性的改革，如改革国家财政管理体制、改革政府官

员绩效考核机制、界定政府与市场的关系等。

但也有学者对中国发行地方政府债务及其面临的地方政府债务风险持较为悲观的态度。乔新生（2006）认为目前中国发行地方政府债券的时机尚不成熟，在各方面准备不充分的前提下，盲目允许地方政府发行地方债券会加大地方政府财政风险，并引发一系列的社会问题和经济问题。吴铮（2009）也反对地方政府现在举债，他认为在缺乏风险评估以及制度不健全的情况下，地方政府发行债券应采取谨慎的态度。首先，鉴于中国地方政府长久以来已经累积了巨额债务，发行地方政府债券有可能加重债务负担。其次，目前的官员考核评价机制设计与改善地方财务状况的目标相左。最后，就是地方政府偿付能力有限，发行债券可能加剧中央与地方的财源不均的矛盾。

巴曙松（2010）则认为不应该过分夸大地方政府融资平台的风险以及由此造成的地方政府债务总量的风险，因为商业银行对大多数政府融资平台都是持谨慎的态度，而且从融资结构来看，信誉好、偿债能力强的省级融资平台仍然占较大比例。另外，绝大多数政府的财政收入来源是多元化的，并没有形成对"土地财政"的绝对依赖。

对中国面临的主权债务及其地方政府债务风险的讨论对中国不断完善政府债务管理体制，有效利用债务资金来促进经济增长，增强政府解决经济和社会问题等方面是非常有意义的。但这些研究并没有就财政的角度以及更深层面的因素对中国政府债务风险进行讨论，因此也无法对中国政府债务是否具有可持续性无法做出很好的判断。

# 第三章　主权债务危机的特点、影响与治理

　　自 20 世纪 80 年代拉丁美洲多个国家发生主权债务危机后的 30 多年里，主权债务危机从重债穷国和发展中国家逐渐向发达国家蔓延，并形成了多次区域性的主权债务危机。主权债务危机已经成为世界经济发展的主要羁绊之一。

　　2020 年 1 月，全球四大评级机构之一的穆迪基于"国际环境恶化"，以及欧元区经济体在面对日益严峻的保护主义和地缘政治风险时较为脆弱，且应对经济冲击的能力有限，将 2020 年欧元区主权信用评级展望从 2019 年的稳定下调为负面。穆迪认为过高的公共债务比例还将限制政府在应对大幅经济放缓时的财政空间。根据全球最大的资产管理机构贝莱德（Blackrock）编制的"主权风险指数"（BSRI），除了部分发展中国家由于战争和动乱而陷入主权债务危机，2020 年部分发达国家的主权债务风险依然非常严重。除了黎巴嫩因为政治危机而排在倒数第一位，倒数十位的国家依次为委内瑞拉、阿根廷、斯里兰卡、埃及、希腊等国家，对葡萄牙、西班牙、日本和美国等国家的风险评估也为负值，即这些国家依然面临着一定的主权债务风险。由此可以看出，自 2008 年欧洲主权债务危机爆发以来，各国都在经历漫长的紧缩和减债阶段。特别是 2014 年石油价格的急剧下降，虽然在一定程度上给全球经济带来了一剂强心针，但也给很多资源型国家的财政带来了巨大的压力，最明显的是委内瑞拉和俄罗斯，这些国家主权债务违约风险的快速上扬，使得世界范围内爆发新一轮主权债务危机的可能性进一步上升，这也可以理解为 2008 年以来主权债务危机的持续。虽然 2017 年以来世界经济有一定的复苏，石油价格的上升也改善了一些石油出口国如俄罗斯的财政状况，但阿根廷的债务困境、2018 年 12 月美国特朗普政府长时间的政府停摆以及诸多欧洲国家依然没有任何改善的债务风险状况等均显示着全球主权债务的风险依然在不断累积，特别是 2020 年的全球新冠肺炎疫情给各国经济带来的巨大冲击和对政府形成的庞大财政压力，进一步加剧了各国面临的主权债务风险。

## 第一节　主权债务危机的特点与类型

### 一、主权债务危机及其特点

　　主权债务危机从字面上来理解就是政府对国家借贷的债务或者发行的债券不履行偿还义务，从而导致一系列的经济问题和金融问题。

但这一定义并没有很好地体现出发生债务危机的后果，因此也不能很好地理解何谓债务危机。因此应该把具有严重经济冲击的国家负债和债务违约归类为主权债务危机。相对于过去40年中世界信贷冲击只占风险因素份额中的7%左右，2008年全球金融危机中世界信贷冲击对风险因素的影响作用相当于此前的危机中其他各种因素所产生影响的总和。这次危机在高负债负担（包括私人负债和银行负债转化为政府的或有负债）和恶化的融资条件两个因素的冲击下，使得许多原来属于正常风险水平的国家都陷入了高风险的行列。

2009年以来爆发的主权债务危机在各个方面均表现出与以往发生于拉丁美洲和亚洲等地方的发展中国家的债务危机不一样，不仅是发达国家第一次经历大规模的主权债务违约，对全球经济的冲击也是前所未有的。

## （一）此次危机主要在发达国家爆发

相对于20世纪80年代的拉美主权债务危机、90年代的俄罗斯债务危机和2001年爆发的阿根廷债务危机，这次危机发生的国家大多是经济较为发达的国家，如美国、希腊、西班牙、意大利、葡萄牙、爱尔兰等国家；也包含了一些发展中国家，如自2001年以来第二次发生主权债务危机的阿根廷，由于石油价格下跌和政治动乱导致在2014年以来爆发主权债务危机的委内瑞拉。

美国次贷危机及其导致的全球性金融危机成了发达国家债务问题爆发的加速器。在金融危机中政府为了促进经济增长和稳定金融体系，通过大规模的刺激计划来刺激需求、产出和就业，对陷入困境的银行实施救助，同时对大量失业人员的救助又进一步加重了政府的财政负担，这些措施都加速了政府债务的积累，与此相对的是经济衰退导致的政府收入的大幅度下降，由此导致了发达国家政府债务违约风险的快速攀升，并引发国际资本市场对这些国家债务违约的担忧，政府不得不提高国债的利率以吸引投资者。但高企的违约风险使该国债券不能得到资本市场的认同，这些国家的政府不能通过借新债还旧债的方式来履行债务偿还的义务，由此就引发的席卷该国乃至通过各种渠道外溢到其他国家的主权债务危机。

根据国际货币基金组织的数据，2019年发达国家的债务情况并没有太大的改变，而新兴市场国家和不发达国家的主权债务虽然相对乐观，但自2017年以来也出现家庭和企业债务的快速增长趋势，总体债务风险也呈现不断上升的趋势，国际货币基金和世界银行也在2020年初相继对由此而引发的债务风险作出了提示。发达国家平均公共债务与GDP之比在2011年以后一直保持在100%以上，虽然在IMF的预测中，会呈现出一个逐步下降的过程，但其比值远远高于新兴市场和中等收入国家。由此可见，2006年以来发达国家政府债务负担急剧上升，新兴市场和中等收入水平国家则保持在一定的水平上，且呈现稳定上升的趋势。但发达国家政府面临的债务压力和债务违约风险要远远高于新兴市场和中等收入国家。

## （二）危机国家出现经常账户和财政的双赤字

经常账户赤字是国际上评价国家主权信用风险的主要指标之一。各主权债务危机国家的财政保持长期透支的状态，财政赤字逐年扩大。根据IMF的数据，自2000年以来，各国的财政收支状况基本都处于赤字状态，特别是在2009～2012年，由于金融危机的持续和各国广泛实施的扩张性财政赤字，各国财政支出大幅增加，导致财政赤字急剧扩大，最为明显的是爱尔兰和西班牙，在 2007 年以前，这两个国家虽然有一定的财政赤字，还能保持稳定，但在 2007 年以后，财政赤字突然扩大，并在 2009 年和 2010 年达到顶峰，接下来财政赤字占 GDP 的比例依然保持在 10% 以上，这要远远高于《马斯特里赫特条约》所约定的 3% 的财政赤字警戒线。2015 年以后油价的急剧下跌对委内瑞拉的经济产生了重大的打击，财政恶化，2017 年委内瑞拉的财政赤字占 GDP 的比例达到 30% 以上，偿债风险处于高位运行的态势，违约已经成为事实。随着各国资本的大量流出，国际收支不平衡也越加严重，这就推动了这些国家主权债务的不断累积，并最终导致了危机的爆发。在从危机后的恢复而言，经常账户赤字占 GDP 比例较小或者较快摆脱经常账户赤字的国家，政府的财政状况恢复良好，经济也得以更快恢复；相反，经常账户处于赤字的国家，政府财政状况迟迟不能得到改善，偿债风险居高不下，如希腊。

### （三）各主权债务危机国家均负有较高的外债水平

从各国的债务负担来看，多数国家的外债水平比较高，特别是大多数欧洲国家的外债占国民总收入（GNI）的比例自 1999 年以后逐渐升高，2008 年以后逐渐升到最高点。而这些外债是被其他国家的银行所持有，当一国发生债务危机后，就很有可能引起其他国家一系列的银行危机，并进一步导致金融危机和经济危机的爆发，这也是欧洲主权债务危机在欧盟国家之间传导并导致区域性甚至全球性的经济危机和金融危机的原因。

相对而言，拉丁美洲、南亚、东亚和太平洋等其他地区的国家的外债占 GNI 的水平自 1995 年以来就不断下降，特别是在 2005 年后一直保持在较低的水平，这也是这次主权债务危机没有在已经发生多次危机的发展中国家爆发，反而在欧洲和美国等各发达国家发生的原因之一。

### （四）主权债务危机爆发频繁，危机国家数量呈增加趋势

随着资本主义生产方式的进一步深化和全球化进程的推进，国家之间的经济和金融联系逐渐紧密，资本主义基本矛盾在经济中的体现也愈加激烈，经济和金融危机爆发也愈加频繁，而为资本利益服务的政府也由于入不敷出而频繁爆发主权债务危机，并随着日渐紧密的国际经济金融联系传导到其他国家，形成区域性乃至世界性的主权债务危机。

丹尼尔·科恩和色塞勒·瓦拉迪尔根据违约的新定义，统计出 1970 年以来全球共发生了 128 起主权债务危机，大部分国家一般只经历 1 次主权债务危机，但也有少数国家经历了 2 次及以上的主权债务危机，如冈比亚、加纳、土耳其和乌拉圭经历了 3 次，肯尼亚经历了 4 次。仅在 21 世纪初的 18 年间，阿根廷就爆发了 3 次主权债务危机；委内瑞拉也在 20 世纪 80 年代后又一次爆发了主权债务危机；而作为世界头号强国的美国更是屡次突破债务上限，美联邦政府也每时每刻处于关门停摆的危机中。

不仅主权债务危机爆发的频率越来越快，每次债务危机所卷入的国家也越多，特别是经济较为发达、与其他国家的经济联系较为紧密的国家爆发危机时，会导致一系列国家主权债务违约风险的快速提升。如 20 世纪 80 年代的拉美主权债务危机，在墨西哥宣布不能按期清偿到期的 800 亿美元外债后，一系列的拉美国家先后宣布无力清偿所欠外债，因此引发了世界性的债务危机，包括美国在内的发达资本主义国家纷纷被卷入危机之中。而

2009 年以来的主权债务危机，主权债务违约首先涉及发达的资本主义国家，并通过经济和金融渠道扩散到其他国家，由此引发了世界性的经济衰退，西方经济学者把这次债务危机所引起的经济下滑称为"大衰退"，意指这次主权债务危机所引起的经济衰退足以媲美 20 世纪 30 年代的"大萧条"。但全球性的债务风险并没有就此结束，危机所引发的通货紧缩导致了 2014 年石油价格的大幅下挫，大部分的石油出口国财政受到极大的影响，从而导致主权债务的违约风险急速提升，目前已经出现主权债务危机的是俄罗斯和委内瑞拉，但持续的通货紧缩会使更多的国家卷入主权债务危机中。在 2015 年 2 月，标准普尔下调了哈萨克斯坦、巴林、阿曼和委内瑞拉的信用评级，并给出了负面评级展望，理由是油价大跌对这些产油国造成了冲击。

#### （五）主权债务危机伴随多种危机同时爆发

导致主权债务危机的原因有很多，债务危机可能是自存自立的，但更多是由银行危机或者货币危机引起的，甚至可能是三重危机并存。丹尼尔·科恩和色塞勒·瓦拉迪尔利用莱文和瓦伦西亚的文献定义了 1970~2007 年的 128 起债务危机，认定了 36 起主权债务危机和货币危机并存的双重危机，19 起主权债务危机和银行危机并存的双重危机，40 起货币危机与银行危机并存的双重危机和 10 起三重危机。而如果扩展观测区间，则在这些危机中认定了 49 起主权债务危机与货币危机并存的双重危机，24 起主权债务危机与银行危机并存的双重危机，54 起货币危机与银行危机并存的双重危机，三重危机的数目上升至 17 起。

回顾 20 世纪 80 年代以来的主权债务危机，发现这些危机的爆发都是由金融危机和经济危机引起的。20 世纪 80 年代爆发的拉美主权债务危机是在发达国家爆发第二次石油危机以后发生，而有些因素甚至早在西方国家第一次石油危机爆发后就已经出现；20 世纪 90 年代爆发的一系列的主权债务危机也是由于亚洲金融危机爆发引起的；这一次主权债务危机也是由 2007 年美国次贷危机及其随后的全球性金融危机引发的。虽然导致这些国家债务危机的因素与金融危机和经济危机略有不同，但不可否认的是主权债务危机的爆发与经济和金融危机越来越相关。

### 二、主权债务危机的类型

虽然主权债务危机的表现均为一国主权债务违约导致对经济的冲击，但根据导致危机的原因和不同的国家类型，以及危机带来的后果，可以将其分成不同的类型。

马克思根据金融危机的发生时间将其分成两种类型，即作为生产和商业危机先导阶段的金融危机和独立于生产和商业过程发生在金融系统内部的金融危机。第一类危机表现为商品难以转化为货币和一切商品对于货币的贬值，其根本原因并不在于货币市场本身，而在于资本主义生产方式和分配关系。这种分配关系使生产相对过剩，导致商品难以转化为货币和一切商品对于货币的贬值，从而引发金融危机。这种类型的债务危机作为金融危机的一种，也是由于生产相对过剩和收入分配的不均衡引起的，收入分配的不均导致消费结构的失调和购买力的不足，这又进一步引起了资本主义产业结构的调整和经济的虚拟化，食利性资本的无限扩大和实体经济的萎缩，又使大量的失业人口出现，政府不得不承担由此带来的社会保障支出的大幅增加，同时资本主义的性质又使政府不得不承担经济刺激和公共服务等方面的大量支出，政府的收入也由于实体经济的衰落而锐减，最后政府不得不利用债务来弥补这个缺口，债务累积到一定程度后就必然会导致债务的违约，并引发主权债务危机。

第二类危机是独立于生产和商业过程发生在金融系统内部的金融危机。马克思将此类金融危机发生的原因归结为金融市场的投机活动而导致的虚拟资本过剩。资本的相对过剩由于信用的作用而取得了生息资本的存在形式，由此出现了具有自己独立的存在形式的虚拟资本，并形成了自己独特的运行方式，股票、债券等有价证券作为商品进行交易，极大促进了生息资本的投机需求，使交易不断扩大，并形成了多个国际性的资本市场。资本市场不断扩大的金融资产泡沫本来就具备了极大的风险，而资本在国际间低成本的自由流动更使金融泡沫破裂后带来的金融危机由一国快速扩散到多个国家，并最终形成国际性的金融危机。这种类型的债务危机的出现正是由于资本市场把私人和公共债务证券化，并在资本市场进行交易，形成了巨大的泡沫，这个泡沫的破灭也同样引起了席卷全球的金融和债务危机。2007年美国的次贷危机正是这种形式的危机。而2009年爱尔兰出现的主权债务危机也是由于房地产贷款链条破裂，国家对银行的援助而造成的。

徐梅（2012）根据主权债务危机出现的原因及国家类型的不同，把主权债务危机区分为七种类型。

其一，发展战略不当导致的主权债务危机。这类危机是因为经济发展战略选择不当或者没有及时调整导致的一国中央政府偿债能力不足，进而引发债务支付危机。特别是发展中国家通过从国际金融市场大规模举借外债，盲目、片面推行进口替代战略且不适时调整时，此类主权债务危机更容易发生。20世纪80年代的拉美主权债务危机较为典型。

其二，债务结构不合理与用途不当导致的主权债务危机。主权国家中央政府因为债务期限结构、品种结构、规模结构不合理导致债务支付违约而形成主权债务危机。特别是以国家主权信用为担保对外大规模举借外债，但外债本息偿还期限高度集中时，此类主权债务危机更容易发生。2001年阿根廷主权债务危机便是典型。

其三，虚拟经济泡沫破灭导致的主权债务危机。主权国家的资本金融市场脱离实体经济运行过度发展，虚拟资产价格急剧波动引起债务支付违约进而导致主权债务危机。在产业经济不发达、金融市场高度发达与开放的小规模经济体，此类主权债务危机更容易发生。2009年迪拜主权债务危机便是典型。

其四，宏观政策工具的缺乏与非理性配置导致的主权债务危机。主权国家因为缺乏有效的宏观政策调整工具或者宏观政策调整受到诸多刚性条件约束，在主权债务规模过度扩张情况下出现了中央政府债务支付违约。2010～2011年欧洲主权债务危机便是典型。

其五，信用过度膨胀与预期因素冲击形成的主权债务危机。储备货币发行国利用发行国在货币发行方面的优势与不当权力，大规模发行债券导致信用规模超本国中央政府支付能力非理性过度扩张，在预期因素和相关事件的冲击和影响下导致了主权债务违约可能性增大引发的支付危机。2011年美国主权债务危机便是典型。

其六，金融危机与经济危机导致的伴生性主权债务危机。其是指因为区域性、全球性甚至某国出现金融危机与经济危机，使主权国家中央政府财政汲取能力与债务融资能力弱化与下降，最终导致主权国家中央政府债务支付违约而形成的主权债务危机。1997年东南亚金融危机导致的某些国家中央政府主权债务支付困难形成的主权债务危机便是典型。

其七，战争、不可抗力或突发事件导致的主权债务危机。因为大规模的政治冲突与骚乱、军事冲突与战争、自然灾害及其他突发事件，使一国出现政权更替、政治危机、资产损失与经济衰败，由此引起主权国家中央政府在债务支付过程中出现债务支付主体缺位、支付手段不足、支付能力下降乃至债务清偿能力丧失而产生主权债务危机。世界近代历史上出现的因为殖民主义者入侵、剥削与掠夺，导致一些殖民地半殖民地国家出现的主权债务危机就是典型。

## 三、主权债务危机与国际金融危机

金融危机是指一个国家或几个国家与地区的全部或大部分金融指标（如短期利率、货币资产、证券、房地产、土地价格、商业破产数和金融机构倒闭数）的急剧、短暂和超周期的恶化，并且信用紧缩随之而来。而国际金融危机是指一国所发生的金融危机通过各种渠道传递到其他国家从而引起国际范围内金融危机爆发的一种经济现象。

金融危机可以分为货币危机、债务危机、银行危机等类型。近年来金融危机呈现多种形式混合的趋势。在金融危机中，人们对未来经济有着更加悲观的预期，区域内货币币值出现较大幅度的贬值，经济增长严重受挫，经济出现较大幅度的缩减，失业率大幅提升，往往伴随着大量企业倒闭的现象，经济进入萧条时期，甚至有时候伴随着政治变局或社会动荡。货币危机是指汇率的变动幅度超出了一国可承受的范围。金融界一般把汇率的大幅度贬值视为货币危机的爆发，如杰弗里·弗兰克尔和安德鲁·罗斯把汇率每年贬值25%视为发生货币危机；而卡门·M.莱因哈特和肯尼斯·罗格夫则认为可以用25%来定义第二次世界大战后严重的汇率危机，但是相对于更早时期而言这个临界值可能过高，因为在当时更小的汇率变动就会导致巨大的反常，并带来破坏性的影响，因此他们将第二次世界大战前汇率贬值15%视为发生货币危机。银行危机是金融危机常见的形式之一，银行过度贷款或者过度涉足高风险行业，从而导致资产负债严重失衡，贷款负担过重使资本运营呆滞而破产倒闭。可以通过两类事件来标识银行危机：（1）银行挤提导致一家或者多家金融机构倒闭、合并或者被公共部门接管；（2）在没有出现银行挤提的情况下，一家重要的金融机构或者金融集团倒闭、合并、被接管或者向政府申请大规模救助，并标志着其他金融机构一系列类似事件的开端。

传统金融危机是由经济周期性波动引发的金融危机，表现为周期性金融危机，因此伴随着经济周期波动而出现高峰、低谷。20世纪30年代大萧条是近代历史以来最深刻、最持久的一次周期性危机。1929年6月美国工业生产出现工业生产过剩危机，同年10月，纽约证券市场上股市暴跌，股价跌幅均在50%以上，最高的贬值超过80%，导致金融危机猛烈爆发。这次严重的金融危机还表现在银行信贷业务陷入空前困境，各国众多银行相继停业甚至破产。这也引起了各国货币纷纷贬值，英国、日本等国家被迫放弃金本位制。

主权债务危机的历史要远远早于金融危机，其爆发可能是由于经济以外的原因，如战争。但随着资本主义生产方式的全球扩张和全球经济联系的日渐紧密，金融危机的爆发日渐频繁，影响和破坏也越来越大，同时货币危机或银行危机与主权债务危机同时爆发的概率也越来越大。

2008年发生在发达国家的主权债务危机是由于2007年美国次贷危机引发的，但这只是一个导火索，而不是引发危机的根源。自资本主义诞生以来，在诸多国家爆发了无数次的主权债务危机，其中既有贫穷的发展中国家，也有富裕的发达资本主义国家。自第二次世界大战以来，发生了多次国际性的主权债务危机，如 1980 年的拉美主权债务危机和 2009 年以来的全球性主权债务危机。其中 2007 年以来的全球性危机对经济所造成的破坏性要远远超过较为乐观的经济学家们的估计。西方发达国家不断累积的政府债务和高企的违约风险，阿根廷和希腊债务危机国家不断加大的次生性债务危机风险，以及由于 2014 年以来全球石油价格下跌所引起的石油出口国家普遍的财政紧张和危机等，都在说明整个世界的主权债务风险是在不断加大的。

# 第二节　主权债务危机的历史

　　债务的历史可以追溯到几千年以前的人类文明，并表现为私人债务及其富人和穷人之间的冲突。但国家债务的出现一般都伴随着战争而出现，承担着为战争筹集资金的功能，产生主权债务危机的国家一般是由于战争的失败或者是由于长期战争对资源的过度消耗，也可能是由于掠夺资源不足以弥补战争的消耗。但随着资本主义的发展和全球扩张，经济生活在整个社会体系中占据越来越重要的地位，由于经济的失败或者经济体系的失衡而导致的主权债务危机重复出现，逐渐成了世界性的问题。

## 一、战争与历史上的主权债务危机

　　主权债务的历史伴随着国家的产生而诞生，并作为国家之间战争筹集资金的方式而出现，当战争的消耗超过一国经济的承受力，就必然引起主权国家的债务危机。在中国，最早的有记载的主权债务违约可以追溯到西周，《汉书·诸侯王表序》记载，在公元前 257 年，秦伐赵。赵求救于魏、楚两国。楚孝烈王请周赧王以天子的名义，命令六国共同讨伐秦。周赧王同意，命楚王约各国诸侯出兵。周赧王也拼凑了一支部队，准备与六国部队一起伐秦。为了供养这支部队，周赧王向国内的地主、商人借钱，并立下字据，约好战争结束后本息一同归还。这支部队在约定地点等了三个多月，只等来两支诸侯国的部队。计划落空了，周赧王的钱也用光了。之后，债主们天天向周赧王要账。周赧王无路可走，只好在宫中的一座高台上躲了起来。后人称这座高台为"逃债台"，从而有"债台高筑"的成语典故。

　　14 世纪英法的"百年战争"，造成英国对意大利佛罗伦萨的违约，这是资本主义诞生以来西方国家主权债务违约的最早记录。佛罗伦萨的银行业掌控了整个经济的命脉，甚至连政府的重要官员都由行会的成员担任。为了获取更高的回报，在英法的"百年战争"（1337～1453 年）中佛罗伦萨的银行向英国王室提供贷款，这些贷款大多是利息非常高的短期贷款，有时年利率甚至接近 50%。高额的利息吸引了佛罗伦萨银行的大量资金，但贷款的额度也远远超过了英国政府的偿还能力，最终导致了英国爱德华三世的债务违约，进而导致巴尔迪（Bardi）和佩鲁齐（Peruzzi）两大银行的破产，另外一家大银行阿尔伯蒂也随之衰败。这对佛罗伦萨的纺织业造成了重大的打击，引发了制造业资金链断裂，最终导致了 1434 年后的两年半时间内，佛罗伦萨的大量企业倒闭，甚至是跨银行、贸易和制造业等多个行业的巴尔迪、佩鲁齐和阿西亚奥利三家超级公司的轰然倒塌，佛罗伦萨的经济陷入萧条。

意大利的威尼斯和其他城邦则有着另外一种形式的主权债务形式。王室的短期贷款并不依赖于外国的贷款，而是以一种"商定"的形式与臣民"达成"协议，而这种"商定"的许多贷款带有很强的强制因素。在 13 世纪很多国家和统治者发展出了一种强制性贷款的体制，当时所有的动产（由政府审计确定）持有者必须把资产的一定比例贷款给城邦，且这些贷款大多是不付利息的。由于偿还贷款日益困难，在 1262 年，威尼斯政府宣布对所有贷款支付 5% 的利率，同时威尼斯大理事会宣布几种特定的消费税将指定用于债务偿还；而在 14 世纪，由于偿还债务的时间越来越长，它开始允许二级债务市场的发展。刚开始，债券只能由威尼斯人买卖，到 14 世纪中期后就逐渐开放给外国人，并很快受到西欧人的欢迎。随着债券证券化技术的进一步推广，债券市场进一步扩大，甚至连法国和西班牙等国家也多用这种方式进行融资。出于公共设施建设和战争的融资需要，法国的赛力散、荷兰的弗里敦城邦政府于 13 世纪末发行人寿年金债券，法国国王也偏好通过出售年金债为战争融资。到 16 世纪中叶，意大利、法国、荷兰、德国已发展出有相当规模的中央政府和地方政府公债市场。以法国为例，1576 年其国债总额达 1 亿法郎，到 1595 年为 3 亿法郎。在当时，这种债券市场规模已经非常大。英国的公债市场起步最晚，那是 1688 年光荣革命之后的事。

各国之间不断爆发的战争及其由此导致的政府债务的不断扩大也带来了极大的违约风险，各个寡头统治的城邦都有可能不履行债务清偿；同样，专制的统治者也是不可信的。如表 3.1 所示，西班牙王室在 16 世纪末期至 17 世纪就发生了一系列毁约事件，分别在 1557 年、1560 年、1575 年、1596 年、1607 年、1627 年、1647 年、1652 年和 1662 年全部或部分停止过债务清偿。但这不仅局限于西班牙，在接下来的时间里，其他发达的资本主义国家如英格兰、法国、奥地利、葡萄牙等国家均发生过债务危机。在接下来的 19 世纪中，西班牙又违约了 7 次，加上之前违约的 6 次，西班牙荣升为主权债务违约最多的国家。

| 表 3.1 | 1300～1799 年欧洲外债违约 | 单位：次 |
|---|---|---|
| 国家 | 违约年份 | 违约次数 |
| 奥地利 | 1796 | 1 |
| 英格兰（英国） | 1340，1472，1594 | 3 |
| 法国 | 1558，1624，1648，1661，1701，1715，1770，1788 | 8 |
| 德国（普鲁士） | 1683 | 1 |
| 葡萄牙 | 1560 | 1 |
| 西班牙 | 1557，1575，1596，1607，1627，1647 | 6 |

资料来源：卡门·M. 莱因哈特，肯尼斯·罗格夫. 这次不一样？800 年金融荒唐史 [M]. 綦相，刘晓峰，刘丽娜，译. 北京：机械工业出版社，2010：82.

19 世纪开始，资本主义的发展促进了国际资本市场的初步形成，无论是传统殖民国家之间的战争还是其殖民地的解放运动，都需要大量的资金来支撑，由此也导致了国际债务违约的大爆炸。非洲、欧洲和拉丁美洲的违约和重组事件层出不穷。

从拉丁美洲来看，19 世纪以来拉丁美洲主权债务危机大多发生在 1826 年以后，这正是拉丁美洲独立运动刚结束的时候。拉美的外债史最早可追溯到独立前的殖民地时期。当时西班牙和葡萄牙设在美洲殖民地的总督府，以开发殖民地经济、市政建设、修路筑桥等名义，向商人、矿业主和庄园主借钱。当借债已经成为一种习惯后，拉美国家对外依附越来越严重。整个 19 世纪，拉美地区的主要债主是英国和法国，拉丁美洲的独立在很大程度上可以看作英国和美国取代西班牙和葡萄牙对拉丁美洲的又一轮新的殖民。英国是第一个对拉美地区进行渗透的国家。独立战争时，英国以帮助独立运动为名，对拉美地区贷款和投资，至 19 世纪 30 年代，英国的投资和贷款总额已达 2500 万英镑。

在 1822～1825 年短短的几年之间，拉美国家共筹集了 2000 多万英镑的资金。但这种非理性繁荣注定是不长久的，在 1826 年以后多个拉美国家就出现了主权债务违约。19 世纪末 20 世纪初，拉美国家又爆发了新一轮的主权债务违约，这些违约的直接原因是拉美工人运动和民主革命运动的不断兴起，但根本的原因在于政治上的"考迪罗主义"和经济上的"大地产制"，以及英美等资本主义国家对拉丁美洲的奴役与掠夺。

19 世纪欧洲各国频繁爆发主权债务危机的主要原因也是战争。1805 年前后的欧洲战争中反法同盟的组成国家如奥地利和德国频繁爆发了多次主权债务违约，其中奥地利分别于 1802 年、1805 年、1811 年和 1816 年爆发了 4 次主权债务危机；1807～1815 年频繁爆发主权债务危机的德国当时正在拿破仑王朝的控制下，发生主权债务危机的是现归属于德国的黑塞、普鲁士、石勒苏益格—荷尔斯泰因和威斯特法伦，分别于 1807 年、1812 年、1813 年、1814 年爆发多次主权债务危机。第五次反法同盟发起战争后，法国也在 1812 年发生了主权债务违约。频繁爆发主权债务危机的西班牙，在 19 世纪发生的多次主权债务违约也是由于战争，如 1809 年的第一次西班牙革命，1820 年的第二次西班牙革命，1831～1840 年的王朝战争、1856 年的西班牙革命。同样，葡萄牙也是由于海外战争对财政的压力不断增大而发生了一连串的主权债务违约。

20 世纪初至中叶，战争依然是主权债务发生违约的主要因素，伴随着两次世界大战，殖民国家对殖民地武装控制的减弱，殖民地内部武装势力之间的冲突加剧，战争贷款也成为这些势力最快捷的资金来源，由此也导致了 20 世纪前半叶亚洲和拉丁美洲国家主权债务违约的出现，特别是拉丁美洲这一时期的主权债务违约除了巴西外的其他国家主权债务违约大多都是由于战争导致的。

## 二、1929～1933 年大萧条与主权债务违约

18 世纪 60 年代开始，工业革命大大推动了资本主义经济的发展和世界整体化的进程。伴随着资本主义生产规模的不断扩大和生产方式的不断成熟，资本主义必然从自由放任的自由竞争阶段走向垄断和集中，因此在 19 世纪末 20 世纪初，欧美国家资本主义也从自由资本主义阶段走向了垄断阶段。与此同时，资本主义自身的矛盾也必然导致一系列经济和社会问题的产生，对此，马克思在《共产党宣言》中就做出了精辟的论断："资产阶级的

生产关系和交换关系，资产阶级的所有制关系，这个曾经仿佛用法术创造了如此庞大的生产资料和交换手段的现代资产阶级社会，现在像一个魔法师一样不能再支配自己用法术呼唤出来的魔鬼了。"资本主义经济的迅速发展，工业产品的增长超过了世界市场的需求，资本主义经济危机不断发生，1873～1907年，共发生了5次世界性经济危机，同19世纪70年代以前相比，这些危机的破坏性更强，其间隔时间也在缩短。

资本追逐利润的本能要求资本不断运动，而"大鱼吃小鱼"的增长模式则使资本主义必然走向金融化的道路，因此自由资本主义走向垄断资本主义，进而走向金融帝国主义的形式。因为通过庞大的金融帝国，用"大鱼吃小鱼"的模式更能使资本获得更高的利润，也就要求资本的自由流动和庞大的资本市场，乃至比实体产业更庞大无数倍的虚拟金融产业，这也是西方国家19世纪以来的资本发展路径。金融产业发展到后期，就会把所有能进行投机的资产和机会均用各种不同的形式囊括进金融市场和投机交易中，并以滚雪球的方式增长，其中也包括债务。不论是私人债务还是公共债务，在金融市场发展到一定程度时，不仅这些负债的债务人能从金融市场中获得资金，这些债务本身也会成为金融市场中进行交易的产品。

当投机交易的泡沫破裂时，首先出现问题的必然是金融市场，进而影响其他市场和实体经济。20世纪20年代，美国证券市场兴起投机狂潮，当时有一句"谁想发财，就买股票"的口头禅，大量的实业资本甚至包括普通家庭的储蓄蜂拥进入股票市场，梦想着能一夜暴富。金融市场的泡沫不断被吹大，最后不可避免地要破灭。1929～1933年"大萧条"，最先出现问题的也是股票市场。1929年10月24日，史上被称为"黑色星期四"，纽约证券交易所股票价格雪崩似的跌落，人们歇斯底里地甩卖股票，并触发了历史上前所未有的全球性经济危机。金融市场的危机迅速波及了借贷市场，导致了1932～1933年多个欧洲国家的主权债务违约，甚至通过国际贸易等途径波及拉丁美洲的许多国家。据统计，在20世纪30年代的中期，至少有32个国家发生了主权债务的违约，且大多都是针对国际债务违约。这种冲击通过全球化的国际金融体系快速扩散，进而导致世界经济在较长期内陷入了经济的萧条。

1933年以后，虽然西方各国经济基本都有一定的恢复，但其经济状况并没有得到根本的好转。1937年初春，美国重工业巨头杜森伯格和奥本破产，这一事件迅速在美国国内的众多行业里引起恐慌，逐步演变为新一轮企业破产的高潮，并迅速蔓延到所有的发达资本主义国家和罗马尼亚、保加利亚这两个亚发达国家。这也引发了部分欧洲国家、亚洲的日本甚至拉丁美洲的巴西、萨瓦尔多等国家的主权债务违约。

## 三、第二次世界大战后（1950～2007年）的主权债务违约

第二次世界大战后，西方各国的经济进入了战后恢复期和增长的黄金期。在这一时期，导致主权债务违约的表面因素有两种，一种是发展中国家的民族解放运动；另一种是各发达国家内部发生但资本主义所固有的矛盾，必然导致资本主义经济危机周期性的爆发，在第二次世界大战后各资本主义国家爆发了次数不等的经济危机。

### （一）拉丁美洲主权债务危机

第二次世界大战后，拉丁美洲经历了进口替代工业化时期，在将近30年的时间中，

拉美经济保持了较高的增长速度，从而成为世界上经济增长最快的发展中地区。20 世纪 50～60 年代拉美的经济发展水平曾高于东亚。但在 70 年代后期和整个 80 年代，东亚的经济迅速增长，而拉美则处于停滞状态。拉美经济的停滞起源于 20 世纪 70 年代的发达国家经济危机，拉美采取的"赤字财政—负债增长"的战略，使拉丁美洲各国暂时避开了经济危机的影响，但也使拉美各国背上了沉重的债务包袱。布雷森顿体系的崩溃导致各国汇率的大幅波动，在 20 世纪 70 年代末爆发的石油危机，更是使各西方国家长期处于滞胀的状态。通过国际投资和国际贸易，拉丁美洲的经济受到了严重的打击，并导致拉美各国在 20 世纪 80 年代爆发了严重的债务危机，并导致拉丁美洲经济冲刺一蹶不振，被称为"失去的十年"。不仅大多数拉丁美洲国家在 20 世纪 80 年代爆发了多次主权债务违约，甚至欧洲、非洲和亚洲的几个国家也相继出现了债务违约。

20 世纪 70 年代，石油价格的飞涨为石油出口国提供了大量的石油美元，这些美元资产最终流向了西方国家的私人银行，充斥的美元资产使贷款变得更加容易获得，利率也非常低，这对缺乏资本的拉丁美洲国家是一个极大的诱惑。而 20 世纪 70 年代则是拉美国家进口替代工业化的高潮阶段，各拉美国家雄心勃勃的经济发展计划要求大量的资本和资源，便宜的石油美元成为拉丁美洲国家筹措资本、弥补经常项目赤字的重要手段。为了获得贷款，拉美国家接受了苛刻的条件，其中最关键的一条是这些贷款的利率是浮动的，借款人完全承担利率上涨的风险。在 20 世纪 70 年代末期，拉美国家的债务大幅上扬，并很快超出其经济承受能力和偿还能力。1970 年拉美七国平均负债率只有 4.52%，负债率最高的智利也仅为 9.49%；但到了债务危机爆发前的 1980 年，平均负债率飙升至 34.58%，增长了 6 倍。1973 年拉美外债总额为 269.74 亿美元，至 1982 年债务危机爆发，整个地区的外债总额增至 3268 亿美元。十年时间增加了将近 11 倍[①]。

1981 年开始的石油价格下跌导致拉美国家财政收支状况的恶化，货币贬值，大量资本外逃，给拉丁美洲各国的经济带来了致命的打击，各国物价急剧上涨，1982 年墨西哥的通货膨胀率达到 98.8%，而玻利维亚更是达到了夸张的每年 50000% 的恶性通货膨胀。1982 年 8 月，墨西哥政府通知美国政府和国际货币基金组织，宣布不能按期清偿 800 亿美元的外债，随后一系列的拉美国家先后宣布无力清偿外债，由此引起 20 世纪 80 年代波及全世界的拉美债务危机。

危机发生后，拉丁美洲国家与债权人进行谈判，企图得到债务减免，但遭到国际金融机构和欧美银行的拒绝。最后不得不接受这些机构和银行的苛刻条件，不仅需要接受削减公共开支、货币贬值等条件，重新确定了贷款的偿还条件和新的利率，还不得不接受所谓的"经济稳定计划"，被要求采取"有利于经济增长措施"，如私有化、减税、投资自由化等措施，甚至被迫接受由拉美国家政府为非担保的私人债务提供事后担保的要求。同时，各拉丁美洲国家提出的经济重组计划里面都基本包含限制工资和加强工资控制的内容等收入政策，如墨西哥取消了传统的工资指数化的做法；巴西出台了削减工资增长，加强工资控制的收入政策。但这些计划并没有起到预期的作用，拉美国家经济状况没有得到根本的改善，经济增长速度显著下降，1980～1990 年这段时间被称为拉丁美洲"失去的十年"。

---

① 邓二勇．拉美经济系列研究二：拉美债务危机寻根［R］. 长江证券，2013 - 07 - 23.

### （二）1998 年俄罗斯债务危机

20 世纪 90 年代，俄罗斯政治、经济乃至社会深陷危机，经济发展受到了严重的影响和破坏，经济出现大滑坡，人民生活水平严重下降，综合国力受到严重损害。截至 1999 年，俄罗斯的 GDP 不足危机前 1989 年的 60%，国民经济中所有部门的生产都在绝对下降，1997 年工业总产值已不足 1989 年的 41%，其中降幅最大的为轻工业，1997 年的生产水平已不足 1989 年的 12%；农业产值在整个转轨期间下降了 40% 以上；职工的平均工资减少了 52%，1/3 的居民生活在贫困线以下①。

俄罗斯的经济衰退始于 20 世纪 70 年代，当时的经济增长速度已经出现大幅度下降的趋势，20 世纪 80 年代以来的经济增长速度更是远远低于大部分的西方国家。80 年代中期以后，俄罗斯已经处于危机的边缘，其国民生产总值远远低于美国和日本。20 世纪 80 年代中后期戈尔巴乔夫开始了经济改革，在经济上开始打破原有的低效率的行政命令式的计划经济体制，调整所有制结构，承认企业是独立的商品生产者，要求国家主要用经济方法管理经济等内容。但随着经济改革陷入困境，转而进入了政治体制改革，推行的"民主化"和"公开性"导致了政局的不稳定。而在经济改革失败后，其认为这种失败是公有制经济体制僵化导致的，因此继续强化推行私有化改革，这使得整个俄罗斯的经济基础和经济增长都受到了严重的冲击，并于 1990 年出现了第二次世界大战后的首次负增长，国民收入增长 −4%；1991 年国民收入进一步下降 15%。

俄罗斯的庞大外债起源于巴尔戈乔夫政府，在此之前，苏联几乎没有直接对外举债，外债总额不到 20 亿美元，而在 1985~1991 年，外债规模急剧增加，达到 900 亿美元。俄罗斯在独立后，为了稳定国内政治和经济形势，弥补巨大的预算赤字，也同样以大规模借债度日。在漫长的讨价还价和拖拖拉拉的债务谈判过程中，西方在达到了自己的一切政治目的和经济目的时，时不时给俄罗斯划拨一些款项。这样，到 1997 年底，俄罗斯的外债已经达到 1300 亿美元，内债也有 580 亿左右，总额已占国内生产总值的 60%。1998 年初，国际货币基金组织答应提供贷款 226 亿元，仅 1998 年，俄罗斯就借了 273 亿美元。截至 2000 年 5 月，俄罗斯所欠的债务总额已过 2000 亿美元（其中包括滚雪球般膨胀的高额利息），其中外债高达 1600 亿美元，平均每个俄罗斯人负担 1100 多美元。②

苏联解体后，俄罗斯自 1992 年 1 月开始接受西方经济学家为其设计的"休克疗法"，力图以最快的速度完成从计划经济到市场经济的转型，并保持宏观经济的稳定。"休克疗法"概括说来主要包括宏观经济稳定化、经济自由化和国有企业私有化三方面的内容，即通过财政货币的双紧政策控制通货膨胀，实现宏观经济稳定；通过价格、生产经营和对外贸易自由化，优化资源配置；通过国有企业私有化以达到市场主体多元化而启动竞争机制，最终建立起以资本主义私有制为基础的市场经济体制。但在 1992 年 1 月到 1998 年 8 月这 6 年半的时间里，经历了盖达尔政府、切尔诺梅尔金政府和基里延科政府等几届政府对经济政策的不断调整，俄罗斯始终在极度艰难的转轨中痛苦挣扎，不仅没有迎来经济复苏的"曙光"，反而陷入了一场更加深重的危机：1998 年 9 月金融危机的爆发几乎将俄罗斯经济推到崩溃的边缘，也引发了俄罗斯严重的主权债务违约和危机。

---

① 曲文轶. 俄罗斯过度经济中的私有化［D］. 北京：中国社会科学院研究生院，2000：69.
② 崔宪涛. "债务陷阱"中的俄罗斯［J］. 经济经纬，2000（11）：28−29.

1997 年亚洲金融危机的爆发，俄罗斯经济也受到了较为严重的冲击。自 1997 年 10 月开始，俄罗斯金融市场就多次出现大的动荡，经济不景气、政局的不稳定再加上俄罗斯金融工业集团利用股市进行炒作和撤资等因素共同导致了俄罗斯股市、债市和汇市的大幅下挫。

1998 年 8 月 17 日，俄罗斯政府总理基里延科和中央银行行长杜比宁发表联合声明，宣布提高"外汇走廊"上限，把 1998 年内卢布对美元的汇率浮动幅度扩大到 6.0 ~ 9.5∶1，这也就意味着卢布贬值了 50%，这个决定在俄罗斯国内引起了强烈的反响，导致了俄罗斯的金融形势继续恶化。[①] 8 月 19 日，为了躲避 1998 年秋季的还款高峰期，俄罗斯政府发表声明，决定推迟偿还短期国债，并将其转换为 3 ~ 5 年的长期国债。由此引发了 8 月 25 日起的汇市、债市和股市的大幅度下挫。8 月 26 日俄中央银行先宣布当日各市场的交易停止，随后再宣布当日所有交易无效的行为更是使俄政府的信誉全无，俄卢布一再贬值。1999 年 1 月，俄罗斯正式发表声明，宣称金融危机使俄罗斯遇见了复杂的债务问题，国家已无力如期履行所有的外债义务。这意味着俄罗斯不能偿还 1999 年到期的 175 亿美元的外债，而只能按 1999 年预算草案规定偿还 95 亿美元（其中包括国际货币基金组织和世界银行的部分债务），余下部分将与债权国协商延期支付。但到 1999 年 1 月 12 日，俄罗斯政府又说只能拿出 46 亿美元偿还外债。这使俄罗斯的国家信誉又遭到了重大的打击。

俄罗斯的经济震荡、金融危机和主权债务危机，对俄罗斯的经济产生了巨大的冲击，其经济增长率在整个 20 世纪 90 年代均呈现负的增长。俄罗斯在 1990 ~ 1998 年，无论是 GDP 还是人均国民收入，均呈现出负的年增长速度，一直到 1999 年以后才摆脱了经济增长停滞的状态，进入恢复性增长的状态。

### （三）21 世纪阿根廷三次主权债务危机

在 20 世纪与 21 世纪之交，亚洲金融危机给世界带来的影响不断蔓延，1999 年巴西出现了金融动荡，与巴西经济联系紧密的阿根廷也不可避免地受到了影响，脆弱的经济结构、高企的财政赤字和公共债务、不稳定的政局则使本身问题重重的阿根廷更容易受到金融危机的冲击。

2001 年阿根廷总统萨阿宣布暂停支付 1320 亿美元外债，由此标志着阿根廷再一次主权债务危机的开始。这次危机虽然是以停止偿还到期债务为标志的，但并不是临时性的形势危机和局部危机，而是全面的政治、经济和社会危机。它波及全国，深入经济、政治、金融和社会各个领域，不仅导致了金融系统混乱，经济活动瘫痪和全国性的社会骚乱，还引发了严重的政治制度危机以及民众对政治制度的信任危机。

阿根廷的经济模式曾经被视为美国式资本主义和新自由主义在拉丁美洲的成功范例：在 1991 ~ 1994 年短短的几年间就基本完成了以国有企业私有化和市场自由化的改革，并确定了新的经济发展模式。也正是这种以新自由主义供给学派理论作为指导的经济改革和快速极端的调整，为 2001 年阿根廷的主权债务危机埋下了祸根。国有经济的私有化使 20 世纪 90 年代阿根廷的财政状况显得较好，甚至在 1993 年还出现了财政盈余，其他年份虽然也出现了赤字，但其占 GDP 的比例仅为 1%。但私有化完成后，政府财政收入出现大幅

---

① 何侃. 历史上的主权债务危机 [J]. 财会学习，2010 (1)：81.

度缩减，再加上财政支出的大幅增加和对地方政府财政开支的软约束更是使政府财政赤字和公共负债大幅度增加，1995 年后，阿根廷年均财政赤字水平为 40 亿 ~ 45 亿美元左右，1996 年最高时达 73 亿美元，相当于国家财政收入的 8% ~ 15%。为弥补赤字，梅内姆政府无节制地举借内外债，以致公共债务迅速增长。公共债务从 1996 年的 900 亿美元快速上升到 2001 年的 1550 亿美元，占国民生产总值的比例超过 40%。虽然比重并不算太高，但这些债务大多是短期债务，都集中在 2001 ~ 2004 年进行偿还；同时，这些债务大多采用固定利率的方式，利率水平达到 6% ~ 15%，远远高于国际市场的利率，这也为阿根廷带来了巨大的利息负担。

为了应对 20 世纪 80 年代以来最高达 20000% 的通货膨胀，阿根廷总理多明戈·卡瓦略根据供给学派的理论提出了著名的"兑换计划"，这个计划的核心是制定比索和美元之间 1:1 的固定兑换比率，并允许自由兑换和美元作为合法交易工具，同时不允许中央银行弥补政府财政赤字。由于国内对比索信心的不足而导致居民大量兑换并持有美元，阿根廷政府只得通过不断扩大外债的发行来满足国内对美元的大量需求。同时，固定的汇率也使比索被严重高估，这在很大程度上降低了阿根廷的国际竞争力，严重影响了阿根廷产品的出口，从而导致经济的不景气和政府税收的减少。这些因素的共同作用，推高了阿根廷政府的公共负债，大幅减少了税收等财政收入，再加上国际金融危机使得外债融资越来越困难，阿根廷爆发主权债务危机就变得不可避免了。

自 2002 年 2 月起，阿根廷就与 IMF 谈判推迟偿还到期债务和申请援助等问题，IMF 要求阿根廷政府继续实施财政紧缩政策，削减财政赤字，控制通货膨胀，履行偿债义务，修改影响外国在阿根廷投资商利益的反经济颠覆法和企业破产法等多个苛刻的要求，并多次以援助条件尚未满足为由而拒绝援助和达成协议。直到 2003 年 1 月中旬，IMF 才与阿根廷政府达成一项短期协议，同意阿方推迟偿还 2003 年上半年到期的债务。

在 2005 年和 2010 年，阿根廷对这些违约债务进行了多次重组谈判，大多数债权人鉴于继续坚持很可能将阿根廷逼到破产，并且自己最终将一无所获的缘故，最终接受了重组要求，重组的方式则是通过发行新的、长期限的重组债券，将原本到期的债务"缩水"并推迟还款期限。近 93% 的债权人接受重组，其债务被削减 65%。但被称为"秃鹫基金"的以美国 NML 资本公司为代表的投资者低价购入阿根廷违约债券并拒绝接受重组，并向美国联邦法院起诉，试图向阿根廷全额索赔。2012 年底，美国曼哈顿联邦地区法院法官托马斯·格里萨作出裁决，认定阿根廷政府应首先向"秃鹫基金"支付共 13.3 亿美元违约债务，否则就不能支付新重组债券的到期利息。2014 年 6 月中旬，美国最高法院再次作出裁决，不予受理阿根廷提出重审此案的诉讼请求。因为"格里萨判决"，阿根廷政府在此之前已经向重组债务清算银行美国纽约银行转账的 5.49 亿美元，既不被允许用以支付债务重组债权人到期本息，也不被允许归还阿根廷政府。①

2014 年 7 月 30 日，阿根廷与美国"秃鹫基金"债权人的债务和解谈判宣告破裂，阿根廷仍未能偿还债权人债务或达成相关协议，意味着阿根廷将深陷 13 年以来的第二次债务违约。8 月 8 日凌晨，阿根廷政府传来消息，表示已经在海牙国际法庭就阿根廷主权债务问题提起诉讼，要求对美国采取司法行动。这是自 7 月 30 日，阿根廷政府与"秃鹫基

---

① 东方早报. 阿根廷主权债务危机背后的美国债权人 [EB/OL]. https：//money. 163. com/14/0828/09/A4NONBII00253B0H. html.

金"围绕债务违约进行的最后一轮谈判以失败告终。

杰弗里集团（Jefferies）拉丁美洲策略主管西沃恩·摩登表示，十几亿美元并不足以拖垮阿根廷，问题是那些随之而来的债权方及潜在债务。一旦全额偿还这些对冲基金，其他债权方将要求阿根廷按照同样标准偿还债务，布宜诺斯艾利斯当局估计这些债务将达150亿美元，而根据摩登的预计，阿根廷总债务将高达200亿美元。剔除借给别国的贷款、IMF的存款及其他难以轻易挪用的资产等，阿根廷仅有160亿美元的可用储备金。[①] 2015年3月1日，阿根廷总统克里斯蒂娜在国会会议开幕式上指出，阿根廷已经摆脱债务危机。她认为，这是美国试图掌握阿根廷主权债务谈判主导权行动以及国内一些金融机构在此时趁火打劫的失败，她指出，"在2015年我们将进行最后一笔债务的支付，其数额为以外币支付的91亿美元以及以本国货币支付的16亿美元债务。而在2016年，阿根廷经济将彻底摆脱债务困扰"。

但好景不长，2018年阿根廷再次出现债务危机，这是自跨入21世纪以来该国的第三次主权债务危机。2018年7月，阿根廷的主权债务高达800亿美元，IMF债务500亿美元，其他国家金融机构的债务尚未统计在内。2014年美元进入加息周期，美元指数不断上扬，阿根廷出现严重的美元流失，国内通胀飙升，央行利率加息至40%，2018年比索贬值17%，阿根廷危机爆发。受货币贬值拖累，阿根廷经济2018年下滑2.5%，通货膨胀率高达47.6%。根据阿根廷阿丰亚内达国立大学（Undav）的测算，仅仅在2019年前两个月，马克里政府就得支付国债利息889亿比索，每分钟超过一百万比索（每天15亿比索），距离政府所希望的实现财务平衡的可能越来越远[②]。

2020年4月17日，阿根廷经济部长宣布其"事实违约"状态，随后阿根廷政府向其主权债务债权人提出债务置换方案，再一次宣布主权债务违约，这不仅是其进入21世纪以来的第四次主权债务违约，也是第一个受新冠肺炎疫情冲击而"倒下"的国家。根据阿根廷政府的债务重组提案，阿根廷在海外的债务共计662.38亿美元。提案计划削减62%的债务利息，共379亿美元；减记债券本金36亿美元，即债务存量减少5.4%；宽限期为3年。新发债券从2023年开始支付息票，平均利率为0.5%，将逐步上升到可持续水平，但平均利率为2.33%，其中部分债券将从2022年开始支付息票。提案拟发行的十种新债券，其中五种以美元指定，五种以欧元指定，期限为10年到27年不等。国际评级机构穆迪认为，阿根廷政府即将进行的大规模债务重组可能导致投资者在主权债务上遭受重大损失。[③]

## 四、欧洲主权债务危机

2007年美国房地产次级抵押贷款市场出现的支付危机导致了金融市场泡沫破裂，进而引发了一场波及全世界的金融风暴，各国银行在此次危机中损失惨重，进而诱发了2008年以后席卷全球的主权债务危机。其中，最引人注目的是开始于南欧并影响整个欧盟乃至

① 第一财经日报. 九个问题帮你看懂阿根廷债务危机 美国法院凭啥判阿根廷政府债务违约 [EB/OL]. https://www.yicai.com/news/3985400.html.
② 阿根廷华人网. 阿债务有多重？每分钟仅利息就需支付百万比索 [EB/OL]. http://www.newsduan.com/newsyun/HuaMeiJingXuan/MeiZhou/agthrzx/20190327/116474.html.
③ 澎湃新闻. 首个受疫情冲击"倒下"的国家，出现了 [EB/OL]. https://finance.sina.com.cn/roll/2020-04-20/doc-iircuyvh8878225.shtml.

对整个世界产生极大影响的经济冲击。

## （一）冰岛主权债务危机：欧洲主权债务危机的前奏

冰岛是北大西洋中的一个岛国，位于格陵兰岛和英国中间，从地理概念上经常被视为是北欧五国的一分子。冰岛曾经是世界上收入最高的国家之一，曾经被赋予了"世界最富裕""最具经济进取性""最和平国家"等称号。2005 年，冰岛人均国内生产总值达到54975 美元，位居世界第三。

渔业一直是冰岛的支柱产业，产值占国内生产总值的 12.4%，渔业产品出口是其主要外汇来源。2000 年以来，冰岛放宽对银行业的管制，极大促进了冰岛金融业的高速发展，银行的爆炸式增长使冰岛银行业资产达到整个经济体的 12 倍之多。冒进式的发展给冰岛的经济发展埋下了巨大隐患。冰岛金融业的过度扩张，导致其虚拟经济规模超过了实体经济，经济结构呈现倒金字塔形。冰岛官方数据表明，冰岛 2007 年的国内生产总值仅为193.7 亿美元，而其几大主要银行的资产规模却高达 1280 亿美元，所欠外债超过 1000 亿欧元，冰岛中央银行所能动用的流动国外资产仅有 40 亿欧元①。此外，冰岛银行业构成了该国股票交易市场的主要部分，其中 80% 的股份由外国投资者持有。简而言之，冰岛选择的经济发展模式就是利用高利率和低管制的开放金融环境吸引海外资本，然后投入高收益的金融项目，进而在全球资本流动增值链中获利。这种依托国际信贷市场的杠杆式发展，收益高但风险也大。一旦全球金融危机导致金融市场信贷紧缩，货币市场融资停滞，其生命力自然会衰退。正如丹麦银行资深分析师克列斯腾森所指出的："冰岛的做法更像是个私人投资基金而非政府。信贷危机发生后，他们便成为最脆弱的国家。"

过度膨胀的银行业在一周内土崩瓦解，冰岛克朗兑欧元汇率狂跌 40%，通胀率和利率跃升至 18%，民众生活水平急剧下降，失业率从接近零涨至近 10%②。债务不断增加，收入缩减，支出飙升。货币的崩溃使曾经富裕的冰岛人"一夜致贫"，持有大量的外币债务的冰岛人发现他们的资产已经远远不能偿还他们所欠的债务了。

2008 年 10 月 6 日，冰岛总理宣布，国家可能将要破产，这是自 2007 年美国次贷危机引起全球金融风暴后首个宣布可能破产的主权国家。2007 年以来金融市场的暴动和国际信贷市场的停摆，使得冰岛的银行业陷入了支付危机，根据美国彭博新闻社提供的数据显示，冰岛最大的 3 家银行所欠债务共计 610 亿美元，以冰岛大约 32 万人口计算，这大致相当于包括儿童在内的每名冰岛公民身负 20 万美元债务③。由于冰岛银行业远远超过了国家的实力，银行业的破产就不可避免地会导致国家的破产，因此冰岛政府不得不出手接管了主要银行，关闭其他银行，限制取款，限制任何资金的外流。冰岛的经济受到了严重的打击，失业率上升，GDP 增速放缓，甚至出现了负增长。

2008 年爆发主权债务危机以来，冰岛的 GDP 增长速度急剧下降，甚至在 2009 ~ 2010年出现倒退，与此同时，失业率、公共债务和财政赤字占比的快速上升。在 2008 年之前，冰岛的财政是有盈余的，但政府接管银行后，由于要承担银行庞大的债务，不得不大量增

---

① 新华网. 冰岛之痛凸显过度金融化风险 [EB/OL]. http：//news. xhby. net/.
② 斯泰因格里米尔·西格富松. 冰岛金融危机的启示 [J]. 经济导刊，2012 (6)：4.
③ 中国经济网. 海外资产屡遭冻结　冰岛金融危机加深 [EB/OL]. http：//www. ce. cn/xwzx/gjss/gdxw/200810/11/t20081011_17033081. shtml.

加政府支出，使得财政赤字由 2007 年的大约占 GDP 的 0.2% 的盈余变成最高达 32.4% 的财政赤字。与此同时，冰岛的公共债务快速扩张，从 2007 年占 GDP 的 24% 快速增加到 2013 年的 123.3%。虽然 2014 年后冰岛的经济得到了一定的恢复，但所付出的代价是政府支出的大量增加，特别是公共债务的大量累积，如何化解庞大的公共债务也在未来的几年甚至更久的时间内成为冰岛政府需要面对的问题。

冰岛虽然爆发了主权债务危机，但由于其并没有加入欧盟，因此对欧洲经济的影响并不大，同时由于其较小的经济规模，对国际经济的影响并不是太明显。危机发生后，IMF 提供了 60 亿美元的紧急援助，试图帮助这个国家走出困境。加上冰岛采取了一些新的政策，不仅有效利用了冰岛克朗贬值的方式偿还债务和刺激出口、通过累进税制进一步对富裕者征税以及将储户对银行的存款具有优先索偿权写入法律等方式，对经济和社会的稳定起到了至关重要的作用。2016 年冰岛财政已经实现了 12.4% 的总盈余[1]。但冰岛的银行业和私人部门负债并没有得到缓解，私人部门总债务占 GDP 的比例依然处于高位[2]。

冰岛债务危机虽然影响范围并不是很广，对国际的冲击不是很重，但这是由于国际金融冲击和国内银行危机所引起的危机，随后发生的欧债危机和美债危机等一系列的主权债务危机也说明这并不是一个单一的事件，可以把冰岛主权债务危机看作欧债危机乃至全球性主权债务危机的前奏。

### （二）欧洲主权债务危机

2007 年美国次贷危机所引起的国际性金融危机严重打击了各国金融部门，并严重冲击了实体经济，为尽快度过危机，恢复经济增长，各国中央银行和财政部门纷纷采用了宽松的货币政策和积极的财政政策，利用大规模的政府支出刺激经济的政策，大大提高了各国的财政赤字和政府债务水平，为 2008 年以后大部分发达国家的公共债务的显著增加也埋下了政府主权债务危机的祸根。

2009 年 10 月，希腊政府宣布其财政赤字占 GDP 的比例升至 127%，公共债务占 GDP 的比例升至 113%，这两项标准远超欧盟《马斯特里赫特条约》（也称《稳定与增长公约》）规定的 3% 和 60% 的上限，这引发了市场对希腊公共财政状况和偿债能力的担忧，希腊国债 CDS 价格急剧上升，投资者大量抛售希腊的国债，希腊政府融资成本迅速上升。鉴于希腊政府财政状况的恶化，惠誉、标普和穆迪三大国际主权评级机构先后下调希腊主权信用评级为垃圾级，希腊主权债务危机正式拉开帷幕，标志着欧债危机的全面爆发。[3]

随着信用评级机构下调希腊的主权信用，各国股市应声而跌。希腊最大银行希腊国家银行股价大跌 10%，收于每股 18.20 欧元，第三大银行阿尔法银行也重挫 7.8%，收于每股 8.02 欧元，第四大银行比雷埃夫斯银行大跌 8.1%，收于每股 9 欧元。欧洲 17 个股市的国家基准指数也全部下跌。英国 FTSE 100 指数下跌 1.7%，德国 DAX 30 指数下跌

① 国际货币基金组织财政监测报告，https：//www.imf.org/en/Publications/FM/Issues/2020/04/06/fiscal-monitor-april-2020。

② 根据国际货币基金组织全球债务数据库数据，私人部门债务占 GDP 比重在 2009 年达到了 679.68% 的顶峰后，后面逐年下降，但到 2018 年依然还处于 209.72% 的高位，https：//www.imf.org/external/datamapper/datasets/GDD。

③ 搜狐财经. 希腊主权信用遭降级　敲响全球政府债务警钟［EB/OL］. https：//business.sohu.com/20091210/n268848287.shtml。

1.7%，法国 CAC 40 指数下跌 1.4%。欧洲政府债务问题逐步扩散①。2010 年 4 月，评级机构再次下调希腊主权信用评级，在随后的不到半年的时间内，评级机构先后下调西班牙、爱尔兰、葡萄牙、意大利等国家的主权信用评级，这些举动引起了全球市场对经济的担忧，恐慌情绪不断传导，并逐渐波及实体经济。

为避免危机恶化和灾难性的后果，2010 年 5 月 10 日，欧洲紧急出台总额达 7500 亿欧元的救助机制，这是欧洲有史以来最大规模救援行动。其中 4400 亿欧元是欧元区政府承诺提供的贷款。为实施救援，欧元区政府成立一个为期 3 年的欧洲金融稳定机制，作为一个特殊目的机构，将发行债券筹资以帮助面临主权债务危机的任何欧元区国家；600 亿欧元将由欧盟委员会依照《里斯本条约》从金融市场筹集；IMF 也将提供 2500 亿欧元。为避免国债价格下跌，到 2010 年 5 月 28 日，欧洲央行已购买近 400 亿欧元的欧元区债券，包括希腊、西班牙、葡萄牙、爱尔兰的政府债券，其中 250 亿为希腊主权债务。欧洲央行平均每个交易日购入约 30 亿欧元的债券，其中 20 亿来自希腊。但希腊短期内并无好转的迹象，欧洲央行几乎是希腊主权债券的唯一买家②。

除购买问题国债外，欧洲央行在公开市场操作通过各种措施，如降低欧洲央行贷款的抵押标准，增加货币市场的流动性。美国联邦储备局则宣布将重开与其他央行的换汇额度，以确保其他央行能获得充足的美元。

就在全球以为欧债危机已经化险为夷时，2011 年 6 月三大评级机构再次将希腊的主权债务评级调整至最低级的 CCC 级，甚至还不如一些贫瘠和战乱的非洲国家。同年 7 月，穆迪相继把葡萄牙和爱尔兰的主权信用评级调整至最低级，又将塞浦路斯的主权信用评级连降两级至 Baa1 级，距离最低级仅两步之遥，西班牙和意大利的主权信用评级也存在被进一步下调的危险。这又进一步引起了全球对欧洲经济的担忧，希腊、爱尔兰和葡萄牙的国债收益率进一步提高到历史最高水平。这对正处于主权债务危机的欧洲五国而言，债务融资成本的进一步提高，使其已不堪重负的财政状况更加恶化，主权债务违约的可能性更高。

2008 年以来，欧洲五国政府债务不断增长，不仅远远高于 60% 的债务上限，在 2011 年以后五个国家均超过 GDP 的 100%。同时，五国的财政赤字在 2008 年以后均有不同程度的增加，除了意大利比较乐观外，其他各国的财政赤字占 GDP 的比例也均远超《马斯特里赫特条约》所规定的 3% 的上限。

根据国际货币基金组织财政监测报告数据，2013 年，意大利的政府债务规模占 GDP 的比例高达 132.53%，在之后的几年内政府财政状况并没有出现显著的改善，2014～2017 年，其债务水平保持在 135% 左右；葡萄牙的政府债务水平与之相差无几，2014 年达到了 130.6%，财政赤字仍未能够减低至 3% 的水平，2018 年 12 月底更是达到了 137.19% 的高度；西班牙也同样在债务的泥潭中苦苦挣扎。问题最为严重的希腊政府债务水平 2014 年达到 178.9% 的高点，并且在之后的 3 年里一直保持在 176% 以上的政府债务率，2018 年 12 月底更是达到了 188.94%，政府债务一直没有得到缓解，反而陷入更加严重的债务困

① 搜狐财经. 国际评级机构下调希腊主权信用评级［EB/OL］. https：//business. sohu. com/20091210/n268847307. shtml.

② 余永定. 欧洲主权债务危机的启示［EB/OL］. 21 世纪经济报道. 转引自新浪财经. http：//finance. sina. com. cn/economist/jingjiguancha/20100619/01368138307. shtml.

境。与此同时，欧元区各国失业率普遍高企，2012～2014 年始终维持在 10% 以上，2015年以后虽然稍有改善，但整个欧元区的失业率依然维持在 7% 以上，这无疑使各国债务困境雪上加霜。

2015 年 3 月，希腊债务谈判再次陷入僵局，谈判破裂将导致希腊在 2008 年后第三次主权债务违约的产生。希腊国防部长在 2015 年 3 月 11 日放言，如果欧盟停止救助而任由希腊月底破产，希腊将向包括叙利亚圣战组织在内的移民发放出入欧盟申根区所需的文件，用极端分子和移民潮打击欧盟①。随后谈判的僵持也导致了大量的难民从希腊流入欧洲，造成整个欧洲的难民危机。2018 年 6 月，欧元区 19 个成员国就希腊债务危机救助计划最后阶段实施方案达成一致，欧元集团债权方认可希腊 8 年来遵照债权方要求"履行承诺"、落实一系列改革和财政紧缩政策，同意发放最后一笔 150 亿欧元贷款，同时将希腊还贷期限延长 10 年，并就此宣布希腊债务危机的结束②。但高企的政府债务，日渐薄弱的财政体系，以及庞大的政府支出，依然使得希腊政府再一次发生债务危机的风险居高不下。

## 五、美国财政悬崖与政府停摆

2018 年 12 月 22 日，因美墨边境墙拨款问题谈判未果，美国联邦政府部分部门不得不在停摆中度过圣诞节。这是 2018 年以来特朗普政府的第 3 次停摆，也是 40 年来美国政府首次一年内停摆 3 次。这是自 2017 年特朗普政府提高政府上限以来政府再次因为财政问题与美国国会闹翻。根据美国债务钟数据，截至 2020 年 7 月，美国整体负债超过了 25 万亿美元，相当于其 GDP 的 107%，超过了全世界其他国家国债的总和。根据美国债务钟数据，意味着每个美国公民至少承担了 72000 美元的债务，庞大的债务导致美国每秒产生的利息为 189500 美元。在 2017 年 8 月，标准普尔首次将美国主权信用评级由原来的 AAA 级下调至 AA 级，再加上 12 月特朗普签署的规模达到 2 万亿的减税计划，引发了全球对美国债务规模和偿债能力的再次担忧。2018 年 1 月，中国大公评级下调美国主权债权评级从A－ 至 B＋＋，评级展望为负面，因为 2017 年的政府可变现资产对总债务的覆盖率仅7.3%③。虽然美国政府并没有宣布主权债务违约，但由于作为全球第一大经济体的美国面临居高不下的主权信用风险给国际经济带来了严重的冲击，在实际上已经严重影响了全球经济的复苏，因此美国不断重复的"财政悬崖"完全可以看作美国式的主权债务危机。从长远来看，如果美国经济不能走向可持续增长之路，大规模的财政赤字问题长期存在，那么美国"特色"的主权债务危机将不会平息，并将会成为全球金融体系乃至全球经济的扰乱因素。在更遥远的未来，美国国债市场的"积弊日久"将很有可能引发类似于欧洲五国的主权债务危机。

2007 年，美国次贷危机导致了全球性的银行危机，进一步缩减了市场流动性，信贷紧缩，再加上政府大规模的注资和救市计划，政府支出迅速扩大，各国面临的财政压力增

---

① 环球网．希腊警告：如拒救助 就用恐怖分子移民冲击欧盟［EB/OL］．https：//mil．huanqiu．com/article/9CaKrnJIFs4．

② 新华社新媒体．希腊债务危机终结［EB/OL］．https：//baijiahao．baidu．com/s？id＝1603974712745394629&wfr＝spider&for＝pc．

③ 新浪财经．大公下调美国主权信用等级评级展望负面［EB/OL］．http：//finance．sina．com．cn/stock/usstock/c/2018－01－16/doc-ifyqrewi6765454．shtml．

大，市场资金的紧缺和违约风险的不断加大，以及实体经济也受到了次贷危机的影响，使国债收益率不断升高，政府融资成本不断提高。与此同时，财政收入大幅减少，美国政府不得不利用财政赤字和国债融资，以满足日渐扩大的财政支出。

2008 年以后，美国政府债务呈现快速增长的趋势，2014 年的增幅要远远大于预期，政府债务总规模已经达到了 18 万亿美元，占 GDP 的比例已经由 2008 年的 51.89% 上升到 2018 年 103%。这说明事实与美国政府在 2014 年以来对其债务的乐观判断是相悖的，美国主权债务积重难返，在未来出现债务危机的可能性在逐渐加大。2020 年新冠病毒大流行对美国经济和财政的损害更加严重，至 2020 年 7 月中旬，美国政府债务已经突破到 26 万亿，联邦政府和州政府债务总和占 GDP 的比例达到了 149%[①]。

## 六、日本主权债务违约风险

20 世纪 90 年代以来，随着经济泡沫的破灭，日本经济一直在不断膨胀的主权债务下运行，日本政府为了刺激经济发展而长期采用扩张性的财政政策，使其主权债务规模累积到了一个非常高的程度，成为全球政府债务占 GDP 比例最高的国家。

如图 3.1 所示，20 世纪 90 年代，日本的政府债务占 GDP 的比例一直在 100% 以上，截至 2018 年 12 月 31 日，政府债务占 GDP 的比例已经达到 237.13%，要远远高于其他经合组织成员；政府债务扩张的速度在全球首屈一指，2012 年政府债务已经超过了 1992 年的 3 倍。20 世纪 90 年代，日本股市的崩溃和房地产泡沫的破灭使其经济陷入长期低迷，特别是 1997 年亚洲金融危机使日本经济再次受到严重打击。为了促进经济增长，日本政府连续利用扩张性的财政政策刺激经济，导致政府赤字的不断扩大和债务规模的快速扩张。

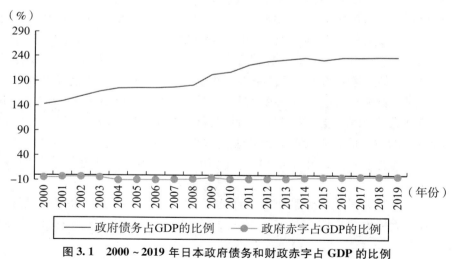

图 3.1　2000～2019 年日本政府债务和财政赤字占 GDP 的比例

资料来源：国际货币基金组织财政监督报告，https://www.imf.org/en/publications/fm。

---

① 资料来源：美国财政部，https://home.treasury.gov/。

日本政府债务规模的不断扩大和经济增长的长期低迷，以及 2013 年日本核危机对经济的负面影响，显然已经引起了国际市场对日本债务风险的担忧。2011 年开始，各国际评级机构就不断下调日本主权信用评级。2011 年 8 月，标普把日本主权信用评级从最高级的 AAA 级下调至 AA 级，紧接着穆迪也将其由 Aa2 级下调至 Aa3 级，同时穆迪还下调了三菱东京日联银行、三井住友银行等银行的信用评级。

2014 年开始，安倍晋三在日本实施所谓的安倍经济学，试图利用大量发钞、扩大财政支出和改革经济的"三支箭"推动日本经济的复苏。但在短暂刺激经济增长后，安倍开出的药方似乎已经失效。2014 年 12 月，穆迪和惠誉两大评级机构再次下调日本的主权信用评级。日本政府也认识到了必须减少预算赤字和债务负担，才能使日本的经济得到复苏，从而走出长期低迷的泥潭。消费税由原来的 5% 上调至 8%，正是日本政府减债计划的开始。但在经济低迷的情况下，增加消费税使消费需求受到严重的抑制，并进一步影响生产，这是否会使日本经济更加难以恢复。在增加消费税的接下来两个季度里，日本经济连续负增长，可见日本经济已经不堪重负。再加上日本制造业的逐渐衰落，政府财政收入受到严重的影响，必须依靠不停借债才能够维持日本政府的正常运转。但是财源的枯竭、人口的老龄化、沉重的债务负担以及深陷泥潭的经济，日本的主权债务违约风险正在不断加大。

## 七、委内瑞拉：石油价格下跌引发的债务风险和违约

2014 年 7 月开始，国际原油价格持续下跌，这引发了诸多石油出口国财政状况的紧张和恶化，使这些国家主权债务违约风险大大增加，其中最为明显的当属委内瑞拉。

委内瑞拉位于南美洲北部，是世界上主要的产油国之一，石油产业是其经济命脉，该项所得约占其出口收入的 80% 以上。委内瑞拉经济结构单一，政府一半财政收入和超过九成外汇收入均来自石油业；工农业生产不发达，食品和工业制成品供应短缺，大量基本商品依赖进口。2014 年以来石油价格的一路下跌，委内瑞拉的经济受到了致命的打击，财政状况急剧恶化，外汇储备持续减少。

石油价格的下跌导致了委内瑞拉经济的崩溃，2014 年委内瑞拉经济开始出现缩水。2015 年委内瑞拉的经济萎缩了 5.7%，第一季度委内瑞拉 GDP 同比下滑了 4.8%，而第二季度及第三季度的 GDP 同比分别下滑 4.9% 与 2.3%。与此同时，国内物价飞涨、基本物资匮乏，委内瑞拉通胀率打破纪录。截至 2014 年 11 月，该国通胀率达到 63.6%，为美洲大陆最高值，2018 年更是达到惊人的 130060%，2019 年虽然稍有下降，但通胀率还是高达 9585.5%[1]，甚至已经出现用石油换卫生纸的状况。2015 年委内瑞拉的经济萎缩 7%，2016 年后每年的经济增长均在 −10% 以上，2018 年委内瑞拉经济增长为 −18%[2]。

石油价格的下跌直接使委内瑞拉的外汇储备急剧下降，根据委内瑞拉央行数据，在 2014 年 10 月，委内瑞拉的外汇储备仅为 190 亿美元，与此同时，委内瑞拉所欠外债达到

---

① 新浪财经 . 委内瑞拉央行：去年通胀率大幅下跌仍高达 96 倍 [EB/OL]. https：//baijiahao. baidu. com/s？id = 1657654419195683043&wfr = spider&for = pc.

② 搜狐网 . IMF：2018 年委内瑞拉 GDP 实际负增长 18%，按美元计算则下降超 50% [EB/OL]. https：//www. sohu. com/a/259380488_100110525.

了 1000 亿美元。2015 年 1 月，中国决定向委内瑞拉提供 200 亿美元融资，至此，自 2007 年以来，中国已向委内瑞拉提供了 500 亿美元贷款。[①] 这大大缓解了委内瑞拉即将面临的主权债务违约。但由于国际石油价格依然保持低价位，而且委内瑞拉的经济结构没有得到及时调整，2016 年委内瑞拉的经济增长为 − 16.54%，且 2018 年政府公共债务占 GDP 的比重为 162%，IMF 预计其政府债务比重将进一步升高，未来几年内委内瑞拉的主权债务违约风险会一直高企。

## 第三节　主权债务危机的影响与危害

2008 年以来，主权债务危机的不断升级和深化，已经成为持续影响全球经济复苏的又一"拦路虎"。虽然在 2017 年以来世界经济有一定的复苏，但许多国家为抵御经济萧条而导致财政支出的大幅增加和财政赤字的急剧增长。这样"借钱求出路"，其结果必然使经济更加萧条。主权债务危机是政府过度借债所导致的危机，这次危机在世界范围内的不断爆发标志着依靠政府举债"买来"的经济繁荣的经济发展模式是不可持续的。危机的爆发已经不仅仅是一个简单的财政问题，其影响和危害非常深远。而危机的解决也已经不能仅仅通过增加税收或者增加货币发行能做到的，降低主权债务危机的危害，彻底解决主权债务危机对经济和金融的冲击，需要重新认识这种危机对经济、政治、社会乃至国际秩序的影响和危害。

### 一、主权债务危机对本国经济的影响与危害

债务危机和金融危机在很多时候是相互影响和互为因果的。2008 年这次主权债务危机始于私人债务链条的断裂以及由此而引起的银行危机和货币危机，并逐渐传导至实体经济。同时，主权债务危机又反过来导致银行危机和货币危机的持续，进而导致经济危机的产生和经济复苏的延缓。因此，主权债务危机并不仅仅会对金融市场产生冲击，货币税会导致通货膨胀的发生，直接影响市场需求和投资，并最终影响整个经济体系。

第一，主权债务危机提高了主权债务融资风险，从而提高国债利率和政府融资成本。各国主权债务的高企和债务危机爆发的现象完全颠覆了人们通常认为的国家发行的债券很难出现违约的，因此将其作为避险的投资产品的观念。政府发行的债券也很有可能违约，特别是在外部经济环境恶化和主权债务不断累积的情况下。

主权债务危机的爆发所诱发的金融危机和通货膨胀会直接增大金融市场的风险，增加人们对系统性风险的担忧，这不仅直接使政府债券的风险报酬系数上升，同时也使市场平均风险资产的收益率提高，这在很大程度上提高了政府债券投资者所要求的预期报酬，直接推高各国的再融资成本。在 2008 年主权债务危机爆发以后，各危机国家的债券收益率都有明显的升高，再次加重各国政府的债务负担，严重的甚至可能引发又一轮的债务违约和危机。爱德华多·博瑞斯特和尤格·帕尼萨（Eduardo Boreinsztein & Ugo Panizza，2008）

---

① 环球网. 国际油价持续下跌委内瑞拉深陷经济泥沼 [EB/OL]. https：// world. huanqiu. com/article/9CaKrnJHubu.

对 1997～2004 年 31 个新兴市场经济体的研究发现，主权债务违约后的 2 年内，危机国的平均融资成本要增加 250～400 个基点，3 年后也还有明显的负面影响。

主权债务危机还意味着政府还债压力的增大和财政支出的进一步扩大，政府不断增加的债务累积，加大了其债务负担，特别是在融资成本进一步增加以后，如果国家经济不能迅速得到恢复，政府的债务就会累积到一个可怕的程度；而如果经济进一步恶化，政府就不可避免地卷入又一轮的债务危机中，而且这个危机的持续时间会非常之长。

第二，主权债务危机会推高市场利率，拖累实体经济的发展。根据凯恩斯的理论，政府的公共经济政策一般采用反向操作，即在经济困难时期，政府利用扩张性的财政和货币政策刺激经济迅速恢复，经济的恢复也使政府在危机时期的大量支出得到补充和偿还，从而能保持经济的持续稳定增长。这个理论是如此完美，各国政府如获至宝，并在经济政策中广泛应用，使国家财政支出的规模不断扩大，在政府财源有限的情况下只能利用不断扩大的负债来满足这种资金需求。

主权债务危机的爆发，直接打击金融市场，并影响整体经济的发展。根据凯恩斯的理论，政府采用扩张性的财政政策刺激经济的增长，需要支出大量的资金维持金融市场的稳定，还需要因为失业率的不断升高而不断扩大社会救济支出，花费大量的外汇来维持币值的稳定等。但政府的财政收入是有限的，在新自由主义盛行的国家，不断地减税和私有化，迫使政府需要借债才能勉强维持日常的政府运行，对刺激经济所需的庞大资金只能通过不断扩大政府负债才能满足。政府的巨额借债会对金融市场产生巨大的资金流出效应，资金需求的增加直接推动市场利率的提高，并导致私人部门融资成本的提高，从而影响经济的发展，并进一步减少了政府的收入，政府财政收支缺口的扩大又增加了政府融资的需求，推动市场利率螺旋式地提高。从这个意义上来说，债务危机具有了"金融加速器"的效应。戴维德·福斯利亚和亚历山德拉·兹齐尼克（Davide Furceria & Aleksandra Zdzienic-ka，2012）通过对 1970～2008 年 30 多年数据的分析，发现债务危机对经济的破坏性要高于货币危机与银行危机，短期内债务危机的爆发会导致产出增长率降低 6 个百分点，长期来看债务危机会在 8 年内使社会总产出下降 10% 左右。

第三，主权债务危机引起资产价格的变化与财富的重新分配。债务危机的爆发直接冲击金融市场，导致金融资产价格的迅速下跌，金融资产迅速缩水，家庭资产的减少会直接减少其消费和投资；企业资产负债表状况迅速恶化也会减少其投资行为，而其资产的下降也会导致企业所能获得贷款的减少，造成企业财务状况的紧张，从而影响企业的生产扩大。而这种资产的变化，会引起社会总需求和总投资的减少，并引起经济的紧缩。

主权债务危机所带来的另一种资产价格的变化，来源于危机所导致的汇率变化。危机爆发之后，经济的恶化和货币的过度发行，一般会导致本币的大幅度贬值，从债务人的角度来看，有利于本币债务而不利于外币债务，即所借贷的本币债务更加容易偿还，而所借贷的外币债务更加难以偿还。无论是家庭、企业还是政府，如果大量借入外币债务，在本币贬值后，其所拥有资产就会大幅度贬值，最终导致资不抵债。2008 年冰岛主权债务危机爆发后，大量借入英镑和美元债务的冰岛银行和家庭就是因为本币的贬值导致大多数冰岛家庭和银行的总资产快速变为负数，处于破产的状态。

政府债务的快速增长和累积，给政府带来不断增加的利息支出和偿还压力，对财政造成巨大的负担。要偿还如此庞大的政府债务，仅仅靠税收明显是不够的，特别是有些国家的税收所带来的日常财政收入，维持政府正常运转尚有困难，更别说偿还债务了。因此具有自主货币发行的主权国家就必然通过增发货币、征收铸币税的方式来获得资金。但货币的增发直接导致了通货膨胀的发生。

通货膨胀会产生收入财富再分配效应，导致收入和财富的重新分配。由于工资黏性的存在，工资的上升幅度小于物价的上升幅度，通货膨胀的出现会导致家庭收入的下降，从而减少社会总需求，最终的结果必然会伤害经济的发展。同时，通货膨胀所导致的物价飞涨会迫使陷入困境的家庭和企业以较低的价格出售他们资产，而拥有大量本币资产的人则会以较为便宜的价格收购这些资产，从而导致贫富差距拉大。

第四，主权债务危机引起金融市场的动荡，并波及实体经济。健康的金融市场能充分调动社会资金的流动，及时满足实体经济的资金需求。政府债券市场作为金融市场的一部分，危机的发生会使政府债务价格出现波动和震荡，波及股市和货币市场，进而影响实体经济的发展。

金融市场是一个对信息非常敏感的市场，预期和信心对市场具有非常强的作用。主权债务危机的爆发，使债券市场出现明显的下跌，也给市场投资者传递了一个信号：该国经济在未来将出现不确定性。由此导致其他金融市场的下跌，大量资金流出金融市场，从而导致企业融资和再融资的难度加大。

银行等持有巨额金融资产的机构更容易受到冲击，从而出现流动性的不足。主权债务危机造成金融资产价格的崩溃和其他资产价格的下跌导致银行出现大量的呆账和坏账，银行的经营状况会变差，导致存款人对其存款的担心从而引发银行挤兑，更为严重的是导致银行的大范围倒闭。

第五，主权债务危机引起失业率的上升。主权债务危机的爆发所导致的通货膨胀和金融动荡在很大程度上会波及实体经济。特别是国际经济和金融环境较差的情况下，国内和国际需求的大幅度减少必然导致企业经营的困难，从而出现失业率上升。失业率的上升不仅导致政府失业救济支出的大幅度增加，加大政府财政的负担，还有可能引起社会的动荡和政治的不稳定。

从图3.2可以看出，主权债务危机爆发后3～4年，欧洲主权债务危机发生国家的失业率均高于正常年份。2008年欧债危机全面爆发以来，这些国家的失业率均保持在5%以上，其中欧洲五国的失业率自2008年以来呈现快速上升的趋势，最为严重的是希腊，其失业率从2008年的7.65%上升至2013年的27.25%，2015年虽然有所好转，但也达到25.8%的高失业率。这也就意味着希腊有超过1/4的劳动力处于失业状态，这还不包括自然失业率。由此可以看出，主权债务危机影响实体经济的增长，并推高失业率。

第六，主权债务危机导致本国出口减少，进而增加本国经常账户赤字。危机对国际贸易的影响作用并不确定。从积极的方面看，危机导致本国货币的贬值有利于出口，不利于进口。而从消极的方面看，信贷的缩减不利于本国企业的生产扩大和出口；由于违约带来的国家声誉的损害也不利于本国商品的出口；国际公约框架内的债务重组也对本国的出口具有重要的约束和负面的影响；国际经济形势的恶化和紧缩不利于出口。

根据国际货币基金组织数据，在债务危机爆发的当年，这些国家的商品和服务出口或多或少都会有减少；其中以2009年为最，因为2009年是金融危机以来经济紧缩最为严重的一年。但也有例外，阿根廷在2014年比索贬值了50%，但其出口增长幅度非常小。罗斯

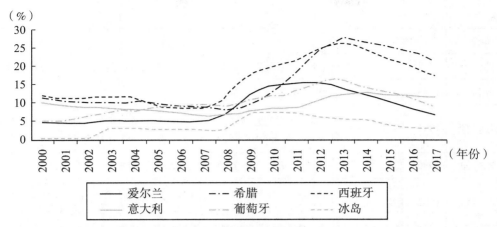

**图 3.2　2000 ~ 2017 年欧洲主权债务危机国家失业率（针对活跃人口）**

资料来源：欧盟数据库，https：//ec. europa. eu/eurostat/data/database。

（Rose，2005）认为债务危机及其债务重组对该国的双边贸易每年影响 8%，影响持续的时间为 15 年。爱德华多·博瑞斯特和尤格·帕尼萨（2012）也认为债务危机会对该国的出口行业产生负面影响，影响的幅度大约为每年 8%，但影响的时间为 2 ~ 3 年。

## 二、主权债务危机对本国政治的影响与危害

债务危机爆发、金融市场震荡与经济增长疲软会引起该国财政紧缩，加剧人们对政府财政部门乃至执政党的不满，从而加剧危机国的政治动荡。爱德华多·博瑞斯特和尤格·帕尼萨（Eduardo Boreinsztein & Ugo Panizza，2008）通过研究发现债务危机会使执政党在危机后的第一次选举中支持率下降 16%；危机后有 50% 的概率会更换行政领导；有 33% 的概率会更换财政部部长或者中央银行行长。

从长远来看，主权债务违约和危机意味着现任政府丧失了基本信誉，也意味着该国政治经济已经出现重大问题，不仅会使民众对政府表现出不满，对执政者管理经济的能力表示质疑。同时，反对派会夸大执政党在行政上的失误，意图颠覆和替代执政者的地位。因此，债务危机会对国家在全球和国内的信誉受到严重的打击，引发严重的政治危机，导致政府的更迭。表 3.2 是各国发生债务危机后所发生的政治变动和社会动乱。

**表 3.2　　　　　　　20 世纪 80 年代以来主权债务危机国家政治变动**

| 国家 | 发生债务危机年份 | 政治变动 |
|---|---|---|
| 阿根廷 | 1982，1989，2001 | 1982 年庇隆军政府倒台，恢复民主制度；1988 年阿方辛政府宣布经济改革失败，导致工人的 13 次大罢工；1989 年庇隆派候选人梅内姆上台；1992 年 6 月教师罢工和 7 月全国总罢工；2001 年爆发全国性骚乱和抗议活动，德拉鲁总统提出辞职 |
| 玻利维亚 | 1980，1986，1989 | 1981 年 8 月军事政变；1985 年大选在 1964 年前曾 3 次当选总统的埃斯登索罗重新上台；1989 年埃斯登索罗总统任期期满，萨莫拉当选为玻利维亚总统 |

| 国家 | 发生债务危机年份 | 政治变动 |
|---|---|---|
| 巴西 | 1983 | 1985 年军政府"还政于民"，重新初步建立了民主制的政治体制 |
| 智利 | 1983 | 1986 年 9 月发生军事政变 |
| 哥斯达黎加 | 1981，1983，1984 | 1985 年善于处理经济事务的阿里亚斯而被民族解放党提名为总统候选人；1986 年阿里亚斯被选为哥斯达黎加新总统 |
| 多米尼加 | 1982，2005 | 1982 年 7 月，亲美的古斯曼总统被刺身亡 |
| 厄瓜多尔 | 1982，1999 | 1984 年总统大选中奥斯瓦尔多总统失败，费夫雷斯·科尔德罗当选为总统；2000 年，上台才 1 年多的哈米尔·马瓦德总统被迫下台 |
| 危地马拉 | 1986，1989 | 1960～1996 年危地马拉持续了 36 年的内战，1987 年以后内战逐渐加剧 |
| 洪都拉斯 | 1981 | 1981 年军政府下台，自由党领袖 R. 苏亚索·科尔多瓦当选总统 |
| 墨西哥 | 1982 | 1982 年大选，多个中等城市选举反对党获胜；1985 年在联邦议会选举中反对党国家行动党选票大幅上升；1988 年大选导致墨西哥成为事实上的三党制 |
| 尼加拉瓜 | 1979 | 1979 年爆发尼加拉瓜革命，独裁的索摩查政权被推翻，但随后出现长达 8 年的内战 |
| 巴拿马 | 1983，1987 | 1983 年巴拿马国防军总司令诺列加控制了国家实权；1988 年美国军事干预巴拿马，并于 1989 年逮捕了诺列加 |
| 巴拉圭 | 1986，2003 | 1989 年巴拉圭发生政变，独裁者斯特罗斯纳被赶下了台；2003 年总统大选红党候选人弗鲁托斯当选，实施经济改革 |
| 秘鲁 | 1976，1978，1980，1984 | 1977 年莫拉莱斯军政府宣布"还政于民"；1980 年开始，反政府武装与秘鲁政府之间爆发了长达 20 年的政治冲突 |
| 乌拉圭 | 1983，1987，1990，2003 | 1985 年乌拉圭结束了长达 12 年的独裁统治。但政治并没有稳定，在 1985～2005 年间，红党和白党轮番执政，通过了四次宪法修正案，也失败了四次；虽然成功举行了三次全民公决，但另外五次公决最终失败 |
| 委内瑞拉 | 1983，1990，1995，2000 | 1992 年发生 2 次未遂军事政变；1992 年 7 月 16.5 万政府雇员罢工 |
| 俄罗斯 | 1998 | 叶利钦下台 |
| 希腊 | 2009 | 2011 年政府快速更替 |
| 爱尔兰 | 2009 | 2009 年北爱尔兰新教徒在贝尔法斯特举行的年度游行演变成流血事件，多地发生骚乱。2009～2013 年，贝尔法斯等地发生了多次抗议活动和流血事件 |

续表

| 国家 | 发生债务危机年份 | 政治变动 |
|---|---|---|
| 意大利 | 2009，2018 | 2011 年贝卢斯科尼下台；2018 年 4 月组阁失败导致政治危机 |
| 葡萄牙 | 2009，2013，2015 | 2011 年执政党和反对党对财政紧缩计划的分歧导致联合政府产生了破裂的风险；2013 年葡萄牙外长和财政部部长相继辞职；2015 年葡萄牙右翼政府在议会投票中遭遇否决，现任政府被推翻 |
| 西班牙 | 2009 | 2009 年以来实施的财政紧缩导致执政党受到严重的质疑和反对；2011 年反对党人民党主席马里亚诺·拉霍伊当选首相；2018 年 6 月议会以超过半数的投票结果通过对首相拉霍伊的弹劾案 |
| 日本 | 债务持续高企 | 2000 年以来日本首相频繁更换，最长的小泉纯一郎政府任期 5 年，最短的鸠山由纪夫 9 个月 |
| 美国 | 2009，2016 | 2009 年平民总统奥巴马当选；2011 年爆发占领华尔街运动，宣称 "99% 的人不能再忍受 1% 的人的贪婪与腐败"；2016 年共和党特朗普意外打败民主党希拉里，入主白宫，被认为是美国内战结束以来最大的政治分裂 |

为解决债务危机，各国纷纷实施庞大而繁杂的政策措施和计划，裁减政府雇员、冻结工资、削减社会福利、大幅度减少公共开支等；同时，为了减轻财政负担，这些国家纷纷把公共服务私有化和商品化。而这些措施，完全有利于资本集团而不利于普通大众，因为紧缩政策减少了普通大众的公共福利，而把原来政府承担的公共服务进行私有化则会推升这些公共服务的价格，进一步加重普通民众的经济负担。在危机中资本集团不仅没有受到大的损害，还因为债务危机的财富分配效应，获得了大量的好处。而政府为化解债务危机而采用的紧缩政策，也成为自由资本主义强化其统治的工具。如果我们没有认识到削减福利是资本主义的深层逻辑，是资本积累的新工具，仅仅反对削减公共和福利支出是无济于事的。

资本主义为了维护和扩展自身在全球范围内的庞大利益，必然追求在政治上具有更多掌控权。资本主义经济逐渐强大的历程，必然伴随着资本主义政治制度和霸权的确立及其在全球的扩张。因此以美国为首的资本主义国家不仅热衷于西方民主政治制度的输出，还建立了多个国际性的组织，并充当世界警察的角色，任意对别国进行武力干涉。利用这些经济、文化乃至武力的手段，资本主义确立了覆盖全球的统治秩序，利用全球化保障和实现着自己的利益。

## 三、主权债务危机对国际经济的影响与危害

主权债务危机不仅影响国内的经济和政治，还能通过预期、货币和汇市等金融市场和国际贸易等渠道传导到其他国家，影响其他国家的经济发展。更严重的是会引起全球范围内的经济和金融危机，从而对整个国际经济的发展产生极大的影响。

第一，主权债务危机影响国际贸易，进而影响国际经济的发展。债务危机发生后，各

国会相应实施财政紧缩政策，这会直接减少国内的消费和投资需求，进而影响双边贸易的开展。特别是与债务国经济联系较为紧密，与该国贸易额较大的国家，受到的影响越大。根据中国商务部数据，2009年欧债危机爆发以来，中国对欧洲的出口贸易下降了近23%，其中对意大利的出口下降了23.9%，对西班牙的出口更是下降了32.4%。

出口作为拉动经济增长的三驾马车之一，对经济具有巨大的贡献。债务国需求的萎缩导致的其他国家对债务国出口贸易的萎缩，会在不同程度上影响该国的经济增长，影响的幅度取决于该国的经济结构以及与债务危机国家贸易往来的规模。根据世界银行数据，2009年欧洲债务危机的爆发，直接拖累全球经济的增长，2009年全球经济增长仅为1%。2011年美国财政悬崖的爆发，更是拖累全球经济的增长，全球经济增长为3%，远低于年初预计的4.7%；而发达经济体经济增长更是仅为1.6%，要远远低于新兴市场国家和低收入国家。而债务危机发生国家的经济规模的大小决定着其影响国际经济增长的幅度。2009年欧洲主权债务危机对国际经济的影响要远远超过20世纪80年代拉美经济危机和1998年俄罗斯债务危机，21世纪以来阿根廷的债务危机对世界经济的影响则比较小。

第二，主权债务危机影响国际金融稳定。主权债务危机属于金融危机的一种，发生于金融领域，从而对金融市场产生相应的影响。特别是20世纪80年代以来，全球金融发展达到了一个新的高度，金融市场一年的交易量是实体经济GDP的几百上千倍。虚拟经济发展不仅极大扩大了金融市场的规模，还把所有能进行交易的东西都囊括进了全球投机交易中，债务证券化和金融化正是这种扩张的成果之一。金融资本把债务通过各种包装后，发展出不同的产品，供狂热的金融市场进行投机炒作，不停吹大金融市场的泡沫，据IMF估计，全球信用衍生市场的规模从2001年的1万亿美元暴增至2006年的26万亿美元；而债务抵押债券发放量也从2004年的1574亿美元增至2006年的5493亿美元。次贷泡沫的破灭直接重创了美国的房地产市场，导致多家国际性大银行倒闭，并波及全球金融市场，导致全球经济的重挫。

债务证券化把国家所有的债务囊括进金融市场交易，主权债务危机的爆发自然就直接引起了金融市场的动荡。自由主义的盛行和全球金融联系的日渐紧密，使资本在全球的流动越来越容易，成本也越来越低，因此国内金融市场的波动很容易就引起国际金融市场的动荡。2008年希腊一宣布财政赤字和公共债务占GDP的比例远超《马斯特里赫特条约》所规定的3%和60%的上限后，欧洲金融市场就出现大幅度的下跌；而在2010年2月，葡萄牙政府宣布可能削弱缩减赤字的努力，同时西班牙也披露未来3年预算赤字将高于预测，更导致市场焦虑急剧上升，欧元遭到大肆抛售，欧洲股市暴跌。甚至到2018年，欧洲各国大多都没有达到《马斯特里赫特条约》对政府赤字和公共债务比重的要求，反而比危机以前更高了。

第三，主权债务危机影响国家间的经济合作。经济全球化趋势下，各国经济联系日渐紧密，经济合作的形式也呈现多样化的趋势。但国际经济合作是建立在平等互利的基础上的，在合作中国家的声誉就显得比较重要了。

国家对其借入债务的违约会明显降低国家的信誉，不仅极大提高了国家债务融资的成本，还会使危机国在国际经济合作中处于不利的局面。首先，政府信誉的降低会直接影响外国资本在本国的直接投资；其次，在国际经济合作中由于担心政府的违约行为再次发生，准合作方会提出更多更加苛刻的要求，甚至会使合作终止；最后，由于债务危机所带来的政局变动和社会动荡会给国际经济合作带来更多的不确定性。

在全球化背景下，经济和金融危机的发生和影响越来越国际化，这更加需要国家之间进行合作，加强各国在财政、货币、汇率等各种宏观经济政策的协调才能缓解国际性的经济和金融危机对经济带来的冲击。债务危机的发生使各国面临的问题更多更复杂，国际经济合作的协同就显得更为困难，很多时候危机国家会陷入一种囚徒般的困境。而国家间宏观经济政策的协同有的时候需要危机国做出一定的牺牲，这却更会在一定程度上加重危机国的经济负担。

## 四、主权债务危机对国际政治秩序的影响与危害

2007 年以来一直持续的全球性危机极大地改变了世界政治力量的对比，以往霸权国家逐渐衰落，新兴经济体的崛起已经成为必然趋势，主权债务危机的爆发加快了这种趋势。以往的主权危机大多发生在发展中国家，但这是在第二次世界大战后发达资本主义世界第一次发生范围如此之广、程度如此之大、影响如此深远的债务危机，不仅标志着发达资本主义国家对世界控制和影响程度的降低，也说明这些国家在财政上已经不能支撑其独霸世界的政治影响力，新的国际政治秩序正在重构。

第一，主权债务危机导致金融安全问题形成溢出效应，国际政治领域不稳定局面的增加，地缘政治兴起，多种力量角逐世界的格局正在形成。2007 年次贷危机、2008 年的全球金融危机和 2009 年以后的主权债务危机，首先导致货币体系产生危机，引起了市场需求与供给出现断裂，进而引发全面的社会问题。美国国家情报委员会在 2012 年发表 20 年后的世界局势展望报告《2030 年全球趋势：不寻常的世界》中指出，始于 1945 年的美国霸权时期的"美国治理之下的和平"将很快结束，美国可能失去霸权地位，结果是出现多个大国互相制衡的格局。

新现实主义认为国际政治的本质就是冲突与竞争，政治格局的变化，必然导致政治竞争和冲突的加剧。在 2009 年后，"世界霸主"美国意图维护其在全球的统治，不仅采取各种措施限制和阻止新兴市场国家参与和主导国际政治事务，并不断利用其强大的军事实力干预他国内政。针对东亚局势，美国制定出"重返亚太战略"和"亚洲再平衡战略"，到处宣扬"中国威胁论"，多方挑起国家之间的争端，并通过全方位主导《跨太平洋伙伴关系协议》（TPP）的谈判，在国际事务中尤其是在亚洲事务中重新建立主导力量。这也导致了近些年来亚洲地区的冲突不断，如南海冲突、钓鱼岛事件等事件背后均能找到美国的影子。而在中东，美国更是以各种理由悍然出兵，直接干预别国内政，致使中东人民处于水深火热之中。同时，美国还不惜将自己集团内的西方盟友视为"潜在的敌人"，提出尤其要警惕从欧洲、日本和其他地区出现与美国相抗衡的力量。

与此同时，英国、日本等旧有大国以及"金砖国家"等新兴大国也不断通过各种方式在国际事务中扩大影响力，在一些热点问题上突出主导作用，成为国际政治经济新秩序的潜在"极"，并借助原来的地缘关系或新地缘关系，通过政治、外交等传统手段来维系国家形象与控制能力，巩固传统的地缘关系，势力范围不仅在本地区，而且波及全球。如极右势力在欧洲政治版图中异军突起，借助地缘关系对乌克兰危机进行推波助澜，由乌克兰危机导致了俄罗斯与西方的紧张关系，并引发了对新冷战是否上演的争论。

第二，传统安全形势不断恶化，各国纷纷加强自己的军事力量。在世界经济陷入泥沼不能自拔的情况下，国家安全形势也在不断恶化。一些国家在国内出现严重的经济、政治、社会危机时，通过强调主权、领土、外交、军事等传统安全事件，向外转嫁矛盾，在地区内与国际范围内挑起冲突，造成国内问题国际化。冲突的加剧改变了自第二次世界大战以来相对和平、以经济冲突为主的国际竞争形势，传统安全形势再次抬头，也导致了各国不断加强自己的军事力量。

从总体上来看，世界军费支出在不断增加，特别 2008 年以来各地区的军事支出均有较大的增长。陷入债务危机的欧洲的军事支出在 2012 年以后就增长不大，美洲更是出现下降的趋势，这说明美洲和欧洲的债务危机已经导致其经济实力已经不能支撑起军事实力的增长了。但从规模上来看，美洲的军费支出还是要远远高于其他地区。2018 年美国军费支出为 6098 亿美元，是排名第二的中国支出 2282 亿美元的 2 倍多。①

第三，主权债务危机导致国际安全主体的多元化，各国合作与竞争的趋势不断加强。发达经济体陷入金融和债务危机，使新兴国家尤其是"金砖国家"在国际上的影响力不断提升，并不断瓦解着单极化的世界政治体系，美国政治风险咨询公司欧亚集团总裁伊恩·布雷默（Ian Bremmer）预言说，"随着中国、印度、巴西、俄罗斯等新兴国家的国力日益强盛，国际社会正趋于势力均衡，在未来十年内将形成没有超强大国的'G0'体系"。新兴国家越来越多参与国际安全事务，使原来由发达国家统治国际安全事务的时代逐渐远去，参与主体多元化趋势明显。

新兴国家越来越多参与国际安全事务必然会导致发达国家的利益受到严重挑战和损害，这会进一步引起国家之间在安全问题上的竞争和冲突。而原有的双边或者多边关系也必然随着国家安全事务参与主体的增加而变得模糊不清，各参与主体之间必然重新形成新的合作关系、战略伙伴关系等不同的安全关系。

## 第四节　西方国家主权债务治理措施及其效果评价

2008 年以来世界各国公共债务风险的高企和主权债务的相继爆发，对政治、经济和社会产生了重大而深远的影响。危机爆发后，不仅危机国家采取了诸多措施以避免政府债务的违约，国际组织如世界银行和国际货币基金组织也对危机国家进行了积极的援助。但采取的这些措施并没有改善西方各国的债务状况，反而不断加重了西方各国政府的债务积累和主权债务风险。

西方国家应对主权债务危机的措施可以分为国内应对和国际应对两个方面，目的不仅在于保持各国政府短期内不出现政府债务的违约，同时也要求在不断减小政府的债务规模的同时使西方国家政府负债更加具有可持续性，长期的目标是试图通过促进经济增长和不断减少政府负债来完全化解政府的债务违约风险。

从应对措施来看，西方国家为了延缓和化解政府债务违约的风险，努力从不同的方面寻求帮助或者采取相应的政策，这些措施短期内对缓解西方各国的主权债务危机起到了一

---

① SIPRI Military Expenditure Database，http：//www.sipri.org/research/armaments/milex.

定作用，甚至在 2012 年使经济出现了短暂的好转，并被许多人冠以"后危机时代"。但欧洲和美国主权债务危机爆发后，各国的政府债务仍然在不断累积，经济状况也并没有得到真正的好转。2014 年石油价格的持续下跌似乎给西方国家的经济注入一剂强心剂，但西方国家并没有摆脱自 20 世纪 70 年代以后就陷入的长期经济停滞，庞大的政府债务更是进一步拖累经济的恢复。

从历史经验来看，一个国家在爆发主权债务后会使经济陷入 8 年左右的衰退。自 2008 年冰岛债务危机拉开西方发达国家的主权债务危机的序幕以来，在已经过去的 12 年里，不仅原来爆发主权债务危机的国家的状况没有得到很大的改善，反而越来越多的国家被卷入主权债务的漩涡中。

## 一、各国应对主权债务危机的实际做法

从国家的维度来看，一个国家出现债务危机是因为政府不能及时偿还到期的债务所致，这主要是由于政府财政的入不敷出，以及不能从市场上借入新的资金等原因导致其丧失偿债能力。因此在国家内部应对债务危机的方法无外乎是在短期内通过释放流动性甚至是直接由中央银行购买政府债券的方式来维持债务的可持续性；从中长期来说，则需要进一步增收节支，削减政府债务，并采取积极的政策促进经济的增长，从根本上解决政府的债务问题。

西方国家为了应对政府债务危机，在调整债务结构和管理体制、增加政府收入、增加国内资金流动性、财政紧缩和减债等多方面做出了调整和努力。

### （一）债务结构调整和债务管理体制的变化

债务结构包含债务的期限结构、利率结构和债权人结构等方面的内容，这些因素对一国在某一个时点上的偿债压力和债务违约风险具有非常大的影响。

债务的期限与债务的利率是直接相关的，期限越长的债券要求的利率就越高，但可以不用在短期内面临偿还债务的压力；短期债务虽然利率较低，但使用的资金期限较短，在短期内需要偿还债务和进行再融资。

主权债务危机爆发以后，西方各国政府资金短缺，债务违约风险的不断上升也使这些国家在资本市场上融资变得更为困难，如果短期债务过多会使这些国家在短期内面临较大的偿债压力，因此西方各主权债务危机国家有意识地减少了短期债务的比重，增加长期债务的融资。

危机爆发后，欧洲各国有意识地调整了政府的债务期限结构，有意识增加了贷款和长期政府债券的比例，如表 3.3 所示，短期债券占全部政府债务的比例由 2009 年的 10.2% 下降到 2014 年的 6.09%，2017 年为 5.07%；而长期债券则有原来占总债务的 70.15% 上升至 2018 年的 75.90%。债务期限的延长，极大提高了政府债务的利息成本，欧洲自 2009 年以来浮动利率贷款的利率为 1% 左右，政府短期债券的利率为 3% 左右，长期政府证券利率为 4% 左右。在债务状况较为严重的国家，如意大利，在 2015 年 3 月长期债务占全部政府债务的比例更是达到了 90% 以上，5 年期的长期债务利率也达到了 4.6%。随着债务规模的不断扩大，虽然在一定程度上缓解了政府偿还债务本金的压力，但也极大增加了债务利息的

支出，使本来就紧张的财政更加入不敷出，西方各国未来的偿债压力不断增大。

表 3.3       2009~2018 年欧洲地区政府债务期限结构      单位：%

| 年份 | 货币和存款 | 贷款 | 短期债券 | 长期债券 |
|---|---|---|---|---|
| 2009 | 3.19 | 16.45 | 10.20 | 70.15 |
| 2010 | 2.99 | 18.64 | 8.24 | 70.13 |
| 2011 | 3.38 | 17.83 | 8.04 | 70.63 |
| 2012 | 3.37 | 19.30 | 7.18 | 70.03 |
| 2013 | 2.97 | 18.70 | 6.60 | 71.73 |
| 2014 | 2.94 | 18.28 | 6.09 | 72.58 |
| 2015 | 3.11 | 18.02 | 5.56 | 73.41 |
| 2016 | 3.03 | 17.28 | 5.39 | 74.30 |
| 2017 | 3.00 | 16.36 | 5.07 | 75.58 |
| 2018 | 3.01 | 15.87 | 5.21 | 75.90 |

注：2018 年数据为第二季度数据。
资料来源：根据欧洲中央银行（ECB）的数据计算得出，http：//sdw. ecb. europa. eu/browseSelection. do？DATASET = 0&FREQ = A&node = bbn192。

从利率的变化来看，西方各国通过多种政策杠杆手段降低国家债务的利率，从而降低政府债务融资的成本。2007 年以后，以美国为首的西方发达国家普遍实施量化宽松使市场上的资金供给充足，各国国债的收益率更是一路走低，试图缓解各国政府债务融资的资金供给和资金成本，但那只是短期的效用。从长期来看，宽松的金融政策导致金融行业的复苏和再一次繁荣，与缓慢复苏的经济相比，各发达国家股票投资的繁荣和股票指数的快速上涨，进一步扩大了本来就很危险的金融泡沫。

除了调整债务结构外，西方各发达国家还对自身债务管理体制进行了变革，逐渐加强中央政府的财政集权，干预和限制地方政府发行债券的规模的方式。这主要是因为 2009 年以来西方各国地方政府债务风险的不断上升，特别是美国底特律和加利福尼亚的城市和地方政府破产是导致这一变化的原因。西方各国实施的财政联邦制赋予了地方政府一定的财政自主权，地方政府有权自主发行债券，但地方政府债务发行一般都受到了中央政府的严格约束和控制，特别是在 2007 年以后为了防范地方政府债务，各国建立了更加严格的监督和约束机制。如欧盟成员国就普遍建立了对地方政府债务融资的约束机制，包括市场约束、制度约束、行政约束等监督和约束机制。市场约束主要是在地方政府可在金融市场上自由发行债券的基础上制定了相应的激励和惩罚制度；制度约束主要是指利用法律或者法规等形式规定政府赤字和公共支出的规模，并规定地方政府发行债券必须满足的条件等如英国的黄金规则和可持续规则等；行政控制是指中央政府对地方政府发行债券进行授权和审批管理，如西班牙地方政府偿债比例要小于总收入的 2%，且发行外债需要财政部批准，意大利更是不允许地方政府发行外债。奥巴马上台后，针对各州面临的严重的债务问题，采取加大对地方政府的控制和援助，并削弱地方政府的借款权利，指导并引导各州和地方政府预算政策并使地方政府与联邦政府的政策保持一致等方式逐渐加强财政的联邦集权，意在逐渐化解各州面临的巨大的债务压力。

## （二）减债

当一国政府已经没有能力清偿全部的到期债务后，就会与债权人对话，就债务减记和重组与债权人达成协议，从而减少应偿还债务的金额。债权人因为害怕主权国家破产后带来的无序违约，可能愿意与债务国达成债务减记和债务重组的协议，以避免更大的损失。

在欧洲五国、美国和日本等爆发或存在权债务危机的国家或地区中，目前仅仅只有希腊进行了债务减记和重组。根据媒体报道，2012 年 2 月 22 日希腊政府与私人债权人达成了减记协议，对希腊的政府债务进行了减记和重组，不仅免掉了至 2012 年 2 月 24 日前的所有未支付利息，还豁免了 53.5% 的国债本金，并将剩余的希腊国债中的 15% 置换成 EFSF 债券，新债券还将期限改为 11～30 年。这虽然暂时使希腊政府的破产危机得到了缓解，但并没有使希腊的政府债务风险有任何的改善。2015 年希腊政府与欧元区伙伴国就债务减记和重组谈判破裂，导致希腊主权债务风险进一步扩大，国际评级机构标普将希腊政府债券评级调至 CCC + 的垃圾级并维持负面评价。2017 年德国拒绝其进一步减债的请求。2018 年 8 月，希腊获得了欧盟最后一笔救助，但最终再没有获得债务的减记。

主权债务危机爆发后，西班牙虽然在国际经济组织的救援下暂时走出了债务违约的阴影，但不论是中央政府还是地方政府均面临了巨大的偿债压力。2014 年 4 月西班牙政府开始尝试就减记地方债务与欧盟银行业接触，但并没有进行后续的谈判。

主权债务国家寻求债务减记显得困难重重并不仅仅在于维护债权人的利益那么简单，背后还有更加庞大的利益牵绊，那就是基于主权债务的衍生品交易规模达到数十万亿欧元，如果对主权债务进行坚持，就必然会损害整个欧洲背后的金融巨头们的利益，对整个金融虚拟市场产生系统性的破坏。

## （三）增税和减税的两难选择

凯恩斯主义认为，增税被认为是不利于经济增长的，因此在正常的情况下政府并不愿意增加税收。西方国家面临着长期的财政失衡和不断增大的偿债压力，但增税却又会影响经济的增长，由此在政策上陷入了一个两难的境地。

在政府债务不可持续的情况下，西方国家也不得不通过多种渠道增加政府的财政收入，主要采用了增税和出售国家资产两种方式。

增税的方式包括开征新的税种和提高已有税种的税率两种具体的方式。如希腊在 2012 年就曾经将取暖用燃油税提升了 450%[①]；在 2013 年 1 月通过新税收法案，对年收入 4.2 万欧元以上的个人征收最高 42% 的所得税，年收入超过 10 万欧元的个人征收最高 45% 的所得税；从 2013 年 7 月 1 日起，企业税税率将由 40% 降至 32.8%；对希腊股票交易征收

---

① 新浪财经．希腊燃油税涨 450% 为取暖偷盗林木案大增 ［EB/OL］．http：//finance. sina. com. cn/stock/usstock/c/20130205/222314512088. shtml.

20%的资本利得税等①。

为了减少庞大的政府赤字和债务，西班牙也从金融危机开始就将增值税从7%调到18%，2012年又将增值税由原来的18%提高到了21%，同时取消了2006年1月20日前购置首套房的民众所享有的税收减免，并提高能源间接税、烟草税、环保税等②；2014年更是开征了文化增值税，到2016年1月1日，人们借阅每本图书将支付0.16欧元作为公共借阅费用，这项新的法令使公共图书馆的预算减少至69.88亿欧元，而这个预算在2013年是78.42亿欧元③。

同样，2012年意大利新增城市房产税的税种，规定任何意大利境内的房地产所有权人每年必须缴纳城市房产税，对于第一套房产，税率为0.4%，其余房产税率为0.76%。2013年意大利将增值税由原来的21%提升到22%，这使得每户家庭多纳税103欧元。2017年，意大利伦齐政府再次通过新税收法案，规定2018~2020年，意大利增值税将从目前的22%逐步调整为25%；2019年将增加到35.4%④。2012年葡萄牙宣布全面增税，个人所得税税率从9.8%提高到13.2%，还将征收4%的个人所得税附加税及2.5%的高收入附加税，并且对价值超过100万欧元的不动产、高档汽车和游艇等奢侈品提高税率⑤。

2010年，美国奥巴马政府已率先提出对资产超过500亿美元的银行股本和受保险存款以外的负债征收0.15%的"金融危机责任税"，以弥补政府救助银行业的成本；英国已向该国红利超过2.5万英镑的银行家征收50%的一次性奖金税；瑞典也已实施类似的银行税制。欧盟委员会此前的报告指出，欧盟若比照瑞典的0.036%税率征收银行税，估计2010年将创造130亿欧元税收；若比照美国的0.15%税率征收银行税，则预计创造500亿欧元以上税收⑥。

日本庞大的债务规模以及日渐严重的人口老龄化，使政府面临着日渐增大的社会保障支出和沉重的偿债压力，因此也不得不寻求增税以增加政府收入，弥补财政收支的缺口。根据2012年的社会保障与税制一体化改革方案，日本于2014年4月和2015年10月将现行的5%的消费税提高到8%和10%，并规定将消费税全额用于社会保障支出。2014年4月日本如期将消费税提高到了8%，但考虑到对经济增长的影响，将2015年10月的增税计划往后推迟18个月，后来又被一度推迟。2018年10月，安倍政府确认对推迟了近4年的消费税进行调整，将从2019年10月1日由现行的8%上涨成10%，等于每项100日元的物品需要付10日元的消费税⑦。同样在2018年，日本通过《国际观光旅客税法》，规定从2019年1月7日起，日本政府将向符合条件的出境者征收1000日元（约合人民币60

① 人民网. 希腊通过税收法案 以满足三驾马车拨款要求 [EB/OL]. http://finance.people.com.cn/n/2013/0114/c70846-20187661.html.
② 张明娥. 西班牙近期税改简介 [J]. 国际税收，2013，(10)：55-56.
③ 中国日报. 西班牙8月1日起图书馆借阅费将附加文化增值税 [EB/OL]. http://world.chinadaily.com.cn/2014-08/19/content_18446721.htm.
④ 参考消息. 欧联网：意大利政府再次调整税案增值税增加10% [EB/OL]. http://www.cankaoxiaoxi.com/world/20170619/2131424.shtml.
⑤ 新浪网. 葡萄牙政府宣布新经济紧缩措施大幅提高所得税率 [EB/OL]. http://news.sina.com.cn/o/2012-10-04/140725300306.shtml.
⑥ 中国日报. G20峰会召开在即欧盟就银行税达成初步共识 [EB/OL]. http://www.chinadaily.com.cn/hqcj/2010-05/26/content_9896117.htm.
⑦ 搜狐网. 旅日费用上涨？2019年10月起日本全国10%消费增税确定！ [EB/OL]. https://www.sohu.com/a/270424221_100085282.

元）的"旅客税"①。

次贷危机爆发后，美国试图利用减税来促进经济的快速复苏。2010 年奥巴马延长了小布什大规模的税收减免计划，在两年的延长期内减税规模高达 8580 亿美元，而此前小布什的减税计划在实施的十年内总共减税为 1.35 万亿美元。但随着美国"财政悬崖"和政府财政收支缺口的不断扩大，2013 年奥巴马也开始实施增税政策，上调富裕家庭的所得税、拒绝延长实施两年的工资减税计划、增加房产遗产税等，不仅将家庭年收入超过 45 万美元的所得税税率提高到了 39.6%，还将高于 50 万美元的房产遗产税税率由原来的 35% 提高到 40%，同时将美国家庭全部所得从此前 4.2% 的税率恢复到了 6.2% 的税率水平。② 2015 年 1 月，奥巴马提议对银行和富裕家庭增税，建议将资本利得税提高到 28%，并提议对 100 家左右拥有 500 亿美元以上资产的金融集团的负债收取 0.07% 的费用，同时调整遗产税以堵住遗产税体系中的漏洞。但这个提议遭到了共和党的强烈反对。③ 2016 年特朗普上台以后，大力推行减税政策，并在 2017 年 12 月出台了 30 年来美国最大规模的减税法案，预计在未来十年内减税 1.4 万亿美元，其中，企业税从 35% 降到 20%。同时，想以此来吸引企业资金的回流，促进就业，但结果却不尽如人意。

与增税相比，西方国家还以出售国家资产和私有化的方式来筹集资金。如希腊经济和工业研究基金会（IOBE）发布调查报告称，在 2011～2019 年私有化为希腊 GDP 平均每年带来约 10 亿欧元增长，2011～2019 年第二季度，该国约有 56 亿欧元的固定投资可以归功私有化计划④。

2011 年葡萄牙开始实施私有化计划，率先实现了葡萄牙电力公司和电网公司的私有化改革，2012 年又完成了葡萄牙航空公司（TAP）、ANA 机场公司（ANA）、邮政公司（CTT）和铁路货运公司（CP CARGA）等具有很强公共性的国有事业机构的私有化改革，葡萄牙从出售这些国有资产的行动中共筹集到了 92 亿欧元的收入，是 IMF 要求的国际纾困计划所定筹资目标的两倍⑤。西班牙也在 2011 年进行了大规模的私有化，银行、机场、部分公共医疗机构、能源被出售给了私人机构，在私有化后，西班牙政府还必须出台相应的法规维持这些行业的垄断地位，如西班牙能源公司联盟就推出了一个新条例，如果个人在屋顶安装太阳能发电机就会被处以不超过 3000 万欧元的罚款。爱尔兰开始时将私有化的目标锁定在电力和汽油部门，后来又逐渐扩展到了银行、彩票、天然气等部门。意大利也就铁路、邮政、电力等公共部门进行了规模庞大的私有化计划，在 2014 年决定出售国家电力公司 5% 的股票，在 2015 年第一季度出售意大利邮政和铁路公司 40% 的股份，这些私有化计划给意大利政府带来了庞大的收益，仅铁路公司私有化这一项就能实现近 50 亿欧元的财政收入⑥。

---

① 人民网. 日本开征国际观光旅客税［EB/OL］. http：//travel. people. com. cn/n1/2019/0108/c41570 - 30509148. html.

② 郝洁. 2013 年美国宏观经济政策的调整及走向［J］. 中国经贸导刊，2013（8）上：30 - 32.

③ 环球网. 奥巴马对富人增税计划遭银行业抨击［EB/OL］. https：//finance. huanqiu. com/article/9CaKrnJGOqB.

④ 新浪财经. 私有化项目推动希腊 GDP 增长［EB/OL］. http：//finance. sina. com. cn/roll/2020 - 07 - 24/doc - iivhuipn4876909. shtml.

⑤ 驻葡萄牙大使馆经商参处. 2012 年葡萄牙私有化项目简介［EB/OL］. http：//www. mofcom. gov. cn/article/i/dxfw/jlyd/201207/20120708213624. shtml.

⑥ 东方网. 意大利将加速国企私有化［EB/OL］. http：//news. eastday. com/eastday/13news/auto/news/world/u7ai3 012140_K4. html.

日本政府为了应对不断加大的财政压力，也将其本来就不多的国有资产进行私有化，如2013年日本政府就出售了日本烟草公司17%的股份，筹集了近1万亿日元用于2011年地震和海啸的重建工作①。2014年日本的儿童投资基金会进一步敦促日本首相安倍晋三全面撤出政府持有的1/3的日本烟草公司股票，并敦促安倍投票支持公司回购10%的流通股的提议，而这个基金会自己却持有了日本烟草公司的部分股票。在2006年就启动的日本邮政服务私有化的项目，将日本的邮政公社分拆为邮递公司、邮政储蓄、邮政保险和窗口柜台等四个公司，并完全出售邮政储蓄和邮政保险的全部股份，这个私有化的项目在2017年4月全部完成。而日本的邮政储蓄持有了整个邮政系统2/3的资产，约248万亿日元；仅日本邮政储蓄的资产就占到日本商业银行资产总和的一半以上②。

## （四）财政紧缩和削减公共支出

自爆发主权债务危机以来，各危机国家普遍实行财政紧缩的政策，如大幅度削减政府财政支出，裁减政府雇员并降低政府雇员的工资，降低社会福利水平，减少政府公共投资等。这些财政紧缩政策虽然在短期内使政府支出得到一定程度的减少，但也影响到了经济的恢复。欧洲和美国在危机后的财政紧缩政策也因此而遭到了众多的批评。

危机后，各国政府为了缓解政府财政的巨大压力，或者在IMF等国际组织的要求下，纷纷进行财政紧缩。如希腊在2012年就削减了33亿欧元的支出，相当于GDP的1.5%。这些被削减的支出包括4亿欧元的公共投资、3亿欧元的国防预算和3亿欧元的养老金③。到2013年，希腊已经裁减了近40万的政府雇员，并大幅度削减希腊政府公务员的工资。葡萄牙在2013年计划停发公务员一个月的工资和养老金被否决后，被迫大幅度削减政府在健康、医疗和社会公共安全方面的支出。西班牙总共削减了300亿欧元的政府支出，除了养老金外，其他各项支出都有所减少，其中政府各部门的预算裁减了8.9%④。

日本政府在过去的几年之中并没有实施财政紧缩的政策，但2015年5月日本承诺到2020年基本实现财政的基本预算盈余，并计划在2015年夏季制订新的财政改革计划，实施财政紧缩政策以削减政府的支出，重点是限制政府的福利支出。由于政府赤字的高企，2013年3月份自动减支计划（Sequester）自动启动，强制性地全面削减政府支出，计划在未来9年内总计削减1.2万亿美元的支出，其中一半为国防支出，另一半为国内政府经常性支出。这个计划的实施将会使教师、消防员等政府雇员大量失业，并迫使政府雇员不得不接受越来越频繁的无薪休假。

## （五）致力于结构调整和促进经济增长

西方国家自20世纪70年代以后陷入长期的经济低迷，以及长期的政府财政失衡从本质上来说是一个结构性问题，经济的空心化和需求的不足，企业产品缺乏竞争力等原因导

① 新浪财经.日本政府将出售103亿美元日本烟草公司股份［EB/OL］.https：//finance.sina.com.cn/world/yzjj/20130225/155614638927.shtml.
② 搜狐网.日本邮政公社正式变身"私企"［EB/OL］.http：//news.sohu.com/20071001/n252457776.shtml.
③ 新浪财经.聚焦希腊债务置换［EB/OL］.http：//finance.sina.com.cn/focus/debtdefault/.
④ 环球网.西班牙300亿紧缩出台［EB/OL］.https：//world.huanqiu.com/article/9CaKrnJw7iV.

致失业率的高企和经济增长乏力。

各危机国家也意识到了这个问题，并试图通过各种政策来刺激经济的增长。首先是降低企业的各种税负。在政府财政收入来源枯竭的情况下，各危机国家为了改善企业的盈利状况，以刺激企业的投资，在增加消费税等税种的时候，对企业所得税等降低税率。其次是不断增加政府的经济支出，如美国、日本、意大利等在公共消费和转移支付来增加支出，意图通过公共和私人消费的增加来刺激经济的增长。最后，为了刺激企业的投资，德国、俄罗斯和美国等国家对企业实行更加优惠的折旧政策。

### （六）量化宽松和降低利率

为了刺激经济增长，增加市场流动性，为政府债务融资提供更加充足的资金，西方各国政府不断通过量化宽松政策和降低利率等方式不断释放流动性，目的是让危机国家从市场上以较低的成本借入更多的资金，从而避免政府债务的短期违约。

2008～2016 年，全球降息 697 次，全球范围内货币宽松的程度是前所未有的。其中自2007 年次贷危机爆发至 2012 年 7 月，美联储连续降息多次，并在连续 5 年内将联邦基金利率维持在 0～0.125% 这个最低区间内不变，考虑通货膨胀率已经变成负数；同期，欧洲央行也将主导利率降低至 1% 以下，英格兰银行业将其基准利率下调至 0.15%；日本央行也将隔夜无担保拆借利率从 0.13% 下降至 0.11%，成为第一个降息至接近于零水平的央行。

2008 年以后发达国家的政策利率以及市场上的长期利率和短期利率都呈现急剧下降的趋势，这正是因为在 2008 年以后各国实施了降低利率政策来释放市场流动性造成的。与此相对的是全球债务（包括政府公共债务和私人债务）的快速增加。

2007 年以后，美国和欧洲的中央银行实施了多次的量化宽松政策，中央银行大量收购主权国家发行的债券。美国货币的发行与美国政府发行的债券是直接相关的，因为美元的发行是以美国证券作为抵押的，因此美国实施的货币宽松政策就是发行美元的过程。自2008 年以来美国实行了三轮量化宽松政策，都是以收购美国证券或者机构抵押证券为主要手段向市场释放流动性。

在基准利率非常低的条件下，中央银行通过大量购买政府债券，向市场注入了大量流动性，也为美国政府提供了大量的铸币税和便宜的借贷资金，极大缓解了美国政府的财政压力，同时也使得金融市场变得逐渐繁荣，整个经济似乎走出了金融危机和债务危机的阴影。

与美国相似，欧洲也采取了超宽松的货币政策，以缓解欧盟各国政府的偿债压力。早在 2009 年，为了应对美国次贷危机带来的影响，欧洲中央银行就实施了一轮长期再融资计划（LTRO），以 5.11% 的收益率拍卖了 4420 亿欧元 1 年期的贷款，以应对资本市场流动性的不足；2011 年再次实施长期再融资计划，拍卖了 4890 亿欧元的贷款；2012 年实施了第三轮的长期再融资计划，再融资操作了 3 年期 5295.3 亿欧元的贷款。2015～2018 年，欧洲央行又整整实施了三轮量化宽松，至 2018 年 12 月，欧洲央行的购债规模达到了 2.6 万亿欧元，其中多数为公共部门的债券购买。2018 年底欧洲央行的资产负债表规模已经膨胀到了大约 4.65 万亿欧元，在全球主要央行中仅次于日本央行①。这些贷款也在一定程度上缓解了欧洲资本市场上流动性的不足，极大缓解了各国的偿债资金压力，但也不断推高了各国的债务规模。但到了 2019 年 9 月，欧洲央行又宣布重新启动量化宽松政策，下调存款便利利率（商业银行存在欧元体系的隔夜利率）10 个基点至 −0.5%，同时维持主要再融资操作利率（向银行体系投入主要流动性的利率）和边际借贷便利利率（银行从欧元体系获得贷款的隔夜利率）不变，分别为 0 和 0.25%，同时从 2019 年 11 月 1 日开始重启净购买，每月 200 亿欧元②，以应对不断扩大的债务，并刺激疲软的经济。

为了应对不断升高的债务违约风险和长期低迷的经济，日本也推出了其量化宽松政策，具体的内容包括：将每年的基础货币宽松规模从目前的 60 万亿~70 万亿日元扩大至 80 万亿日元；进一步增购国债，从每年 50 万亿日元扩大至 80 万亿日元，同时延长国债的增持期限，从 7 年最长延至 10 年。日本央行为刺激股市，还决定增加购买高风险的股市联动型基金，未来一年将购入 3 万亿日元的交易型开放式指数基金（ETF）和 900 亿日元的房地产投资信托基金（REIT）③。日本量化宽松政策的目的不仅在于缓解日本逐渐增大的偿债压力，还在于利用廉价日元促进日本的出口，意图拉动长期低迷的经济。

## 二、危机的国际救援和应对

为了应对不断升高的主权债务违约风险，各国不仅在国内实施了诸多应对的政策，还寻求在国际上的合作和政策协调，并寻求国际组织如 IMF 和世界银行等组织的救援。

### （一）国际范围内的货币和财政政策协调

经济和金融的全球化使世界范围内各国之间的联系逐渐紧密，在 2007 年美国次贷危机爆发以后，危机迅速蔓延，导致了全球范围内的金融危机及其接踵而来的主权债务危机的爆发，对各国经济产生了巨大的打击。各国之间紧密的经济和金融关系使解决这些危机已经不是一个国家能够承担的，更加需要财政和货币政策在国际范围内的协调。

IMF 作为应对金融危机和经济危机最主要的国际金融机构，本身就具有监督和协调各国货币和财政政策的职能，负责对各国进行金融援助和技术援助。但此次金融危机和主权债务危机中，IMF 也完全暴露了其职能上的不足，如危机预警和防范能力的不足、金融监管范围过于狭窄、贷款援助模式僵化、国际政策协调功能发挥不足等。因此，为解决国际间政策协调的问题，G20 峰会作为各国应对金融危机和债务危机、进行国际间政策协调的一个新平台，并在应对国际性危机和进行国际经济合作过程中起到了越来越重要的作用。2008 年全球金融危机以来，G20 迅速由原来的部长级会议升级为首脑级会议，并在第三次峰会上确定了取代 G8 成为全球经济合作的首要平台。

① 央视财经. 一个时代的终结：欧洲央行将在年底结束量化宽松 QE 政策［EB/OL］. https://baijiahao.baidu.com/s?id=1619830716325211763&wfr=spider&for=pc.
② 搜狐网. 欧洲央行：重启量化宽松政策［EB/OL］. https://www.sohu.com/a/340973430_661926.
③ 经济日报. 日本推出新版量化宽松政策［EB/OL］. http://paper.ce.cn/jjrb/html/2014-11/03/content_220555.htm.

G20 通过多国央行行长、财政部部长、国家领导人会议的形式研究应对经济和金融危机的对策，为全球货币、财政政策确定方向，并进行各国之间财政和货币政策的协调。2009 年欧美主权债务危机爆发后，各国利用 G20 平台，在财政和货币政策上进行了协同行动，并取得了较好的效果。

各国利用 G20 平台进行政策的协同建立了货币互换机制，增加了货币流动性。货币互换是指两笔金额相同、期限相同、计算利率方法相同，但货币不同的债务资金之间的调换，同时也进行不同利息额的货币调换。货币互换不仅能够作为一种投资产品进行套利和保值增值，也可以利用不同货币债务之间的互换进行资产和负债之间的币种搭配，或者规避国家之间的外汇管制。货币互换是各国央行之间的不同货币债务的交换。

美联储主导下的货币互换是目前最大的货币互换机制，其机理是美联储与其他国家的中央银行签订货币互换协议，向其他国家的中央银行提供短期美元资金，然后再由各国的中央银行将美元贷给本国的金融机构，如果投资机构需要美元资金，可以从本国的金融机构借入。主权债务危机爆发以来，美联储先后与欧元区、瑞士、日本、英国、加拿大等国家的中央银行签订了货币互换协议，美国在这个机制中发挥了最后贷款人的角色，为维护美元币值的稳定和美元的国际地位发挥了重要的作用。一定程度上为各国提供了资金，缓解了各国的债务压力。

除了货币互换机制外，G20 平台还为各国在债务危机后的联合降息和实行量化宽松货币政策中的协同行动提供了协商和实现的平台，对稳定国际金融秩序发挥了重要作用。

同时，在主权债务危机爆发后，G20 平台实现了各国对 IMF 的增资，为 IMF 对各国的救援提供了更多的资金。2012 年 4 月 G20 同意向 IMF 增资 4300 亿美元，10 月 IMF 总裁拉加德确认，IMF 增资规模扩大到 4610 亿美元，使 IMF 的可贷资金扩大了近一倍，也使各国在 IMF 中的投票权与其经济规模相匹配[①]。2016 年，IMF 份额改革正式生效，改革之后，新兴市场将比从前增加超过 6% 的 IMF 份额，中国、巴西、印度、俄罗斯等新兴市场国家将同时与美国、日本、法国、德国、意大利、英国跻身 IMF 前十大成员国[②]。

## （二）国际组织救援

目前美国和日本并没有向国际组织申请国际援助，因此对西方发达国家主权债务危机的援助集中于 IMF 和欧洲中央银行对冰岛和欧洲五国的援助。

主权债务危机爆发后，IMF 对各国进行了积极救援，这对缓解各国的偿债压力、降低债务风险和敦促各国进行财政整顿上发挥了一定的作用。欧洲中央银行为了维护欧盟的利益和欧元币值的稳定，也多次对发生主权债务危机的欧盟国家进行救援。表 3.4 详细列出了欧洲主权债务危机救援的重大事件。

---

① 人民网. 二十国集团承诺向 IMF 增资 4300 亿美元 ［EB/OL］. http：//www. people. com. cn/.
② 新浪财经. IMF 份额改革正式生效中国话语权升至第三 ［EB/OL］. http：//finance. sina. com. cn/roll/2016 - 01 - 28/doc-ifxnzanh0242943. shtml.

表3.4　　　　　　　　　　　　欧洲主权债务危机救援重大事件

| 国家 | 时间 | 救助者 | 救助内容 | 救助条件 |
|---|---|---|---|---|
| 冰岛 | 2008年2~12月 | IMF、俄罗斯、英国、荷兰、丹麦、芬兰、挪威、瑞典、波兰和法罗群岛 | 86亿美元救市贷款,其中IMF提供20亿美元,并提供了第一批8.33亿美元的贷款 | 加强财政整顿,推进经济结构调整,Landsbanki银行向被冻结的网上银行的海外储户进行部分偿付,共计54亿美元,前7年仅偿还利息 |
| | 2010年1月 | IMF | 英、荷两国众多储户要求冰岛赔偿损失,IMF第二批贷款启动 | IMF暂停了援助贷款计划 |
| 希腊 | 2010年4月11日 | 欧盟 | 欧元区成员国财政部长商定希腊救助机制进一步细节,同意在必要情况下第一年拿出300亿欧元资金支持希腊 | 设立一个由欧洲理事会主席范龙佩领导的专门小组,为完善欧盟经济治理、防止希腊式债务危机重演提出改革建议 |
| | 2010年5月2日 | 欧元区财长会议、IMF | 决定启动希腊救助机制,在未来3年内为希腊提供总额1100亿欧元的贷款。欧元区出资800亿欧元、国际货币基金组织提供300亿欧元 | 希腊须在2016年之前实现280亿欧元的增收节支目标,并加速实施总额为500亿欧元的私有化改革 |
| | 2010年5月18日 | 欧盟 | 决定向希腊拨付首笔总额200亿欧元的救助资金 | |
| | 2010年9月7日 | 欧元区财长会议 | 向希腊提供第二笔贷款,总额65亿欧元 | |
| | 2011年7月21日 | 欧元区财长会议 | 再为希腊提供1090亿欧元的贷款,欧洲稳定基金(EFSF)将从4400亿欧元增加到10000亿欧元 | 从2011年起引入一套名为"欧洲学期"的宏观经济政策协调机制,成员国的预算方案和改革计划需要提交欧盟委员会审议 |
| | 2011年11月29日 | IMF、欧元区财长会议 | 向希腊发放第六笔80亿欧元(约合106亿美元)救助贷款 | |
| | 2012年2月21日 | 欧元区财长会议、欧洲中央银行 | 欧元区提供1300亿欧元,欧洲中央银行系统将通过持有希腊国债所获得的部分利润转移给希腊政府欧元区成员国,并降低对希腊的贷款利率,国际货币基金组织提供280亿欧元 | 希腊应在2020年前将债务占GDP比例降至约120%,进行财政紧缩以及私有化等经济结构性改革以提高竞争力,希腊政府将通过建立特别账户及立法的方式保证债务的偿还 |

| 国家 | 时间 | 救助者 | 救助内容 | 救助条件 |
|---|---|---|---|---|
| 希腊 | 2012 年 3 月 | 欧元区财长会议 | 批准新的债务重组协议，要求私人债权人将减记比例提高到 53.5%，并将剩余的希腊国债置换成 EFSF 债券和期限为 11~30 年的希腊新国债 | 希腊政府需在超额赤字程序监管之下对财政整顿措施进行调整 |
|  | 2015 年 8 月 | 欧元区财长会议 | 欧盟通过了对希腊 860 亿欧元的第三轮救助计划，但 IMF 认为希腊不具备偿还能力而退出。新贷款为期三年，首期资金 260 亿欧元，除了偿还欧洲央行贷款的 130 亿欧元，再拨款 100 亿欧元，用于希腊银行重组等方面 | 2015 年底前，希腊需通过私有化成立一个总额为 500 亿欧元的独立基金，由相关欧盟机构实施监管。希腊还需进一步深化养老金、劳动力和产品市场、公共部门等方面改革，并且增加税收及脱售部分国有资产 |
|  | 2018 年 6 月 22 日 | 欧元区财长会议 | 将希腊 960 亿欧元贷款的还款期延长 10 年，利息偿还也宽限 10 年，希腊最早的一批贷款偿还将从 2023 年推迟至 2033 年；为希腊提供 150 亿欧元"现金缓冲" | 要求其保证基本预算盈余在 2022 年前每年保持在 GDP 的 3%~5%，直到 2060 年前都要保持在 GDP 的 2.2% 以上 |
| 葡萄牙 | 2011 年 5 月 17 日 |  | 葡萄牙救援达成一致协议，提供 780 亿欧元救援计划 | 2013 年时必须改变预算赤字过高的局面，2011 年将财政赤字占 GDP 的比例从 2010 年的 9.8% 降至 5.9%，2012 年进一步降至 4.5%，2013 年达到 3%。改革医保和公共管理制度，实施国企私有化计划，并"鼓励"私人投资者"自愿"继续持有葡萄牙相关资产 |
|  | 2011 年 6 月 15 日 | 葡萄牙救援 | 首批贷款正式发放 |  |
|  | 2011 年 6 月 22 日 | 葡萄牙救援 | 第二批贷款 |  |
|  | 2016 年 10 月 | IMF、欧盟和欧洲央行 | 未来 3 年，葡萄牙将获得 780 亿欧元的资金援助 | 葡萄牙为削减财政赤字而采取的办法，包括增加税收、大幅降低政府开支、降低公务员的工薪和降低退休金等 |

| 国家 | 时间 | 救助者 | 救助内容 | 救助条件 |
|---|---|---|---|---|
| 西班牙 | 2010 年 7 月 | 欧洲中央银行 | 12 月西班牙银行业通过欧洲央行流动性招标所获得的总贷款规模增至 1324 亿欧元，欧洲央行长期融资操作使用规模显著增加，从 11 月的 518 亿欧元跃升至 853 亿欧元 | 实现与欧盟达成的协议，2012 年度财政赤字占 GDP 比率 4.4%，到 2013 年降至 3% 的目标 |
| | 2011 年 9 月 30 日 | 欧洲反垄断部门 | 对 NCGBanco, CatalunyaBanc 和 UnnumBanc 三家西班牙银行展开救助，以确保重组计划实施，提高银行的支付能力，把资本金比例提高到监管机构规定的 10% 以上 | |
| | 2012 年 6 月 | 欧元区财长会议 | 正式提交银行救助申请，同意 ESM 直接向西班牙银行注资，上限 1000 亿欧元 | 建立涵盖欧元区所有商业银行的统一监管机制 |
| 爱尔兰 | 2010 年 11 月 | IMF、欧盟 | 联合提供 850 亿欧元救助金 | 爱尔兰将在未来四年内通过削减公共开支和提高税负等手段削减赤字 150 亿欧元，从而到 2014 年将财政赤字占 GDP 的比例控制在欧盟要求的 3% 之内 |
| | 2011 年 1 月 25 日 | 欧元区财长会议 | 2010 年 5 月设立了"欧洲金融稳定工具"，发行首批 50 亿欧元的债券，为爱尔兰筹集资金 | |
| 意大利 | 2011 年 11 月 28 日 | IMF | 将会在必要时为意大利提供 4000 亿 ~ 6000 亿欧元的低息贷款，利率水平在 4% ~ 5% | 加强财政整顿，推进经济结构调整 |

资料来源：笔者根据栾彦. 全球视角下的欧洲主权债务危机 [D]. 沈阳：辽宁大学，2012：199. 以及相关资料整理。

### （三）建立国际金融风险防范机制

经历金融危机和主权债务危机后，欧盟深刻认识到了改革欧洲金融监管体制的重要性和必要性，特别是泛欧的跨境金融风险监管。为了实现金融风险的防范以及应对金融危机的系统性风险和跨境传染，欧盟认为有必要对金融监管体制进行改革，尤其是建立金融宏观审慎管理制度。

根据法国央行前行长德拉罗西埃（Jacques de Larosière）为主席，包括 7 名委员的欧盟金融高级小组的政策报告，欧盟各成员国于 2009 年达成初步协议，确立了欧盟金融监管体系改革的框架建议，包括四大方面的重大内容：一是成立欧盟系统风险委员会，建立宏观审慎管理机制；二是建立欧洲金融监管体制，加强欧盟层级的微观审慎监管及其协调；三是减少金融体系的顺周期效应；四是强化以银行为主导的对金融机构的全面风险管理。在初步协议达成后，欧盟各国对金融监管改革的细节依然存在着较大的争议和分歧，并迟迟不能达成一致，直到 2010 年 9 月才就金融改革方案达成妥协：一是同意建立系统风险委员会和由 3 个监管实体组成的欧盟金融监管系统；二是欧盟层级的监管机构自由在特别的情况下具备直接监管权；三是日常的监管权仍然由各国监管当局保留。欧盟理事会经济金融委员会于 2011 年 11 月通过了欧洲金融监管改革计划，并确定欧洲系统风险委员会和 3 个欧盟监管主体已经建立和正式运行，欧洲新的金融监管体系正式建立。

在欧洲启动金融监管体制改革的同时，G20 的平台也开始谋求建立国际性的金融监管体系。2009 年 4 月伦敦 G20 会议决定将原来由发达国家设立的金融稳定论坛（FSB）改名为金融稳定理事会（FSF），负责全球金融系统性风险评估以及国际监管协调，并将成员扩充至 G20 全部成员。2009 年 6 月，巴塞尔委员会的成员同样扩充至 G20 全部成员，并将重要的国际金融中心所在地新加坡和中国香港也纳入成员。2010 年 9 月，巴塞尔委员会的 27 个成员的中央银行代表就加强银行业监管达成新的《巴塞尔协议Ⅲ》，在资本充足率、流动性监管、杠杆率监管等方面大幅提高了监管力度，并加强对影子银行和场外市场衍生品的监管，以降低金融体系的系统风险及其对宏观经济的冲击；同时加强对系统重要性金融机构的监管，防止"大而不倒"金融机构过高的金融风险，以及由此给各国政府和整体经济带来的巨大冲击和压力。

在巴塞尔委员会和金融稳定理事会的牵头下，构建了国际宏观审慎监管框架，主要包括以下几个方面：一是建立逆周期资本缓冲，以抵御借贷过快增长导致系统性风险积累情况下的损失，监管标准为 0~2.5%，由普通股或其他能完全吸收损失的资本构成；二是建立系统重要性金融机构的识别框架，并对系统重要性金融机构提出了 1% 的附加核心一级资本充足率要求；三是为降低衍生产品交易透明度低带来的系统性风险，提高了资本证券化以及交易账户的资本金要求，并改革衍生产品交易的结算和信息披露机制，提高透明度；四是构建杠杆率监管框架，单纯的资本充足率监管并不足以防范系统性风险的发生，为有效应对资本监管套利，防止银行过高的杠杆率带来的系统性风险，《巴塞尔协议Ⅲ》规定自 2013 年 1 月起按照 3% 的杠杆率标准进行监控；五是构建了流动性监管指标，包括流动性覆盖比率和净稳定融资比率，以监控金融机构的短期和中长期的流动性，防范流动性不足导致的系统性风险；六是强化情景分析和压力测试，分析整个行业和整体金融系统在极端情景或受压情形下的风险大小。

### （四）欧洲财政政策协调：欧元区财政联盟

欧元区在货币上的统一和各国财政上的独立，被认为是各国政府债务脆弱性的主要原因，欧洲很多并未遭受债务危机的国家认为，各国财政上的独立性导致某些国家在财政上的不自觉（特别是希腊），而由此产生的代价却由欧盟整体来承担。而为了应对债务危机，欧洲各国政府充分认识到了财政政策统一的重要性，欧洲政治领导人和学者也在多个场合纷纷提出，只有建立区域财政联盟，才能从根本上解决欧债危机。2011 年，时任法国总统的萨科齐和德国总理默克尔在巴黎会晤时提出，要建立欧元区经济政府，用以协调欧元区各国的财政和经济政策，同时主张推动欧盟财政一体化，各国出让部分财政权，尤其是国家预算问题上由欧盟来掌控。

财政权的出让意味着主权的让渡，因此也遭到了各国的反对。2011 年 12 月，欧盟 27

国领导人经过了近 10 个小时的彻夜商议后，并未就修改《里斯本协议》强化财政纪律达成一致，欧洲 17 国领导人只能退而求其次，与 6 个非欧元区国家的欧盟成员缔结了政府间条约以强化财政纪律，要求各成员年度结构性财政性赤字不超过名义 GDP 的 0.5%，超额赤字不能超过名义 GDP 的 3%，并将预算平衡原则写进各国宪法中。如果各国超额赤字不达标，将启动超额赤字程序（EDP），接受欧盟委员会于欧洲理事会的监督①。同时，欧盟各国特别是德国和法国依然在不断推进欧元区财政一体化进行努力，"欧洲学期""稳定与增长公约"及其"六个立法建议"以及 2014 年建立的银行业联盟都在不断加强欧盟对各成员国财政及其相关事务的监督和指导，强化欧盟层面的掌控能力。

与欧元区财政一体化一样难产的，是欧洲共同债券的发行。为了应对欧洲部分国家的债务风险的长期居高不下，欧盟委员会在 2011 年提议发行欧洲共同债券，并提出三个方案以供选择。第一种方案，即由欧元区发行统一债券，17 个成员国为统一债券提供共同担保并停止发行各自的国债。欧盟委员会认为此举的好处在于可以立刻更改市场对希腊或葡萄牙等不被评级公司看好的国家的信心，帮助他们以较低的利率从市场上尽快融资；第二种方案是一种折中方案，即欧元区共同担保债券和各成员国各自发债并行；第三方案是欧元区统一发债，替换一部分成员国国债，但这一方案的决策过程将比前两种更加烦琐。在欧盟委员会提出这一提议以来，遭到了德国、法国和西班牙等欧盟主要国家的反对。

## 三、西方国家主权债务治理措施的效果

无论是危机国家自身还是国际组织都采取了多项措施，试图缓解并最终完全控制各国的债务风险。这些措施虽然对缓解各国债务风险特别是短期债务风险起到了一定的作用，但并没有取得预期的效果，各危机国家的经济持续低迷，政府债务快速增加，失业率依然保持较高的水平。这说明自 2009 年以后各国采用降息和货币量化宽松等政策并没有真正起到作用，反而进一步提高各国的债务累积和债务风险，并最终在 2015 年使全球债务风险再一次显露。

第一，各危机国家债务负担不断上升，债务累积的速度超过预期。虽然各国在 2009 年以后采取了诸多的措施，但各国的债务累积速度也在不断加快，以更多的债务来保证前面债务的不违约，这种饮鸩止渴的行为使西方各国的债务风险在不断扩大。特别是在 2018 年各国的量化宽松政策结束或者进入尾声后，市场流动性不断缩减导致各国债券的收益率不断上升，这不仅使债务融资成本快速增加，资本市场上资金的紧张也使各国政府筹集资金的难度加大，更多的债务、更高的债务成本以及不断升高的政府债券收益率，这又似乎重新进入了 2009 年各国主权债务危机前夕的状况，但情况却变得更糟。

第二，各危机国家经济增长乏力，过高的政府债务严重拖累了经济的增长。2015 年 IMF《世界经济展望》认为发达国家在危机前就已经逐渐下滑的经济增长正在持续低迷，虽然在低油价的刺激之下由于成本的降低而使经济状况稍有改善，但金融和汇率的巨大波动以及高企的债务使发达国家的经济增长前景并不乐观。卡门·莱因哈特和肯尼斯·罗格夫在 2010 年发表的《债务增长的时代》（*Growth in a Time of Debt*）论文，在研究 44 个国

---

① 新京报网. 欧盟未就修改条约达成一致 23 国立新约强化纪律 [EB/OL]. http：//www. bjnews. com. cn/news/2011/12/09/170352. html.

家和地区 200 年来的统计数据后得出结论，一旦政府债务与国内生产总值（GDP）之比超过 90%，该国经济将陷入负增长。

但真正影响西方国家经济自 20 世纪 70 年代就陷入长期经济停滞及其在这次危机后各国迟迟不能使经济得到恢复的原因是不断下降的市场需求和产业的空心化，虽然在 2010 年以后各国积极进行经济结构调整，降低企业税收，降低最低工资标准等措施可能会暂时改善企业的经营状况，并促进投资的增长。但这些措施也使劳动者的收入进一步减少，市场需求逐渐萎缩。因此在危机后，虽然各国中央银行释放了大量的流动性，但仅仅促进了各国股票市场的繁荣，大量的资本要么转向资本市场，要么不断流出各发达国家。

如图 3.3 所示，在 20 世纪 80 年代以后，发达经济体（AEs）的总资产投资和固定资产占 GDP 的比例在不断下降，特别在 2007 年以后，固定资产投资占 GDP 的比例已经低于 20%，甚至在 2010 年各国中央银行释放大量流动性的基础上也并没有多大的起色。全球投资增长主要来源于新兴市场国家，但 2015 年以来全球总投资比例也在下降。

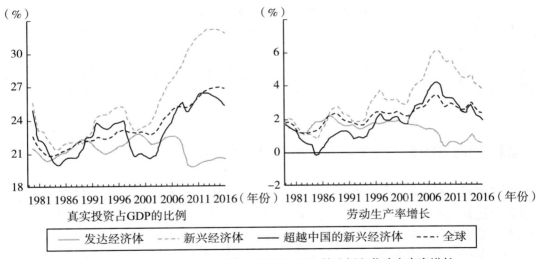

图 3.3　1981～2017 年全球真实投资占 GDP 的比例和劳动生产率增长

资料来源：国际清算银行第 87 期年报，http://www.bis.org/publ/arpdf/ar2017e.htm。

如图 3.4 所示，英国和欧洲每小时劳动产出在 2010 年以后互相有了暂时的上升，但从全要素生产率来看，美国、日本和欧洲等发达经济体的生产率却是在不断下降的，由此可以看出，在 2010 年以后危机国家虽然采取了诸多调整经济结构、促进投资和社会生产的措施，但经济增长乏力。因此，即使资本再充裕，欧美各国的经济衰落依然是不可避免的。

在 2011 年以来各国量化宽松政策的刺激下，释放的大量流动性进入金融市场，推动了本来就具有非常大泡沫的证券市场，使得全球主要的股票指数如标普 500 指数、欧洲斯托克 50 指数、日经指数等股票指数全面上涨。

第三，长期的经济低迷导致各国失业率在不断上升，不仅加大了各国政府的社会保障支出，也使社会和经济环境不断恶化。虽然在金融危机和主权债务危机以后各国采取了诸多的政策促进就业，但起到的作用并不大，长期失业人口和青年失业人口的不断上升，不

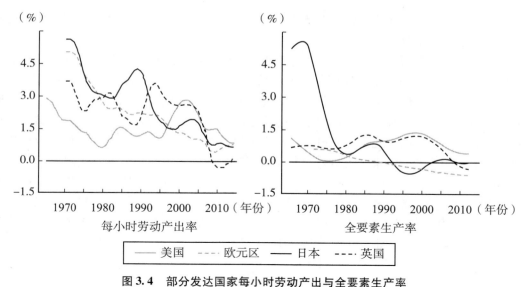

图 3.4 部分发达国家每小时劳动产出与全要素生产率

资料来源：国际清算银行第 84 期年报，http：//www. bis. org/publ/arpdf/ar2014e. htm。

仅加大了各国的社会保障支出和社会安全支出，还极大影响了各国经济增长的社会环境。同样，失业率的不断上升还会导致政府税收的减少，这也进一步加剧西方国家财政的失衡，影响政府未来的偿债能力。

## 四、对西方国家主权债务应对和治理措施的评价

为了应对主权债务危机，西方各国和国际组织都展开了积极的行动，但出台的诸多措施并没有达到预期的作用，虽然缓解了各国的债务压力，但也使各国的债务规模和债务负担呈现不断扩大的趋势，这不仅是因为各国的经济基础和经济结构的失调，这些政策和措施本身也存在着很大的问题。

第一，各国不断降低基准利率和量化宽松释放了大量的流动性，虽然能暂时缓解各国的债务风险，并试图通过提供更多更低成本的资金来促进实体经济的恢复，但在西方经济金融化和产业空心化的经济结构上，实施量化宽松政策产生的大量资金会流入资本市场，促进了金融市场的繁荣和股指的上升，投资者从中获利丰厚；金融资本在金融危机中所受到的损失完全收回来了，造成这场危机的罪魁祸首最终使自己的资产得以保全，带来的社会成本却由国家来承担。从这个角度来说，西方国家采用的量化宽松的货币政策是利用政府的负债在补贴金融资本，推出的货币政策使投资者获利丰厚，但政府负债却使金钱从负债累累的政府转移到了金融资本手中。绕了一圈后，政府还不得不利用财政政策来刺激经济的增长，货币政策对社会财富又进行了一次大规模的偏向于资本的重新分配。

第二，西方各国所采取的财政紧缩政策极大影响着各国的经济增长。财政的决策过程是一个政治过程，西方民主政治的异化使政府在制定财政紧缩政策的时候并不会损害资本集团的利益，但由于选举制度的存在也不会大规模削减社会福利支出，因此西方各国紧缩政策的核心在缩减教育支出和政府公共投资以及缩减政府公共管理支出。西方各国为了应

对债务危机而削减这些支出不仅不能解决问题，反而会使这些国家的经济发展受到影响，本来就陷入长期停滞的经济更加恢复无望。

第三，债务危机国家增加税种和提高税率政策具有短期性，且幅度不大，对增加财政收入和减债意义不大。西方债务危机国家一直面临着两难问题：增税和财政紧缩能够改善政府的财政状况，但又会影响经济增长；而进行扩展性的财政政策虽然可以促进经济的增长，但也使各国政府债务不断增加。这也是各国在债务危机后不实施财政政策，而过多选择和依靠宽松的货币政策的原因。

经过多年的发展，西方各国的税收体制已经逐渐完善，骤然提高税率或者增加税种不仅对经济会产生不利的影响，还会带来巨大的政治压力。因此，无论是从经济影响还是政治压力来看，西方国家增税的政策无疑是一个短期的权宜之计，而且增加税收的幅度并不大，对改善各国财政状况也是杯水车薪。

第四，各债务国家为了缓解财政压力和增加收入，同时也迫于 IMF 等债权人的施压，出售国有资产并进行大规模的私有化，这极大损害了各国的经济基础，不利于经济的恢复和持续的增长。IMF 要求各国私有化的理由是国有企业的低效率和不利于市场竞争，但这种说法是无稽之谈。20 世纪 80 年代拉美主权债务危机后，IMF 和以美国为首的发达国家要求拉美国家对其国有企业进行私有化，并给出私有化有利于培育完美的市场并改进经济效率，发达国家资本集团在私有化进程中获得了巨大的收益，但大量的私有化损害了拉丁美洲国家的经济基础，甚至摧毁了整个拉丁美洲经济赖以生存的基础，同时极大削弱了拉美国家的政府参与和管理经济的能力，最终导致拉丁美洲"失去的十年"。

大量国有企业和公共资产的出售，特别是供电、能源及其邮政等国有资产的私有化，虽然能给各国带来暂时的收益，但私有化后这些企业会利用自身的垄断地位大幅度提高价格，进而增加其他企业和部门的成本，不利于整体经济的增长；国有企业作为政府宏观调控和干预经济的手段，在私有化后政府干预经济的手段就更加单一，对需求调控手段的严重依赖不仅在很多时候是无效的，经济代价也是高昂的，对财政的依赖就更加严重，这给政府的财政带来了巨大的压力，特别是经济低迷且政府财政收支长期失衡的情况下，不仅使政府的债务规模不断扩大，还使政府无力进行经济的干预和调控；出售国有资产和国有企业，也使政府丧失了长期的收入来源。彻底私有化产生的诸多不利影响会使一个国家的经济陷入长期的衰退，如 20 世纪 80 年代的拉丁美洲、20 世纪 90 年代的俄罗斯。

第五，在西方国家的市场经济下，进行经济结构调整存在着巨大的困难。建立在私有制和资本主义制度下的市场经济，必然是资本占据主导地位的，因此对生产成果的分配也更有利于资本，在这样的市场经济中更有利于资本的积累，但造成的收入分配的两极分化和阶级之间的差异必然是逐渐扩大的，这也是造成西方国家产业结构失衡和空心化的主要原因。直到现在，依然有很多人，包括许多经济学家把第三产业规模的急剧扩大特别是金融产业的高度发达当成是社会进步和经济发展的标志，但他们并没有观察到 20 世纪以来正是因为金融行业的快速发展和金融泡沫的破裂导致了一次又一次的世界性经济和金融危机，而这次西方世界的主权债务危机本身也是由于金融危机引发的。

需求结构的失衡和经济的高度金融化以及表现出来的产业空心化，使西方国家进行经济结构调整面临着重重困难，金融产业的无限扩张导致了整个西方社会的虚假繁荣，产生的恶果必然为西方社会自己品尝。要调整产业结构，首先必须调整收入分配结构，而要调整收入分配结构已经不能仅仅靠国家税收体制进行再分配来调整了，这势必要动摇整个资本主义的私有制基础。如果仅仅通过税收和政府的公共投资进行经济结构的调整，而不改变其经济制度的基础，也必然导致西方国家经济结构调整变成一个口号而已。

第六，西方国家主导下的国际组织和国际风险防范机制的软约束。为了应对不断扩大的金融风险在国际间的传导，各国不仅在区域性的组织内建立了风险防范机制和宏观审慎管理体制，还在 G20 平台上建立了国际性的风险防范机制，这些机制对于化解和防范全球性和区域性的金融风险，避免金融风险的国际传导等方面取得了一定的成就。但这些风险防范机制依然存在着诸多的问题，特别是这些风险防范机制的软约束问题。

一个单极世界所主导的国际组织和国际协调机制也必然是由单个国家所主导并维护其利益，政治、经济乃至军事实力决定着一个国家在国际组织和国际协调机制中所具有的权力。同样，在国际性的风险防范机制中，国家之间政治经济力量的不平等也使这个机制必然不会像其宣称的那么公平和平等，此风险防范机制也更加偏向于政治和经济实力占据较大优势的国家。

欧洲各国间政治、经济和军事实力的不平等，使欧洲建立的风险防范机制和宏观审慎管理体制也必然偏向于德国、法国、意大利等大国的利益。为应对欧洲主权债务危机而成立的欧洲稳定基金（EFSF）和欧洲稳定机制（ESM）虽然在一定程度上为防范欧洲的金融风险和化解欧洲各国的债务危机提供了一个机制和解决的方案，但法国和德国等国家对其利益的维护及其各成员国之间利益的冲突使欧洲在应对主权债务危机上错误频频，冲突不断，各国之间在政策上的协调出现了较大的问题。如德国和法国积极推进欧洲财政联盟和财政一体化，但强烈反对发行欧洲共同债券，这也是基于德法等国家加强对欧洲的控制，但又不想承担欧洲其他国家经济行为的不利后果的一种表现。

在 G20 平台上建立的国际风险平台随着新兴市场国家的加入和西方发达国家经济的长期停滞，多极力量的参与和平衡使各国在很多问题上能够达成一致，而不再是美国等发达国家的"一言堂"，因此 G20 平台对于协调各国的经济政策，防范国际性的经济和金融风险具有非常积极的作用。

总之，虽然在主权债务危机爆发以后各国无论是在国内还是在国际上都对如何化解和防范主权债务问题做出了诸多的努力，但由于西方国家本身的制度缺陷和国际组织在其行为上的利益偏向和政策失误，均导致这些措施仅仅只能缓解危机，而不能完全化解这个危机，甚至可能会使这些国家的债务压力进一步增加，从而恶化危机国家的债务危机，或者导致其他国家债务危机的产生。

# 本 章 小 结

14 世纪以来的主权债务危机历史告诉我们，除了因为战争的巨大花费导致主权债务违约外，经济系统和经济运行本身也会导致主权债务的违约，而这些违约大都与资本主义的发展和掠夺相关。发达国家资本主义对发展中国家的掠夺引起了 21 世纪以来发展中国家的多次主权债务危机，如 20 世纪 30 年代和 80 年代拉丁美洲国家多次发生的主权债务违约。同样，资本主义在国内的掠夺也必然引起社会不平等的不断加剧和经济的不平衡，最终导致发达国家自己也陷入了主权债务危机的困境中。2009 年以来发生并在不断恶化的西方发达资本主义国家的主权债务危机不仅对国内的经济和政治产生了巨大的危害，还严重冲击了国际政治和经济秩序，为世界的发展蒙上了一层阴影。

　　危机爆发后，西方国家和国际组织采取了多种措施以应对和化解危机，但由于其不合理的经济结构和政治制度，以及国际组织在其行为上的利益偏向和政策失误，这些措施不仅只能缓解危机，但更会导致这些国家的债务压力进一步加重，从而恶化危机国家的债务问题，或者导致其他国家债务风险的上升或者新的主权债务危机的产生。

# 第四章　资本主义国家财政制度实质、财政收支与债务累积

政府债务是政府以国家信誉和国家未来的财政收入为担保，向个人、企业、社会团体、金融机构和其他国家借入的债务，政府必须依靠公共财政收入进行偿还。因此，从本质上来看，政府债务是一种公共信用，最终也必然会变成公众的负担。

国家主权债务危机从现象上而言是政府财政在对国债本息支付链条上的断裂，由此带来对金融和经济产生的一系列影响。因此，必须从对债务危机发生国家的财政制度实质、财政收支结构以及主权债务累积的过程进行深入分析，才能从根本上明白国家主权债务危机的根源所在。

## 第一节　现代财政制度的框架、功能与实质

财政是政治的基础，一个国家的维续必然依赖于财政。在一个国家的历史中，财政史是最为基本的，以财政利益为根基的冲突是社会冲突的基本形式。当掠夺性权力逐渐被制约，统治者和被统治者之间就产生了共容性的利益，这种利益会引导权力从破坏性使用过渡到建设性使用。随着共容性收益的不断扩大，权力的建设性使用会逐渐改善，一个国家也就逐渐从霍布斯所称的"人人为敌"的丛林社会逐渐过渡到集权的专制国家，再过渡到现代的民主国家。国家的政治制度和模式与财政制度之间是相互决定的，政府财政的各种制度既是政治的，也是经济的。因此，分析现代国家的财政制度，不仅要从其制度和框架上进行分析，还必须在考察公共财政目标和职能变迁的基础上，发掘出财政经济性质背后的政治实质。

### 一、现代国家财政制度和框架

财政制度是一个国家最基本的制度安排之一，是国家利用其手中的权力获取资源并进行重新分配和使用的制度。从根本上而言，财政制度界定了不同的统治阶层对其权力的不同使用形式，及其对社会资源的重新分配。

从历史的角度来看，财政制度是伴随着国家的产生而出现的一种制度安排，国家利用其所无偿占有的资源实现其职能和目的。刘志广（2013）按照不同形式的具体财政收入在财政收入中所占比例的不同，把历史上出现的财政制度分为四种纯粹的类型：贡纳型财政制度、租金型财政制度、利润型财政制度、税收型财政制度。

贡纳型财政制度是国家产生后较早采用的财政制度，存在于分封制和领主制的封建国家，君主享有名义上的统治权，但领主和郡王实际控制了地方的财政权力，君主的收入大多来源于诸多领主和郡王的纳贡。这种形式的财政制度是不稳定的，存在着极强的掠夺特性。

租金型财政制度是指国家通过垄断性权力的出租而获得的使用权转让收入，这种类型的形成得益于绝对王权的存在，国家或者君主对一切财产性和非财产性的特权都处于垄断和实际控制的状态。西欧在绝对君主时期就是租金型财政制度。

利润型财政制度是指国家直接控制和垄断了整个社会商品的生产和销售，并制定商品的价格，其获得财政收入的途径是生产和经营。在这种财政制度下，国家对资源的掌控达到了空前的高度，个人作为资源的一种也被国家直接掌控和最大限度地利用，并没有自由选择的权利。

税收型财政制度是指一国的财政收入是以税收收入为主的财政制度。在税收型财政制度建立的过程中，国家的权力越来越受到经济的有效制约，从而遏制了统治阶层的掠夺性，国家的公共性或契约色彩越来越明显，现代国家和民主制度在此基础上逐渐建立和完善。第二次世界大战以后，公共财政制度在世界范围内逐渐流行，大多数国家已经或者正在建立以税收为主要收入来源的现代公共财政制度。而这个制度也被视作与市场经济配合最优的财政制度。

现代公共财政制度是基于市场失灵建立的，认为政府公共财政应该弥补市场的缺陷，满足公共利益的需要，确保社会的公平公正。因此，公共财政制度中必须具备以下几个基本功能：（1）作为公共财政活动的规范，为公共财政运行提供方向和路径框架；（2）决定财政活动主体的地位和相互关系，减少财政活动的成本，保证财政效率；（3）为政府履行社会经济职能、进行资源配置和调节收入分配关系提供法律保证和物质基础。国家财政行为的公共性是现代公共财政制度的主要特点，要求财政必须代表公共利益，以提供公共品和满足公共需要为基本准则。这种公共性不仅体现在提供公共品和优化社会的资源分配，还体现在调节社会的收入分配和保证经济的稳定运行。政府主导公共财政，因此公共财政制度的另一特征就表现为公共财政所实现的公共利益具有很强的行政性；且实现的公共利益非常广泛，并不仅仅局限于经济利益，还有包括国家安全、环境治理等一些不能用货币直接表现的利益。

财政制度作为一种制度安排，必须具备其自主实施的制度框架。现代公共财政制度特别是西方各国的公共财政制度包含了公共预算制度、公共支出制度、公共收入和税收制度、公债制度、公共财务管理制度、国有资产管理制度等内容。

根据各国在财政收支的权限分配，现代财政体制可以分成两种不同的模式或者类型。

第一种是财政联邦制模式。在联邦制国家，联邦政府与州政府之间的权力划分遵循"州余权主义"原则，即在宪法中未指明或者未列举的联邦权属之外的事务，州有权立法和实施。即联邦（中央）与州（地方）在宪法规定的领域内相对独立、平等，互不从属。财政联邦式的财政管理体制，是指在宪法和相关法律确定的各级政府独立事权的基础上，各级政府独立地行使各自的财权财力，自收自支，自求平衡，自行管理的模式。在这种模式下，中央财政与地方财政之间、地方上级财政与下级财政之间没有整体关系，政府间的财政联系主要依靠分税制和转移支付制度来实现。美国、加拿大、德国、澳大利亚、俄罗斯、墨西哥、印度等国家实行财政联邦制。

第二种是财政单一制模式。这种模式是指在中央统一领导下，中央和地方各级政府根据事权划分及与之相适应的财权财力划分，统一财政预算和分级管理。在这种模式下，财政大政方针和主要的规章制度由中央统一制定、安排，地方在中央决策和授权范围内对财政活动进行管理。财政单一制模式下，地方政府拥有的分权水平较低，自主性较小。法国、英国、日本、韩国、意大利等国实行财政单一制。

## 二、财政职能与目标的演化

财政是政府行为的一部分，也是政府实现其职能的基本保证，财政职能与政府职能密切相关，甚至很大程度上是相互重合的。因此随着政治体制的不断演化，财政的职能和目标也在不断演化。

国家的出现就意味着一部分人统治另外一部分人，也意味着对资源的占有和重新分配。纵观历史，人口和军事技术变化一直是驱使社会集团谈判力量发生变化的根本力量。人口增加促进财富的生产，而军事力量和军事技术则给国家提供了强大的力量去保护和掠夺财富。从国内来说，社会谈判力量的不断变化使政治体制出现演化。诺斯认为历史中军事技术的变化而引致谈判力量变化是多元化政府兴起的一个重要原因，这也导致权力分配乃至对经济资源的占有和分配的不同：

在近代欧洲，军事技术（长枪、大弓和火药）的改进导致某些规则定权转向议会或三级会议，权力的转移是为了实现因生存需要而增加的税收。[①]

因此，财政制度实质上是与政治权力相匹配的财权制衡体系，有什么样的政权分配格局就有什么样的财权分配模式，所要实现的财政职能也就不同。纵观经济发展历史，私人经济实力的不断增加，使王权不断被限制和削弱，终于引起了政治权力格局的变化，特别是在资本主义产生后这种变化就显得越来越频繁。资本主义经济的发展和资产阶级经济实力的增强，通过借贷和税收来影响和控制统治者的财政收入，促使资产阶级政治权力的不断扩大和王权的衰落。这种趋势在西欧最为明显，也就不奇怪英国在资产阶级革命中没有发生大的武装冲突了。

马克思在国家和（市民）社会相区别的基础上，认为国家的出现不仅源于统治阶级的需要和国家权力的形成，还源于管理公共事务的要求。因此，国家产生的开始，财政的职能就是要满足统治阶级的需要，这个需要不仅包括统治者的各种消费需要，还包括大量的军事开支；且提供少部分的公共产品，如最基本的国家安全、基本的公共行政管理需要。而财政收入则主要依靠捐税和纳贡获得，或者依靠战争掠夺来补充，后者在欧洲的古代和近代表现得最为明显。

西方"公民社会"理念的出现和流行，以及资本主义的发展，使得近代封建国家在财政职能上不断加大在"公共事务"上的支出。亚当·斯密提出政府的"守夜人"角色，政府应该具备三项基本的职能：社会安全职能、社会公正职能和提供公共产品的职能，特别强调政府应该加强在公共工程上的支出，因为这样可以产生巨大的经济效益和社会效

---

① 道格拉斯·诺斯，罗伯特·托马斯. 西方世界的兴起 [M]. 历以平，蔡磊，译. 北京：华夏出版社，2009：3.

益。这就说明在资本主义经济发展到一定程度后，政府的财政职能更多偏向了管理公共事务方面。但亚当·斯密也认为政府的经济职能应该被限制，"看不见的手"能自动调节经济，政府的经济干预不仅不会增加社会收益，反而会使整个社会经济秩序更加混乱，不利于经济的发展。这种理念表明自资产阶级革命以来至 20 世纪 30 年代的自由资本主义阶段，政府财政职能更多偏向于政府军事支出（掠夺和拓展海外市场的需要）和公共服务支出，政府的经济职能被忽视。

20 世纪 30 年代的"大萧条"使人们认识到了放任自由的经济必然导致灾难性的经济崩溃，市场的失灵必须由政府加强其经济职能加以干预和纠正。凯恩斯的相机抉择理论及罗斯福的国家经济干预实践，给世界其他国家如何扩大经济职能、进行经济干预提供了坚实的理论基础和成功范例。经济危机所导致的"大萧条"使实体经济遭到重创、失业加剧、通货膨胀以及社会贫富差距不断扩大。为了恢复经济，解决诸多的社会问题，要求扩展政府的经济职能，利用政府这只"有形的手"来减少经济波动，加快经济恢复，解决诸多社会问题。凯恩斯主义认为有效需求不足是造成危机和失业的根源，因此可以扩大政府财政支出以增加社会总需求，从而稳定经济；而瓦格纳则主张要充分利用财政手段矫正社会分配的不公平，导致个人所得税的引入，财政被赋予了收入分配的职能。自此，国家的财政职能在原有的只提供基本公共服务的"守夜人"角色的基础上，被赋予了稳定经济和收入分配的职能。

20 世纪 60 年代以来资本主义国家经济出现的"滞胀"，表现为严重的通货膨胀、失业和经济停滞并存，但宏观经济理论却找不出能够解释这一现象的理论，对此束手无策，财政政策的实施只能使经济陷入两难的境地。特别是在 1973～1975 年经济危机发生后，如何走出经济停滞的困境，保持经济的稳定增长，从而化解由于经济停滞所导致的失业等社会问题，已经成为西方各国乃至全球的政府所需要面对的主要经济问题。财政政策和货币政策的松紧搭配，利用减税、增加政府开支和鼓励投资和消费的方式以消除失业，促进生产，同时严格控制货币供应量以降低通货膨胀的方式对解决通胀，保障经济的逐渐恢复和低速发展起到了很大的作用。这样国家的财政又被赋予了促进经济增长的职能。

20 世纪 70 年代以来，随着全球化进程的快速推进和各国经济联系的日渐紧密，国际贸易规模也在不断扩大，国际资金流动加快。整体上看，20 世纪 70 年代以前，世界经济一体化的发展从未超过 20 世纪早期的水平，这可以由贸易在 GDP 中所占的比重变化得到说明；70 年代以后，世界总产出中贸易所占的份额达到前所未有的高度，这种份额的变化绝不只是数量上的增加，而是标志着质的变化。这种质的变化体现在商品和服务进出口占 GDP 比重在 20 世纪 70 年代以后的迅速提升、专业化的提高、劳动力的流动、资本流动的加大、信息流动的增强等方面。与过去相比，现在的全球化突出表现在国际贸易的扩大、短期投机性资本流动的增加以及跨国公司经济活动的全球布局上。随着国际一体化的发展，政府要想保持社会总需求的稳定，不仅需要考虑国内产品的供给与有效需求，以及国内投资规模，还需要考虑国际贸易对总需求的影响，以及国际资金流动对本国投资的影响。而保持国际收支的平衡对于稳定国内供给与需求，保持充分就业等经济目标具有重要的意义。在 20 世纪 70 年代后，政府的财政职能在原来的基础上又加上了国际收支平衡。

20 世纪 80 年代新自由主义在全球的复苏和盛行，导致了全球经济和金融危机的频繁发生，各国和国际经济的脆弱性大增。这也导致 20 世纪 90 年代各国对国家干预经济的政策的重新审视，由此带来财政职能的不断调整。随着宏观经济学和福利经济学的发展，财政学逐渐发展为公共经济学。与传统经济学相比，公共经济学更注重财政收支对整个经济的影响。公共经济学更进一步对政府提供的公共产品进行分类，区分出核心公共产品、混合公共产品和已经转化为私人产品的公共产品，且在提供和生产方式上进行了收益—支出的比较分析，以此来界定政府与市场活动的边界和政府对于市场失效领域干预的程度。

2007 年的全球性危机爆发，老牌发达资本主义国家频繁出现问题，而新兴市场国家则保持相对稳健得多的发展步伐，导致了西方各国感到深深的失落，世界经济格局的日益多元化。遭受危机的各发达资本主义国家开始反思自 20 世纪 80 年代以来政府的经济职能的转变和参与经济的方式，西方的经济学者们认识到：一个以自由化和金融驱动为特征的盎格鲁—撒克逊资本主义的时代即将终结，依靠资本不加限制的贪婪来促进经济的发展必然导致像 20 世纪 30 年代经济"大萧条"一样的"大衰退"。2009 年以来发生在发达资本主义国家并严重影响全球经济复苏的主权债务危机，使各国政府认识到其虚弱的一面，也必然引起其对整个经济思想、政府职能、公共政策及其金融和财政制度等各方面的一个颠覆性思考。看似强大的政府，在经济危机中显示出前所未有的脆弱性，被刻意忽略的庞大债务也终于被暴露在光天化日之下，人们对政府抱着一种深深的怀疑，政府的财政体系也遭遇到了巨大的压力。而如何化解超出本国 GDP 成百上千倍的国家债务，对各个发达国家政府而言，也是在未来很多年内必须直接面对的问题，由此我们不得不产生疑问：如果这个遍及全球的债务链条破灭，那么这些国家的政府将会以什么样的方式存在？美国诸多城市的破产，会不会是国家破产的先兆？

## 三、资本主义制度及其国家财政的实质

国家财政是为了满足社会再生产的需要，最大限度维护统治阶级利益而参与社会产品分配所形成的分配关系。从这个意义上来讲，财政不仅具有很强的经济性，也天生有着很强的政治性。财政制度属于上层建筑，其实质是与政治权力分配相匹配的财权分配制衡体系。有什么样的政治权力格局就有什么样的财权分配模式，而以财政利益为根基的冲突是社会利益冲突的基本形式。

韦伯和吉登斯把国家定义为一种持续运转的强制性政治组织，并总结出其两大特征：民族国家和民主国家。民族国家即统治权行使范围的问题，它是以主权为核心的现代国家组织形式，强调的是国家整体性和国家利益的至高无上。民主国家即现代国家根据什么制度规则来治理国家的问题，是以合法性为核心的现代国家制度形式，强调的是国家构成的个体性以及个人自由和权利的至高无上性。

罗素认为，主权国家（或民族国家）在其制度框架内能够通过三种方式对个人施加影响：（1）通过运用直接的物质权力，如拘禁或致死；（2）通过提供报酬或惩罚；（3）通过运用教育和宣传对舆论施加影响。这三种方式都与政治权力紧密相连，我们可以将前两种方式称为程序权力。程序权力赋予议程设定者以突出的地位。在现代国家中，程序的设定者是那些掌握着庞大经济和政治资源的人，这些人构成了统治阶级（或称之为精英阶层），他们不仅掌握了庞大的政治权力，能利用暴力使人不得不屈服于他们的意志；同时，还能利用奖惩的方式，诱使或者迫使他人服从于他们。

国家对个人施加影响的三种方式均离不开财政。第一种方式，统治阶级利用国家的财政发展出完善的暴力系统，从而直接威胁或者迫使他人服从于自己，包括军事力量、警察系统、监狱和司法系统；第二种方式，通过国家财政构建经济的奖惩方式，利用经济利益诱使他人服从于自己，如社会保障体系及其各种经济性的法律法规；第三种方式，则离不开社会教育体系对基本理念的塑造、对媒体发布信息的控制甚至是直接控制媒体，发布一些有利于自己或者隐瞒不利于自己的信息，或者通过各种宣传和说服让别人同意自己的观点，驱使他人相信自己并心甘情愿接受其统治，这些行为都是通过财政的支出来实现的。

财政是为统治阶级服务的，现代公共财政理论撇开政治属性，单纯讨论公共财政的功能和作用，不利于从根本上理解一个国家财政制度的运行，更不容易理解普遍发生于发达资本主义国家的主权债务危机为什么会爆发，还将持续多久，以及发达资本主义国家主权债务危机的无解悖论。

国家财政是以国家为主体的分配关系，财政的过程包含两个方面的内容：一是财政收入的过程，利用国家权力把社会财富从社会各阶层中集中起来，归国家所有；二是财政支出过程，将集中的社会财富按一定的目的和用途加以分配和使用，从而实现财政目的和国家职能。

从财政收入的来源看，现代发达资本主义国家的财政收入主要来源于税收和公共债务。税收是现代资本主义国家财政的主要来源，按照一般意义上的分类，可以分为来源于个人所得税、企业所得税、财产税、消费税、货物与服务税、关税等税种及其他收入，各国的收入结构不同。

根据马克思主义的分类方法，财政收入来源于生产领域、流通领域和分配领域。从生产领域取得的财政收入，主要是从国有财产和国有企业中取得的收入；从流通领域取得的财政收入，主要包含从货币流通和商品流通中取得的财政收入，其中从货币流通中取得的财政收入指的是通过货币发行和货币贬值取得的收入，即铸币税，而从商品流通领域中取得的财政收入指的是通过对商品课税取得的收入，一般包括增值税、消费税等税种；从分配领域取得的财政收入指的是对个人和法人所取得的收入进行课税。资本主义国家的财政收入，主要是来源于流通领域和分配领域，大多通过课税的方式无偿获得。虽然表面上不仅对商品的生产和流通课税，还对资本和个人的收入课税，看似谁的收入越多，被征收的税收也就越多，保证和促进了社会公平。但从本质上来看，对资本和商品的课税完全可以转嫁给大众消费者；对收入的课税虽然从表面上不能转嫁，但资产阶级总是通过不同的方式进行避税，其债务负担其实远远低于税法规定的水平。即使必须负担一部分时，这部分税款也是来自劳动人民所创造的剩余价值。以货币发行的方式来筹集财政资金，由此所引起的通货膨胀导致实际收入水平的下降，即货币超发所引起的成本完全是由民众来承担的。从这个意义上来说，资本主义国家的财政收入制度和体系具有强烈的资产阶级的政治属性。

公共债务是政府收入的另一重要来源，是补充财政收支失衡的重要手段。当前西方国家在财政上表现出普遍的赤字财政，财政支出远远大于财政的收入。越来越大的财政缺口，必须通过不断积累的公共债务进行补充，最终必然导致西方国家主权债务链条的断裂和危机的发生。公共债务最后必然由普通民众负担，考虑到财政和公共债务的政治属性，即财政是为了维护资产阶级和资本在社会的统治，公共负债体现的是私人支出公共化的过程。

财政支出将集中起来的财政收入按照国家财政的职能和目的进行使用和分配，支出的项目和用途直接反映了财政分配关系的实质。

从财政支出的项目来看，现代发达资本主义国家的财政项目主要包括军费支出、政府公共支出、社会福利支出、教育卫生支出及其生产性支出。军费支出一直是西方发达国家最重要的财政支出，是维护资本在国内和国际利益的最强有力的保证。政府公共支出是政府在司法、行政等方面的公共支出，是为了维护政治统治以及统治阶级在国内的利益而进行的支出。教育支出具有非常强的公共性，教育支出规模的不断扩大能够让普通大众享受到越来越好的教育条件，提高公民素质和社会生产力，但教育还承担着非常强的政治功能，资本主义推动教育的发展，不仅为资本主义的生产提供了大量高素质的劳动力，还在推广其政治和经济理念，获得社会认同等方面发挥了强大的作用。资本主义的政治理念和经济政策能在全球得以盛行，并推动资本主义在全球利益的拓展，特别是在20世纪80年代以来，西方国家的制度输出和文化输出得到了极大的成功，这对西方国家在全球的利益扩张起到了非常大的作用。

生产性支出则是国家财政直接进行国有资产投资的支出，公共财政理论认为国家不能与民争利，因此应该最大限度地放开对各行业的限制，让资本进入并进行竞争，并认为这样有利于提高社会生产和公共福利。根据这一思想，西方国家不仅在竞争性领域内完全放开，还把公共领域的诸多产品也放开由私人资本来经营，还美其名曰提高公共福利。但某些公共产品由于建设时间过长、投资过多或者利润微薄，私人资本不愿意进入，只能由政府来承担，利用财政资金来弥补这一"空白"。但这些项目的原材料或者产品供应是由国内垄断性资本所控制并以此获得高额利润的。因此，这部分财政支出也可以看作资本主义国家通过财政把私人成本社会化的另一种途径。

社会福利支出也是资本主义的私人成本社会化的另一个途径，也是资本主义为自己争辩的最大依据。"福利国家"的称谓似乎为资本主义的剥削性做出了最好的辩护。但政府提供的失业、养老和贫困的社会福利，又何尝不是国家再一次利用公共收入为资本主义埋单的行为。资本主义的进一步发展必然造成其基本矛盾的不断加剧，生产的相对过剩和贫富差距的不断拉大导致资本的出路逐渐狭窄，经济金融化和虚拟经济似乎为资本找到了出路，但其在金融市场上暴露无遗的掠夺性使得经济的波动越来越剧烈，失业和贫困不断增加，给世界和国家带来了诸多的不安定因素，也极大威胁到了资本主义政权的稳定和资产阶级的统治地位。为了缓和社会矛盾，巩固自身的统治，政府不得不出面不断扩大社会福利支出，使得失业者、老年人和贫困人口能得到最基本的生存资源，从而维持资本主义政治统治和生产方式的延续。

但随着资本主义生产方式的不断深化，老年化社会的到来、贫困和失业人口的不断增加已经导致西方国家的政府不堪重负，最终必然导致政府财政收支缺口的不断扩大和国债的不断累积，由此引发了主权债务危机的爆发，这也意味着资本主义的这种把私人成本社会化的方式已经不可维续了。

西方政府为解决主权债务危机而出台的措施和解决方法又是一次规模更大、范围更广的资本主义私人成本社会化的过程，进一步凸显了西方资本主义财政的实质。从目前各国出台的解决主权债务危机的措施来看，增收和节支是最基本的出发点，但增收的方向除了廉价出售国有资产，推行又一轮的私有化外，就是不断出台工资缩减计划、大规模减少教育卫生支出和社会福利支出，或者提高那些由消费者为最后税务负担者的税种的税率，意图由全社会共同承担资本主义生产方式所带来的社会成本。

## 第二节　主权债务危机国家的财政收支规模、结构与赤字

为了实现其财政职能和财政目标，国家就必然进行财政的收入和支出，并实现财政收支的平衡。按照传统的财政理论和观点，财政必须是"量入为出"，实现预算的平衡。但在现实中，往往并不能实现财政的收入与支出的平衡，缺口不断扩大的过程，特别是在第二次世界大战后，各国纷纷把凯恩斯扩张性财政政策作为经济的"万灵药"，无论是应对经济危机、促进经济增长还是解决失业问题，都作为常规性甚至是首选的政策选择。结果带来的是财政收支缺口和财政赤字的不断扩大。为了分析主权债务危机爆发的原因，就必须对危机国家的财政收支的规模和结构进行分析。

### 一、主权债务危机的国家财政收支差距与债务累积

#### （一）适度财政收入规模

财政收入与国家的整体经济活动密切相关，财政收入的取得是国家参与经济分配的过程，体现了一个国家在一定时期内新创造的价值的集中程度。财政收入的规模取决于国民经济发展水平，随着经济规模的不断扩大，财政收入的规模也会出现不断扩大的趋势，这也被称为"瓦格纳定律"。但财政收入并不是越多越好，固然财政收入是政府公共职能能够实施的保障，但从另外一面来说也是全体居民的负担及其收入的扣减，对居民消费具有很强的"挤出效应"。因此存在一个适度的国家财政收入规模，既能够满足政府的财政需要，又对经济不产生过度的影响。

经济学界对最优财政收入规模的研究主要集中于对最优税负的研究，最著名的是阿瑟·拉弗提出的拉弗曲线（见图4.1），描述了税率与GDP的关系。

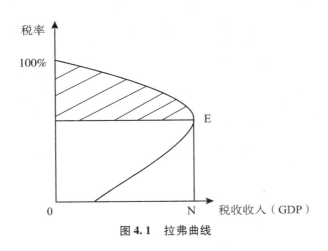

图4.1　拉弗曲线

虽然拉弗曲线描述的是税率与税收收入之间的关系，但这个关系也可以看作税收收入与 GDP 的关系，因为税收收入是税率的函数，因此可以把纵轴的税率改为税收收入，从而税收收入与 GDP 也形成类似的曲线。即随着 GDP 的增长，税收收入在开始有一个迅速的增长；但增长到一定程度后，税收收入会逐渐地下降，并且拖累 GDP 的增长。

对国家财政收入规模的分析，更多是在社会福利最大化的基础上如何确定实现社会资本和社会福利最大化的资本收入的最优税率。贾迪和卡木里（Judd，1985；Chamly，1986）在一系列严格的假定下，证明了在代理人具有无限生命的情况下，资本收入的最优税率将趋向于 0，这个理论也称为 Chamly - Judd 结论。

也有学者认为，若忽略激励适用性限制条件时，Chamly - Judd 结论是成立的；但如果存在激励适用性限制，则 0 税率的稳定状态是不可持续的，而资本进行补贴的稳定状态才能持续。

中国财政学家陈共认为，要确定适度的财政收入占国民收入的比重，必须考虑财政的性质和支出的范围，一个生产性的财政，除保证社会消费以及增补流动资金和挖潜改造等的最低需要外，还主要是保证国家的重点建设，同时通过财政收支来调节整个国民收入的分配。

为了分析国家主权债务危机的发生原因，需要对这些危机国家的财政收入的规模和结构进行分析。

### （二）主权债务危机国家的财政收支不平衡与债务累积

2007 年以来，冰岛、欧洲五国、美国、日本等国家的主权债务违约风险快速上升，已经引发或者即将发生主权债务危机。对这些国家的财政收入规模和结构进行分析，可以得出这些国家的债务是否具有可持续性，债务违约与财政收入状况之间是如何变动的。

为了应对主权债务的偿债风险，及其资本市场对于各危机国家偿债能力的质疑，在经济可以承受的范围内提高财政收入，同时进行财政紧缩，按时偿还到期债务，基本是所有危机国家在财政政策上的选择。

大部分债务危机国家的财政收入占 GDP 的比重基本都呈现先降后升的现象；意大利虽然在数据上呈现一个上升的趋势，但与 2000 年的财政收入比重相比，也出现了小幅度的下降。2008 年以来发生主权债务危机的国家大多为发达国家，这些国家是典型的消费型财政，财政收入占 GDP 的比重普遍较高，大部分 GDP 被政府以财政的方式取得并用于消费。2007 年次贷危机以及由此引发的全球金融危机之中，这些国家的财政收入规模明显下降，使本来就入不敷出的国家财政再次面临巨大的压力，再加上全球性的流动性紧张导致国家融资成本的大幅度上升，不断扩大的债务累积必然导致主权债务违约风险的提升，并进而发生主权债务危机。其中希腊财政收入占 GDP 的比重提升较快，为了缓解债务风险，希腊政府不得不想办法增加财政收入。图 4.2 为 2006～2018 年冰岛、欧洲五国、美国、日本等国家的国家财政收入、财政支出和财政赤字占 GDP 的比例。

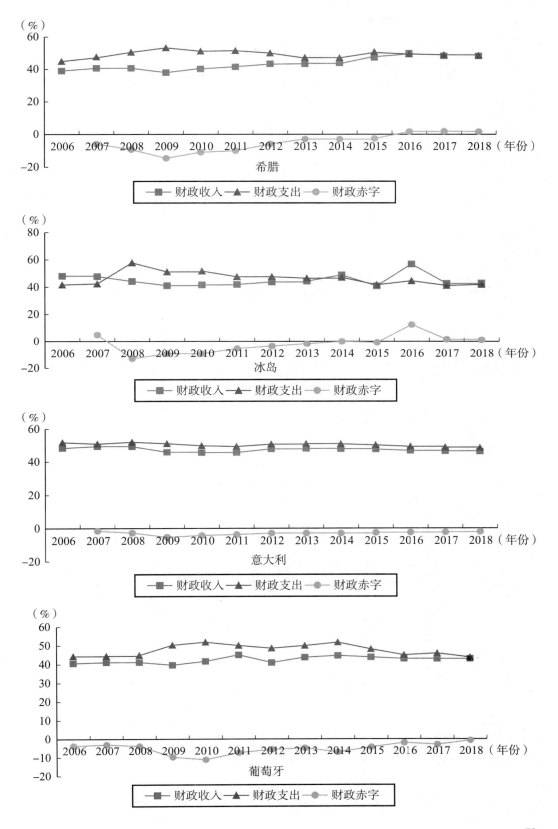

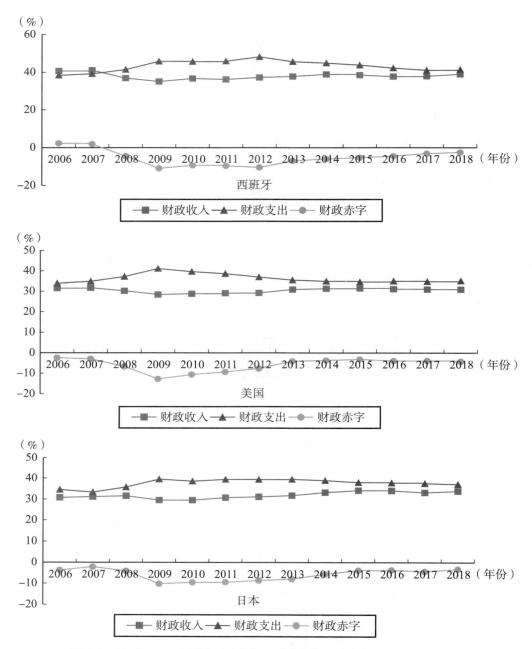

**图4.2　2006～2018年国家财政收入、财政支出和财政赤字占GDP的比例**

资料来源：国际货币基金组织财政监测报告，https：//www. imf. org/en/publications/fm。

与明显增加的财政收入相比，在发生主权债务危机后，这些国家在财政支出上出现两种不同的趋势，诸如冰岛、希腊、意大利等国家大多遵循诸如 IMF 等国际金融机构的建议，进行财政紧缩政策。但诸如西班牙、葡萄牙、美国和日本等在危机后财政支出迅速增加。

从总体上而言，在危机爆发后，这些国家首先面临着财政收入减少和财政赤字的迅速增加，特别是美国和日本试图利用宽松的财政政策来刺激经济，导致财政赤字迅速增加。欧洲五国则是另外一种情况，即这些国家在多年实施高福利政策的背景下，财政收入和财政支出占 GDP 的比例都很高，增税或者其他增加财政收入的空间比较小，但具有黏性的财政支出却使危机后的经济不堪重负，最后不得不陷入较长时期的违约和经济的萎缩，如意大利，在主权债务危机爆发的 9 年后，经济一直处于低迷，政府债务却居高不下。

随着财政收入和财政支出的失衡，还需要控制财政赤字的快速增加，借债就变成这些国家唯一的选择，由此也造成了欧洲主权债务危机过去的近 10 年时间里，全球的政府公共债务居高不下，这也为全球经济恢复和增长埋藏了下一次危机爆发的祸根，全球庞大的债务规模和不断累积的债务风险也成了全球经济的不可承受之重。

## 二、主权债务国家财政收入结构与资本主义分配关系

### (一) 主权债务国家财政收入结构

现代国家的财政收入主要来源于税收，其中直接税来自劳动和资本在经济活动中的所得，间接税来源于商品和服务的生产和销售过程。而从税收的最终承担者来看，税收收入来源于劳动者、资本和消费者等经济活动主体，这些主体在很多时候是重合的，如劳动者在很多时候作为消费者存在，也可能作为投资者参与资本活动之中去。通过这种分类，能够更好分析税收收入的来源结构及其与社会收入结构之间的关系。

从图 4.2 可以看出，希腊的总财政收入占 GDP 的比例自 2000 年来呈现逐渐下降的趋势，2009 年占 GDP 的比例降至近些年来的最低，但在 2009 年以后又呈现逐渐上升的趋势，这说明希腊的总体税负是在不断提高的。这说明在爆发主权债务危机后，希腊政府通过增税和施加更加严格的税收管理提高了政府在初次收入中的分配比例。但值得注意的是，希腊的财政收入绝对总数是在不断降低的，最高点是 2008 年的 984 亿欧元，到 2018 年下降至 885.7 亿欧元，在经历过主权债务危机后，希腊的经济并没有得到很好的恢复，反而不断增加税负。在不同的经济要素对税收的贡献中，劳动对国家税收的贡献最大，其次是消费，最后才是资本。特别是在主权债务爆发以后，更是增强了对劳动收入所得税和消费税的征收，但并没有加强对资本所得的征收，资本税占总体税收的比例反而不断降低，由 1995 年的 1% 降至 2018 年的 0.2%，具体如图 4.3 所示。

如图 4.4 所示，在希腊的财产税中，主要是由个人收入税和公司收入税两部分构成，在主权债务危机后公司收入税占比快速下滑，为了维持希腊的庞大的财政供养支出和还债支出，不得不加大对劳动收入税的征收。希腊的财产税主要是对个人收入征税，个人收入税比例一直保持在财产税的 50% 以上，主权债务危机后希腊政府大幅降低对公司收入征税，试图以此刺激经济的恢复和发展。

爱尔兰的税收来源结构与希腊的财政来源结构稍有不同，三种不同的税收来源对财政的贡献基本相当，2006 年后商品税收贡献和资本税收贡献有所下降，2009 年危机以后商品税占财政收入比例降至 40% 以下，2018 年更是降至 34.4%。主权债务危机后财产税和社会贡献税的比例都呈现上升的趋势，而爱尔兰的财产税是严重依赖于劳动者个人收入的，商品税通过价格也能转移到消费者或者说劳动者身上。对资本收取的税收少得可怜，

资本税占财政收入的比例不到1%，见图4.5。

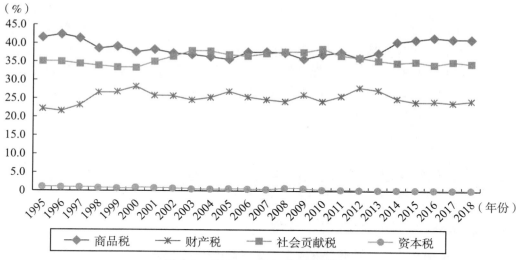

图4.3　1995～2018年希腊税收构成

注：商品税包括对国内和进出口商品征收的各种税收；财产税包括对收入和财产征收的税收，资本税是对资本的交易和转移征收的税种；社会贡献税包括对家庭征收的社会保险税费以及国家对家庭社会保险费的补贴，下同。

资料来源：Eurostat，https：//ec. europa. eu/eurostat/data/database.

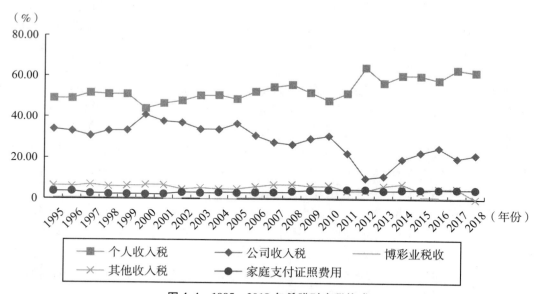

图4.4　1995～2018年希腊财产税构成

资料来源：Eurostat，https：//ec. europa. eu/eurostat/data/database.

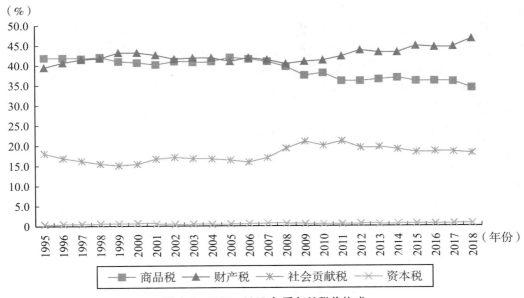

**图4.5 1995~2018年爱尔兰税收构成**

资料来源：Eurostat，https：//ec. europa. eu/eurostat/data/database.

如图4.6所示，爱尔兰的财产税构成也主要由个人收入税和公司收入税构成，其中最主要的来源是个人收入税，虽然1995年后由最高76%降至2006年的58%，但2009年后就迅速上升至73%，2014年危机缓解后稍有下降，但还占了60%以上的比例。爱尔兰在财产税中对持有资本收入进行征税，在2000年后有一个明显的上升，2006年迅速从占财产税的12%下调至2009年的2%，随后更是基本保持在2%以下。

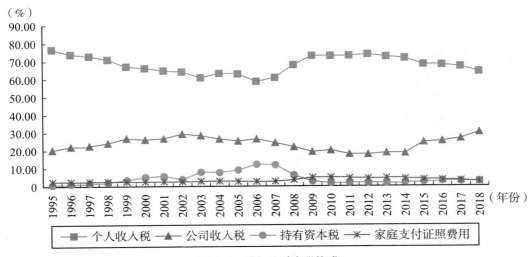

**图4.6 爱尔兰财产税构成**

资料来源：Eurostat，https：//ec. europa. eu/eurostat/data/database.

由图4.2可知，意大利的税收规模要远远大于爱尔兰和希腊，政府税收占GDP的比例长期保持在40%以上，即使在最低的2006年其税收收入也达到GDP的40.1%。主权债务危机爆发以后，意大利税收占GDP的比例更是进一步上升，到2012年已经达到GDP的44%，这就意味着有近乎一般的国民生产总值被意大利政府用于政府的财政再分配。

从税收结构来看，意大利财政商品税、收入财产税和对劳动者个人征收的社会贡献税三者贡献程度相当，社会贡献税和收入税等直接税占整个财政收入的一半以上；商品税税收贡献稳定在财政收入的10%左右；资本的税收贡献最小，占财政收入的比例为2%以下，大多数年份不足0.5%，且呈现不断下降的趋势。具体见图4.7。

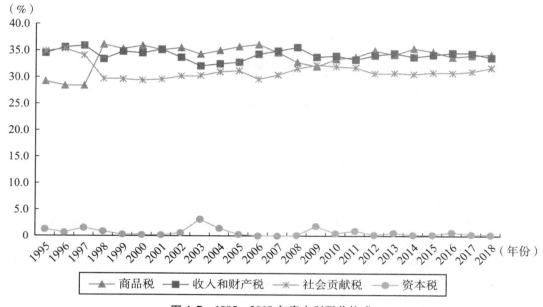

**图 4.7　1995～2018年意大利税收构成**

资料来源：Eurostat，https://ec.europa.eu/eurostat/data/database.

由图4.2可知，葡萄牙的税收规模总体上呈上升趋势，即政府从经济过程中取得了越来越多的收入用于财政的再分配，特别是在2010年危机爆发后政府通过增税来增加政府的财政收入，以应对不断严重的债务问题，特别是在2014年以前，政府财政收入占GDP的比例保持在50%以上，一半的国民收入均用于政府的还贷和财政支出。

如图4.8所示，从税收的构成结构来看，葡萄牙更加倚重于商品税，占财政收入的比例维持在40%左右，社会贡献税占财政收入的比例在2009年前后有一定的增加，但随后又下降到30%左右的水平。与其他欧洲国家相比，财产税对葡萄牙财政的贡献较小，但在主权债务危机以后也呈现逐渐上升的过程。同样，葡萄牙的资本税贡献也处于不断降低的过程，到2006年后更是降至0。

由图4.2可知，从税收规模来看，2007年次贷危机爆发后西班牙的财政收入占GDP的比例急剧减少，这也导致了其财政的进一步失衡和政府的债务违约。

从税收来源结构来看，西班牙的财政收入对社会贡献税的依赖非常严重，特别是在债务危机爆发后，西班牙在资本和消费上的税收有较大幅度的减少，到2012年还没有得到恢

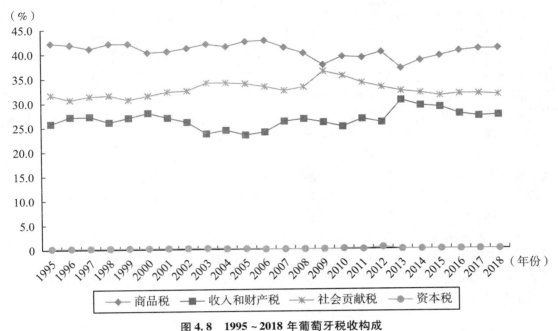

**图4.8 1995~2018年葡萄牙税收构成**

资料来源：Eurostat，https：//ec. europa. eu/eurostat/data/database.

复。而从劳动、资本和消费的实际税率来看，2007年以后西班牙对劳动收入实施了增税，而对消费和资本所得进行减税，试图利用这种方式改善经济发展状况。但这个政策并没有取得预想中的成功，反而恶化了西班牙的财政收入状况。同时，西班牙的资本税比例也非常之低，其占财政收入的比例从来都没有超过2%，且在2018年的新税收法案出台后，资本税的比例更是降至0，见图4.9。

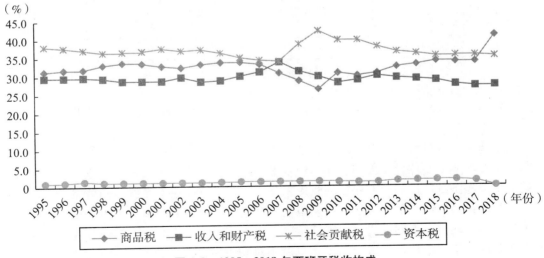

**图4.9 1995~2018年西班牙税收构成**

资料来源：Eurostat，https：//ec. europa. eu/eurostat/data/database.

　　1950 年以来美国财政收入是以个人税、商品税和进口税为主的，1960 年以后美国的流转税（包括商品税和进口税）一度超过个人税，成为美国财政收入的主要来源。特朗普政府时期，不断掀起的贸易战争使得美国从进口中获得的关税收入快速增加，仅 2018 年美国的关税就比上一年增加了 138.78 亿美元，这也为美国逐渐枯竭的税源注入了强心剂，特别是为在他上台以后大量削减公司税导致的政府财政收支失衡带来了一丝"喜讯"。但从总体上可以看出，20 世纪 70 年代末由于危机和接下来的去工业化导致美国的流转税税源逐渐萎缩，美国财政对个人税的依赖也越来越严重。

　　从公司税来看，自 1950 年以来美国公司税在税收结构中的比例就呈现不断下降的趋势，特别是 20 世纪 80 年代里根上台以后，美国的公司税出现了急剧下降的趋势，而每一届总统上台后，都会把削减公司税当作应对经济危机甚至是讨好资本的一项"善政"来实施，对公司征收的税收呈现总体下降的趋势。

　　如果考虑到商品税和进口税向消费者转嫁的因素，在一定程度上也可以将这部分税收看成最终必须由个人承担的税收（个人税再加上商品税和关税），美国税收结构中最终由个人承担的比例将达到 90% 以上，如图 4.10 所示。占据国民产出一半增加值的资本所需要承担的税收（公司所得税）比例仅仅为 10% 左右，甚至在 2018 年仅为 5.85%。

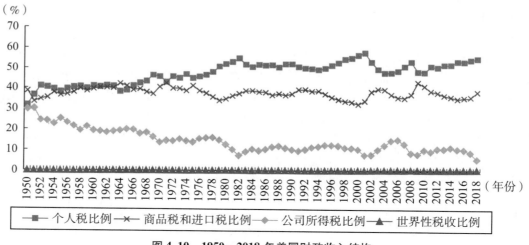

**图 4.10　1950~2018 年美国财政收入结构**

注：社会保障税指的是个人和企业缴纳的社会保险和养老金。
资料来源：美国管理和预算办公室，https：//www.whitehouse.gov/omb/budget/HISTORICALS。

　　去工业化导致的实体经济萎缩，美国就业形势变得越来越严峻，实体经济就业人数的不断减少在实质上必然导致美国总体工资水平的进一步下降，特别是服务业人员的工资必然依靠实体经济的产出和产业雇员的收入来支撑，在实体产业不断萎缩的背景下，服务业就业人数和占最终产值的比例之间的差距也就会越来越大。近些年美国由于税收的压力导致了大量的劳动力在不同的州之间进行转移，表明美国极度依赖个人的税收体制已经导致大多数美国人不堪重负。从这个角度，也就不难理解特朗普政府对内逼迫美国企业回国，对外不断掀起贸易战争的意图所在了。

　　日本的财政收入结构是以商品税、社会保险税、所得税、公司税以及财产税为主要来源，这与日本的产业结构是相互脱节的。日本作为一个出口依存度较高的国家，公司总产出与公司税占财政收入比例之间严重不均衡，公司税占财政收入的比例非常小，这说明在其被日本财团控制的政治体制中，对财团进行征税是比较困难的。日本劳动者不仅要就其收入和持有的财产进行缴税，这部分约占财政收入的比例为20%；而且占日本主要财政来源的社会保险税中一般也是由雇员个人来缴纳，占财政收入的比例大概是40%，也就是说日本劳动者个人所负担的部分占据了财政收入的60%左右，具体见图4.11。财政来源的单一和枯竭，也使得日本在2000年以后政府的公共债务急速累积，最后又不得不依靠对消费者征收消费税来增加财政收入。

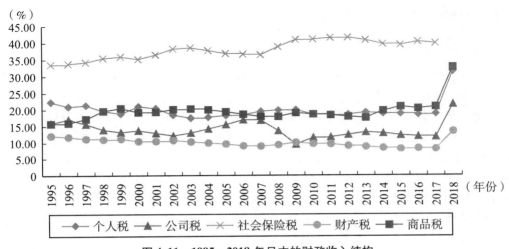

**图 4.11　1995～2018 年日本的财政收入结构**

资料来源：经济合作与发展组织数据库，https：//stats. oecd. org/。

## （二）西方国家财政制度实质与资本主义分配关系

西方国家财政制度的实质是资本主义通过私人成本的社会化而实现自己利益的一种制度安排，国家财政收入是国家权力参与社会收入分配的结果，因此统治者必然会从被统治者收入中剥夺一部分。

建立在私有制基础上的资本主义市场经济本身就会导致社会收入分配的不平等，随着资本主义的不断发展和资本主义生产关系的不断深化，以及财政制度对社会分配关系的进一步扭曲，那么西方国家的不平等程度也会进一步上升。这又会反过来不利于西方国家的财政收入。因为随着社会财富的不断集中和收入分配差距的不断扩大，广大劳动者收入减少必然会导致个人所得税的减少，并且减少对社会保险和养老金等社会保障税的缴纳，同时还会减少消费进而导致消费税的减少。而消费的减少必然导致企业的利润不能实现，从而也减少了企业的所得税缴纳。

西方国家收入分配差距的不断扩大必然导致财政收入来源的逐渐枯竭，从而导致西方国家财政收支的不平衡，政府的逐渐萎缩的财政收入已经不能满足不断扩大的财政支出的需要，从而引发政府的债务违约和主权债务危机的爆发。

## 三、主权债务危机国家的财政支出规模与结构分析

### (一) 政府经济职能与财政支出

政府的财政支出是一种为了实现其职能而对财政收入进行重新分配的过程，直接反映了政府的政策选择，也是社会分配关系的一种具体体现。就一般意义而言，财政的所作所为实质上是政府职能的具体化，反映了政府活动的范围和方向，一定时期的财政活动目标必须取决于这一时期政府职能的定位，因为实现政府职能是财政活动的目的所在。同时，财政支出的规模、结构的合理与否，反过来又影响着政府职能的实现。政府的财政支出具有非常明显的政治性和阶级特性，"财政是特定阶级统治的国家为了维护加强其上层建筑、巩固发展其特定生产方式而参与社会产品的分配和再分配关系"。

从历史的角度来看，政府的职能是一个不断扩大的过程。在 20 世纪"大萧条"之前的自由资本主义阶段，政府作为"守夜人"的角色，承担了最基本的行政和公共服务职能，因此其财政支出只包含国防费、司法费和公共设施建设费，以及用于"维持君主王室尊严"的费用。20 世纪 30 年代的"大萧条"证明了自由市场的巨大缺陷和失败，凯恩斯经济干预主义兴起，政府的经济职能迅速扩张，国家的财政支出和消费所具有的再生产意义被重视并得以不断扩张。各国为了从"大萧条"中走出来，推动经济的发展，创造更多的就业岗位，纷纷启动大型公共支出计划，政府财政支出大幅度膨胀。1937 年以后，几乎所有的欧洲国家政府公共支出规模均有大幅度增加，这些国家的公共支出占 GDP 的比例超过了 15%，是 1913 年的 2 倍。以往奉行自由放任政策的小政府也开始消失。第二次世界大战结束后，特别是 1960～1980 年，人们对积极的政府干预和积极的财政支出政策表现出前所未有的热情，政府的经济职能也从经济稳定扩展到了其他的经济功能，而财政收入平衡的基本原则也被逐渐破坏，政府的支出与赤字被认为对经济的积极作用要远远超过其消极作用。在凯恩斯经济干预主义的影响下，西方各国政府纷纷采用赤字财政政策，财政收支规模和财政赤字不断扩大。

资本主义基本矛盾导致的分配两极分化和贫困不仅引起了政治的不稳定，也造成了有效需求的不足。为了平息民众的不满，以及在民主选举中获得更多的支持，西方政府纷纷扩大福利支出，特别是在第二次世界大战后很多欧洲国家就把福利当作一项宪法权利来看待，鼓吹建立所谓的"福利社会"，从而导致政府财政支出规模进一步扩大，财政平衡的制度约束被进一步破坏。

但长期的财政赤字及其货币增发所带来的恶性通货膨胀对经济的破坏无疑是巨大的，还有可能带来政局的不稳定；而通过征税的方式来解决财政赤字则会引起社会各阶层的强力反抗。因此西方政府就大幅度增加负债，从而导致了西方国家政府债务的不断累积和债务危机的爆发。

根据联合国对政府职能的分类，一个国家的政府职能应该包括以下部门：普通公共服务、国防、公共秩序和公共安全、经济事务、环境保护、住房和社区服务、健康、娱乐、文化与宗教、教育和社会保护等项目和部门。而根据这个分类，政府的支出一般包括四个主要部分：一是政府服务，主要反映政府需要且与个人和企业劳务无关的活动，包括一般

公共管理、国防、公共秩序与安全等；二是社会服务，主要反映政府直接向社会、家庭和个人提供的服务，如教育、卫生、社会保障等；三是经济服务，主要反映政府经济管理、提高运行效率的支出，如交通、电力、农业和工业等；四是其他支出，如利息、政府间的转移支付。

## （二）主权债务危机国家的财政支出结构

随着政府职能的不断扩张，以及西方资本主义市场经济出现市场失灵的频率越来越高，对经济造成的影响也越来越大，利用公共财政来纠正或者补充由于资本主义生产方式带来的经济扭曲和缺陷，由此也导致发达国家的财政支出规模呈现递增的趋势，如冰岛从 2007 年的 42.3% 暴增至 2008 年的 57.7%；而希腊、意大利、葡萄牙和西班牙也均有所上升。爱尔兰不仅在危机爆发的 2009 年财政支出有所增加，在接下来的 2010 年财政支出规模更是达到了 GDP 的 62.8%[①]。从总体上来看，爆发主权债务危机的欧洲国家的财政支出规模占 GDP 的比例要远高于美国、日本和俄罗斯等国家和阿根廷这个具有多次违约历史的国家。较高的财政支出不仅意味着政府要从经济中取得更多的收入用于公共支出，也意味着政府的财源已经被利用到极致，在接下来的经济恢复中政府将很难从内部再进行融资。高企的财政支出规模也意味着政府违约风险一直会处于较高的位置，要从外部进行融资需要利用更高的利率，承担更多的利息支出，这又将会给这些国家的财政带来更大的压力，由此陷入一个恶性循环之中。

从财政支出的结构来看，发生债务危机的西方发达国家的支出结构均有一个共同点，那就是社会保障和福利支出所占比例非常高，这区别于 20 世纪 80 年代和 20 世纪末发生债务危机的发展中国家，也区别于 21 世纪以来爆发债务危机的阿根廷和委内瑞拉。同时，这些国家的利息支出规模也较为庞大，对财政形成了巨大压力。

从冰岛的情况看，政府的一般公共服务支出在 2008 年以后呈现快速增长的趋势，其中政府公共债务交易占了其中的大部分，在 1998 年冰岛用于公共债务交易的费用占财政支出的比例达到 9%，这些费用主要是用于债务的发行和利息的支付；2009 年为了应对债务危机，政府用于公共债务的费用更是达到整个财政支出的 13.1%，由此导致当年财政用于一般公共服务支出的比例达到 19.3%。冰岛政府用于公共福利和社会保障的支出更是政府财政支出的大头，社会保障支出、健康支出等公共福利的支出占 36%～41%，但这类支出也是政府财政紧缩的首要选择目标，在 2008 年债务危机以后，当年冰岛的社会保障支出由 2007 年财政支出的 19.98% 锐减到 15.43%；健康支出也从 2007 年财政支出的 18.54% 削减到 13.72%。同时，为了应对债务危机，2008 年债务危机以来，不仅政府的利息支出大幅度上升，其他支出中用于对银行进行救助的支出也大幅度增加。同时在 2008 年后政府雇员支出和非金融资产支出都有大幅度的减少，说明冰岛政府在 2008 年后实施的财政紧缩主要是从削减政府雇员人数和减少社会基本建设投资方面入手的。具体见图 4.12 和图 4.13。

---

[①]　数据来源于国际货币基金组织财政监测报告（IMF Fiscal Monitor）。

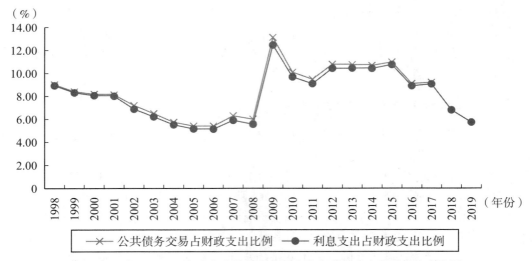

图 4.12　1998～2019 年冰岛公共债务交易支出和利息支出占财政支出比例

资料来源：冰岛国家统计局，https：//www. statice. is/statistics/economy/public-finance/general-government/。

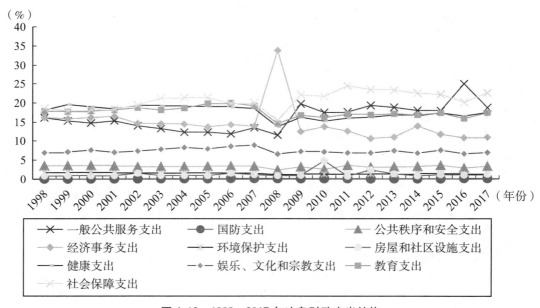

图 4.13　1998～2017 年冰岛财政支出结构

资料来源：冰岛国家统计局，https：//www. statice. is/statistics/economy/public-finance/general-government/。

　　爱尔兰的政府支付结构与冰岛不一样，占财政支出最多的是社会保障支出，其次是健康支出、环境保护支出等。在 2009 年发生债务危机后，爱尔兰政府主要通过削减政府产品和服务消费、固定资产消耗等方式来实施财政紧缩政策，具体见图 4.14。就利息支出而言，在 2008 年以来，由于筹资成本的大幅度上升，爱尔兰的利息支出大幅度增加，特别是在 2013～2014 年，利息支出占财政支出的比例甚至超过了 10%，随着爱尔兰经济的不断恢复和公共负债的下降，利息支出在 2014 年后出现逐渐下降的趋势，具体见图 4.15。

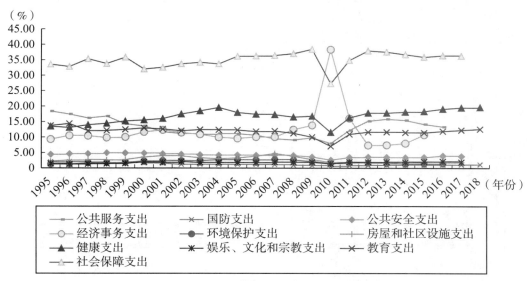

**图 4.14　1995～2018 年爱尔兰财政支出结构**

资料来源：Eurostat，https：//ec. europa. eu/eurostat/data/database.

**图 4.15　1998～2019 年爱尔兰利息支出占财政支出比例**

资料来源：Eurostat，https：//ec. europa. eu/eurostat/data/database.

　　希腊的财政支出结构与爱尔兰比较相似，在危机爆发后采取的削减财政支出政策也是基本一致的。如图 4.16 所示，社会保障费用保持持续上升的势头，虽然在 2012～2013 年大幅增加经济事务支出而削减社会保障支出，但 2014 年后社会保障支出占财政支出的比例上升的速度更快。1998 年希腊利息支出占财政支出的比例高达 17%，随后逐渐下降到 10% 左右；2009 年以后，希腊的政府筹资成本也在上升，最高达到 14%；2011 年以后政府利息支出开始减少，具体见图 4.17。同样，希腊政府也大量减少政府的固定资产投资支出，甚至出售非金融资产来帮助政府渡过难关。在 IMF 和欧盟等机构不断要求希腊采取紧缩政策的情况下，希腊公共服务支出出现较大的缩减，在 2009 年后，政府大幅度削减政府社会投资，特别是基本设施建设支出，经济事务支出降到历史低点，这也不利于社会生产力形成和经济的长期发展。

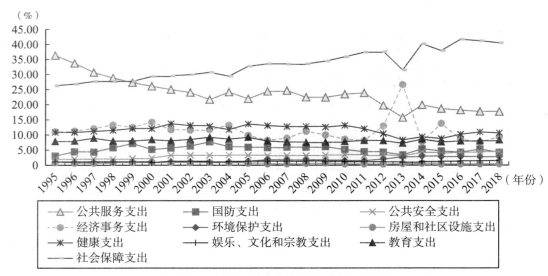

**图 4.16　1995～2018 年希腊的财政支出结构**

资料来源：Eurostat，https：//ec. europa. eu/eurostat/data/database.

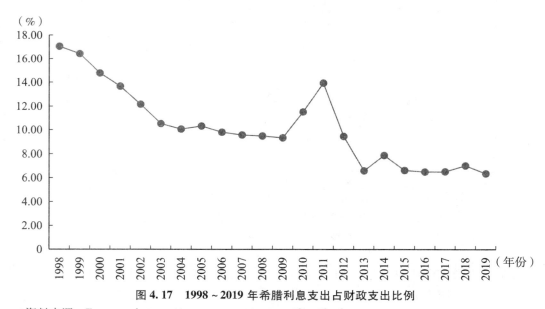

**图 4.17　1998～2019 年希腊利息支出占财政支出比例**

资料来源：Eurostat，https：//ec. europa. eu/eurostat/data/database.

西班牙的财政支出结构在 2009 年以前与爱尔兰的相似，社会保障支出、公共服务支出、经济事务支出和健康支出构成了政府支出的大部分。2009 年以后由于利息支出大幅度上升，经济状况的恶化也导致社会福利支出的大幅度上升。债务危机后，政府财政缩减的方向主要是政府固定资产消耗和政府雇员薪资支出，并在 2009 年后出售政府非金融资产来获得资金。危机爆发后，西班牙政府也大幅度削减政府社会投资，不同的是，西班牙应对债务危机的措施较少，各项财政支出比例并没有太大的变化，社会保障支出则出现较大幅度的上升，西班牙利息支出占财政支出的比例在 2009 年后也呈现快速上升的趋势，2014 年后出现下降的趋势，但依然远高于主权债务危机之前的水平，具体见图 4.18 和图 4.19。

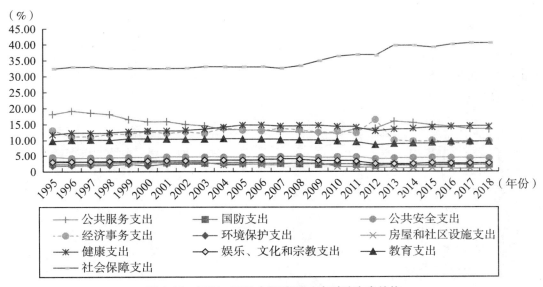

**图 4.18 1995～2018 年西班牙政府财政支出结构**

资料来源：Eurostat，https：//ec. europa. eu/eurostat/data/database.

**图 4.19 1998～2019 年西班牙利息支出占财政支出比例**

资料来源：Eurostat，https：//ec. europa. eu/eurostat/data/database.

如图 4.20 所示，意大利自 2000 年以来社会福利支出一直处于上升的趋势，2009 年以后经济的恶化更是导致社会福利支出出现大幅度的增长。与其他发生债务危机的欧洲国家相似，社会保障支出、公共服务支出、健康支出和教育支出构成政府支出的大部分。随着社会保障支出的增加，意大利不得不挤压公共服务支出和教育支出。由于意大利政府债务一直处于高位运行，政府财政不得不负担庞大的利息支出，1998 年利息支出占财政支出比例高达 16%，后面虽然有所下降，但大多数年份依然保持在 10% 以上的水平；2014 年利息支出占财政支出比例下降到 8% 以下，但在欧洲各国而言依然处于较高的水平，具体见图 4.21。

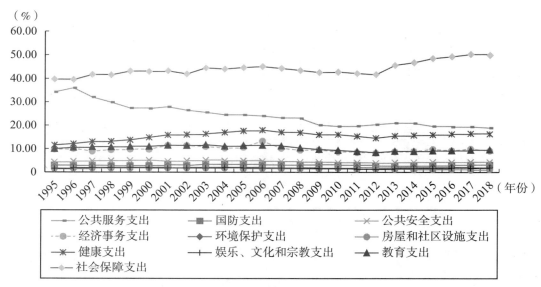

**图 4.20 1995～2018 年意大利财政支出结构**

资料来源：Eurostat，https：//ec. europa. eu/eurostat/data/database.

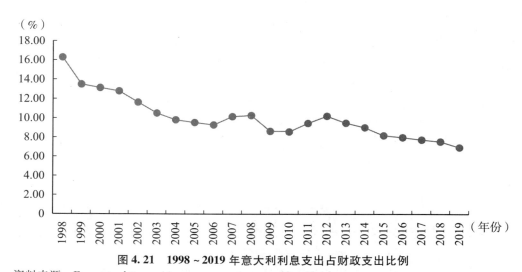

**图 4.21 1998～2019 年意大利利息支出占财政支出比例**

资料来源：Eurostat，https：//ec. europa. eu/eurostat/data/database.

构成葡萄牙政府财政支出的主要部分为社会保障支出、公共服务支出、经济事务支出和健康支出。2009 年债务危机发生后，葡萄牙政府大幅度削减健康支出，成效并不明显，2010 年以来，政府社会保障支出出现大幅的增长，具体见图 4.22。同时，由于债务规模的不断扩大和债券报酬率的不断提高，2010 年后葡萄牙利息支出不断增加，占财政支出的6% 以上，具体见图 4.23。

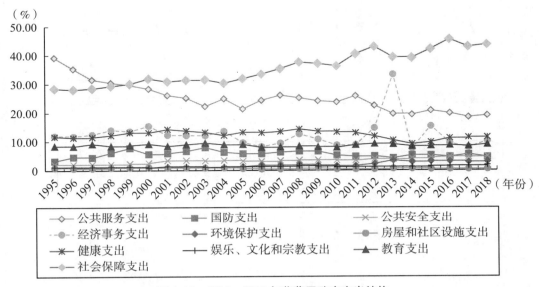

图 4.22　1995 ~ 2018 年葡萄牙政府支出结构

资料来源：Eurostat，https：//ec. europa. eu/eurostat/data/database.

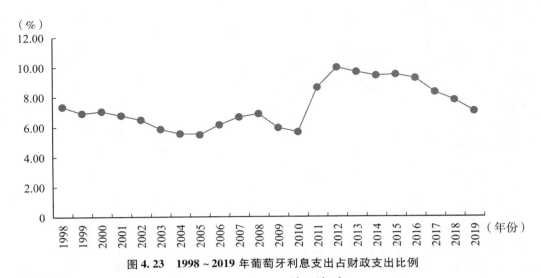

图 4.23　1998 ~ 2019 年葡萄牙利息支出占财政支出比例

资料来源：Eurostat，https：//ec. europa. eu/eurostat/data/database.

如图 4.24 所示，美国的财政支出结构与欧洲各国有很大区别，特别是在奥巴马启动医疗改革以来，健康支出和社会保障支出合计超过政府总财政支出的 40%，在 2007 年美国次贷危机以后，美国的财政支出中社会保障支出大幅度增加，其中主要是失业救济和收入计划等支出的增加。

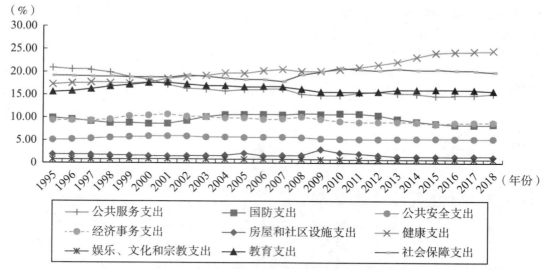

**图 4.24　1995~2018 年美国财政支出结构**

资料来源：经济合作与发展组织数据库，https：//stats. oecd. org/。

随着美国政府债务的不断扩大，以及经济长期处于较低的增长水平，美国政府债务融资成本也在不断上升，导致美国政府利息支出的不断上升。如图 4.25 所示，美国公共债务利息支出占财政支出的比例自 2009 年后快速上升，2012 年后虽然有所下降，但 2015 年后又呈现上升的趋势。

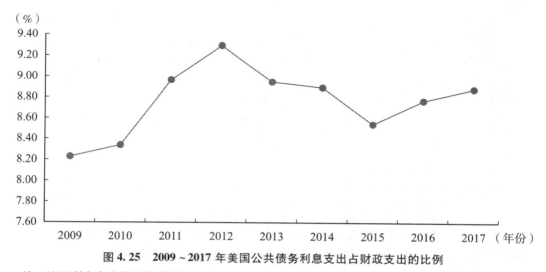

**图 4.25　2009~2017 年美国公共债务利息支出占财政支出的比例**

注：这里利息支出指的是净利息支出。

资料来源：根据经济合作与发展组织的数据计算，https：//stats. oecd. org/。

如图 4.26 所示，日本的财政支出也是以社会保障支出、健康支出等为主，其中社会保障支出和卫生健康支出占全部财政支出的 60% 以上，这与日本的老年化社会是直接相关的。2005 年以来，由于经济的持续低迷，日本不得不通过削减政府雇员的薪资支出、政府消费和政府投资来节约资金。利息支出占日本财政支出比例一直保持在 5% 左右，政府债务融资成本并没有太大的变化，但其占政府一般公共服务支出的比例超过 50%，这也说明日本的政府债务对政府财政带来了巨大的压力，具体见图 4.27。

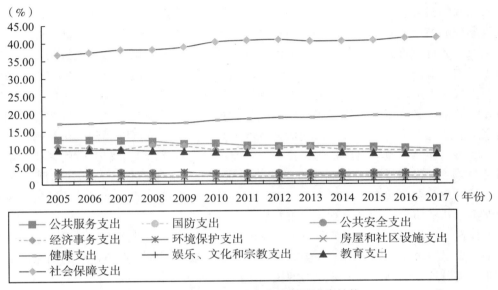

**图 4.26 2005~2017 年日本财政支出结构**

资料来源：经济合作与发展组织数据库，https：//stats. oecd. org/。

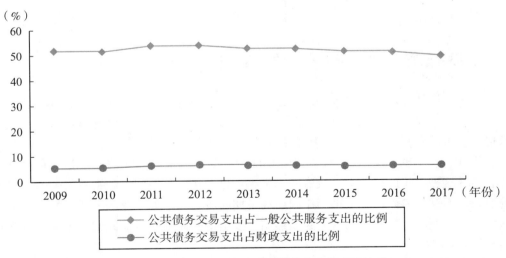

**图 4.27 2009~2017 年日本公共债务交易支出比例**

资料来源：经济合作与发展组织数据库，https：//stats. oecd. org/。

### 四、主权债务危机国家的财政失衡与财政赤字

主权债务危机发生的直接原因是国家财政收支的失衡。财政的失衡是财政的收入不能满足财政的支出，入不敷出的政府要么减少支出，要么筹集到新的资金维持政府的开支。

2008 年以后在西方发达国家爆发的主权债务危机，也是由于国家财政收支的完全失衡导致的。政府长期保持远超于其财政收入的支出规模，再加上经济的长期停滞导致政府财政收入来源的枯竭，只能通过财政赤字和负债来满足日益扩大的财政支出，最终赤字和债务双重累积的结果就是债务的违约和给本来就陷入滞胀的经济带来更加严重的打击。

主权债务危机首先在冰岛爆发的原因是其经济的过度金融化和实体经济的薄弱，为了避免银行破产造成的严重后果，政府接手冰岛三大银行的巨额债务，最终导致财政系统的崩溃。主权债务危机在欧洲五国的爆发，则更多是这些欧盟成员国没有货币的发行权，而欧盟和欧洲银行又出于对通货膨胀目标的控制，对货币发行进行了严格的控制，从而使这些国家不能通过发行货币的方式来使债务成本公共化。但是也可以看到，正是由于这些国家实体经济的薄弱，政府财源枯竭，再加上不能通过发行货币来缓解财政的紧张，最终只能通过削减社会保障支出来控制成本，但这样做的效果并不明显。尤其是希腊，在 2014 年后，其财政状况再次恶化，并多次要求欧盟对其进行援助，其政府官员甚至威胁说如果不能就援助达成协议，就退出欧盟，重新启用自己的货币。

不仅这些已经爆发主权债务危机的国家的财政失衡状况非常严重，必须要用高额的财政赤字来满足财政支出的需要。像美国、日本、委内瑞拉等尚未宣布违约的国家的财政赤字也非常高，这就提高了其债务违约的风险。

## 第三节　赤字财政、财政危机与国家主权债务

### 一、赤字财政的形成与发展：理论与实践

亚当·斯密认为国家的财政制度和家庭的财政在一定程度上是相同的，都需要以收度支，并且认为节俭对于个人还是国家都是一种美德，"每个私人家庭的节俭行为，在一个国家也是有可能做到的""公共预算如果没有盈余，那至少也必须平衡，只有在非常特殊的情况下才容忍出现赤字"。并且古典财政理论认为，大量且连续的赤字是一种愚蠢财政的标志。在这种思想的指导下，政府的赤字主要出现在战争期间，和平年代一般会出现预算的盈余，而这些盈余习惯上都用于归还战争期间所欠的债务。亚当·斯密的平衡财政理论认为，一个实施预算收支的国家必须遵循三条基本的原则：节俭原则、平衡原则和纳税人监督原则。

第一次世界大战使当时经济受到了严重的打击，政府税收大幅度减少，同时由于军费支出的大幅度增加，很多国家出现巨额的财政赤字。为了平衡预算，这些国家的通货膨胀水平和税收负担大大增加。在接下来的世界性经济危机中，各国的财政收入再次急剧减

少，并再次出现持续扩大的预算赤字，这不仅加大了各国政府消除赤字、平衡预算的难度，更引起了对预算平衡财政制度的怀疑。

凯恩斯学派提出的宏观经济理论和财政政策迎合了这种需求，这种理论主张打破传统的预算平衡原则，认为不能因为出现预算赤字就去增加税收和紧缩支出，适时扩大公共支出，不仅能增加社会购买力和社会需求，还能阻止经济的进一步恶亿，加快经济复苏的速度。在经济恢复后，就可以通过税收的增加补偿财政的支出和赤字，因此凯恩斯的财政政策也称为"补偿财政理论"。姑且不论这种理论是否有效，起码迎合了政府的需要，政府也不会再绞尽脑汁来恢复预算的平衡，毕竟增加税收和发行货币等恢复预算平衡的方式对执政的政府而言会遭到社会各阶层的强烈反对，从而影响其统治。

凯恩斯主义在美国恢复经济发展的成功，使各国相继效仿，补偿财政政策也逐渐在世界各国盛行。但凯恩斯主义的财政政策也并不是一直奏效，20世纪50年代，补偿性的赤字财政政策并没有带来预期的经济持续快速增长。这让信奉凯恩斯主义的政府认为补偿性的赤字财政政策限制了政府的财政制度的作用，应该在更大程度上实施扩张性财政政策。1961年肯尼迪总统提出"增长性财政政策"，其主要内容是：为了刺激经济增长，政府预算既不应追求每年收支平衡，也不要求周期的预算平衡，而是要以充分就业下的预算平衡为目标；并且应该对两种不同的赤字加以区别：为了挽救衰退所造成的赤字是软弱的赤字，为了刺激经济增长而积累的赤字是强有力的赤字；必须摒弃以缓和经济周期为目标的间断的补偿性赤字政策，而采取以刺激经济增长为目标的连续的增长性赤字政策。西方国家的赤字财政制度由此形成，国家开始有意识地把赤字和扩张性的财政政策作为一种用来调节经济的常态化手段，即在编制年度国家预算时就已经安排了列有赤字的财政收支计划。在"增长性财政政策"的逻辑下，经济出现陷入危机或者出现问题时需要实施扩张性的财政政策来增加就业，恢复经济；而在经济稳定的时候也需要实施扩张性的财政政策来刺激经济的增长。

资本主义国家的周期性经济危机，使各国政府把凯恩斯主义的扩大财政政策当作百试百灵的手段来实施，从而使其由"药品"的作用变成一个"保健品"，扩张性的财政政策成为一种常态。

长期持续的赤字财政，给经济带来巨大的压力，财政风险也在不断累积，一旦经济陷入困境，就会给政府财政带来极大的压力。西方国家陷入的周期性危机也使财政的压力在不断累积。而越来越持久、影响越来越大的经济危机和金融危机使这种赤字财政的模式不断被挑战。

长期政府赤字会带来严重的后果，首先是对政府信誉的影响和打击；其次是政府赤字以及弥补赤字的方式不仅会给经济带来打击，也会引起分配效应，恶化社会收入分配，进而又对经济产生更加深远的影响和打击。马克思认为财政赤字是资产阶级投机和致富的工具，国家负债倒是直接符合于资产阶级中通过议会来统治和立法的那个集团的利益。国家财政赤字，正是他们投机的对象和致富的主要源泉。由国家经手花出的巨额金钱，又为欺诈包工，贿赂往来、偷盗窃取以及各种各样的舞弊勾当造成了良好机会。马克思的分析非常直观地描述了西方资本主义国家不断扩大的政府财政支出和大量累积的赤字所带来的分配效应，是资本主义把私人成本社会化并从中获利的一种手段。弗里德曼把财政赤字的不断增加归因于政府规模的扩大，认为凯恩斯的财政政策正是政府扩大预算支出的最好借口；而实施赤字财政是得不偿失的。公共选择学派也认为政府规模的不断扩大是政府财政赤字不断增加的主要原因，因此必须缩小政府规模，压缩政府公共支出。但弗里德曼和公共选择学派的分析并没有抓住重点，因为他们忽略了财政本身具有政治属性，赤字财政是资本主义不断实现社会财富重新分配的最隐蔽、最冠冕堂皇的合法手段。

## 二、财政赤字、国家债务与财政危机

无论是财政赤字还是国家债务，从根本上都可以看作是政府未来必须偿付的经济义务，都是政府的负债。当政府的财政收入不足以满足财政的支出时，就必须通过掠夺或者负债来筹集新的收入。现代国家掠夺公民财富的现象已经很少见了，一般通过税收来增加收入，以及通过负债来增加收入。提高税率或者开辟新的税种，是近代和现代以来国家经常采用的增加收入的手段。当征税还不能满足政府支出时，政府就只能通过债务来扩大其收入了。债务是需要偿还的，因此无论是政府财政赤字还是政府的债务，都需要在未来以国家的财政收入进行补偿或者偿还。政府财政的不可持续可能表现为赤字的不可持续，也可能表现为债务的不可持续。政府由于面临的社会或者政治压力导致赤字的不可持续，而由于资本市场的约束和社会对政府信誉的动摇导致政府债务的不可持续。如果政府面临其中的一种或者同时面临这两种情况，就会面临财政的不可持续，并产生财政危机。财政危机通过经济或者政治的渠道反馈到其他领域，就会造成经济的动荡和政治的不稳定。

政府债务的不可持续所带来的财政风险可以从狭义和广义两种不同的角度进行理解：一种是狭义的角度，即仅从财政自身的角度来看，政府资不抵债，无力偿还到期债务，导致机构不能正常运转的风险；另一种是广义的角度，认为财政是社会风险的最终承担者，不仅其自身的风险可能导致财政的危机，个人和家庭债务风险、银行风险和其他类型的风险都有可能转变成财政风险，因为这些债务都是政府的或有负债，最终有可能变成政府财政埋单，如美国房利美和房地美的国有化，爱尔兰由于救援银行危机而导致主权债务危机，美国对美国国际集团（AIG）高达 850 亿美元的救济，等等。

出于政府自身的信誉和政治稳定的需要，政府不会长久保持过高的财政赤字。所谓的赤字，是指在会计上记账时以红字来表示的负数。政府财政赤字就意味着政府的实际支出超出收入的部分，是政府预先消费的部分。这个花费已经支出了，只能在未来用增加收入，或者直接增加货币的发行，又或者是借入钱财债务的方式进行补偿。如果政府不能直接增加收入用于偿还债务，那么增加货币的发行会引起通货膨胀，进而影响经济的发展；而将这个赤字转化为债务的话，则需要政府在未来进行还本付息。

现代政府由于不能持续保持过高的赤字比率而主要依靠债务进行筹资，是因为债务看起来会取得一个双赢的结果，政府负债既可以避免为弥补财政赤字而增税和发行货币的诸多弊端，还可以以非常小的成本获得大量资金的使用权，而政府债务的债权人也可以把闲置的资金投资于这些债务，并获得收益；同样，对于整个社会而言，能把全社会闲置的资金利用起来，政府利用这些资金进行基础建设等方面的投资，从而提高社会生产力。

从理论上来看，"李嘉图等价"原理也为政府负债提供了理论支撑。"李嘉图等价"原理认为：政府利用税收筹集资金与利用公共债务筹集资金，其效果是相同的，或者这两种方式是等价的。因为无论是税收还是公共债务，都是"将钱从左手交给了右手"。罗伯特·巴罗也论证了这一原理。现代金融市场的发展，把公共债务标准化，以固定的额度和还本付息方式把政府债务进行包装，用于投资和交易，从而把政府的债务变为公共债券。现代投资理论，一个资产的风险主要来源于资产价格的波动幅度以及变现的难易程度。债务金融化使政府发行的公共债券更加容易变现，因此就投资者而言其风险变得非常小，常常被投资者当成避险的投资产品，因此在金融市场中，国家债券市场的规模越来越大，成为金融市场的重要组成部分。现在几乎所有的国家都利用标准化的债券在国内金融市场和国际金融市场进行筹资。

就政府的财政风险而言，欧盟各国达成的《马斯特里赫特条约》中，定义了一个经济的安全线，规定政府的赤字率不能超过3%，而政府公共债务率不能超过60%。欧盟把这个指标当成加入欧盟的基本条件，现在国际上也把这两个指标用来衡量一国经济和财政是否安全的标准。虽然这两个指标的准确性和适用性还有待商榷，但起码提醒了世界各国时刻注意各自的财政和经济风险，也为衡量风险提供了最为直观和简单的标准。

## 三、西方发达国家公共债务结构与成本分析

西方发达国家自2007年以来，政府债务规模快速扩大，并逐渐超过各国自己设定的警戒线，美国次贷危机和全球金融危机使各国政府对各大银行的救济急剧扩大，并求助于扩张性的财政政策以刺激经济快速走出危机和低迷，结果导致政府公共债务的快速扩大。

从债权人的结构来看，西方各发达国家的情况各有不同，特别是外债占比各有不同，表4.1为2010年各国政府债务债权人结构。

表4.1　　　　　　　　　2010年各国政府债务债权人结构　　　　单位：%

| 国别 | 财政赤字与债务余额 | | 外部融资 | 国内存款类机构持有的本国政府债务余额 | | 国外银行业持有的本国债务余额占本国GDP比例 |
|---|---|---|---|---|---|---|
| | 政府债务占GDP比例 | 财政赤字占GDP比例[1] | 外国投资者持有债务占GDP比例 | 占GDP比例 | 占存款类机构资产比例 | |
| 法国 | 84.2 | 5.8 | 51.4 | 19.1 | 4.5 | 9.6 |
| 德国 | 75.3 | 2.2 | 37.8 | 21.5 | 7.1 | 10.4 |
| 希腊 | 130.2 | 2.2 | 94.2 | 20.6 | 9 | 29.9 |
| 爱尔兰 | 93.6 | 1.5 | 54.9 | 14.8 | 1.4 | 11.7 |
| 意大利 | 118.4 | 0.8 | 55.5 | 32 | 12.5 | 17.7 |
| 葡萄牙 | 83.1 | 4.1 | 59.9 | 15.8 | 4.9 | 23.1 |
| 西班牙 | 63.5 | 7.5 | 31.1 | 22.2 | 6.7 | 7.9 |
| 美国 | 92.7 | 9.5 | 26.7 | 7.9 | 5.4 | 3.0 |

注：①原作表格中是用负数标注，但考虑到数据的整洁性和一致性，改用正数标记。
资料来源：徐肖冰，陈庆海. 债务危机探析：美债与欧债的比较 [J]. 经济与金融，2014 (6)：51-55.

2010 年欧洲各国和美国政府债务的债权人结构有较大的区别，其中美国持有政府债务最多的是美联储，因为美元主要是从购入美国政府债券的方式发行的，2007 年以来不断推行的量化宽松政策不断提高美联储持有美国政府债券的比例。欧洲各国政府债务的债权人结构有一定的相似，超过一半以上的政府债务被外国投资者和银行持有，本国居民和投资者所持有的政府债务比例较小，如希腊，外债占全部债务的比例超过 70%，外国银行持有的份额也比较大。这样的债权人结构，使西方各国特别是欧洲国家的债务资金具有很大的不稳定性，而在经济风险比较大情况下外国投资者要求更高的回报，且在政府要进行债务重组时很难与债权人之间达成一致。因此，从总体上来说，如果一个国家的债权人结构以外债为主的话，那么借款的成本就会比较高。

从债务期限结构来看，欧洲各国的政府债务以中短期债务为主，在 2009 年欧洲主权债务危机发生以来，各国有意识地增加了 5 年以上长期债务的发行，以此来减轻政府短期内的偿债压力。表 4.2 详细列出了 2000～2018 年欧洲政府债务期限结构。

表 4.2　　　　　　　　2000～2018 年欧洲各国政府债务期限结构　　　　　单位：%

| 年份 | 1 年以内到期的债务占 GDP 的比例 | 1～5 年债务占 GDP 的比例 | 5 年以上债务占 GDP 的比例 |
|---|---|---|---|
| 2000 | 6.252 | 27.17 | 27.729 |
| 2001 | 6.687 | 26.098 | 27.448 |
| 2002 | 7.308 | 24.767 | 26.832 |
| 2003 | 7.397 | 25.53 | 27.75 |
| 2004 | 7.406 | 25.701 | 28.179 |
| 2005 | 7.438 | 25.133 | 29.609 |
| 2006 | 6.94 | 23.675 | 29.741 |
| 2007 | 6.925 | 23.162 | 27.677 |
| 2008 | 9.71 | 22.972 | 28.473 |
| 2009 | 11.674 | 26.65 | 32.581 |
| 2010 | 12.657 | 28.604 | 34.282 |
| 2011 | 12.233 | 29.643 | 35.521 |
| 2012 | 11.461 | 31.444 | 37.755 |
| 2013 | 10.469 | 31.978 | 39.393 |
| 2014 | 19.5 | 32 | 41.3 |
| 2015 | 18.3 | 31.1 | 41.4 |
| 2016 | 17.9 | 29.8 | 42.3 |
| 2017 | 16.4 | 29.0 | 42.3 |
| 2018 | 16.1 | 28.3 | 41.4 |

资料来源：欧洲中央银行，http://www.ecb.europa.eu/stats/html/index.en.html。

2007 年以前，欧洲各国的政府中短期债务呈现逐渐减少的趋势，但在 2008 年全球金融危机以来，特别是 2009 年欧债危机爆发后，欧洲各国的政府债务呈现快速上升的趋势，无论是中短期债务还是长期债务，均有不同程度的增加。2012 年以来，欧洲各国政府有意识地调整了债务期限结构，不断增加长期债务的融资，有意识地降低中短期特别是短期债务的比例，这有助于欧洲各国政府的债务可持续性。

从政府债务的成本来说，影响一国债务融资成本的因素有很多，包括政治、经济、文化、社会等诸多因素，其中政治稳定性、经济增长状况、财政和金融发展状况、债务的期限、融资的额度等是影响政府债务成本的主要因素，而国家经济状况对政府债务成本具有非常大的影响，直接影响债权人对各国未来债务违约风险的判断。

2009 年主权债务危机爆发以来，大多数国家的长期债券利率均有上升的趋势，其中以爱尔兰和葡萄牙较为明显。在这些国家中，美国和日本长期债券的利率较低，这是因为作为世界主要的发达国家，美国和日本的经济规模在一定程度上满足了全球资金的避险偏好。但 2012 年以来美国的长期债券利率呈现缓慢上升的态势，这也说明随着美国经济的长期停滞，美元债券的风险也在随之上升，融资成本也随之上升。日本政府能够以低于 2% 的利率筹集到长期资金，这也是日本虽然债务高企，但并没有爆发主权债务危机的主要原因，但政府投资收益较低的长期收益以及庞大的政府债务规模，也严重拖累了日本的经济恢复和发展。

## 四、国家主权债务的累积与主权债务危机

债务总是要偿还的，国家的债务也是一样。但与个人债务不同的是，国家可以通过借新债还旧债的形式长期持有一定规模的债务，仅仅需要支付利息即可。但一个国家不可能永远保持一定的债务额度不变。从前面的数据来看，这些发生债务危机的国家的债务规模在危机前都会不断累积，债务的累积一旦超过一定的额度，就必然会引起市场对其偿还能力的担心，同时，债务的利息负担也会逐渐增加。如果国家经济陷入长期的滞胀和低迷，那么不仅债务的偿还本身成为财政的负担，就连债务的利息支出也会转化为新的债务，从而加重国家主权债务的累积。就如前面财政支出结构所显示，这些主权债务危机国家的利息支出占财政支出的比例一般都占财政总支出的 5%~10%，而更高的如 20 世纪 80 年代的墨西哥，其利息支出就占财政总支出的 20% 以上，这显然对财政造成了很大的压力，甚至有可能把这个债务利息的支付转化为新的国家债务的可能。

更应该担心的是国家债务所具有的分配效应，主权债务的持有者以银行等金融资本为主，如果国家的主权债务所使用的方向确实有利于经济的发展，并且其收益率是远超其成本的情况下，则负债对国家而言是有利的。但也应该注意到国家本身和财政的政治属性，即使在国债的使用绩效超过国债成本的情况下，也不能改善社会的分配状况。因为从国债的使用上来看，投资于基本设施建设虽然也有利于社会生产力的形成，促进经济的发展和收入的增加，但这些收入绝大部分都归资本所有，劳动者最多只能得到微乎其微的收益。政府债务的本息支付是通过财政来偿还的，财政收入具有很强的公共性，主要来源于对大众的税收，而且在国家财政收入不能满足时，就会增税或者发行货币，这些都相当于国家再次对社会全体进行的增税，因此即使国债的使用收益超过其利息支出，但从分配上来说

似乎更有利于资本而不是劳动者，相当于资本把增加生产力的私人成本再次强加于全社会。

从前面对财政支出结构的分析可以看到，当国家出现经济问题或者陷入危机时，国家财政首先削减国家雇员薪资的支出和国家产品和服务的消费支出，再次削减公共投资支出，以及教育卫生支出等真正具有社会性的支出；而大多国家会由于失业的增加而不得不加大社会福利支出。削减政府的开支就意味着公共服务的减少；而削减公共投资支出不仅不利于社会生产的恢复和长期生产力的形成，在未来更不利于就业的增加和劳动收入的提升；削减教育和卫生的支出，不仅很大程度上减少了大众的福利，也不利于人力资本的形成。

发达国家国债的使用方向并不是在形成生产力的社会公共投资和教育卫生等方面，而是用于政府本身的消费及其救济造成经济和金融危机的罪魁祸首——金融机构和银行，这不仅对于社会而言是显失公平的，更有鼓励投机的嫌疑，更别说是能够收回国债的成本了。当政府的财政收入不能满足国家的财政消费和对金融资本的补贴时，通过不断发行国债来满足资本日益增加的胃口，利用私人成本的社会化方式大量鲸吞全社会的财富，最终造成结果是国家债务的不断累积和未来主权债务危机的不断爆发。

# 本 章 小 结

国家主权债务危机就是政府在偿债支付链条上的断裂，究其根本是一个财政问题，因此，需要从根本上对债务危机发生国家的财政制度、实质、财政收支结构以及主权债务如何累积等方面进行深入分析，才能从根本上明白国家主权债务危机在财政上的根源所在。

财政制度是一个国家基本的制度安排之一，是国家利用其手中的权力获取资源并进行重新分配和使用的制度，并利用手中的权力对资源的占有和重新分配的过程。从根本上而言，财政制度界定了不同的统治阶层对其权力的不同使用形式，及其对社会资源的重新分配，其实质是与政治权力分配相匹配的财权分配制衡体系。从贡纳型财政制度到租金型财政制度和利润型财政制度，再到税收型财政制度的演化，是国家财政公共性不断增强的过程，资产阶级民主政治统治基础的放大意味着政府财政公共性的增加，即由一个人统治和剥削一群人到一群人统治和剥削另外一群人的过程。第二次世界大战以后，世界上大多数国家普遍实行了以税收为主要收入来源的现代公共财政制度。现代公共财政制度一般包含了公共预算制度、公共支出制度、公共收入和税收制度、公债制度、公共财务管理制度、国有资产管理制度等内容。

在进行财政制度和财政收支分析的时候，不仅要强调财政的经济属性，更要强调财政制度的政治属性，财政决策过程中的政治因素要远远高于其经济属性，有什么样的政权分配格局就有什么样的财权分配模式，以财政利益为根基的冲突是社会利益冲突的基本形式。西方现代公共财政制度作为一种政治过程，其实质是资产阶级通过财政制度安排实现对其他阶级的统治并实现自己利益的过程，实现利益的方式是私人成本的社会化，即利用具有明显公共性质的财政来为资本主义的政治和经济行为埋单，全社会不仅共同承担了资本主义生产方式所带来社会成本，还承担了部分资本主义活动的私人成本。

　　西方国家财政关系也是一种社会的分配关系，其实质是资本主义在社会分配关系中不断利用公共财政进行私人成本社会化并实现自己的利益的一种机制。因此，无论是西方国家的财税制度还是政府对其财政收入的再分配过程都是偏向于高收入者而不是低收入者的，这造成了社会收入分配差距的不断扩大和不平等程度的上升。而这也是导致西方经济陷入长期停滞，政府财政收支失衡和政府债务已经不能维持从而爆发主权债务危机的深层次经济原因。

　　对西方主权债务危机国家财政收支结构的分析也说明了西方国家财政制度的这一实质。第二次世界大战后，西方各国政府的财政收支规模呈现不断扩大的趋势，政府越来越多地参与到经济分配的过程中。从财政收支的结构来看，更能体现西方国家财政的资本主义私人成本社会化的实质。财政收入规模的不断扩大意味着政府越来越多参与社会生产成果的分配，而从收入和支出的结构来看，在主权债务危机爆发后，这些国家不约而同地增加了对社会保障税的征收和个人所得税的征收，而大量削减资本活动的间接税的征收，同时通过出售国有资产来弥补税收的损失，即用公共的资产和对个人的征税来补充由于给予资本更多优惠而带来的损失，理由是要通过促进资本的投资来拉动经济的增长，但这种减税并没有拉动资本对实体经济的投资和促进经济增长，西方国家削减间接税的行为是在用公共财政来增加资本的利润。从财政支出的结构来看，财政支出作为再分配的过程，更应该注重社会的公平，减少初次分配中的不平等。但在危机前后，政府利息支出的大幅度上升使大量的借贷资本获益，而政府也不断增加对资本的补助，这些支出都会使资本获得收益，同时对政府雇员支出的削减以及教育、基础设施等支出的削减，极大损害了普通大众的社会福利水平。虽然政府在社会保障方面的支出是不断增加的，但大量的失业救济也正是西方资本私人成本社会化的表现之一，即资本的国际转移和经济金融化不断减少对劳动力的需求，导致了西方国家失业率的居高不下，政府不得不为资本的这种行为埋单。

　　在一个较长的时期内西方国家的财政支出要远远超过财政收入，这就形成了不断扩大的财政赤字。但一国政府长期保持巨大的财政赤字，会导致政府严重的财政危机，带来严重的政治后果和经济后果。债务与财政赤字虽然都作为政府的负债，负债就显得温和，李嘉图等价理论更是为政府增加负债提供了理论依据，因此西方国家政府更加倾向于用负债代替财政赤字的方式进行融资。政府负债具有很强的可持续性，即只要政府能够偿付利息，就可以在一个很长的时期内持有一定额度的负债，甚至在理论上可以通过借新债还旧债的方式永远持有这个额度的债务。因此西方国家在财政收支长期失衡的情况下，不断利用负债的方式来满足政府财政支出的需要。但长期大规模的负债使西方国家已经不能负担庞大的利息支出，在这种情况下西方国家的政府债务危机的爆发也就成为必然了。

# 第五章 资本主义分配关系、经济停滞与主权债务扩张

主权债务危机是政府财政的失衡和危机，即政府不能筹集到足够的资金来支付到期的债务和利息。回到更加根本的问题，政府为什么会发生债务？政府的债务为什么会累积并最终崩溃？这在前面的章节中已经回答了一部分，即政府的财政支付远远大于财政的收入，只能通过赤字和借贷的方式来满足支出的需要。那么，为什么这些危机发生国家的财政收入不能满足财政支出的需要？政府的收支失衡的程度为什么会变得这么大？

政府从经济中获得收入，从根本上来说属于社会分配关系的范畴；而政府的支出也是社会分配关系的范畴。由此不难理解，政府财政收支失衡导致的主权债务危机从根本上看是由社会分配关系的恶化引起的，即政府从经济中取得的收入越来越少，而所需要承担的支出越来越大了。

## 第一节 资本主义基本矛盾、市场经济与社会分配

追逐利润是资本主义的本能和最根本的驱动力，资本主义因利润而生，也将因为利润而亡。对利润的追逐使得资本主义创造了自由主义的市场经济，界定出清晰的产权，并设计出保障产权的各种制度，产生效率较高的生产组织，从而保障了资本主义生产方式的有效率运行，西方资本主义逐渐替代其他的生产方式，并在全世界扩散。

美国学者道格拉斯·多德（2013）总结道，17 世纪以来，资本主义寻找到了系统化自身的道路，并达到了其所要求的深度和广度：（1）扩张；（2）开发；（3）寡头统治。这时，资本主义的力量主要体现在强大的军事力量保障其商业的横行，军事和政治霸权的确立造就了资本主义的全球性掠夺，但资本主义的生命在于掠夺和扩张，因此在军事力量逐渐让步经济力量的今天，资本主义的"健康发展"要求资本主义本身，以及三个相互影响、相互依赖的方面：殖民主义（后来演变成帝国主义，继而全球化）、种族主义和工业化，三者为资本主义制度提供了活力，而隐性的掠夺也成为当今世界的主题。这种隐形的经济渗透和掠夺给资本主义的扩张披上了一层合法合理的外衣，特别是在资本主义文化渗透至全世界任何一个角落的前提下。

全球化进程的逐渐推进，把全世界都卷入资本主义的生产体系中，资本主义的经济扩张已经达到一个极致，全球经济权力高度集中。任何国家要想在严酷的国际竞争中获得生存的权利，就必须遵循资本主义的经济规则和逻辑，经济规则或者政治规则不一样的国家就会被认为是另类和叛逆。就是这种经济强权，造就了全球一体化的国际贸易系统和国际

金融市场，资本主义得以在全球进行大范围投机和掠夺，这种掠夺不仅造成了发展中国家连续发生的经济危机、金融危机和债务危机，最终也导致了自身主权债务危机的爆发。

## 一、资本主义基本矛盾变化及其表现形式

资本主义的基础是私有制，也正是私有制导致了资本主义对产权的详细界定。私有制要求把某一财产的权利界定得非常清楚，并制定出相应的法律保护这些权利。这样，每个产权所有者就有权力利用属于自己的那部分权利获取相应的利益。从本质上来说，这种产权制度正是私有制条件下保证了每个人对利润的追逐。无论是所谓的"契约精神"还是"天授人权"，其本质上还是为了保障资本主义自身的资产和权力。从这个意义上来说，资本主义国家的任何制度的设计，必然带有非常强烈的政治色彩，即资本主义的统治作为"制度的制度"，规定了其他各种制度，而资本主义的财产所有制是决定这一切的根本。也即马克思所说的经济基础决定上层建筑，上层建筑又对经济基础起到反作用。

资本主义的私有制决定了社会资源的占有关系和分配关系，生产的规模效应和外部性的不断内部化，促进了资本主义生产组织的不断扩大。这时候就产生了资本主义所固有的基本矛盾，即生产资料的私人占有与生产的不断社会化之间的矛盾。首先产生的个人资本规模的有限与组织生产所需要的资本规模越来越庞大之间的矛盾，股份制的出现似乎把这个问题给解决了，股份制公司吸收了大量的社会资金，从而形成被资本控制的大公司和集团，使得资本涉足需要资金更多、利润也更高的投资项目。对利润的无尽追逐，使得资本控制的生产组织的规模不断扩大，而归属于资本的收益和利润也在逐渐扩大，资本的力量也就愈加庞大。也就是说，资本的积累与扩张是其自身发展的推动力，利润会被用来再投资，从而转化为更多的资本，进而得到更多的利润，如此无限循环。

但生产的产品必须能够销售出去才可以实现利润，因此必须依靠有购买力的需求。产品的购买需求可以来自国内市场，也可以来自国际市场。从国内市场而言，产品的消费主体必然是广大的劳动者，劳动者通过在组织和企业中参加劳动获得劳动的报酬，并用这些报酬进行产品的消费。但明显产品的销售价格中必须包含劳动者的工资、生产资料的成本、运输销售费用、企业的管理费用等成本，还应该包含资本所要求的利润，产品的价格要远远高于劳动者所获得的报酬。因此，从一开始，资本的生产就必然出现相对的过剩。而这也是资本主义基本矛盾的另一体现。

以一个简单的模型来说明资本主义生产的相对过剩。假设只存在一个厂商和两个劳动者，厂商用20元购买前一个劳动者的生产资料，再以30元的价格雇用另一个劳动者进行产品的生产，在不考虑其他成本的情况下，这个产品的总成本为50元。如果厂商只获得10%的利润，那么产品的售价应该为55元。但劳动者要消费这个商品，即使将全部的工资支出，也只有30元的收入，远远低于产品的售价。当然真实世界的生产和销售要远远比这个简单的模型复杂，但也可以从中看出资本主义生产关系中所蕴含的生产相对过剩的基本矛盾。

正是由于面临市场购买力的不足，不断扩大的生产和国内有限的市场导致资本对世界市场的强烈渴求，对利润的追求也成为其积极开拓海外市场的强大动力，从而推动资本主义政府利用强大的军事实力为资本主义开辟广大的海外市场，以实现蕴含在商品中的利

润。如果哪一天海外市场逐渐消亡，资本主义的生产关系也就失去了生命力。由此，可以发现资本主义的生命在于扩张，这个扩张在资本主义初期体现为军事扩张和殖民主义，后来逐渐演变成帝国主义，进而是全球化。从这个意义上来讲，全球化就是资本主义进行全球掠夺的新形势和新阶段。在马克思看来，资本主义发展对外贸易，建立全球统一市场，使世界经济全球化，既是资本主义生产方式的基础，又是它的结果。"资产阶级，由于开拓了世界市场，使一切国家的生产和消费都成为世界性的了"，资本"一方面要力求摧毁交往即交换的一切地方限制，夺得整个地球作为它的市场，另一方面，它又力求用时间去消灭空间，……资本越发展，从而资本借以流通的市场，构成资本空间流通道路的市场越扩大，资本同时也就越是力求在空间上更加扩大市场，力求用时间去更多地消灭空间"。①

面对国内有效需求的不足，资本主义也绞尽脑汁地来实现蕴含在产品中的利润。银行积极发放消费信贷，用消费者未来的收入来抵押贷款，诸如分期付款、信用卡等诸多手段不仅使得劳动者能够消费得起这些生产出来的产品，也为资本开辟了另一个牟取暴利的手段。同时，厂商之间也展开激烈的竞争，力求自己在激烈的市场竞争中获胜并得以生存。这样，资本主义基本矛盾体现为生产的有组织和竞争的无序化。

但无论是资本主义在国内的激烈竞争还是利用全球化扩张全球市场，都基于资本主义内在的掠夺性，由此带来的是收入分配和财富占有的两极分化：归属于劳动者和贫穷国家的收入越来越少，而资本所占有的收入和财富则变得日益庞大。这种贫富差距在国内乃至全球国家之间的不断拉大，也直接使得资本主义的全球扩张和掠夺不断走向终点。2009年发生在美国的"占领华尔街运动"就宣扬1%和99%之间的区别和对立，甚至连西方的经济学家们都觉得经济的不平等已经达到了不能容忍的程度，导致了总需求的稀缺以及效率和生产率都较低的经济，拉因哈特和罗格夫更是惊呼"这次不一样"。

## 二、资本主义市场经济：市场原则的背离与经济权力的集中

亚当·斯密认为经济中存在着一只"看不见的手"，在每个人都追求自己的利益的同时会增加社会的福利。这只"看不见的手"就是市场，在这只手的指引下能够使经济自动而且有效率的运行。资本主义在发展的过程中把市场经济和竞争作为其最根本的立足点，认为市场经济能够通过竞争充分利用资源，促进生产的发展，并让每个人都从中获益。这似乎是一种正收益的合作博弈。

市场交易之所以能够成功，是基于主体之间的平等和互利，以及自由的交易。市场和市场交易产生于人类历史的早期，其最根本的原则就是等价交换，互通有无，从而满足各自的需求。从时间上来看，不能把资本主义等同于市场经济，而是市场经济诞生了资本主义。

根据现代经济学对市场有效性的定义，市场必须满足几个条件才能对经济资源的配置起作用：信息的充分、市场竞争主体的力量非常小以至于完全不能影响市场定价、交易的主体是理性的。这里面蕴含了几重意义：市场主体的平等、市场规模足够大、交易双方能够自由理智地决定是否进行交易、并且交易的各方能够获得充分的信息（无论是对于交易

---

① 马克思恩格斯全集（第46卷下册）[M]. 北京：人民出版社，1979：33.

者还是对于所要交易的对象）。即市场经济的显著特征是分散的经济决策者根据市场价格自主决定资源的配置。在有效的市场里，价格的变动完全反映了商品本身的价值（即效用）以及市场的供给与需求，并且能自动稳定；同时会促使追求自身利益最大化的经济人努力开发新技术、新产品和降低成本来参与市场的竞争，竞争又能使市场的主体的实际获利程度受到该有的限制。这样的市场经济制度似乎能够促进社会生产的极大扩大，并在市场竞争中通过供求的不断自动调节，使得市场达到所谓的一般均衡。以这个理论来论证，市场原教旨主义认为自由的市场经济是有效而且美好的，自由市场的竞争机制会清除低效率的企业家或其他决策上的低效率者，并充分利用有限的资源，从而达到社会福利的最大化。

但事实证明这仅仅是一种美好的设想，资本主义市场经济与市场经济的原则是相悖的，产生了反竞争的结构与行为，自由、无约束的市场经济必然带来经济效率的低下和经济的全面失衡。甚至连亚当·斯密都认为在市场中"同一行业的人聚在一起，即使是为了娱乐消遣，他们的谈话结果也很少不是图谋不利于公众的勾当或者想办法抬高价格"。如果像完美的市场经济中假设的那样，每个人的交易量相对于市场需求来说是无限小以至于完全不能影响市场价格的制定，那么这种图谋涨价的方式并不能起到作用。但在市场经济中，竞争获胜并不完全是根据产品质量和价格，有的时候"经济权力"起着决定性的作用。"经济权力"可以被定义为拒绝交易的权力，市场主体交易的量越大，就拥有越大的"经济权力"。在资本主导市场以来，"经济权力"的大小就取决于其资本规模的大小。也正是由于"经济权力"的存在，市场竞争推动了大资本不断侵吞小资本，并推动了资产阶级社会的产生和资本主义的兴起。

资本主义市场经济从其一诞生开始就不是公平的。资本家是众多商人之间的最为优秀者，这些人富有而且有权势，法国学者费尔南·布罗代尔（1993）描述道："在伊斯兰国家也好，在基督教国家也好，这些资本家都是君王的朋友，是国家的同盟者或者是不择手段利用国家的人。他们很早地、一贯地超越'本国'的界限，和外国商人串通一气。他们千方百计为自己的私利搞鬼，通过操纵信贷，也通过在好钱和坏钱之间进行偷梁换柱的取巧把戏。金币银币值钱，是好钱，用于大宗交易，流向资本；铜币不值钱，是坏钱，用于发工资和日常支付，流向劳动。这些人有着信息、智力和文化优势。他们攫取周围一切可取之物——土地、房产、定期租金……他们依仗着垄断或者必要的权势，十居其九能够击败竞争对手。"① 布罗代尔认为，资本主义是当资本家的利益与国家趋同时才出现的，表现为全社会以某种方式接受了资本主义的价值和资本家的特权。在利润的驱动下，这部分有特权的资本家在资本积累和集中的基础上，走向了对生产和市场的垄断。"实际上，在16世纪的德国，垄断已经变成一个常用词：卡特尔、辛迪加，囤积居奇。""世界各大商埠其实都想建立国际垄断，威尼斯是如此，热那亚也是如此。"② 从这个意义上来说，资本主义市场经济的诞生已经违背了市场交易本身的平等原则，更多是基于资本力量的对比，弱肉强食，因此资本主义的市场经济从一诞生开始就必然走向掠夺和垄断的道路，而不是亚当·斯密所认为的能够在追求私利的同时改善社会的福利。

桑巴特在《资产阶级》一书中，确定了"资本主义企业家"的六种基本类型：海盗

---

① ② 费尔南·布罗代尔. 市场经济与资本主义 [J]. 杨起，译. 天涯，2000（2）：148 - 157.

（残忍老水手）；地主（比如转而采矿和创立铁工业的资本主义农庄主）；公务员（企业创办人）；投机商（南海公司背后的家伙）；贸易商（最初的中间商，最后成了企业家）；手艺人（或作坊主，后来成了制造商）。① 这些人靠着掠夺和垄断建立起来区别于暴力掠夺的社会，也正是由于他们庞大的"经济权力"，他们建立了以经济活动而不是以军事或者宗教为主要特征的社会。因此，丹尼尔·贝尔（2007）认为资本主义就是这样一种社会经济体系：它适应以成本和价格之合理核算为基础的商业生产，以及以再投资为目的的财富的不断积累。这种分析与马克思的分析具有异曲同工之妙。

自由的市场经济使得"经济权力"不断集中，资本主义也从自由竞争的资本主义逐渐发展成为垄断的资本主义，并且垄断逐渐从国内扩张到全球，最后世界上所有的国家都被深深地卷进了全球化的进程中，"经济权力"再次被集中到少数国家的少数人手中。

不可否认的是，资本主义追逐利润的行为极大地促进了生产的发展，马克思也认为"资产阶级在它不到一百年的阶级统治中所创造的生产力，比过去一切时代创造的全部生产力还要多"。丹尼尔·贝尔认为资本阶级社会及其资本主义已经解决了社会的生产问题，并创造了必要的富裕机制。从这点上来看，资本主义具有非常积极的一面。但这个富裕机制是资产阶级的富裕，而不是普罗大众的富裕。财富的不断集中，也必然导致社会财富和收入分配的两极分化。而这种分配的不均衡，也必然导致社会经济的总体失衡，并导致危机的不断爆发。因此马克思把资本主义的基本矛盾的表现形式描述为生产无限扩大和劳动者相对有限的购买力之间的矛盾。从这个意义上来说，资本主义的基本矛盾主要体现为分配的矛盾。而"社会主义是一种分配的概念，而不是一种管理经济的理论"②。贝尔这句话的前半句是对的，但资本主义也会由于其基本矛盾决定了其必然在分配上出现两极分化，最终就必然导致经济运行的崩溃和自身的灭亡。

## 三、分配关系异化与资本主义的危机

### （一）收入分配与经济危机

社会经济是通过社会再生产过程的不断循环而向前推进的，每一个再生产过程必然包含生产、分配、交换、消费四个内容，四个阶段的不断循环和连续促进社会生产的不断扩大，四个环节的相互依存和相互制约，要求社会的经济过程必须理顺这四个关系，否则就必然导致经济的失衡，并出现经济的动荡和危机。在这四个关系中，"生产创造适合需要的对象；分配依据社会规律把他们分配。……因而生产表现为起点，消费表现为终点，分配和交换表现为中间环节"③。分配决定消费和再生产的投入，在四个环节中居于关键的地位。在市场经济中，生产是基于对利润的无限追求，而利润本身就属于分配的范畴；影响消费的最主要因素为收入和价格，两者的组合构成了不同的购买力组合。

在利润的刺激下，资本主义经济的生产是无限扩大的；但利润的实现必然在消费环

---

① 丹尼尔·贝尔. 资本主义的文化矛盾 [M]. 赵一凡，蒲隆，任晓晋，译. 北京：生活·读书·新知三联书店，1989：18.

② 丹尼尔·贝尔. 资本主义文化矛盾 [M]. 严蓓雯，译. 南京：凤凰出版传媒集团，江苏人民出版社，2007：239.

③ 马克思恩格斯选集（第2卷）[M]. 北京：人民出版社，1995：7.

节才能得以实现，而消费就取决于收入的分配。当社会分配关系逐渐恶化，就必然通过消费反映在生产上，从而造成社会生产的破坏和崩溃。而在资本主义危机理论中，消费不足论占据了重要的地位，也正是由于消费的不足，导致资本主义平均利润的下降和生产的不足，从而导致危机的爆发。而资本主义社会分配的不平等必然导致市场上有效需求的不足。

### （二）国民收入初次分配与再分配

国民收入的分配可以分为初次分配和再分配两个过程。国民收入的初次分配指国民收入在物质生产领域内部进行的分配，除去政府对生产过程征收间接税外，由资本收入和劳动者收入由两个部分组成：一部分是属于生产领域劳动者的个人收入，包括工资、奖金、福利费用或其他劳动者的收入；另一部分是资本的收入，主要包括企业的营业利润、折旧、支付的利息和利润留成或公积金等。国民收入的初次分配形成了国家、企业和劳动者的原始收入。

国民收入再分配是以间接分配手段实现的分配，强调分配主体。各收入主体在经济的多个环节以多种形式承接其他收入主体转移过来的部分收入，作为初次分配收入之外的增加收入；或者将自己在初次分配中的收入转移出去，成为其他收入主体初次分配收入之外的增加收入。其主要的内容包括：（1）初次分配后部门之间的财产转移；（2）居民之间的赠予、汇款等收入转移；（3）政府征收的各种直接税，主要包括个人所得税、企业所得税、财产税等针对收入主体征收的税收；（4）个人或者企业缴纳的社会保障费用和保险基金；（5）政府进行的各种支出和转移支付，包括政府支付的雇员薪资、各种社会福利和社会保障支出、对他国政府的转移支付等。

无论是初次分配还是再分配，都是收入在个人、企业和国家三者之间的分配。其中，国家参与的初次分配和再分配，是通过财政的收和支来体现的。前文也分析了，主权债务危机的产生是由于财政的收入不能满足财政的支出，从而导致政府债务的不断累积和偿还链条的断裂。而无论是政府的收入还是支出，都属于国民收入的初次分配和再次分配范畴，都会引起其他主体收入和支出的变化。因此分析主权债务危机必须把关注的重点放在收入的分配上。

### （三）资本主义分配关系与收入的不平等

资本主义的分配关系是由其生产关系决定的，资本主义的生产关系是基于生产资料的私人占有为前提，以雇用劳动为主要生产组织形式的社会生产形式，劳动与资本之间的关系天然就是对立的。因此资本主义的分配关系也是在对立的劳动和资本之间的分配。从本质上来说，资本主义的分配关系从一开始就是对立的，必然导致劳动和资本收入分配之间的不平等。而且分配的不平等随着资本的加速积累和扩张在程度上或范围上都呈现出不断扩大的趋势。

一个社会任何时候都不会停止消费，因此社会的生产总是周而复始地进行的。资本家将获得的利润重新投进生产的过程，无限扩大生产的规模。这种剩余价值的资本化，就是资本积累。资本积累的规模与剩余价值的量成正比，而与劳动者的工资量成反比。因此，随着资本积累数量的不断扩大，归属于劳动者的收入就必然不断减少。

资本主义及其拥护者基于私有制对资本主义的收入分配进行分析，认为分配的不平等是必然的和正当的。大卫·李嘉图就认为，普通大众的贫穷不可避免，拥有自然的生产方式的人的财富必然不断积累，工资和利润之间也存在不可避免的冲突，并认为利润是取得进步的必要条件。而加尔布雷斯（1993）更是把工人和资本家的关系比作养牛人与奶牛的关系，认为"在讨价还价的立场上看，工人相对于雇主的地位与奶牛相对于养牛人的地位之间毫无二致"。而"在偶尔的情况下，他们（工人）可能获得超出勉强糊口的收入，但同样的理由——正如养牛的人喂给他的奶牛更多的饲料——这样会产生更多的牛奶"。在他看来，"工人维持在贫困的边缘，与其说是因为自身的条件使然，不如说是他们完全没有能力对付资本家，况且如果他们有了可观的收入，这个制度就难以运行了"①。

这些资本主义的拥护者忽略了一个事实，即生产、分配、交换和消费是一体的，分配是连接生产和消费的中间环节，分配的不平等必然带来消费和生产的失衡。随着资本主义生产关系的不断深化，生产和消费之间的冲突就愈加明显。由于资本取得的收入不断用于再生产而不是消费，从而导致消费的严重不足，这又进一步抑制了生产的扩张。因此，资本主义必然要求不断消费来满足日益扩张的生产，实现包含在产品中的利润。当整个世界都被资本主义包围后，资本和劳动收入的对立和不平等也就由资本主义国家扩大到世界的范围，收入和财富越来越向少数国家的少数人集中，从而导致世界范围内的收入不平等。

第二次世界大战后，资本主义在收入分配上进行了一系列的调整和变化，分配关系的社会化特征愈加明显。首先是工资决定的社会化，即工资已经由过去的单一雇主决策演变成雇主、工会、政府三方力量来综合决定。第二次世界大战后资本主义国家工会力量的崛起，使得工资集体谈判得以逐渐开展；而政府也以立法的形式制定最低工资、最高工作时间等以保护劳动利益。这些努力使得战后几十年内西方国家的不平等保持在一个可以接受的水平。

其次，工人的劳动报酬的方式愈加多样化。代替以前单一的计件工资制，在工人的劳动报酬中，不仅包含基本的工资，还包含津贴、奖金等形式，还通过员工持股计划让工人享受到企业的利润分红。

再次，社会保障在调节收入分配中起到越来越重要的作用。战后西方国家致力于建立完善的社会保障体系，政府在社会保障领域大量支出，在医疗、失业、养老和工伤等领域内建立了完善的保障和保险制度，把全体社会纳入了"从摇篮到坟墓"的"福利社会"中。

第二次世界大战后资本主义国家在收入政策上的调整，似乎解决了马克思所分析的资本和劳动在收入分配上的对立，极大缩小了社会收入的差距。西方的学者惊呼，资本主义国家已经逐渐走向了公平、富裕的社会，库茨涅茨（1955）在分析 1913~1948 年的收入分配结构，发现前10%的人群的收入占比由原来的45%~50%下降到了20世纪40年代末期的30%~35%，并据此提出了著名的库茨涅茨"倒 U 曲线"，认为收入的不平等程度会随着经济的发展呈现一个"倒 U"的形状，最终收入的不平等将下降并保持在一个较低的水平。

第二次世界大战后资本主义的收入政策的变化，在一定程度上缓和了劳资之间在收入

---

① 约翰·肯尼思·加尔布雷斯. 富裕社会［M］. 赵勇，周定瑛，舒小昀，译. 南京：凤凰出版集团，江苏人民出版社，2009：54.

分配上的对立，改善了劳动者的条件，也保证了西方世界在第二次世界大战后经济的繁荣。但这种变化并没有改变资本主义分配关系中劳动和资本的对立。资本和劳动收入差距依然巨大，财产占有的不平衡进一步拉大了富裕家庭和贫困家庭之间的收入差距，1993年富裕家庭的资产净值是最贫困家庭净资产的 28 倍。而社会收入分配关系的改善也并不是源自资本的善心，而是资本在占有大量财富的情况下，将收入不平等的责任推给政府，政府不得不大量负债以改善由资本所带来的收入的不平等。在短短的几十年内，西方政府的债务规模已经达到其 GDP 的几十倍甚至几百倍，政府不堪重负的结果就是连续发生的主权债务危机。

# 第二节　西方主权债务危机国家收入的不平等

资本主义生产方式的确立和在全世界的扩张，不仅造成了西方资本主义国家内部收入的不平衡，也造成了世界财富的集中和收入的不平衡。20 世纪 80 年代以来，连续爆发的经济危机和国家主权债务危机到底具有什么样的分配结构，而它们又在多大程度上影响和促进了主权债务危机的爆发呢？

## 一、收入不平等的衡量

主流经济学是反对人际比较的，提出效用的概念也是基于个人主观概念的，他们认为只要不再存在帕累托改进的情况，那么社会福利就已经达到最大化。阿玛蒂亚·森认为主流经济学中构建社会福利函数的过程，直接用个人社会偏好排序来描述社会偏好，但又把其看成是一个既定的事实，不体现偏好的强烈程度和福利在个人之间的比较，这个矛盾的理论使其发展出来的社会福利理论是忽视社会不平等的。

从 20 世纪 30 年代的大萧条以来，回避人际比较已成为主流经济学的传统。究其原因，我个人认为与大萧条本身无关，倒是源于罗宾斯对人际比较的强烈批评。自那以后，其他经济学家紧随其后，显而易见的人类苦难和不幸不再激起他们的研究兴趣，他们对此视而不见。[1]

因此，要研究社会经济问题，就必然将福利的人际比较包含进去，并且发展出比较人际不平等的一系列测量方法，并分析个人偏好影响甚至是决定社会偏好的路径，即谁的偏好在社会福利函数中体现得更多，而这已经不仅仅是经济学问题，也蕴含着强烈的政治意义：个人如何能够通过政治制度将自己的偏好表现出来并使其在社会偏好中体现出来，进而让其变成社会整体的偏好。

对收入不平等的衡量，可以从实证测度和规范测度两个方面来分析。实证测度仅仅是在统计上对不平等的程度进行测量，用以衡量一个社会个体之间收入的差异；规范测度衡量的是不平等分配与社会福利损失之间的数学关系，涉及价值的判断。

从实证测度的角度，目前理论界已经发展出洛伦茨曲线、基尼系数、变异系数法、帕

---

① 阿玛蒂亚·森. 论经济不平等/不平等之再考察［M］. 应奇，编译. 北京：社会科学文献出版社，2006：20.

尔玛比值、泰勒指数等多个衡量的指标。

基尼系数是目前最常用的反映收入分配不平等程度的指标，在 20 世纪初由意大利经济学家基尼提出，是从洛伦茨曲线推导出来的反映收入不平等的指标。它用洛伦茨曲线的弯曲程度来度量收入分配的不平等程度，计算的是实际的累积收入分布与完全平等状态的差距，数值越高，说明差距越大或者说收入分配越不平等。洛伦茨曲线弯曲程度越大，基尼系数 G 的数值越高，收入的不平等程度也就越高。阿玛蒂亚·森在 1981 年提出了利用相对平均差来计算基尼系数，认为这是对收入差距的最直接测量，考虑了每两个收入之间的差距。

根据联合国的定义，基尼系数与收入不平等的关系如表 5.1 所示。

表 5.1　　　　　　　　　　　　　　　　基尼系数与不平等

| 基尼系数 | 收入不平等情况 |
| --- | --- |
| 低于 0.2 | 收入绝对平均 |
| 0.2～0.3 | 收入比较平均 |
| 0.3～0.4 | 收入相对合理 |
| 0.4～0.5 | 收入差距较大 |
| 0.5 以上 | 收入差距悬殊 |

基尼指数通常把 0.4 作为收入分配差距的"警戒线"，根据黄金分割律，其准确值应为 0.382。超过这条警戒线，则说明这时候社会收入分配的不平等程度已经很高，容易引起社会阶层的对立和社会的动荡。

从规范性的角度出发，不仅包含不平等程度的测算，还应该包括测度方法的福利解释，即这些测量的方法都应该满足庇古—多尔顿条件，富人向穷人的收入转移会使测量的结果变小，以及收入更加平等。与其他测量不平等程度的方法相比，基尼系数计算也较为简单。因此基尼系数成为使用最为广泛的反映不平等程度的测量方法。

对不平等的测量与对贫困的评价存在着密切的联系，但两者并不完全是对等的，因为贫困并不一定是相对的，绝对收入与一个社会的普遍贫困之间有着必然的联系，而我们更应该关注的是后者。从宏观的角度出发，收入不平等的测量更多用于甄别出社会中存在的贫困人口数量和总体的评价。除此之外，我们还关心社会制度是否反映这些绝对贫困人口的利益并采取有效的措施改善他们的处境，而这些制度是根植于我们的政治体制中的。在探讨主权债务危机的时候，一国收入不平等的状态与其政治、经济制度相结合，往往更加能深入分析收入差距不断扩大的深层次原因，以及探讨其是否具有改善收入分配不平等的可能性，进而能够判断其经济的持续发展和社会福利的持续改善的可能性大小。

## 二、各主权债务危机国家收入和财富的不平等

收入的不平等体现在国内各阶层的收入的不平等，在现在的衡量体系中，可以用基尼

系数和五等分的收入比例来更直观地反映。

第二次世界大战后美国和欧洲的收入不平等状况有较大的改善，库茨涅茨根据美国的收入数据提出了著名的"倒 U 曲线"，认为收入最终会趋于平等。但 20 世纪 80 年代以来，发达国家的收入不平等状况急剧恶化。从基尼系数来看，美国和欧洲各国的税前和转移支付前的收入不平等状况都超过了 0.4 的国际警戒线，且在 2008 年危机前后基尼系数都在 0.5 以上，说明西方发达国家在阶级长期固化的情况下，收入分配状况不断恶化，收入差距悬殊。具体如图 5.1 ~ 图 5.3 所示。

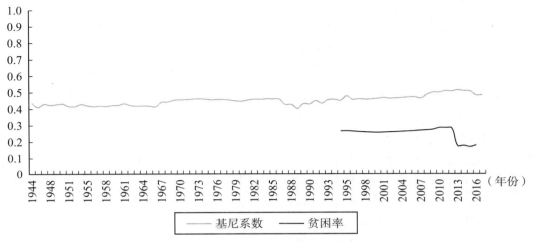

**图 5.1　1944 ~ 2016 年美国基尼系数和贫困率**

注：贫困率是指位于贫困线 50% 以下的人口占总人口的比例。
资料来源：基尼系数来自世界银行的世界收入不平等数据库（WIID），贫困率数据来自经济合作发展组织（OECD），https：//data. oecd. org/。

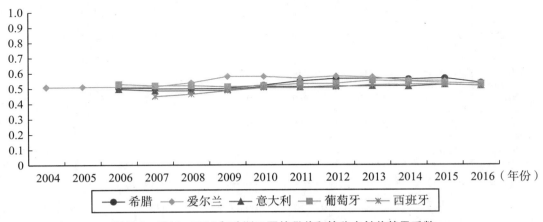

**图 5.2　2004 ~ 2016 年欧洲五国的税前和转移支付前基尼系数**

资料来源：OECD Statistics，https：//stats. oecd. org/.

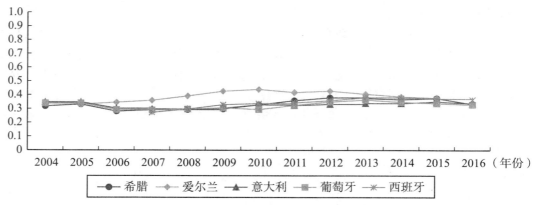

图 5.3  2004～2016 年欧洲五国的贫困率（转移支付前）

注：这个数据是在税前和转移支付之前的数据，贫困率是指位于贫困线 50% 以下的人口占总人口的比例。

资料来源：OECD Statistics，https：//stats. oecd. org/.

日本初始收入分配状况也与其他发达国家类似，基尼系数长期保持在 0.5 以上，且呈现逐渐上升的趋势，这也说明日本初始收入分配状况正在逐渐恶化。同时，为了缓解日渐严重的收入两极分化，日本政府不得不利用政府财政缓解这种收入的不平等，这也导致日本不得不发行更多的国债以满足不断增加的社会保障支出的需要。表 5.2 为日本初始分配基尼系数与修正后的基尼系数。

表 5.2  2005～2017 年日本初始分配基尼系数与修正后的基尼系数

| 年份 | 基尼系数 | | | | 基尼系数改善度 | | |
|---|---|---|---|---|---|---|---|
| | 初始所得（1） | 社会保障调节（2） | 可支配收入（3） | 再分配所得（4） | 再分配改善度（%） | 社会保障改善度（%） | 税收改善度（%） |
| 2005 | 0.5263 | 0.4059 | 0.3930 | 0.3873 | 26.4 | 24.0 | 3.2 |
| 2008 | 0.5318 | 0.4023 | 0.3873 | 0.3758 | 29.3 | 26.6 | 3.7 |
| 2011 | 0.5530 | 0.4057 | 0.3885 | 0.3791 | 31.5 | 28.3 | 4.5 |
| 2014 | 0.5704 | 0.4057 | 0.3873 | 0.3759 | 34.1 | 31.0 | 4.5 |
| 2017 | 0.5594 | 0.4017 | 0.3822 | 0.3721 | 33.5 | 30.1 | 4.8 |

注：再分配改善度 $= 1 - \frac{(4)}{(1)}$；社会保障改善度 $= 1 - \frac{(2)}{(1)} \times \frac{(4)}{(3)}$；税收改善度 $= 1 - \frac{(3)}{(2)}$。

资料来源：日本厚生劳动省《关于 2017 年收入再分配调查结果》，https：//www. mhlw. go. jp/toukei/list/dl/96 - 1/h29hou. pdf。

皮凯蒂分析了自 1910 年以来各国收入排名靠前的 10% 人口收入占总收入的份额，发现在 1945 年至 20 世纪 80 年代，收入不平等的状况是有所改善的。但 20 世纪 80 年代以后，收入排名靠前的 10% 人口收入占总收入的比例逐渐上升，收入排名靠后的 10% 人口收入占总收入的份额逐渐在下降。以美国为例，1945～1980 年，收入排名靠前的 10% 人口收入占总收入的份额保持在 35% 左右，但到 1985 年就上升到了 40%，2008 年则上升至 50%（见图 5.4）。

图 5.4 1910～2010 年美国收入排名靠前的 10% 人口收入占总收入的比例

资料来源：皮凯蒂. 21 世纪资本论［M］. 巴曙松，陈剑，余江等，译. 北京：中信出版社，2014.

全球化促进了资本在全球的掠夺，也进一步导致了全球财富的进一步集中，以前出现在资本主义国家的"穷者愈穷，富者愈富"的现象在全球表现得越来越明显，世界财富的集中度也越来越高（见表 5.3）。

表 5.3　　　　　　　　　　1987～2013 年每年世界财富增长率　　　　　　　　单位：%

| 每年真实增长率（经通货膨胀调整后） | 1987～2013 年 | 1990～2010 年 |
|---|---|---|
| 1 亿元以上财富持有者（在 80 年代每 30 亿人中大概有 30 位；90 年代大约 40 亿～50 亿人中有 45 位） | 6.8 | 4.1 |
| 2000 万元以上财富持有者（在 80 年代每 30 亿人中大概有 150 位；90 年代大约 40 亿～50 亿人中有 225 位） | 6.4 | 3.8 |
| 世界上每个成年人平均财富增长 | 2.1 | 2.0 |
| 世界上每个成年人收入增长 | 1.4 | 1.5 |
| 世界成年人口增长率 | 1.9 | 1.9 |
| 世界 GDP 增长率 | 3.3 | 3.4 |

资料来源：皮凯蒂，21 世纪资本论［M］. 巴曙松，译. 北京：中信出版社，2014：448.

据皮凯蒂统计，在 20 世纪 80 年代全球每 30 亿人口中就有 30 位的亿万富翁，但到 90 年代则增加到了每 40 亿～50 亿人中 45 位。在 1987～2013 年，世界 GDP 的年增长率为 3.3%，但持有财富的不同导致了财富增长速度呈现完全相反的趋势。世界每个成年人收入的年增长率要远远低于持有较多财富的收入的年增长率。这种趋势如果一直保持的话，那么世界范围内收入分配的两极分化就会逐渐扩大。而这种逐渐扩大的两极分化对世界经济的稳定健康发展，乃至对世界的和平和政治稳定，均会产生各种不利的影响。第二次世界大战后全球经济危机的周期性发生，以及 20 世纪 80 年代以来不断发生的主权债务危机，也证明了基于资本主义的世界经济秩序最终必然导致世界两极分化，也必然波及资本主义自身，并使其走向穷途末路。

## 三、收入不平等与资本主义国家的经济停滞

怎样看待收入分配差距的问题，不仅是一个伦理问题，更是一个经济问题，而收入分配与经济增长之间的相互关系一直是经济学长期争论不休的重要命题，配第、斯密、李嘉图、萨伊、马克思等诸多学者在这方面都有许多经典型的论述，他们的研究基本上有一个共同的认识和结论，即在经济增长中收入分配是非常重要的，处理好收入分配关系对推动经济稳定均衡增长会起到关键作用。

对经济增长与收入分配之间经济关系的讨论最早可见刘易斯和库茨涅茨。刘易斯提出的二元经济的经济发展理论，认为随着经济的增长，收入不平等将在发展的初期上升，因为现代部门的利润只归少数资本家掌握，只有在二元结构消失以后，工资水平的上升才有可能。库茨涅茨更是提出著名的"倒 U 曲线"，认为经济增长首先会导致收入不平等的增加，然后导致收入不平等的下降。自库茨涅茨以后，诸多西方经济学者纷纷利用实证的方式来验证库茨涅茨"倒 U 曲线"的存在。但也有人利用亚洲的数据得出库茨涅茨的"倒 U 曲线"并不存在，亚洲经济发展的过程中，收入的不平等是同步下降的。

库茨涅茨及其相关的学者分析经济增长对收入不平等的影响。反过来，收入分配的状况也会影响经济的增长。总体来说，在 20 世纪 80 年代以前的理论一般认为不平等有利于经济增长，而此后的计量研究持否定态度的居多。

不平等会损害经济增长，主要从政治经济机制、人力资本投资、不完全市场、政治冲突与产权不确定性等方面来分析收入分配的不平等对经济增长产生不利影响的过程。政治经济机制主要是基于中间投票机制来进行分析的，当经济中政治机制是由中间投票决定收入再分配政策时，经济中收入和财富越不平等，由中间投票决定的税率就越高，因为收入不平等的上升使投票更加偏向于低收入阶层，当然这里所说的是一人一票的投票机制。较高的税率使投资净收益减少，并降低个人投资的激励，从而阻碍经济增长。在这方面进行研究的学者主要有贝尔托拉（Bertola，1993）、佩罗蒂（Perotti，1994）、阿莱西亚和罗迪克（Alesina & Rodrik，1994）、佩尔松和塔波利尼（Persson & Tabellini，1994）等。

不完全市场理论认为资本市场缺失或者不完全时，不平等有害于经济增长的传导机制，因为穷人的经济行为会受到初始财富禀赋的约束，不平等会进一步加剧这种约束，从而限制或阻碍个人的投资机会，或者降低穷人的生产积极性，这些都是对经济增长不利的因素。研究这方面的学者主要有洛里（Loury，1981），阿吉翁和博尔顿（Aghion & Bolton，1997），皮凯蒂（Piketty，1997）等。

不平等会导致政治冲突和产权的不确定性，并对经济增长产生负面的影响。阿莱西亚和罗迪克对跨国数据进行分析发现，经济不平等会通过社会冲突和产权的不稳定来影响经济的增长，在一个收入分配两极分化的社会中，人们有着强烈的冲动在正常的市场活动或者政治渠道之外进行有组织的寻租，从而引起社会不稳定。有学者对"政治不稳定""社会不安全"与收入分配不平等之间关系的计量研究证明三者之间具有一致显著的正相关关

系；而政治动乱、产权保护缺乏与投资和经济增长具有一致显著的负相关关系。

中国学术界对于经济发展中效率和公平的问题也具有诸多的争论，"效率优先，兼顾公平"的提法与库茨涅茨的"倒 U 曲线"在某些程度上是相似的，认为适当的经济不平等能够在初期促进经济的增长，而当经济发展到一定程度后可以通过政府的再分配行为调节收入的分配，从而改善社会的不平等状况。但这种提法强调政府在经济发展和社会分配中的重要作用，而且仅仅是一定时期内收入分配的指导方针，而不是整个市场经济历史时期不变的法则。

西方收入分配制度的异化表现为不平等的制度化和合法化，倾向资本所有者的收入分配潜规则显性化和制度化导致了整个社会的分配更加不平等，劳动者报酬被限制在劳动者成本的限度内，只能获得维持劳动力生产和再生产必需的生活资料，有的时候甚至连这一点都不能保障。如 1970 年以来，美国的劳动力薪酬在产出中的比例就呈现逐渐下降的趋势，这说明 20 世纪 70 年代以来，美国的收入分配更加偏向于资本。

在西方国家，无论是政治权力、经济权力还是正式的法律法规等制度，都对资本的超额利润进行保护，甚至在经济波动时进一步以增加资本收益的方式来促进投资和经济的增长，而这又使收入分配更加偏向于资本而不利于劳动。资本通过经济和权力对自己在分配中利益的保障，以及通过法律法规等正式制度安排，把社会收入和财富分配的不平等制度化了，甚至政府的政策也成为一种加剧不平等的工具。同样，通过对资本主义精神和文化的传播，也使这种不平等状况被整个社会潜移默化了，习惯、习俗等非正式制度也为保障这种不平等提供了相应的制度保障。

收入不平等的制度化虽然在一定程度上能够利用人们对财富的追求来刺激人们去从事生产活动，但也极大地刺激了整个社会的投机活动，特别是在将投机活动合法化并提供了相应的平台后。初始禀赋的不平等以及偏向于富人和资本的分配制度会使阶级之间的差距不断扩大，巨大的阶级之间差异是导致政治和经济不稳定的根源。

西方国家将不平等视为一种促进社会进步的力量，却故意忽视政治和经济的不平等带来的严重后果，如巴罗（1999）就认为不平等在发达国家会促进经济的增长。不平等使西方国家社会冲突不断加剧，这对经济发展的社会环境和产权的稳定带来了巨大的威胁，如犯罪率的不断增加、社会动荡和骚乱的多发、政治不稳定等问题，这不仅给社会带来了巨大的经济破坏，也消耗了大量的劳动力资源，政府安全支出也大幅度上升，不平等带来的巨大的负外部性降低了经济发展的动力。

经济的不平等会导致社会总需求的萎缩和需求结构的极化，从而影响经济的增长。不同收入阶层的消费倾向是不同的，从总体上来说，高收入者的消费倾向要小于低收入者，收入不平等程度的上升意味着除非某种其他情况出现，比如投资或者出口的增加，否则经济中的总需求将会小于该经济能供给的——也就意味着失业。同时，不同收入的消费者消费结构也是不同的，低收入者更加倾向于生活必需品，高收入者倾向消费高品质的商品和奢侈消费。这种消费结构的变化使得产业结构也随之发生变化，消费的空心化导致了产业的空心化，投资机会也随之萎缩，这种状况没有得到改变之前，经济陷入长期的停滞也就不可避免了。

收入的不平等导致教育投入的不足和劳动力素质的低下。现代经济学认为人力资本是经济发展的主要因素之一，而教育是提高人力资本的主要渠道。西方社会大幅度将教育私有化，这极大提高了教育的成本；与此同时，教育的收益却在逐渐降低，收入的不平等更导致家庭对教育投入有心无力。因此在西方国家，家庭教育支出的不断增加导致西方社会人力资本的不断下降，从而对经济增长产生了不利的影响。

西方社会不平等程度的不断上升通过消费结构、教育投入和政治动荡等多种渠道对经济发展产生不利影响，20 世纪 70 年代以来伴随着西方国家收入不平等状况的加剧和财富的不断集中，西方国家也陷入了经济的长期停滞，这种停滞和不断发生的经济危机是结构性的危机，同时也是制度的危机。收入不平等的制度化造成了阶级之间的巨大差异，并通过各种途径反馈到经济当中，资本主义分配关系使经济的生产陷入了死结，依靠资本主义市场经济来进行经济的调整和刺激只能加重这种状况，即使有所改善也是不可持续的，并且这个改善的办法会带来更为严重的经济和政治后果。

相对于发达国家的经济停滞，中等收入国家和低收入国家在 20 世纪 70 年代以来在经济增长方面的表现则要比发达国家强。其中 20 世纪 60 年代到 70 年代末的拉丁美洲和 20世纪 80 年代的"亚洲四小龙"，其经济都保持了一个较高的增长速度；进入 21 世纪以来西方发达国家的经济还是一蹶不振，但与此同时包括中国在内的新兴市场经济国家则保持了良好的增长态势，这也进一步改变了以往的国际经济秩序。老牌的发达国家在全球经济中的地位不断下降，新兴市场经济国家在国际经济中的贡献不断增大。而世界经济要想快速恢复并保持稳定的增长，已经不能完全依赖于老牌的发达国家，真正要依靠的是正在不断崛起的新兴市场国家和发展中国家。

进入 21 世纪以来，西方国家经济长期停滞的状态还在持续，经济的恢复更是遥遥无期，具体表现在以下几个方面：

第一，收入分配的两极分化加剧，财富不断集中于发达国家的少数人手中，阶级的对立和冲突不断，贫困状况不断恶化。资本主义制度必然造成收入分配的不平等和贫困，这是由其基本矛盾所决定的。贫困可以分为绝对贫困和相对贫困，绝对贫困是指人的健康和生命因其无法得到足够的营养、庇护和医疗而受到伤害的生活状态；相对贫困是指在一个社会中，收入水平分布在全社会后 1/3 的人的收入与中高等收入水平的人和家庭相比，显得相对的贫困。随着全球化进程的不断深化以及资本主义不断地累积，全球收入不公平和国内收入不公平的状况变得越来越严重，这又反过来影响发达国家的经济恢复和发展。

2006 年世界银行发表《世界发展报告》，认为我们生活在一个极度不平等的世界，这种不公平既存在于各国内部，也存在于国与国之间。并且这种不平等存在长期的代际自我复制，并形成"不平等陷阱"。从国内来看，收入不平等会产生极大的经济和政治成本。从经济成本而言，收入的长期不平等和劳动者收入的长期不足会直接减少社会的总需求，进而影响经济的发展。同时收入的不平等带来的贫困不仅会带来社会的不稳定和暴力犯罪的增加；也会通过教育、医疗、健康等减少社会高素质劳动力的再生产，从而影响长期的经济发展和社会的进步。

资本主义通过国际贸易和国际投资对其他国家特别是欠发达国家的掠夺，造成国际的收入分配的两极分化。

由于新兴市场国家的兴起，收入的国内差别呈现出逐渐下降的趋势，但国际间的差别却在过去的 2 个世纪内呈现明显上升的趋势。特别是 20 世纪 30 年代以来国际间收入的不平等加剧。发达国家更为迅速的资本形成和技术开发导致欠发达国家经济的废弃和荒漠化；国际贷款和投资、外援、贸易依赖和战争催生了欠发达国家大量的外债；完全不利于欠发达国家的国际贸易和投资机制使得这些国家很难获得公平的交易机会，从而获得国际分工的好处。同时，由于负债规模的不断扩大和偿还的困难，欠发达国家不得不按照国际金融组织等机构的要求实施各种紧缩计划，这就给这些国家带来以劳役偿债的永久化。

第二，政府公共支出不断增加，主权债务规模不断累积，赤字财政和负债财政不可持续。从前面的分析中可以看出，西方国家的财政支出在过去的几十年中不断增加，并造成了政府财政收支的长期不平衡。西方国家为了满足不断增加的财政支出，不得不采取财政赤字和政府负债进行筹资，造成西方国家财政赤字的不断增加和政府负债规模的不断累积。但从主权债务的使用来看，这些债务并没有用于基础设施的投资以获得超过利息的收益，而是用于社会福利支出和政府的花费。长期的借债消费，不仅挤占了公共投资支出，虽然能在短期内弥补社会需求的不足，但这些债务必须以政府未来的收益进行偿还，当政府的财源不断萎缩时，就必然出现政府债务的违约和公共服务的短缺，从而对经济的发展产生极大的不利影响。

第三，经济结构严重失调，表现为过度的投机和金融化，产业的空心化不断削弱发达国家的竞争力。去工业化是20世纪70年代以来西方发达国家出现的产业结构服务化和金融化，以及经济虚拟化的现象，第三产业逐渐变成经济的主导产业，金融市场规模急剧扩大，进而影响和控制了经济中的其他产业和部门。产业结构的服务化和空心化，也造成了发达国家国内加工制造业的萎缩以及基本消费品的大量进口，这又产生了大量的贸易逆差和国际收支的不平衡。

第四，劳工市场出现"硬化效应"，失业率居高不下，不仅妨碍了社会劳动技能和水平的提升，失业救济的不断增加也给国家财政带来了巨大的压力。同时失业人口的年轻化趋势不仅带来了巨大的劳动力资源的浪费，对国家未来的经济发展也带来了非常不利的影响。而就业中存在的种族歧视不仅不利于社会的融合，更引发了社会的激烈冲突，从而恶化经济发展的外部环境。2011年发生在英国的伦敦骚乱，就是失业人口的年轻化趋势和就业的种族歧视所导致的，对英国的经济发展和社会融合均带来了巨大的不利影响。

同时，西方国家普遍存在的人口老龄化，不仅不能给经济提供长期稳定的劳动力来源，更是给经济和财政带来了巨大的压力。

## 第三节　经济发展停滞背景下的资本转移与政府财政危机

资本主义必然导致资本的快速积累和收入分配的两极分化，这也促使了资本主义生产的不断扩张以及社会有效需求的不断减少，要实现蕴含在产品中的利润就越来越困难，从而导致投资机会的减少和资本的相对过剩。国际市场的开拓使资本主义过剩的生产力得以缓解，也使资本主义生产的利润不断被实现，进而促进资本的进一步积累。但是随着发展中国家产业的不断发展，国际市场的逐渐饱和进一步导致市场竞争的日渐激烈，这也导致了西方国家经济的停滞和产业结构的变化。

资本的相对过剩不仅起源于利润率的不断下降，也取决于市场有效需求的不断减少导致的生产萎缩，长期的生产过剩更是导致了资本主义生产的长期过剩。这就使不断积累的资本转向了投机，从金融渠道而非以贸易和商品生产获得更多利润的方式形成新的金融化积累模式。这个趋势表现为 20 世纪 70 年代以来西方发达国家产业结构的调整和虚拟经济的兴起，即经济高度投机和金融化。

资本的相对过剩导致了发达国家资本的输出和国际转移。国内实体经济的萎缩和金融资本的不断积累，推动了以发达国家资本为主体的国际金融市场的形成及其规模的不断扩大。这些庞大的资本流向其他经济预期较好的国家和地区，不断进行投机或者借贷给当地政府获取利息收入，由此导致了国际金融体系的混乱。1980 年拉丁美洲主权债务危机和 1997 年的亚洲金融危机及其随后集中爆发的国家主权债务危机都是因为国际资本的转移及投机引起的。

## 一、经济停滞背景下的储蓄、投资和经济金融化

主流宏观经济学认为在有效的市场中，存在储蓄—投资相互的转换过程，并由此提出收入的不平等能促进储蓄和投资，进而促进经济增长的乘数原理。但这个理论在西方国家是站不住脚的，首先，如果存在边际储蓄率的下降趋势，那么储蓄率应该是随着经济的发展和财富的不断增加而呈现不断上升的趋势；如果储蓄的乘数效应真的起作用的话，发达国家的经济增长率应该要远远超过发展中国家。但事实上，发达国家的储蓄率是呈现不断下降趋势的（见图 5.5 和图 5.6）。从图 5.5 可以看到，中等收入国家储蓄率超过了高收入国家，自 20 世纪 70 年代以来，高收入国家的储蓄率呈现下降的趋势，并且远远低于中等收入国家。图 5.6 显示，以有储蓄习惯、高储蓄率著称的日本，国内储蓄率自 1996 年以后就呈现快速下降的趋势，21 世纪以来更是不断降低，由原来的 30% 以上降至与世界平均储蓄率持平，美国国内的储蓄率本来就不高，在 20 世纪七八十年代还能维持在 20% 以上，但 20 世纪 90 年代以后，美国的储蓄率更是逐渐下降。

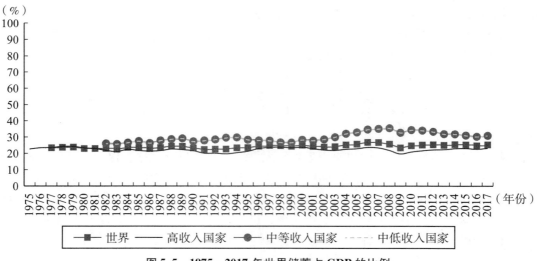

**图 5.5　1975～2017 年世界储蓄占 GDP 的比例**

资料来源：世界银行 WDI 数据库，http：//datatopics. worldbank. org/world-development-indicators/。

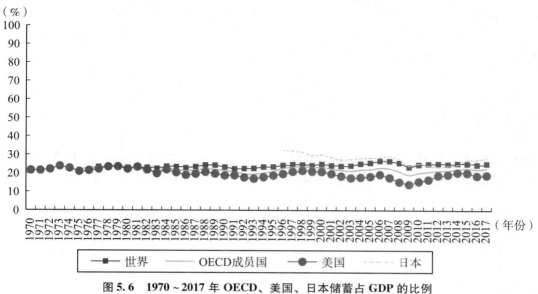

**图 5.6　1970～2017 年 OECD、美国、日本储蓄占 GDP 的比例**

资料来源：世界银行 WDI 数据库，http：//datatopics. worldbank. org/world-development-indicators/。

　　从投资的角度来看，有 20 世纪 70 年代以来，发达经济体就已陷入投资萎靡的状态，虽然这些国家的政府不断出台各种减税计划，但无论是资本形成率还是固定资本形成率的增长都不太乐观，欧洲各国的投资更是陷入不断下降的趋势，与此相反是中等收入国家的投资呈现不断上升的趋势。这也说明在经济停滞的趋势下，发达经济体的资本不断向劳动力成本更低、投资优惠政策幅度更大的发展中国家转移。从资本形成的增长率来看，高收入国家在过去的近 30 年内，资本占 GDP 比例的增长率非常低，特别是日本、希腊、意大利、西班牙等国家更是出现负增长的情况，这也说明这些国家出现明显的经济停滞现象（见表 5.4）。

| 表 5.4 | | 1990～2018 年世界各地区和各国资本形成增长率 | | | 单位：% |
|---|---|---|---|---|---|
| 国家和地区 | 1990～2000 年 | 2001～2018 年 | 国家和地区 | 1990～2000 年 | 2001～2018 年 |
| 世界 | 1.0 | 4.3 | 希腊 | 3.5 | -6.1 |
| 高收入国家 | 3.3 | 1.4 | 冰岛 | 6.1 | 0.5 |
| 中上收入国家 | 1.6 | 9.0 | 爱尔兰 | 9.7 | 4.0 |
| 中下收入国家 | -13.3 | 18.6 | 意大利 | 1.7 | -1.5 |
| 低收入国家 | — | — | 葡萄牙 | 5.9 | -2.8 |
| 美国 | 6.4 | 1.5 | 西班牙 | 3.1 | -0.6 |
| 日本 | -0.3 | -0.5 | 英国 | 4.8 | 2.0 |
| 法国 | 1.8 | 1.2 | 中国 | 8.0 | 13.5 |
| 德国 | 1.0 | 0.8 | | | |

资料来源：世界银行 WDI 数据库，http：//datatopics. worldbank. org/world-development-indicators/。

在各种投资中，包括房地产在内的固定资产投资对经济的拉动作用最大，但发达国家在过去的 50 年内，固定资产投资占 GDP 的比例逐渐从 20 世纪 70 年代高达 30% 降低到现在的 20%，进入 21 世纪更是呈现加速下降趋势。反之，20 世纪 60 年代以来中等收入国家的固定资本形成率就处于一直上升的趋势。从英美等发达国家的国内固定投资占 GDP 的比例来看，自 20 世纪 70 年代以来，整个社会固定资产投资的规模呈现总体下降的趋势，占 GDP 的比例由原来的 25% 左右下降到 20% 左右，2007 年以后更是降到 20% 以下。虽然自 20 世纪 70 年代以来西方发达国家保持了一定的经济增长率，但社会财富的不断集中和不平等程度的增加，以及产业的空心化，这些国家的储蓄和投资都出现快速下降的趋势（见图 5.7）。

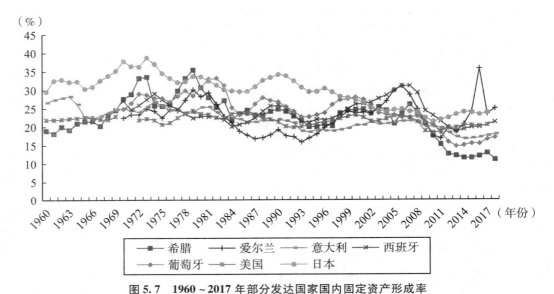

图 5.7　1960～2017 年部分发达国家国内固定资产形成率

资料来源：世界银行 WDI 数据库，http：//datatopics. worldbank. org/world-development-indicators/。

20 世纪 80 年代以来发达经济体快速金融化，越来越多的资本从实体经济转移到金融中，经济金融化进程加快，表现为金融发展指数的快速上升（见图 5.8）。

自 20 世纪 80 年代以来，西方发达经济体的经济金融化进程就在不断加快，特别是美国的金融发展指数从 1980 年的 0.35 上升到 2015 年的 0.89，其市场经济中金融市场的活动非常频繁，金融深化系数从 1980 年的 0.29 上升至后来的 0.99，也就意味着金融市场囊括了几乎所有的经济活动（见图 5.9）。且这些国家中大多数国家在经历了危机之后，对金融活动的影响并不太大，在危机后金融市场和金融活动迅速恢复，这与我们观察到的在 2008 年危机后，主要的西方发达国家的股市等金融市场持续繁荣了将近 10 年的现象是相符的。

经济的金融化和金融行业的高报酬使更多的资金从实体经济流入金融行业，居民储蓄形成的信贷资本，也不再用于实体经济的投资，转而进行股票、债券和各种金融衍生品的投资。随着西方经济的高度金融化，西方国家的银行将大部分的资产用于金融行业的投机，因为相对于实体经济贷款而言，进行金融投机似乎能给银行带来更高的收益。

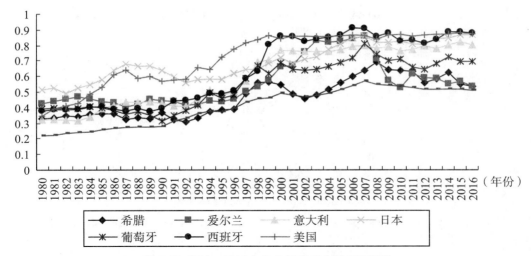

**图 5.8　1980～2016 年各危机国家金融发展指数**

注：金融发展指数（Financial Development Index）是指对导致有效的金融中介和市场有效性以及对深入和广泛获得资本和金融服务的因素、政策和机构的程度，包含金融中介，金融因素、政策与制度和资金取得 3 个维度和金融稳定、金融市场等 7 个支柱。

资料来源：国际货币基金组织的国际金融统计（IFS）数据库。

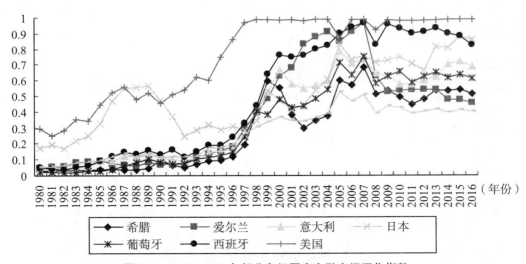

**图 5.9　1980～2016 年部分危机国家金融市场深化指数**

注：金融市场深化指数（Financial Markets Depth Index）是指当年金融市场交易流量占 GDP 的比例。

资料来源：国际货币基金组织 IFS 数据库。

以美国为例，美国银行业的主要业务是贷款和证券，其中贷款和租赁大约占其总资产的 58.3%，证券投资占 20.8%（见图 5.10），这说明美国银行的业务已经不仅仅是对实体经济的贷款了，进行金融投机逐渐变成其重要的利润来源。而在其贷款中，也并不是完全转化为实体经济的投资。

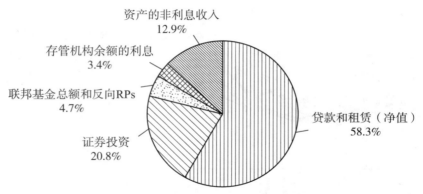

**图 5.10 美国银行业近年来平均资产分布**

资料来源：周俊. 我们离国际巨头还有多远——美国银行业透视及中美比较［R］. 华泰联合证券研究报告，2011（3）. http：//weidu. baidu. com/view/ae2ca304f12d2af90242e6d8. html.

如图 5.11 所示，在美国的银行贷款中，房地产抵押贷款占据了半壁江山，已经从 1986 年的 28.6% 上升到 2007 年的 57.2%；工商企业贷款则逐渐下降，由 1986 年的 35.3% 持续下降到 2006 年的 14.6%。这说明就美国的银行利用储蓄进行投机的比例要远远大于对实体经济的投资，西方经济学理论中认为储蓄能完全转化为投资的假设并不成立。

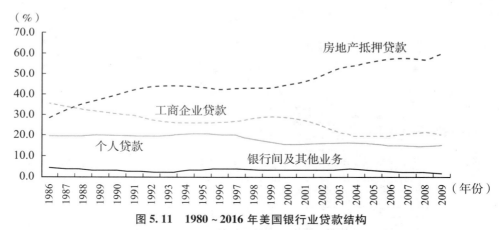

**图 5.11 1980～2016 年美国银行业贷款结构**

资料来源：周俊. 我们离国际巨头还有多远——美国银行业透视及中美比较［R］. 华泰联合证券研究报告，2011（3）. http：//weidu. baidu. com/view/ae2ca304f12d2af90242e6d8. html.

## 二、发达经济停滞与资本的国际转移

自 20 世纪 70 年代以来，西方发达国家的经济陷入了长期的停滞状态，这个状态以西方国家的第一次石油危机的爆发为转折点。经过第二次世界大战后 20 多年的资本累积，资本积累规模不断扩大，资本主义力量得到很大的加强。但 20 世纪 70 年代出现的石油价格的暴涨以及工会力量不断推动工人工资的上涨，导致了制造业部门工资的不断上涨，不断拉升西方国家生产产品的成本；再加上亚洲和拉丁美洲发展中国家的不断兴起，西方国家产品的竞争力不断减弱。这导致了西方产业资本的利润率和投资回报率的不断下降，大量资本相对过剩。自 20 世纪 70 年代以来兴起的新一轮的资本流动高潮，使大量的私人资金流向经济增长前景较好的亚洲和拉丁美洲。这些资本的流动，固然给当时的发展中国家提供了成本较低的资金，极大促进了当地经济的发展，但也给这些国家带来了很大的不利影响，最为明显的是 20 世纪 70 年代以来拉丁美洲各国政府债务的快速累积，并最终导致了拉丁美洲长达 30 多年的主权债务违约历史。

资本的国家转移分为国际生产资本转移（国际直接投资）和国际金融资本转移（国际间接投资）。

石油价格和工人工资的不断上涨，导致产业资本利润的下降，导致西方国家大量产业资本转移到具有生产成本优势（劳动力优势和资源优势）的国家和地区。自 1972 年开始，西方国家非金融非农业部门的利润率和实际产出率均有所下降，特别是 1973～1975 年经济危机更是极大降低了产业资本的利润率，虽然在 1975 年以后利润率有所上升，但到 1978 年开始又急剧下降。利润率的下降导致了西方国家产业资本的转移[①]。

对外直接投资是各国吸引外资来促进本国经济发展的重要手段，能够极大促进东道国实体经济的兴起和就业率的提高，是目前发展中国家发展本国经济的重要经济手段之一。一国吸收外国直接投资的多少，不仅体现本国利用外资的能力，更能体现本国经济发展的潜力。如图 5.12 所示，自 20 世纪 70 年代开始，高收入国家的外国直接投资净值一直处于负值的状态，也就意味着高收入国家自 20 世纪 70 年代开始对外的直接投资流出就超过其他国家对本国的直接投资流入；这些资本大多流入中等收入国家和低收入国家中，特别是 21 世纪以来，高收入国家的对外直接投资更加偏好于低收入国家，因为这些国家具有更加便宜的资源和劳动力。

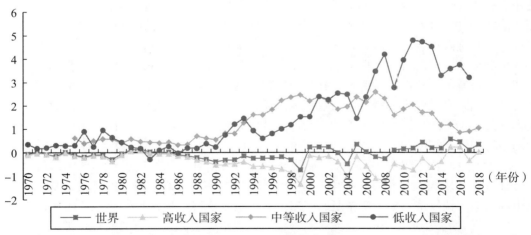

图 5.12　1970～2018 年世界不同收入国家外国直接投资净值（占 GDP 比例）

资料来源：根据世界银行 WDI 数据计算。

---

[①] 赵英杰. 利润率趋向下降与经济危机关系——基于 1970～2011 年美国的经济数据［J］. 兰州商学院学报，2014（1）：26－31.

国际产业资本的转移，对于促进发展中国家的经济增长具有非常积极的作用，而有效利用外国直接投资，是发展中国家实施赶超战略的重要手段。

国际资本转移的另外一种方式是国际金融资本转移，是指国际资本通过金融机构和金融市场体系流入东道国，并对该国的资本形成和经济增长产生影响。国际金融资本分为借贷资本和证券资本。

国际金融资本的转移会影响东道国的储蓄和投资，还会影响东道国的金融体系和金融安全。在理论上来说，外国金融资本的流动能够提高东道国储蓄的总供给水平；但在现实中，国际金融资本的流入可能会使国内储蓄的总供给能力下降，如果这些资金被政府用于非生产性的经常开支，国内企业、家庭又受政府部门消费倾向的影响而降低储蓄倾向时，一国的储蓄总供给水平的下降就变得不可避免了。如20世纪70年代中期，墨西哥在国际资本市场举借了大量外债，用于政府的非生产性开支、居民福利开支以及消费品的进口，而家庭部门、企业部门在政府部门高消费倾向的影响下，储蓄供给水平不断下降，结果使国家可用于资本形成和经济增长的储蓄总供给能力一直徘徊在很低的水平。同样，国际金融资本的转移对于东道国的投资也具有很大影响，首先是其可能有助于降低东道国资本市场的实际利率，从而刺激国内私人部门的投资需求；但国际金融资本的流入也可能引起利息、利润或者股息的汇出，如果数额过大的话，可能引起利率的上升，从而引起投资需求的减少。其次是通过利用流入的国际金融资本进行投资或者生产性建设，可能会引起相关产业的"关联效应"，带动相关产业部门投资的增加。而投资于公共基础设施的建设更可能会推动全社会投资需求的增加。最后，当利用这些国际资本购买外国产品时，会减少国内相关产品的市场需求，抑制相关产品的生产者的投资需求。

国际金融资本的流入也会影响东道国的金融市场和金融安全。从积极的方面来看，国际金融资本的流入，可能会使东道国的金融市场规模显著扩张，对这些资本的有效监管和使用有助于提高一国金融机构的效率和金融体系的稳定，并促进东道国金融市场的发展。而从消极的方面来看，外国金融资本的流入可能会加剧东道国金融市场信息的不完全和不对称，加剧金融市场的风险；在国内金融市场扭曲现象大量存在的情况下，大规模的资本流入可能会使资源配置效率更加恶化；国际金融机构如银行的进入可能会加剧国内银行业之间的恶性竞争，抢占优质客户，并导致国内银行业利润的下降；当东道国经济面临困境的时候，国际金融资本的撤退会引起国内的恐慌，导致进一步危机的发生；同时国际金融资本的流入也可能加剧金融监管的复杂性，放大东道国的金融风险，使其金融体系面临更大的不稳定性。

20世纪70年代西方国家陷入滞胀以来，资本的相对过剩促进了资本的国际转移，这种转移对促进发展中国家的产业升级和生产效率的提高具有非常积极的意义，是多年来新兴市场国家加快经济发展、实施赶超战略的有力资金保障。但这种转移也给本国的金融体系带来了巨大的风险，同样政府庞大的外债累积也给广大的发展中国家财政带来了巨大压力，当经济出现下滑或者国际经济形势恶化均有可能导致国家对主权债务的违约，就如20世纪80年代的拉丁美洲主权债务危机和20世纪末一些国家的主权债务违约。

## 三、经济停滞与发达国家产业结构调整

资本有机构成的不断提高和社会总需求的严重不足，过剩生产能力逐渐累积，导致新

增投资几乎没有任何的盈利空间，同时也由于缺乏能极大促进生产力发展的技术创新和利润增长点，西方发达国家资本自 20 世纪 70 年代后就陷入了长期的经济停滞，实体经济的萎缩使得战后资本主义庞大的资本积累无处可去，这些资本除了转移到其他国家以获取投资收益，剩余的只能进入资本市场进行投机，以获得资本的保值和增值，资本主义经济的重心开始由实体产业（甚至是生产性的服务部门）逐渐转向服务和金融行业，并造成了经济结构的过度服务化和经济的金融化。

第二次世界大战后，随着西方国家经济的恢复和快速发展，三次产业结构发生了变化，第三产业逐渐占据了产业结构的主导地位。20 世纪 60 年代以来，三次产业结构由原来的"二、三、一"逐渐转变为"三、二、一"的排序。以美国为例，第二次世界大战后，美国的制造业占 GDP 的比例逐渐下降，而金融行业等服务业的比例逐渐上升，同时生产性服务业如交通运输以及批发零售等行业占 GDP 的比例也逐渐下降，即使是美国引以为自豪的信息产业，其占 GDP 的比例也只有 6% 左右。20 世纪 70 年代，制造业依然是美国经济的核心产业，是占 GDP 比例最高的行业，金融等虚拟经济部门的规模则相对要小。20 世纪 90 年代后期，金融等虚拟经济部门在 GDP 中的比例已经超过制造业。2016 年，金融、保险、房地产与租赁业占 GDP 的比例为 28.45%，制造业比例已经降为 18.06%，金融等虚拟经济和制造业在 GDP 中的地位已经发生了颠倒，具体见表 5.5。

表 5.5　　　　　　　　　　1970～2016 年美国各行业占 GDP 的比例　　　　　　　单位：%

| 行业 | 1970 年 | 1975 年 | 1980 年 | 1985 年 | 1990 年 | 1995 年 | 2000 年 | 2005 年 | 2010 年 | 2015 年 | 2016 年 |
|---|---|---|---|---|---|---|---|---|---|---|---|
| 农林牧渔业 | 3.26 | 3.70 | 3.10 | 2.32 | 2.08 | 1.78 | 1.44 | 1.39 | 1.49 | 1.48 | 1.39 |
| 采矿和挖掘业 | 1.55 | 2.19 | 3.14 | 2.46 | 1.49 | 1.02 | 1.16 | 1.66 | 1.76 | 1.45 | 1.11 |
| 制造业 | 33.83 | 34.08 | 33.64 | 29.12 | 27.14 | 26.18 | 23.13 | 20.61 | 19.39 | 18.67 | 18.06 |
| 电力、煤气和供水；污水收集、废物管理及修复工程 | 1.92 | 2.24 | 2.49 | 2.45 | 2.17 | 1.99 | 2.20 | 1.98 | 1.89 | 1.55 | 1.48 |
| 建筑业 | 5.80 | 5.35 | 5.37 | 5.66 | 5.09 | 4.71 | 5.00 | 5.55 | 3.93 | 4.39 | 4.58 |
| 批发和零售 | 9.87 | 9.13 | 10.66 | 9.63 | 9.71 | 10.16 | 9.48 | 9.35 | 9.29 | 9.65 | 9.64 |
| 运输和仓储 | 4.40 | 4.17 | 4.23 | 3.79 | 3.78 | 3.71 | 3.55 | 3.50 | 3.52 | 3.65 | 3.53 |
| 住宿和餐饮 | 2.45 | 2.45 | 2.37 | 2.50 | 2.75 | 2.66 | 2.68 | 2.67 | 2.65 | 2.98 | 3.07 |
| 信息通信 | 3.46 | 3.54 | 3.46 | 4.20 | 4.27 | 4.82 | 6.45 | 5.61 | 5.90 | 6.08 | 6.23 |
| 金融、保险、房地产和租赁业 | 15.54 | 15.58 | 15.49 | 19.72 | 21.80 | 22.75 | 25.83 | 27.17 | 26.74 | 27.93 | 28.45 |
| 政府行政服务 | 17.92 | 17.58 | 16.05 | 18.14 | 19.73 | 20.21 | 19.08 | 20.53 | 23.44 | 22.17 | 22.46 |

资料来源：OECD statistic，https：//stats.oecd.org/.

　　与产业结构相关的是劳动力就业结构，以美国为例，从 20 世纪 70 年代以来三次产业占 GDP 的比例以及各个产业劳动力占比的数据来看，第一和第二产业在国民经济中的地位不断萎缩，就业人数也在不断减少；其中第一产业对劳动力的吸纳效应较强，但 2000 年以来，第一产业的弹性呈现下降趋势，第一产业对劳动力就业的吸纳效应减弱。第二产业的产业比例和就业比例在长期呈现同步下降的趋势，且一直表现出对就业的排斥。第三产业自第二次世界大战以后增长迅速，吸纳了大量的劳动力。

　　相对于金融保险业占 GDP 比值的快速增加，其吸纳劳动力的能力并不高，自 1987 年以后从事金融保险行业的劳动力所占比例就逐渐在下降（见图 5.13）。

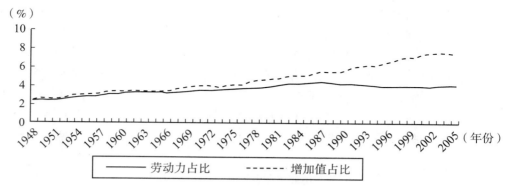

**图 5.13　1948～2005 年美国金融保险业增加值占比与劳动力占比**

资料来源：卢中原. 世界产业结构变动趋势和中国的战略抉择［M］. 北京：人民出版社，2009：316.

　　同样，欧洲各国和日本等发达国家的产业结构和就业结构在第二次世界大战后也发生了非常明显的变化，如表 5.6 所示，1980 年以来，日本三次产业的就业人数呈现出第一和第二产业就业人数快速下降，而第三产业的就业人数快速上升的趋势。

表 5.6　　　　　　　　　　　　　　1980～2005 年日本就业结构的变化　　　　　　　　　　　单位：%

| 类别 | 就业结构 | | | | 累积增加百分点 | | |
|---|---|---|---|---|---|---|---|
| | 1980 年 | 1990 年 | 2000 年 | 2005 年 | 1980～1990 年 | 1990～2000 年 | 2000～2005 年 |
| 第一产业 | 12.8 | 8.6 | 5.9 | 5.2 | -4.2 | -2.7 | -0.7 |
| 第二产业 | 33.4 | 33.1 | 29.0 | 26.0 | -0.3 | -4.1 | -3.0 |
| 制造业 | 23.1 | 23.2 | 19.1 | 17.3 | 0.1 | -4.1 | -1.8 |
| 第三产业 | 53.8 | 58.3 | 65.2 | 68.8 | 4.5 | 6.9 | 3.6 |
| 合计 | 100 | 100 | 1000 | 100 | 0 | 0 | 0 |

资料来源：日本内阁府《国民经济核算报告》，转自卢中原. 世界产业结构变动趋势和中国的战略抉择［M］. 北京：人民出版社，2009：385.

同样，欧洲各国在第二次世界大战后都产生了类似的产业和就业结构调整。2009 年欧洲各国的制造业占 GDP 的比例与 1980 年相比，均有明显的下降，而虚拟经济部门则超过制造业占 GDP 的比例，居于国民经济的支柱地位（见表 5.7）。而出现这种变化，正是因为制造业利润率的不断降低导致的。

表 5.7　　　　　1980 年、2009 年欧洲各国虚拟经济部门与制造业占 GDP 的比例　　　单位：%

| 年份 | 指标 | 英国 | 法国 | 德国 | 荷兰 | 意大利 | 比利时 | 西班牙 | 葡萄牙 | 希腊 |
|---|---|---|---|---|---|---|---|---|---|---|
| 1980 | 虚拟经济部门占 GDP 比例 | 17.7 | 23.6 | 23.3 | 16.9 | 15.7 | — | — | — | — |
| | 制造业占 GDP 比例 | 25.5 | 18.0 | 27.5 | 18.1 | 28.9 | — | — | — | — |
| 2009 | 虚拟经济部门占 GDP 比例 | 33.5 | 33.7 | 31.1 | 28.2 | 28.8 | 30.6 | 23.6 | 23.5 | 20.2 |
| | 制造业占 GDP 比例 | 11.1 | 10.6 | 19.1 | 12.6 | 16.1 | 14.0 | 12.7 | 13.0 | 10.3 |

资料来源：范方志，胡梦帆，李顺毅. 从马克思的视角解析当代发达资本主义国家的产业结构［J］. 马克思主义研究，2012（10）：73-80.

1990 年以来，全球金融资产增加的速度非常快，到 1998 年是全球 GDP 总和的 6 倍，到 2008 年更是增加到了 14 倍多。这些金融资产虽然有一小部分会流入实体经济，有助于实体经济的发展。但更大的部分是在资本市场上进行"大鱼吃小鱼"的食利性经营，金融市场的投机性和不断震荡对实体经济会产生非常不利的影响。而金融市场所谓的高回报还会吸引了大量的社会资金投入其中，企业也在套期保值等投资理念的宣传下积极投身于股市、债券及金融衍生产品等金融市场，这也就挤占了其用于生产的资金，不利于企业生产规模的扩大。表 5.8 为 1990~2008 年全球主要金融资产的规模。

表 5.8　　　　　　　　　1990~2008 年全球主要金融资产的规模　　　　　　单位：亿美元

| 年份 | 银行资产 | 股票市值 | 债券余额 | 衍生品价值 | 全球 GDP | 金融资产/GDP |
|---|---|---|---|---|---|---|
| 1990 | 230822 | 88933 | 179697 | — | 228511 | — |
| 1991 | 243735 | 105887 | 196555 | — | 240455 | — |
| 1992 | 253239 | 101135 | 204776 | — | 242826 | — |
| 1993 | 269474 | 129478 | 221748 | — | 248874 | — |
| 1994 | 302995 | 145036 | 251240 | — | 267195 | — |
| 1995 | 320996 | 171236 | 274455 | — | 296384 | — |
| 1996 | 327101 | 195293 | 288032 | — | 303788 | — |

| 年份 | 银行资产 | 股票市值 | 债券余额 | 衍生品价值 | 全球 GDP | 金融资产/GDP |
|------|---------|---------|---------|-----------|----------|-------------|
| 1997 | 332114 | 217211 | 287871 | — | 302525 | — |
| 1998 | 355145 | 254358 | 321300 | 942844 | 300172 | 624% |
| 1999 | 367071 | 349757 | 348791 | 1017897 | 311752 | 668% |
| 2000 | 378717 | 309566 | 356668 | 1094470 | 321030 | 666% |
| 2001 | 396282 | 265962 | 372947 | 1349276 | 318919 | 748% |
| 2002 | 439086 | 228341 | 426662 | 1654933 | 331868 | 828% |
| 2003 | 523911 | 313090 | 505465 | 2338640 | 373012 | 987% |
| 2004 | 605015 | 372450 | 576783 | 3051471 | 419742 | 1097% |
| 2005 | 638258 | 421565 | 592938 | 3565123 | 453855 | 1150% |
| 2006 | 742322 | 517494 | 681541 | 4875218 | 491154 | 1388% |
| 2007 | 902561 | 627278 | 789185 | 6744192 | 552701 | 1640% |
| 2008 | 963951 | 332992 | 835296 | 6498228 | 609195 | 1417% |

资料来源：朱民. 危机后的全球金融格局十大变化［R］. 中国金融四十人论坛. http：//www. cf40. org. cn/plus/view. php？aid＝2188.

## 四、经济停滞与政府财政危机

20 世纪 70 年代开始的经济长期停滞，不仅给经济带来了不利的影响，也反映到了政府的财政收支上。伴随着经济的不断发展，政府的财政收入自然也会水涨船高，而一个较为公平的税收结构必然与经济结构直接相关，即税收收入应该与产业结构成正比，而这个税务负担比率必然是以不损害经济发展为前提的。但随着实体经济的萎缩和经济的金融化，发达国家的税收结构并没有随之调整，反而将税收更加偏重于针对个人收入的所得税等税种。

1965 年，美国制造业实现的利润占全国实现利润的 50% 以上，然后逐渐下降，到 2001 年，制造业利润仅为总利润的 9.4%，在接下来的几年中虽然有所回升，但占总利润的比例依然比较低。在 1965 年后利润占比递减的还有交通运输业和销售行业。在 20 世纪 80 年代，美国金融行业实现的利润逐渐增加，占全部利润的比例也由原来的 10% ～ 20% 上升到 30% ～40%，特别是进入 21 世纪后，美国金融行业实现的利润占全部利润的比例上升至 30% 以上，虽然在 2007 年以后有所下降，但在 2009 年以后又逐步回升（见图 5.14）。

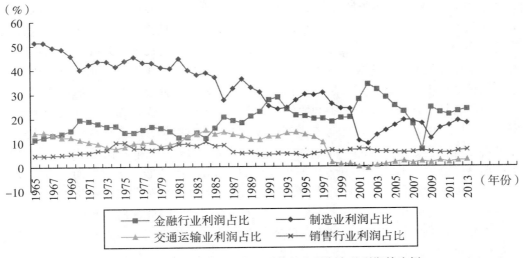

图 5.14　1965～2013 年以来美国各行业利润占总利润的比例

资料来源：Economic Report of the President，2015，http：//www.gpo.gov/fdsys/pkg/ERP‑2015/content‑detail.html.

西方发达国家在 20 世纪 70 年代后的产业结构的金融化和虚拟化，实体经济的不断萎缩导致这些国家的财政收入由原来的依靠间接税转向依靠个人所得税等直接税，税源逐渐枯竭。同时人口的老龄化以及长期存在的收入不平等和失业所导致的对社会保障支出的需要，"福利国家"对西方国家的财政带来了日渐增加的压力。财政收支的长期失衡使这些国家不得不扩大财政赤字和负债来满足日渐扩大的收支差距，并造成这些主权债务规模的不断扩大，国际资本市场资金的充足使这些国家的财政失衡的状况得以维持。但 2007 年的次贷危机及其随之而来的金融危机不仅造成国际资本市场资金的短缺，长期的经济停滞也造成其违约风险的不断提高，由此造成这些国家融资成本的增加以及债务负担的不断加重，借新债还旧债的做法随着融资难度的不断加大而变得不可持续，最终必然导致 2009 年以后连续发生的主权债务危机。而日本的情况则更加微妙，在日本经济腾飞期间不断累积的庞大资本由于 20 世纪 80 年代以来经济的衰退而不断流向国外以及国内的金融行业，但 1989 年的日本股灾使日本的金融行业发展严重受挫，这些资本又不断流向日本的债券市场，使日本能以非常低的成本获得大量资金以满足由于人口老龄化和经济刺激计划所引起的财政支出。但日本国内投资渠道的日渐狭窄和投资收益率的逐渐降低，长期而且无效的经济刺激也不断加大了政府的财政压力，使日本庞大的政府债券的偿还日渐成为财政巨大的负担，日本政府借债消费不仅使其债务占 GDP 的比例成为全球最高。一旦日本的财政收入再度减少，或者日本的国内资金大量流出导致资本供给的不足，或者日本实施紧缩政策，减少货币的供给等就会直接导致日本政府的债务违约。

## 第四节　个人债务、国家债务与发达国家主权债务危机

对利润的渴求使资本主义同时具有了创造和掠夺两重特性，资本主义的创造特性使它

能通过生产系统创造出巨大的价值，成为社会物质财富的巨大发动机；资本主义的掠夺性则体现为无穷地从人类和自然中榨取价值，在一个以价值表现占主导的世界里，这种掠夺通常是一举而成的，受益者和受损者在这一过程中并无明显的联系，掠夺方式的不断改变并不能改变掠夺的实质。因此在资本主义体制中，人们既看到了希望，也看到了恐惧。资本主义的掠夺性不仅体现在生产领域，也体现在消费领域和社会的其他领域。作为生产要素一部分的劳动力在分配中处于不利的位置，而在市场中劳动者还作为天真的消费者再次被资本掠夺，但由于资本主义的掠夺所带来的不断扩大的两极分化最终必然反映到经济中，最终导致资本主义体系的自我崩溃，这是马克思在 19 世纪推断出的结论。但没有哪一个社会是完全意义上的资本主义，非资本主义的部分是缓冲器，当市场崩溃时，政府便会介入。在以非军事力量为主的社会中，政府介入的程度取决于政府的经济力量。但基于资本主义的经济体系中，政府的经济力量必然被高度削弱，因此政府干预经济的代价是高额而且不断累积的负债。政府经济力量的薄弱和负债的不断累积，最后必然导致链条的断裂和危机的爆发。

发达国家这次主权债务危机是由美国房地产抵押次级贷款泡沫破灭引发的，是产生于消费环节的个人信贷扩张所导致的银行危机，并导致了金融体系的系统性危机和随之而来的主权债务危机。在资本主义经济体系中，个人的消费怎么会产生如此大的信贷规模？而这些信贷又怎么会变成银行的负担，并最终表现为政府的或有负债，从而导致政府债务规模的不断累积？

## 一、消费、个人信用扩张与政府或有负债

资本主义的基本矛盾导致收入分配的两极分化，并表现为需求的相对不足。而产品生产的过剩和实现蕴含在产品中的利润也要求企业积极促进产品的消费。因此，资本主义生产关系的不断深化必然促进消费信贷的产生。

市场作为实现利润的一个场所，而资本主义的性质决定了基于这个制度的市场必然会逐渐排斥和反对竞争，因此价格的制定并不能像完全竞争市场中那样企业只能获得等同于企业的成本。包含了绝对利润的产品价格必然要远远超过生产者所能获得的工资收入。

劳动者工资水平的增长远远不能赶上商品销售价格的上涨，这又进一步削弱了劳动者的购买力和市场的需求。

为了实现利润，分期付款、个人贷款等促进消费的举措和方式被发展出来。最简单的消费信贷方式——赊销出现的时间非常早，在私有制和商品交换产生之后就出现。但较为正规的消费信贷市场产生于 20 世纪初期，1910 年建立的摩利斯计划银行可以被称为最早提供消费信贷的银行。同年，美国《周六晚报》（*Saturday Evening Post*）于 4 月 8 日刊登了一则广告，该广告代表美国的汽车销售业提出了崭新的"零售分期贷款"概念。

20 世纪 60 年代以前，消费信贷一般用于购买耐用商品，如汽车、电视机等。60 年代后，消费者运动的蓬勃发展推动了这方面的立法，许多关于保护消费者和监管消费者信贷的立法不断完善，这也进一步推动了消费者信贷的发展。

对于企业而言，消费者信贷不仅能极大促进其产品的消费，还能通过分期付款等形式获得非常高的报酬，因此大多数企业均愿意采用这一销售模式。目前，分期付款在售货模

式中所占的比例最大，在英国达 40%，在美国更是高达 80%。而对于银行等金融机构而言，消费者信贷的收益要远远高于一般的抵押贷款，这就促进了银行等金融机构加大对个人消费的贷款。在现代金融体系中，信用卡更是成为银行谋取利益的一种新方式。以美国为例，根据美联储公布的数据，2019 年 11 月美国的个人贷款利率为 10.21%，而信用卡透支的利率更是高达 16.88%。而美国一年期的存款利率仅为 1.09%。

美国个人消费信贷的规模非常大，据美联储统计，2006 年美国个人消费信贷总额为 9310 亿美元，到 2019 年已经增长到 41907 亿美元，占 GDP 的比例也均为当年 GDP 的 20% 左右，在美国经济中占据了举足轻重的地位，成为支撑美国经济增长的重要力量。

房地产抵押贷款是消费信贷的一种，但这并不同于一般的消费信贷，其特点是贷款金额大、周期长，同时抵押品比较明确等。在美国，住房贷款在个人消费贷款中所占的比例非常高。根据纽约储备银行发布的家庭债务和信贷报告，2020 年第一季度，由于新冠病毒的影响，家庭住房贷款下降了近 30 亿美元，未偿付余额为 3860 亿美元，但信用卡负债、学生贷款和汽车贷款的增加导致总体家庭负债保持上升的趋势①。

美国家庭负债主要以房屋负债为主，在 2020 年第一季度，房地产负债占家庭总负债的比例达到 68%；信用卡和学生借款也是美国家庭负债中较高的，特别是学生负债的规模逐年扩大，2020 年学生负债占家庭债务总和的 11%，这已经成为美国家庭负债中一个较为突出的问题②。

建立在房地产价格会一直保持上升趋势的前提下，美国银行放松了借贷标准，对收入和信用等级较低、受教育水平低、金融知识匮乏以及达不到普通信贷标准的客户审批了房屋贷款。由于这种房屋贷款的风险较高，对象也是违约可能性较高的客户，因此美国金融机构就将这种贷款称为"次级"（Subprime）。这种贷款不需要首付，因此利率要比普通的房屋贷款高出 2% ~ 3%。"次级"抵押贷款的违约风险比较高，据瑞银国际（UBS）的研究数据表明，截至 2006 年底，美国"次级"抵押贷款市场的还款违约率高达 10.5%，是优惠级贷款市场的 7 倍。

第二次世界大战结束后美国的房地产价格就一直呈现上涨的趋势，2000 年房屋价格暴涨，2006 年 8 月美国房价进入下行通道，2011 年探底后迅速回升。由此也推动了美国各金融机构加大房地产信贷的力度，并开始向不符合贷款标准的买房者发放房屋贷款，"次级"抵押规模逐渐扩大。但总体而言，"次级"抵押贷款的规模并不大，理论上并不能给美国乃至世界的金融市场带来那么大的影响。问题出在美国金融市场的所谓创新上，美国的银行和金融机构将抵押贷款标准化和证券化，使得银行和金融市场对这种产品交易的规模不断扩大，许多投资银行为了牟取暴利，采用 20 ~ 30 倍的杠杆来操作"次级"抵押贷款，导致了投资银行自身的风险不断扩大。同时投资银行又将这种杠杆投资拿去做保险，形成了庞大的 CDS 市场。当"次级"抵押贷款偿还链条出现断裂后，基于"次级"抵押贷款（以下简称次贷）的 CDO 产品就完全没有任何价值了，并引起了市场对于其他抵押贷款证券的抛售，由此导致了整个市场的崩溃，并迅速蔓延到整个金融市场。

次贷危机爆发后，美国政府不得不接手美国两家最大的房地产抵押贷款机构"房利美"和"房地美"，并支出了总额超过 1820 亿美元的巨额资金救助陷入次贷危机的美国国

① 资料来源：纽约联邦储备银行，https://www.newyorkfed.org/microeconomics/hhdc.html。
② 资料来源：纽约联邦储备银行，http://www.newyorkfed.org/microeconomics/hhdc.html。

际集团（AIG）。美国政府又一次为金融行业的投机行为埋单。

次贷危机的起源是个人消费信贷的不断扩张，特别是房地产信贷规模的扩大，以及金融机构为牟取暴利而不断创造金融泡沫的行为，但根本原因还是在于收入分配的恶化。在近30年，美国中产阶级的收入不升反降，贫富差距不断拉大，在扣除通货膨胀的影响后，美国的平均小时工资与35年前持平。这种不断拉大的收入差距导致了整个市场需求的不断减少，为了刺激消费，以实现利润，发达国家不得不放开贷款的条件，从而导致了个人信贷特别是房地产信贷的不断扩大。而金融机构为了牟取暴利更是利用各种金融创新将债务证券化，将这些本来风险就很高的债务变成一个巨大的金融泡沫。而最终，不仅这些不良贷款，甚至连金融市场所吹出来的泡沫都变成了政府的负债，由政府埋单。

在其他发达资本主义国家，也出现了同样的问题，银行和其他金融机构参与的各种投资行为失利，最终将这些问题全部推到政府身上，均变成了政府的负债，由政府对其投机行为的后果埋单。而这一切的根源均是由资本主义基本矛盾所引起的收入两极分化导致的。收入的两极分化导致市场需求的减少，这也导致消费信贷的兴起，个人和家庭的信用扩张导致了银行风险的不断扩大；而消费信贷又进一步导致了个人可支配收入的不断减少，由此进入一个恶性的循环过程。当个人信用扩张到一定程度并无以为继时，必然导致个人信用的违约，由此导致银行和金融机构的危机。而政府作为最后的保障，不得不为这些贷款埋单，同时也为银行和金融机构利用这些贷款进行的各种投机活动埋单。

## 二、人口老龄化、失业、贫困与社会保障支出

社会保障支出是西方国家财政支出中份额最大的部分，而造成西方国家庞大的社会保障支出的原因正是西方国家出现的人口老龄化趋势以及持续的失业造成的贫困的常态化。

1981年以来，大部分发生主权债务危机国家的失业率均呈现增加的趋势，其中西班牙的失业率更是在大部分年份中均保持在15%以上。虽然在2001年以后，各国的失业率均有所下降，但到2007年以后各国的失业人口迅速增加，希腊和西班牙的失业率较高，2012年的失业率分别为24.2%和25%，到2013年更是保持在25%以上。2014年第三季度希腊的失业率为26.18%，西班牙的失业率为24.17%。如此高的失业率，必然导致国内经济的不断衰落和社会失业救济的不断增加。最终世界经济的缓慢恢复，这些国家的失业率虽有所降低，但高失业率也给其政府带来巨大的财政压力，在财源缺乏的情况下，要维持高企的社会福利，举债也就成为这些国家保证财政可持续性的唯一途径。图5.15为1983~2018年部分发达国家失业率。

完善的社会保障制度更是导致了在这些发生债务危机的发达国家中，各国的长期失业人口占全部失业人口的比例均保持在非常高的水平，而且呈现逐渐增长的趋势，其中意大利、爱尔兰、希腊、葡萄牙等欧洲国家的长期失业率更是保持在50%以上。而日本和美国的长期失业率也呈现快速上升的趋势。国家长期失业率的高企，形成了政府财政的一项长期而且沉重的支出。

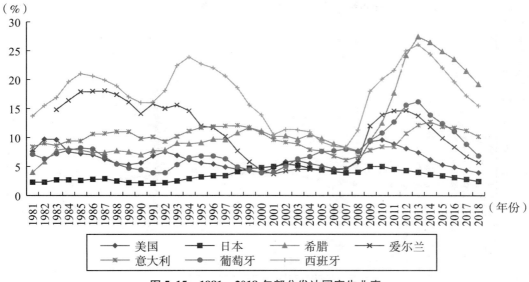

**图 5.15　1981～2018 年部分发达国家失业率**

资料来源：世界银行 WDI 数据库，http：//datatopics. worldbank. org/world-development-indicators/。

　　更为严重的是青年人口的失业，一方面这些青年人本来应该是国家未来的劳动力和财富，另一方面他们的失业更会造成严重的后果，一些年轻人一旦失业，有些会自闭家中不与外界联系，有些是唉声叹气怨天尤人，更有些就会无事生非、走上犯罪道路。有些失业的青年由于无收入来源，会回到家中做"啃老族"，对家庭而言是个巨大的负担；青年失业率的不断上升，造成了本来就不足的市场需求的不断减少，对长期经济的发展非常不利；同时，政府还必须支出大笔的失业救济。伦敦经济学院的一份报告指出说，苏格兰皇家银行和王子信托基金每周要支出 2. 47 亿美元，用于支付英国 74. 4 万失业青年的社会福利。还有研究估算，欧洲因青年失业每年造成的经济损失为 1530 亿美元，超过国民生产总值的 1%。有观察家指出，2011 年的英国伦敦大骚乱，美国和西班牙的"占领华尔街"和"占领马德里"运动，都与青年失业息息相关。在中东和北非地区，青年失业率一直高达 40%，也正是造成突尼斯和埃及等国爆发"阿拉伯之春"革命的重要原因。

　　在这些发生债务危机的国家中，西班牙、意大利和希腊等国家的青年失业率非常高，而且从长期来看均保持在了一个较高的水平，在债务危机发生的几年内更是达到了顶峰，如希腊和西班牙在最高的时候将近 60% 的青年劳动人口失业。日本的情况稍微好些，但在 1997 年以后也上升到 10% 以上（见图 5.16）。

　　与失业人口相类似，西方发达国家的人口老龄化也带来了严重的社会问题。如图 5.17 所示，20 世纪 70 年代开始，西方国家人口老龄化问题就日渐严重，80 年代这些发生主权债务危机的发达国家 65 岁以上的老年人占人口的比例都已经上升到 10% 以上，进入 90 年代大部分国家的老年人口所占比例超过了 15%。更为严重的日本和意大利在 2005 年以后老年人口比例均超过了 20%，到 2018 年日本的老年人口比例达到 27.46%，全国超过 1/4 的人口都是老年人，这导致社会养老和医疗等保障支出大幅度增加，给财政带来了巨大的压力。从财政支出结构来看，西方发达国家政府最大的支出为社会保障支出，大部分欧洲国家社会保障支出占全部财政支出的 60% 左右，而这其中大部分就是养老和医疗支出。

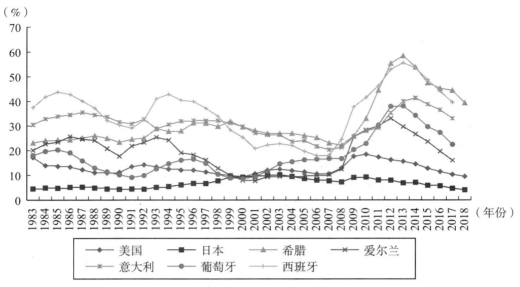

**图 5.16　1983～2018 年部分发达国家青年失业率**

资料来源：OECD，https：//data. oecd. org/.

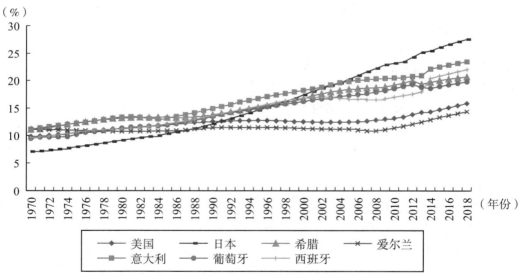

**图 5.17　1970～2018 年部分发达国家 65 岁人口比例**

资料来源：OECD，https：//data. oecd. org/.

　　失业人口的不断增加，且越来越多的人处于长期失业的状态，以及人口老龄化的趋势不断加剧，导致贫困人口的不断增加。

　　人口老龄化和大量失业人口的存在，导致了西方发达国家社会救济和福利等社会保障支出大幅度增加，在这些支出中，尤其以老年人口的养老和医疗支出的增加幅度最大。其次，长期失业人口的大量存在和不断增加也导致了政府的失业救济居高不下，长期以来对西方国家的财政形成了巨大压力，从而导致了政府大量的负债用于满足这些消费性的支出，最终也必然导致政府主权债务的不断累积和违约。

### 三、社会冲突、环境破坏与公共支出

收入分配的两极分化和大量失业人口的存在，特别是长期失业率和青年失业率的不断上升，越来越多的人处于失业的状态，从而引起了社会的不稳定。同时，资本主义生产方式所引起的诸如环境、卫生、教育等诸多问题，均要求政府来埋单，导致西方政府所承担职能的增多和政府规模的不断扩大，加大了政府的公共服务支出。

首先，资本主义生产方式体现出对人的掠夺。这种掠夺带来的贫困和社会的两极分化，导致了社会的动荡，政府不得不发展出庞大的司法系统以提供社会安全服务。社会安全支出包含警察、消防、法庭和监狱四个体系，以美国为例，占据社会安全支出的主要部分是警察和监狱，两者相加占据了美国公共安全支出的近 70%。美国的消防支出占公共支出的比例较为稳定，一般为 10% 左右，而对警察的社会安全支出却逐年递增，由 1995 年占公共安全支出的 38.4% 增长到 2012 年的 44.8%。1995 年美国的公共安全支出为 1320 亿美元，到 2012 年则已经增长到了 3641 亿美元，增长了近 3 倍①。这说明随着资本主义生产方式的深化和社会不平等的增加，美国社会的动荡不断加剧。

其次，资本主义的掠夺还体现在与自然的对立上。现代的大量的生产技术在促进生产效率提高的同时，也带来了大量的资源浪费和环境污染。在第二次世界大战后，西方的工业化一度带来了恶劣的环境污染，导致各国政府不得不花费大量的时间和金钱对环境污染进行治理。资本主义追逐利润的私人行为，带来了巨大的外部性，最后全社会不仅要承受恶劣的污染对身体的损害，还不得不为资本的这种私人成本社会化的行为埋单。在很长的时期内，政府为治理环境支出了大量资金，在一定程度上加剧了政府的财政负担。

总之，基于资本主义的生产方式和社会制度必然带来严重的社会冲突和环境破坏，从而导致政府不得不为资本主义的这种私人成本社会化行为埋单，由此给政府带来沉重的财政负担，也在一定程度上加剧了西方国家债务的累积。

### 四、债务证券化、金融泡沫与发达国家主权债务危机

引爆 2009 年以来主权债务危机的美国次贷危机和全球性金融危机，源于金融市场庞大的高风险衍生品交易及其巨大的金融市场泡沫，金融市场泡沫的破灭对西方国家的金融体系和经济带来了巨大的冲击，政府的财政失衡进一步加剧，庞大的债务规模和不断增加的利息负担导致了政府债务的不可持续，最终导致主权债务的违约和危机的爆发，因此也可以把这次发达国家的主权债务危机看作美国次贷危机和全球金融危机的延续。

西方发达国家的金融市场和金融机构对金融产品的所谓"创新"并不局限于此，掉期期权、夹层融资、次贷等金融衍生品五花八门，令人眼花缭乱，就连金融大鳄索罗斯都曾表示他搞不懂这些金融产品的原理，并且对金融衍生产品敬而远之。巴菲特更是早就警告这些金融产品存在着致命的潜在威胁。利用资金杠杆不断扩大金融交易的规模，并从中获

---

① Bureau of Economic Analysis, http：//www.bea.gov/iTable/iTable.cfm? ReqID = 9&step = 1.

取更大的收益，这是金融衍生品最基本的盈利模式。而通过宣扬这些金融衍生品能够给投资者进行套期保值，从而吸引了企业和个人的大量资金进入衍生品市场，市场规模不断扩大。但不断利用资金杠杆吹出来的泡沫必然有破灭的一天，即使没有 2007 年的次贷危机，也必然存在别的金融产品导致这个泡沫的破灭，并导致资本主义世界的全面危机，甚至波及新兴市场国家和广大的低收入国家。

金融包含了四个层面：货币、信贷、投资和投机。货币是整个商品交易和金融体系的基础，而纸币是货币进化的第二阶段，它的出现为现代市场交易的扩大提供了极大的便利。但纸币也同样变成了政府操纵经济和掠夺财富的一个绝好的机会。相比于黄金等金属货币而言，纸币更容易被操作，"只要在人这种容易犯错、天生贪婪的动物手里，法定货币就注定出问题"。资本主义天生所具有的贪婪使他们的货币更加不稳定，更容易被操纵以牟取暴利。现代技术的发展，在一定程度上不断弱化纸币充当交易媒介的作用，因为虽然交易是基于货币进行的，但并不是每一次交易都是当面进行纸币的交割，更多是账面数字的划拨。这样，几乎所有的资金都在中央银行和各个商业银行的掌控之下，银行的资产与所能掌控的资金之间具有越来越大的差距，由此促进了银行利用这些掌控的远超其资产的资金进行投资以获取巨大的收益。由此这些累积起来的却并不属于银行的巨额资金进入了金融的其他层面，不断推动了金融市场的扩大。

信贷是资金的循环流动。债权人通过借出资金获得了报酬，而债务人则在付出一定成本以后满足了对资金的需要。但信贷存在最基本的原则在于债务人必须觉得其借入资金的收益必然超出所付出的成本，无论这个收益是以什么样的形式存在。债务需要偿还，因此从补偿的角度来说债务的收益必然要超过债务的成本，特别是通过借入资金进行投资而言，投资的货币收益必然要超出所付出的货币成本。但纸币非常低的成本决定了货币发行对政府而言是有利可图的，而发行过程的非公开性决定了其发行量是不能被严格限制的，因此就一国政府而言多发行货币仅仅是引起通货膨胀而已，现代社会已经对不高的通货膨胀见怪不怪了，因此当政府收入不足或者需要偿还债务时，政府就有积极性发行比市场需要更多一些的货币。信贷产生与否以及利息的高低取决于债务人的信用良好与否。在现代社会，信贷关系越来越取决于信用评级机构对该债务人信用好坏的评价，对一国政府的信贷而言更是如此。

投资是金融产业与实体产业连接的纽带。股票市场和债券市场成为实体产业融通资金以扩大经营的场所，而标准的交易单位不仅使投资者更加容易计算所持有的权益，对这些权益的交易也更加便利，从而吸引更多的资金从闲置者手中转移到需要资金的实体产业手中。而这也是股市兴起的初衷。但随着大量资金的不断进入，极大推高了股票的价格，股市的市盈率一般都在 10 以上，即股票的价格一般要超过每一股净利润的 10 倍，甚至有达数百倍的，这就使股市具有了非常大的投机特性。随着越来越多的企业进入股票市场进行融资，股市投机的程度也就越高。

投机是金融市场的最后一个层面，是对各种金融工具的利用，以期在较短的时间内获取更大的收益。金融的投机特性主要表现在金融衍生市场，核心是确定、计算和出售风险的能力。从本质上说，投机就是合约各方在其他市场的价格波动上投注，这在本质上与体育比赛博彩并无区别。自计算机交易平台出现后，从事金融衍生品交易的交易者数量和市场数量呈指数增长。专业的投资机构如对冲基金、投资银行等可以针对市场中的相对小幅的价格变动大量下注，从中获取暴利。当然这种方式也存在着巨大的风险。

从金融的这四个层面上来说，货币作为交易的基础，信贷和投资是金融交易的基本层面，而投机特性集中的金融衍生品应该是规模较小的、为具有冒险精神的投资者提供的高风险投机场所在。随着互联网的发展和普及，这种投机变得越来越流行，并远远超出了金融三个层面的规模，成为金融市场的主流。这种金融市场和金融交易的倒置必然导致整个经济面临巨大的风险，特别是在金融投机交易市场的规模不仅超过衍生品的投资项目金额的总和，甚至更在超出一国 GDP 几千上万倍的时候。

就政府负债层面而言，政府由于满足投资或者消费的需要从债权人手中获得资金，但是是以本国未来的收入作为抵押的。一个政府所能借入资金的规模取决于其未来能获得的收入的多少，借入越多违约风险就越大，因此投资者要求的收益就越高，即政府需要承担更多的利息。

西方资本主义经过第二次世界大战后多年的积累以及长期的经济滞胀使大量的资本过剩，这些资本在高额利润的刺激下，蜂拥进入了金融市场，极大地推动了金融市场的发展。政府债务不可避免被金融市场进行了创新，在把政府债务包装成标准化的产品——政府债券后，债券市场成了金融市场中一个重要组成部分。国家信用的保证和债券在市场中的易变现性，无限降低了市场对政府债券风险的估计，也使政府以更低的成本获取到更多的资金，而庞大的市场和越来越多的投资者也使政府不断扩大债务融资的规模。

这并不是致命的，因为政府所发行的债券是以国家未来的收入为担保的，即使不能取得足够的税收，也可以通过印发更多的纸币来偿还这个债务，当然这样做的代价是不断推高通货膨胀。更为严重的是，投资机构将政府债券重新进行包装，并衍生出投机性的金融产品，再以 20～30 倍的资金杠杆进入金融市场，成为巨大的金融衍生品市场中的重要组成部分。

包含抵押贷款和政府债务衍生品在内的金融衍生品的投资，在美国乃至全球的金融市场交易中占据了重要位置，全球大部分的银行和金融机构都被卷入其中，不断扩大的杠杆交易不仅使衍生金融产品的投资规模不断扩大，也导致了风险的日渐累积。

金融衍生品市场泡沫的无限扩大是基于这个衍生品的交易不会停止，且基本投资产品不会出现任何问题为前提的。在这个交易中每一个人均不愿意成为交易的最后一个，因为最后一个就意味着他必须为前面的所有投机者所吹起的泡沫埋单。当金融泡沫破灭的时候，最后持有这些衍生品的投机者就必然陷入困境甚至破产，美国的雷曼兄弟银行等具有几百年历史的大投行就是泡沫破灭时的最后一个。但是总会有"大而不能倒"银行和投资机构，因此这些不断吹大金融市场泡沫的罪魁祸首最后就会被政府救援，他们所犯的错误被代表公众的政府以公共利益埋单，这也给本来就财政紧张的政府带来了巨大压力，并因此导致危机发生后政府债务突然的扩大。政府债务的进一步累积和利息负担的不断加重，也导致了政府违约风险的不断提升，最终导致主权债务危机在各国的连续发生。

# 本 章 小 结

长期财政收支的失衡，必然要求政府利用赤字和负债来满足不断增长的财政支出需求。在西方资本主义财税体制中，经济活动的主体是资本，但对资本的活动和所得征收的税收却并不是主要的税种，个人所得税和间接税占据了财政的大部分。而个人所得税完全取决于经济中个人取得的收入；间接税取决于商品的生产和交易活动，或者个人的消费活动，对市场的需求具有很大的敏感性，而决定社会需求的重要因素是社会收入的分配结构。因此，财政收入受到社会分配结构的严重影响，社会财富的不断集中和收入不平等程度的不断提高会使财政收入不断减少。在财政支出不能同时削减的时候，社会收入和财富的不平等必然导致西方国家财政的长期失衡。

资本主义国家任何制度的设计，必然带有非常强烈的政治色彩。西方国家的经济体系是建立在私有制基础之上的资本主义制度，资本主义的统治作为"制度的制度"，规定了其他各种制度，而资本主义的财产所有制——私有制是决定这一切的根本。基于社会初始禀赋巨大差异和私有制基础上的资本主义市场经济本身就是反对公平的，直接导致经济权力的不断集中和收入的不平等。在过去的 19~20 世纪中，西方国家经济的不平等程度呈现不断扩大的趋势。

收入不平等程度的不断扩大导致西方国际有效需求的不足，收入的两极分化也导致西方国家需求结构的两极化，即富人更多消费奢侈品，而穷人更多消费基本生活用品，消费结构的空心化也导致了市场投资机会的减少和资本的相对过剩，因此自 20 世纪 70 年代以后西方国家陷入了长期的经济停滞，并出现了资本大规模的产业转移和国际转移，这又进一步削弱了西方国家的经济恢复能力。同时，资本的国家转移虽然在一定程度上能够促进东道国的经济发展，但对东道国特别是发展中国家的掠夺也使其先后陷入经济金融危机和债务危机当中，从而导致长期的衰落。20 世纪 70 年代后，西方国家陷入了长期的经济停滞，大量的资本转移到当时发展形势较好的拉丁美洲，拉丁美洲国家争相利用便宜的外资来促进经济的增长。但好景不长，仅仅过了不到 5 年时间，几乎所有的拉丁美洲国家债台高筑，并爆发了席卷全世界的拉美债务危机，导致拉美"失去的十年"；20 世纪 90 年代，亚洲经济逐渐崛起，国际资本又转移到俄罗斯和当时经济前景较为乐观的泰国、马来西亚、印度尼西亚等，结果在 1997 年以后爆发了亚洲金融危机，并导致俄罗斯、马来西亚、印度尼西亚、拉丁美洲的阿根廷、委内瑞拉等国家的债务违约，极大打击了这些国家的经济。

经济的长期停滞也导致了西方国家过剩资本的产业转移。在实体产业不能获得投资机会的情况下，这些资本进入了金融市场，极大促进了西方国家金融市场的繁荣，导致西方国家经济的高度金融化和产业的空心化。这种调整使西方国家的就业状况越来越糟糕，进一步导致了收入的不平等和贫困人口的不断增加，导致社会需求的进一步萎缩，更加不利于实体经济的发展。

西方国家的资本转移和产业的空心化，导致西方国家财政收入来源的不断萎缩和在社会救济和保障方面财政支出的不断增加，财政失衡不断加剧。

为了促进消费和获得贷款的收益，西方国家金融资本大量发放消费信贷，导致了这些国家私人贷款规模的不断扩大，而房地产信贷也是消费信贷的一种。银行不仅发放这种信贷，还将这种信贷进一步标准化并用作金融衍生品的投机，从中获取大量的利润。但由金融衍生品鼓吹起来的金融泡沫破灭后，就会爆发金融危机，并进而导致经济危机。贷款机构的危机在很多时候变成了一个"大而不倒"的难题，政府不得不对这些金融机构进行救援，如美国次贷危机以后美国政府不得不接手房利美和房地美这两家全美最大的房地产抵押贷款公司，并对在次贷危机中损失惨重的美国国际集团（AIG）进行救援。在西方资本主义政治和经济制度下，个人信用的扩张和庞大的个人消费贷款就变成了政府的负债和财政支出，从这个角度来看，个人信贷在一定的条件下是政府的或有负债，因此社会信贷规模的不断扩张最终必然转化为政府的负债。

　　失业、贫困和人口老龄化也是导致西方国家政府财政支出不断扩大进而债务不断累积的原因之一。失业和贫困正是资本主义经济活动所产生的社会后果之一。由于资本并不承担个人失业后的基本生活保障，政府不得不利用公共财政来承担这部分的救济费用。

　　同样，资本主义的掠夺式生产也会带来严重的环境破坏，再加上由于长期失业和贫困问题带来的剧烈的社会冲突，西方各国在保护环境和社会安全上的支出也是政府公共财政支出中非常重要的一部分，而这也是资本主义私人成本社会化的一种方式。

　　金融市场将政府债务证券化并形成庞大的交易市场，这也极大地推动了政府债务的累积。证券化后的政府债务由于保持了较好的流动性，使政府通过债券市场融资的成本大幅度降低。但随着政府债务的不断累积，政府的违约风险也随之上升，这会导致政府借入资金的成本越来越高。2009年主权债务危机爆发以来，各国政府在利息支出上的花费逐渐上升，这在很大程度上是因为随着西方国家累积的庞大债务导致政府违约风险的上升，投资者提高了对政府债券收益率的要求，导致政府不得不支付大量的利息。2011年以后西方各国采取了多轮的量化宽松政策，释放的大量流动性极大降低了各国的政府债务的收益率，极大缓解了西方各国政府短期的偿债压力。但在2014年随着量化宽松政策的退出，各国的政府债券收益率又在不断上升，导致政府财政负担的不断加重，政府需要借入更多的资金来维持其债务的可持续性，这又进一步加大了西方各国政府的违约风险。

# 第六章 西方资本主义、代议政治与国家信用崩溃

主权债务违约的主体是各国政府，从这个意义上来说，主权债务危机是政治性的危机。政府的财政收入与支出的总量和构成体现一国政权的政治和阶级的属性。资产阶级社会建立的基础和行政体制运行的方式，也同样体现在财政收支的过程中。

西方广泛参与的民主政治体制虽然不能影响政治统治的阶级特性，但竞争性的民主政体和公选制度却使得公众有机会影响政府的公共政策，进而影响政府的社会财政支出政策。丹尼尔·贝尔认为正是这种政治的结构性改变使得大量关于经济和社会的关键决策集中到政治战场而不是弥散性的总量市场中，特别是20世纪最后25年以来，大范围的社会需求增加特别是政府在健康、教育、福利等方面的支出成为公众的应享权力，后工业社会的"阶级斗争"也由资本和劳动者的冲突转变成不同机构部门争相影响国家预算的角逐，主要政治问题也变成了财政分配和税收政策。这也造成了西方国家政治需求和经济限度之间的紧张。他把这种对社会公共支出的需求称之为"没有限制的欲望"，并且这种被视为合理化的"想要的更多"欲望的扩张导致了这些消费需求的"越界"，即从经济领域移向政治领域。由此，"国家—社会"的关系问题也转化为了巩固利益和个人欲望的关系问题，并即将成为未来几十年显著的政治难题。从发达资本主义国家的财政支出结构来看，社会福利支出和政府服务支出是西方发达国家的主要财政支出项目，因此也有很多学者把西方主权债务危机归咎于庞大的社会福利和保障支出，认为正是这种"养懒汉"的制度造成了西方国家财政的长期失衡和危机的爆发，因而主张大幅度削减社会福利和保障支出。

从经济的角度分析主权债务危机发生的机制，固然能在一定程度上说明危机产生的经济根源，但也不能忽视隐藏于危机背后的深层次政治动因。不仅是因为政府参与经济的范围和程度在不断扩大，还因为资本主义政治制度的不均衡直接反作用于经济和财政，成为导致主权债务危机爆发的主要因素之一。

## 第一节 私有制、民主政治与资本主义经济利益的政治实现

国家是潜在经济力量的反映，是经济上占统治地位的阶级进行政治统治的工具，社会生产中的经济关系决定着人们对权力的理解。因此，对财产的占有关系决定了政治制度的性质，以及政治为谁服务。

现代西方国家的民主政治制度起源于工业资本主义的发展，是建立在资本主义的私有制基础之上的上层建筑，因此也必然为这一经济基础服务。因此现代西方国家的资本主义

民主政治制度具有鲜明的阶级性，是实现资产阶级利益的政治形式，本质上依然是阶级统治的工具。

## 一、私有制与西方民主政治制度的实质

政治国家是一个不以人的意志为转移的社会客观存在和客观关系，起源于阶级的分化和对立，是社会发展到一定阶段的产物。恩格斯在《家庭、私有制和国家的起源》一书中对此有非常经典的描述：

国家是社会在一定发展阶段上的产物，国家是表示：这个社会陷入不可解决的自我矛盾，分裂为不可调和的对立面而又无力摆脱这些对立面。而为了使这些对立面，这些经济利益互相冲突的阶级，不致在无谓的斗争中把自己和社会消灭，就需要有一种表面上凌驾于社会之上的力量。这种力量应当缓和冲突，把冲突保持在"秩序"的范围以内；这种从社会中产生但又自居于社会之上并且日益同社会相脱离的力量，就是国家。①

政治国家产生于社会，但在应用于社会之后就与社会脱离而变成独立的存在。掌握特权并居统治地位的人们，在把自己的利益上升为普遍的"共同利益"，同时把因维护社会公共利益而萌芽的国家政权一下子变成统治阶级进行统治的工具。资本主义社会强调财富的积累，并最终使得积累活动本身成了目的。财富或者购买力所具有的完全排他性必然要求对私有财产的严格保护，"私有财产神圣不可侵犯"也就被写入了资本主义国家的宪法之中。在资产阶级占据统治地位的社会中，私有制作为整个资本主义制度的基础和核心，也必然被资本主义政治国家严格保护，对利润的无限渴求也由于资产阶级在社会政治中的统治地位而变成了普遍的"共同利益"。

马克思对民主的一般概念做出过系统的阐述："在民主制中，国家制度本身只表现为一种规定，即人民的自我规定。……在民主制中则是人民的国家制度。"② 国家制度由谁制定，体现谁的意志，对谁有利，直接决定着不同性质和类型的国体和政体。从这个意义上来说，民主政治就应该是人民自己决定国家制度，国家制度最终体现人民的意志，人民是国家全部政治生活的决定性环节。这也正是"主权在民"或"人民当家作主"的真实意义所在。因此，民主的一般概念应该包括三个具体的内容：民主制的出发点和归属是全体人民、国家的法律制度是为人民而设立以及人民决定了政治的过程和程序。从而，在民主政治条件下，人民意志上升为普遍的国家意志，国家的规则由人民而定，并服务于人民；必须由完备的法律制度和体系，这些法律为人民而存在；同时还必须有一套确保人民权利实现的有效机制，人民自己必须是政治过程的决定性环节。

马克思认为，民主政治应该是一切国家形式的最终归宿，是国家制度的顶点和最终形式。"它（民主制度）是一切国家制度的实质，是作为国家制度特殊形式的社会化了的人。它对国家制度其他一切形式的关系，正好像类对自己的各个种一样。然而在这里类本身也表现为一个存在物，所以对其他不适合于自己的实质的存在形式说来，它自己就是一个特殊的种。"③ 而作为共同形式的民主政治，不仅需要人民广泛的政治参与和普选制，

---

① 马克思恩格斯文集（第4卷）[M]. 北京：人民出版社，2009：169.
② 马克思恩格斯全集（第1卷）[M]. 北京：人民出版社，1956：281.
③ 马克思恩格斯全集（第1卷）[M]. 北京：人民出版社，1959：282.

还需要有完善的社会自治和管理制度，能够表示人民真实意思的代表制度以及完善的权力监督机制，并构建出一个高效廉洁的政府机构。

现代西方民主政治制度的核心是普选制、代议制和"三权分立"的政治制度。这似乎与马克思所说的共同形式的民主制具有相同的内容。但这种建立在私有制和资产阶级统治之下的国家政治模式，仅仅是"承认原则的正确性，但是从来不在实践中实现这种原则"①。事实上，西方的民主在大部分时间里都是失败的。熊彼特承认，"再没有比罗列一份给人印象深刻的民主方法的失败事例的清单更容易的事了"②，哈耶克更是罗列了民主政治的四大罪状："腐败、无法律、软弱和不民主。"③ 回顾西方民主由远及近、由弱而强的发展历程，我们发现，伴随着这一过程的并不是对民主政体迷信式的崇拜；恰恰相反，人们越是了解民主，民主头上那些曾经耀眼的光环就越显黯淡。

从普选制度来说，一人一票的投票规则似乎是最为公平的选举制度，能选举出最能代表大众利益的候选人。但事实并不是如此，特别是在社会财富占有高度不均衡，存在着严重的阶级差异的情况下，选举投票会产生异化，由"一人一票"变成"一美元一票"④。同时，对投票程序的操纵也会直接导致投票结果的不同。早在18世纪，孔多塞就已经证明了由选举程序导致的"投票悖论"；19世纪的南森则进一步证明，在个体偏好与集体偏好之间，民主程序"不能满足所理解的理性条件"。美国经济学者肯尼斯·阿罗更是以严密的数学推理为工具，提出了阿罗不可能定理，直接向传统民主的核心原则发起了挑战。之后，纪巴德和赛特维于1973年证明了"纪巴德——赛特维不可能定理"，向人们展示了民主过程中"讨价还价、玩弄权术的动态过程"⑤。

同样，对资源占有的不平等同样会造成选举结果的异化。斯蒂格利茨认为民主选举不仅需要见闻广博且活跃的公民群体，还需要活跃且多元的媒体提供综合全面的可靠信息以供投票决策。但在现代西方国家，媒体完全被资本所控制，由此"媒体成了那1%上层群体掌握了话语权的王国"，这些掌握更多资源的人"就像银行所进行的政治投资一样，这些投资（购买并控制重要的媒体）可能产生的自然收益要远比普通投资高得多——如果考虑到他们对政治进程的影响"⑥。而西方国家民主选举中存在的政治献金等腐败更导致民主选举制度演变成为不同阵营的候选人及其支持者之间经济实力的博弈。

西方民主政治制度的另一个重要环节是代议制，议会作为西方国家政权的一种组织形式，奠定了国家权力的民主基础。时至今日，议会仍不失为资产阶级统治的最好政治形式，议会制度仍是现代西方民主制度的核心和主要标志，是现代西方民主不可或缺的载体和形式。在现代国家中，由于疆域规模和人口规模的制约，公民只能通过选举代表组成代议机构来行使国家权力。可以说，没有代议制就没有现代民主。

任何政权都必须面对的一个问题就是政治权力的合法性，即如何让阶级统治的权力和权威被整个社会所认可甚至是自发拥护。西方国家所鼓吹的政治理念是"主权在民""民有、民享、民治"等民主思想，但又必须维护资产阶级的统治，这似乎就变成一个不能两

---

① 马克思恩格斯全集（第7卷）[M]. 北京：人民出版社，1959：589.
② 熊彼特. 资本主义、社会主义与民主 [M]. 吴良健，译. 北京：商务印书馆，1999：421.
③ 霍伊. 自由主义政治哲学：哈耶克的政治思想 [M]. 刘锋，译. 北京：三联书店，1992：172.
④ 斯约瑟夫·E. 蒂格利茨. 不平等的代价 [M]. 北京：机械工业出版社，2013：107 - 129.
⑤ 徐鸿武，郑曙村，宋世明. 当代西方民主思潮评析 [M]. 北京：北京师范大学出版社，2000：166.
⑥ 约瑟夫·E. 斯蒂格利茨. 不平等的代价 [M]. 张子源，译. 北京：机械工业出版社，2013：116.

全其美的问题。西方国家找到了一个非常隐蔽的方式，即资产阶级的议会。议会的议员是由选民选举产生的，它以民意代表的身份存在，以公意的名义行使国家权力。因此，议会的存在就表明政府的权力受到广大人民的委托，是代表人民行使主权的，也就确认了国家权力的合法性，从而保证和维护了国家权力的权威性。而通过这种方式，大众不知不觉就由"大众选举"变成了"选择统治者"，作为实现和维护自己权利的代议机制就变成了维护资产阶级统治的工具。

任何一个阶级都希望自己的意志和利益要求变成国家意志和要求，以得到全社会承认和维护，贯彻到社会生活的各个方面。但是，这只有在经济上占统治地位并掌握了国家政权的阶级或集团才能做到。资产阶级正是通过掌握议会这种政权组织形式，把自己的意志和利益要求，以法定程序变成国家法律，上升为国家意志和要求，从而强制性地贯彻到社会生活各个方面。议会的这种将统治阶级意志提升为国家意志的功能，使议会成为各种政治力量争夺的场所。而随着这种政治的程序化，就保证了资产阶级权力运行的稳定性，最终就保证了制度的稳定性。规则不变，权力难以改变①。

西方民主政治制度虽然宣扬所谓自由平等与公民的广泛参与，但其本质依然是资产阶级统治的工具。政治是阶级的政治，在阶级差异不断加剧的西方社会，阶级性是西方民主政治的本质属性，超越阶级的政治文明和政治制度是不存在的。西方国家的选举、议会和政党等一系列的政治制度，虽然相对于威权政治、宗教政治等政治制度有了非常大的改进，使得公民在形式上享有民主和自由的权利，西方国家和学者更是鼓吹其民主政治体现了"公民意志和利益"和超阶级性，这也正是西方民主政治制度合法性的基础，正如哈巴贝斯所认为的，现代资本主义国家的合法性通过五个方面得到了证明，并受到社会大众的认同：世俗化的价值观、理性的法则、抽象权利的观念、主权思想和民族意识。但利普塞特认为，一切民主制度固有的内在威胁是群体冲突②。现代西方国家内部存在着不断扩大的阶级差异，从而导致西方民主政治制度民主性和有效性的丧失，阶级冲突的不断加剧、公民政治参与热情的不断下降及经济和金融危机的周期性爆发，均对西方民主政治制度的合法性产生了巨大的冲击。

## 二、资本主义代议制政府的职能变迁与决策机制

在现代经济学理论中，政府决策的过程总是基于社会公共福利最大化，忽略了政府本身的政治属性，以及政府经济决策和实施过程本身就是政治过程等问题，因此得出政府能较好弥补市场的失灵这一结论，并由此总结出政府的经济职能包括经济增长、稳定物价、充分就业以及国际收支平衡等诸多方面。但如果考虑到政府本身以及政府决策过程的政治性，就可以发现资本主义代议制政府的职能变迁过程其实更多是一个不同政治力量之间此消彼长的过程，而政府政策的制定和实施过程也不过是一个不同利益团体之间博弈的过程。政府经济政策的选择决定了这一政策对谁有利，而谁又能决定这一政策的偏向。

从分配的角度来说，政治和经济都是分配的方法，政治过程和经济过程是对稀缺资源进行分配的两种可替代方法，不同的是经济过程强调了自愿的交换，而政治过程更多强调

---

① 胡绍元. 政治制度比较分析 [M]. 成都：四川大学出版社，2006：57－58.
② 利普塞特. 政治人 [M]. 刘钢敏，聂蓉，译. 北京：商务印书馆，1993：53.

权威性的分配。根据这一概念，可以把政治看成是一种与资源的生产与分配相关的独特的决策方式，即政府的政策是对社会资源的权威性分配。而影响这种权威性分配的是政府或者说政治权力掌握在谁的手中，这种分配总会让一部分人受益，另外一部分人受损。因此，市场和政府的边界不仅取决于哪些交易适合于自愿交易，哪些交易适合于政府的权威性交易，还取决于政府本身的权力掌握在谁的手中。

西方国家政治权力掌握在垄断资本的手中，这也就决定了西方国家的市场失灵会导致社会资源分配不断向资本集中；甚至作为纠正市场失灵的政府政策也必然有利于资本，因为无论是自愿性的市场交易还是政府权威性的分配都被资本所掌控，而资本的利益最终是要在经济领域实现。这也是西方代议制政府的职能不断从政治和公共领域扩展到经济领域，无论是资本本身经济目的的实现还是资本自身缺陷所带来的市场失灵，都需要政府不断对经济进行渗透和干预的原因。

在市场经济条件下，政府的职能包含了三个层次，即小职能、中型职能和积极职能，目的是解决市场失灵以及促进社会公平。表6.1为市场经济体制中政府职能层次。

表6.1　　　　　　　　　　市场经济体制中政府职能层次

| 层次 | 解决市场失灵 | | | 促进社会公平 |
|---|---|---|---|---|
| 小职能 | 提供纯公共产品：<br>国防<br>法律与秩序<br>财产所有权<br>宏观经济管理<br>公共医疗卫生 | | | 保护弱者：<br>反贫困计划<br>消除疾病 |
| 中型职能 | 解决外部效应：<br>环境保护<br>基础教育 | 规范垄断企业：<br>公共事业法规<br>反垄断政策 | 克服信息不完整问题：<br>保险（医疗卫生、养老金）<br>金融法规<br>消费者保护 | 提供社会保险：<br>再分配性养老金<br>家庭津贴<br>失业保险 |
| 积极职能 | 协调私人活动：<br>促进市场发展<br>集群启动战略（CI） | | | 再分配：<br>资产再分配 |

资料来源：世界银行.1997年世界发展报告：变革世界中的政府［M］.北京：清华大学出版社，1998：27.

自资本主义代议制政治制度确立以来，西方国家政府职能发生了巨大的变化，具体体现为其政治统治职能的不断萎缩以及公共管理职能特别是经济职能的不断扩展。

自由资本主义认为市场能够通过价格这只"看不见的手"进行自动调节，并形成运行良好的自然持续，政府只要做好"守夜人"的角色，奉行"最小政府"的原则，其职能仅仅在于提供纯公共产品。斯密更是提倡"最好的政府，就是最廉价的政府"，认为政府应当以最小的成本实现其公共服务职能，而不能直接对经济进行干预。但这并不是说西方政府的政治统治职能就萎缩了，在这一阶段，西方政府不仅对内需要镇压随时可能起来的反抗和工人运动，还需要积极进行对外的军事扩张，帮助资本占领市场、掠夺资源，因此这一阶段西方国家的政治职能得到一定程度的强化，弱化的是政府的公共管理职能。

"守夜人"政府对资本的放任自流导致了没有约束的自由竞争，最终资本不断积累，形成了庞大的垄断资本力量，也使得资本的掠夺天性得以充分发挥，这也导致了西方国家经济的失衡，最终导致1929～1933年经济大萧条的爆发和自由放任市场经济的失败。

"大萧条"的爆发，使人们充分认识到了自由放任的市场存在着巨大的缺陷，以及政府干预经济的必要性，这也导致了凯恩斯主义的兴起，西方各国政府对经济和社会大规模的干预全面开始。第二次世界大战期间，各国政府就有意识地加强了对经济的干预。战争结束后，各国不约而同加强对经济的全面干预，这一时期强调政府应在市场失灵的地方发挥充分的作用，主张政府对市场的严格管制，倾向于政府权力的扩大、政府规模的扩张以及政府财政的扩张，主张政府应在公共领域发挥作用。尤其20世纪50年代以后，各国的国有经济兴起，经济显示出更多的计划性，资本对利润的追逐对经济的破坏也在一定程度上被控制。在这一阶段，由于战争因素的影响逐渐减弱，西方各国政府的政治统治职能逐渐弱化，公共管理职能不断加强，政府的职能不仅扩展到中型职能的范围，政府对经济的积极干预还包括了政府的积极职能，如积极培育新的市场、实施产业集群战略以推动区域经济发展，利用国有企业等手段进行资产的再分配等。

20世纪70年代以后，西方国家经济陷入长期的滞胀，凯恩斯主义的经济政策逐渐被政府所摈弃，特别是20世纪80年代的"里根革命"更是强调政府经济职能的收缩和"守夜人"政府角色的回归；与此同时，英国撒切尔夫人采取了一系列限制政府干预经济的措施，不断精简政府机构，限制政府的某些职能，实施英国范围最广、程度最大的私有化措施等，试图让资本对利润的追逐作为动力促进经济的发展。但这种自由主义的回归并没有使西方国家摆脱经济长期滞胀的困境，反而使得政府的经济职能进一步弱化，为20世纪80年代以后西方世界此起彼伏的周期性危机埋下了祸根。

20世纪90年代美国克林顿上台后，采用了所谓的"第三条道路"，认为应该让政府"更多更好地"干预经济，德国更是采取大规模的国家干预措施以防止德国东部地区的"非工业化"，西方国家政府的经济职能重新得到加强。

总体而言，西方国家的政府职能由原来的政治统治职能为主，公共管理职能为辅，进而不断削弱政治统治职能，不断扩张政府的公共管理职能和经济职能，特别是在第二次世界大战后政府对经济进行全面干预，充分发挥国有经济和计划对经济的调节作用，也导致了西方国家第二次世界大战后经济发展的"黄金时期"的出现。即使在20世纪80年代西方国家重新推行新自由主义，也并没有减少政府在经济干预上的支出，而是实施全面的金融自由化，并让政府承担自由化所带来的社会成本，这导致了20世纪80年代以来西方国家政府长期赤字和巨额主权债务，西方政府存在着"财权"与"事权"的长期倒挂。

政府政策决策的过程一般都要经过收集分析信息、建议、讨论和决定四个阶段。政府的职能是通过政府实施各种政策来实现的，因此政策制定和实施的过程决定了会使谁受益、谁受损。政府是政策的制定者和政策的主体，首先要收集、整理、加工和分析信息，及时了解社会和经济中存在的问题,这是政府决策的出发点;其次,在明确需要解决的问题后,政府的有关机构和部门提出政策建议,这些政策建议包含了政策需要达成的目标,以及所需要采用的政策工具;再次,政策建议提出来以后,需要经过讨论和批准后才能够实施。这里的讨论可以是社会范围内不同利益主体之间的讨论,也可以是在决策层进行讨论;最后是政策的批准实施,有些政策需要国家的最高权力机构的批准,而有一些仅仅需要通过主管部门的批准就能实施。

政府政策很明显受到政治组织形式和社会政治和经济权力分布的影响。在西方代议制政治中,无论是政府对社会和经济中存在问题的了解,还是政策的提出、批准和实施,均受到了资本的影响。政府对经济问题的了解、信息的收集、整理和分析不仅受到了被资本所掌控的媒体的影响,还受到大量利益集团的游说的影响,因为游说也成为代议制政府了解问题和收集信息的重要来源;同样,政策建议的提出也会受到大量利益集团的影响,资本不仅可以利用其控制的议员向议会直接提案,利用立法的方式来实施对其有利的政策,还能通过代表其利益的政府官员提出政策建议;再看政策的批准,代议制民主政治的一大特点就是许多政策都需要经过议会进行讨论和批准,这就给资本以广大的操作空间,每个利益集团都力图说服议会通过对其有利的政策,因此西方的议会也就成为党派和资本争夺的重心所在,本来代表大众利益和民主政治的代议制度,也就变成了一个赤裸裸的名利场。

有些政策仅仅是需要主管部门进行批准,如许多金融政策仅仅需要各国的中央银行批准就可实施,这对于金融资本和财团而言,则更好操作了。首先通过政治献金,在选举中大力支持候选人当选,然后当选的政治家以安排代表这些利益集团的人进入这些部门的方式进行回报,不断提出和批准利于这些利益集团的政策措施。如美国的财政部部长许多都具有华尔街的背景。

对于西方国家代议制的政治制度对政府决策的影响,美国经济学家斯蒂格勒在20世纪70年代提出了著名的"俘获理论",认为利益集团往往会向"规制者"支付价格以俘获规制政府,使政府据此作出有利于该利益集团的公共决策。迪克西特更是明确指出,西方政府经济政策制定的政治过程常常受到立法、行政领导及其代理机构、法院、各种特殊利益游说团体以及媒体等各方面的影响。因此,在代议制政治体制下,通过和实施的政府政策可能不但无法矫正市场失灵,并且还可能带来新的成本[1]。资本的触角已经延伸到社会权力的各个角落,并把持了整个政府的政策,因此无论是多么能促进社会和经济发展的政策,均无法被批准或者实施。也难怪美国经济学家克鲁格曼将现代视为是"一个希望弱化的年代,一个在经济上运行不畅、却又对政策不报任何期望的年代"[2]。

## 三、资本主义经济利益的政治实现

按照新制度经济学的观点,政治制度会对其他制度进行形塑,以实现在政治上占据优势地位的阶级或者群体的利益。阶级社会政治制度的确立,会从整体上对社会制度体系进

---

① 阿维纳什·K. 迪克西特. 经济政策的制定:交易成本政治学的视角 [M]. 刘元春,译. 北京:中国人民大学出版社,2004:8－9.
② Krugman, Paul R. The Age of Diminished Expectations [M]. Cambridge, MA: MIT Press, 1990:6.

行重新塑造，从而使统治阶级的利益变成社会共同的利益，利用整个政治的、经济的和社会的制度体系维护和实现统治阶级利益。现代西方国家民主政治制度的确立，资产阶级不但可以通过控制政治的过程来实现其利益，还可以利用政治制度对其他各种不同的制度形塑和控制来实现其利益，从而在政治过程中不断实现资本主义的经济利益。因此，资产阶级通过操控政党和选举的过程、操纵议会、侵蚀法律和法治、形成具有共同利益的诸多利益集团并通过贿赂、游说等方式影响政府的决策、操纵宏观经济决策等保证其利益的实现，最终将阶级的利益变成社会共同的利益，在政治上确保这些利益的实现，并受到严格的保护。

第一，资产阶级通过操控政党和选举来实现其利益。政党是现代西方民主政治的核心、政治权力的中心、代议制民主的关键，是现代西方民主政治的操作者和主导者。让·布隆代尔和毛里齐奥·科塔（2006）通过对英国、法国、德国、意大利、美国等十个国家政党与政府关系的考察认为，政党政府是现代民主制国家的普遍现象，西方民主制中政党政府不仅能够对行政机构和立法机构施加影响，甚至将触手触及司法机构，从而把代议制国家的立法权、行政权、和司法权集结在了一起，而成为政治权力的中心和枢纽①。从这个意义上来说，西方民主政治就是政党政治，"从某种意义上来说，政党是我们真正的国家"②。

从制度经济学的角度，政党政治的发展成为必然，因为政党政治能够节省大量的交易费用，同时也是不完全民主的产物。政党存在的理由，是要以较低的技术和费用来实现人民主权的原则。国家的规模越大，直接民主的成本就变得越高，达成普遍一致更是基本上不可能实现，这也就造成了民主的不完全。这时，政党在大众和政府之间发挥了桥梁的作用。剑桥大学政治学教授厄内斯特·巴克（E. Barker，1942）曾对政党做出了一个经典的评价，"政党具有双重性格或性质。也就是说，政党是把一端架在社会，另一端架在国家上的桥梁。如果换一种表达方式，政党就是把社会中思考和讨论的水流导入政治体制的水车并使之运转的导管和水闸"③。新制度经济学家德姆塞茨（1992）对政党在政治中的作用的总结更是精辟："如果政治民主是完全的，政党就几乎没有存在的理由。"④ 从交易成本的角度来看，在政治生活中，自利原则驱使公民时刻从交易费用的角度做出各种政治选择，同时也驱使政治积极分子积极从事政治活动，并使之从更为严酷的政治竞争中脱颖而出，成为政治家。公平竞争的市场和公平竞争的民主政治实际上通行同样的原则，即交易费用的最小化和收益的最大化。政党是为节约政治交易费用而建立起的政治组织，其目标是要实现人民主权，使主权者能够节约交易费用。同时，通过政党的过滤作用，把大众民主转换成精英民主，从而保证了政治民主质量⑤。

不可忽视的是政党政治的阶级性。从权力和利益的角度来看，政党通过对政治权力的争夺，对政府进行控制或者影响，从而实施对政党有利的各种政策。政党就其本质而言，仅对执政感兴趣，而对创造一个更加美好或者美好的社会毫无兴趣。米歇尔斯（2003）认为民主的发展呈现一种抛物线的形状：组织越强大，领袖的作用也就越大，领袖的作用越

① 让·布隆代尔，毛里齐奥·科塔. 政党政府的性质 [M]. 曾森，林德山，译. 北京：北京大学出版社，2006：16.
② 梅利亚姆. 美国政治思想：1865–1717 [M]. 朱曾汶，译. 北京：商务印书馆，1984：160.
③ 张浩. 社会资本、政党权威与现代国家构建 [J]. 天府新论，2010（6）：11–17.
④ 德姆塞茨. 竞争的经济、法律和政治纬度 [M]. 上海：上海三联书店，1992：57.
⑤ 郭忠华. 西方政党与民主：在共生和悖论的结构中 [J]. 岭南学刊，2006（2）：19–24.

大，意味着民主的地位就越低下。他认为，当组织发展到一定规模时，为了民主而斗争就变得不可能。因此在政党与民主之间就会产生背离，特别是在出现强有力政党组织和社会大众的大量卷入时，更导致政党吞噬民主和民主抛弃政党的趋势的发生。政党与民主产生三大悖论：政党的寡头化与民主之间的悖论、中间人投票定律与民主之间的悖论、现代兼容性政党或全方位政党与民主之间的悖论。①

西方国家的选举候选人是通过政党来决定的，而西方的政党则是由垄断资本控制和支持的，因此这些候选人所代表的必然是垄断资本的利益。无论是两党制还是多党制，都需要巨大的资本力量对其政治活动进行支持，在经济资源和政治资源占据绝对优势的资产阶级无疑对这些政党有绝对的控制权，这也就决定了所有政党的候选人都会代表垄断资本的利益，并在政治活动中给予这些支持力量以丰厚的回报。因此民主选举的关键并不在于公开选举的结果，而在于谁有权力决定候选人。能够确定有希望当选的候选人的社会力量才是西方民主政治的真正主宰，投票者只是为这些社会力量服务的工具。不同的候选人当选的区别只是在于代表哪些行业和资本的利益而已。这也是西方普通民众越来越对选举投票和政治参与不感兴趣和漠不关心的原因所在。

西方民主政治制度自从其诞生开始，就与金钱密不可分。第二次世界大战后，西方国家更是连续爆发了多起政治献金丑闻，从而进一步显示出西方民主政治制度赤裸裸的"金钱政治"的本质。政治献金是社会各界提供给政党及其候选人的资金，对于政党及其候选人而言，以谋取政权、占据议会席位为目的的各个政党，不但必须依靠政治献金来生存，而且必须依靠庞大的政治献金作为竞选费用，这就使各政党必须寻求"金主"，否则在政治舞台上没有生存的可能。而对于提供政治献金的组织和个人而言，政治献金本身就是一种在西式民主制下的合法的"行贿"，因为其本质与"行贿"一样，不是为了社会公益，而是为了在今后获得公共权力的回报。候选人一旦当选之后，用所获得的公共权力按照捐款数额的大小给予回报，这在西式民主中已经被认为理所当然，甚至被认为是当选者"政治信用"的表现。因此，也有学者戏称西方国家只有唯一的政党，那就是财主党。在第二次世界大战后，发达国家的政治腐败案多与政治献金相关。1976年日本前首相田中角荣因洛克希德事件被捕。1988年日本政坛的利库路特贿赂案中，首相竹下登被迫公开承认从中得到政治献金1.5亿日元而辞职。2009年日本首相鸠山由纪夫的两名前秘书因涉嫌政治献金而被起诉②。在欧洲，2003年法国有37名政客被推上被告席，因为他们从"埃尔夫"石油公司接受了4.57亿美元的政治献金。③2010年法国总统萨科齐也因为在2007年违规接受法国女首富利利亚纳·贝当古提供的15万欧元的现钞而导致支持率大跌。德国前总理科尔也受到政治献金丑闻的困扰。2007英国工党秘书长彼得·瓦特因为政治献金丑闻辞职。在美国，政治献金的情况就更为严重了，2004年总统竞选中，小布什手下的筹款班子被媒体称为"美元打包机"。另一位总统候选人克里也善于从特殊利益集团筹款，尤其是电信集团和金融服务部门。在2008年总统选举中，奥巴马在获得民主党总统候选人提名后，决定依靠自己庞大的捐款网络，从而不接受公共财政提供的竞选经费，私人总筹款数

① 郭忠华. 西方政党与民主：在共生和悖论的结构中 [J]. 岭南学刊，2006（2）：19-24.
② 新浪新闻，曾接受1亿日元政治献金，日前首相桥本身陷丑闻 [EB/OL]，2004年7月17日，http：//news. sina. com. cn/w/2004-07-17/12083112939s. shtml.
③ 新浪新闻，民主与金钱的战争 [EB/OL]，2004年4月6日，http：//news. sina. com. cn/w/2004-04-06/14053100114. shtml.

为破纪录的 7.5 亿美元。而在奥巴马任期内，至少有 23 位捐款逾 50 万美元的金主获得了驻外大使的美差，光这一项奥巴马获得的政治献金就超过了 1000 万美元。[①]

"政治斗争不仅仅是为了争夺选民并让他们投票，而且也为了不让那些持不同政见者投票"[②]。在西方的民主政治制度中，许多剥夺投票权的努力都是针对穷人的，剥夺穷人的投票选举权能进一步稳固代表富人利益候选人的得票率，从而有利于资产阶级的政党政治的统治。投票权的剥夺不仅包括直接剥夺投票权，如 20 世纪 30 年代的"穷光蛋排除法"剥夺了那些领救济金失业者的投票权、剥夺犯罪人员的投票权、美国和大多数欧洲国家剥夺了外来移民的投票权等；而且还有间接剥夺投票权，如利用烦琐的选举投票登记制度加大投票的时间成本、通过减少投票站点加大投票人的经济成本、通过设置严格的选举资格门槛等。而正是由于各种剥夺投票权的方式，以及公众对西方国家政治信任程度的不断降低，西方国家选举的投票率不断下降。自 1979 年以来，欧洲议会的投票率由原来的62% 一路下滑至 2014 年的 43%。2018 年 9 月的调查数据显示，欧洲选民当中，只有 48%的民众认为，在欧洲议会选举期间投票有用。其中，在欧盟成员国中斯洛伐克投票率仅有13%，创下成员国投票率历史新低，捷克投票率不到 20%，波兰、斯洛文尼亚、匈牙利以及 2013 年才入盟的克罗地亚投票率也都低于 30%。[③] 美国的选举投票率也比较低，2018年的中期选举投票率为 45% ~ 50% （不同统计口径），被视为继 1966 年 49% 投票率和1970 年 47% 投票率之后，从未达到过的中期选举投票率[④]。2008 年美国总统大选的投票率只有 63.6%，1960 ~ 1995 年美国国会选举的平均投票率只有 54%。根据报道，2016 年美国大选的投票率只有 55%，这说明随着人们对美国政治越来越失望，对大选投票的积极性就越来越低。

第二，资产阶级通过操纵议会来实现经济利益。议会是西方民主政治制度的核心，也是西方政党活动的主要场所和争夺最为激烈的领域。议会作为西方政治制度中的最高立法机构和最高权力机构，对政府的行政行为具有非常强的监督作用。虽然西方各国的议会制度也有很大的区别，其中有一院制和两院制的区别，还有英国模式和美国模式的区别，但总体而言均具有立法权（制定和修改法案）、财政权（财政议决权或财政监督权）和监督权（质询权、倒阁权、调查权和弹劾权）等权力。

议会的主体是议员，议员是由全民选举产生。在西方民主政治制度中，议员的候选人依然是由各个政党确定，也存在选举被操纵的问题，从而导致被垄断资本控制的政党利用议会来实现对政治权力的控制，并影响政府的各种政治、经济和社会决策。

资本家和利益集团为了实现自己的利益，不仅操纵议会对有利于自己的议案进行投票，还精心包装其议案，利用极具蛊惑性、煽动性以及误导性的词语和逻辑来争取获得民众的认同和支持，进而绑架民意以实现自己的利益。如 2007 年以来，各国银行由于大量投资次贷等金融衍生品市场遭受巨大的损失，但代表其利益的议员就提案称如果不对银行进行救助将会导致经济陷入崩溃，结果政府对银行进行救助导致自身陷入入不敷出乃至债

① 陶文昭. 政治献金：选举成本与民主原则的困局 [J]. 江海学刊，2010 (3)：110 – 115.
② 约瑟夫·E. 斯蒂格利茨. 不平等的代价 [M]. 张子源，译. 北京：机械工业出版社，2013：116.
③ 中国新闻网. 欧洲议会选举在即外媒：欧盟选民投票率或创下新低 [EB/OL]. http：//www. chinanews. com/gj/2019/04 – 22/8815913. shtml.
④ 环球网. 专家：2018 美国中期选举投票率可能是 50 年来最高. https：//news. sina. com. cn/w/2018 – 11 – 07/doc – ihnprhzv6463521. shtml.

务违约的境地。而利用政府的财政收入对银行救助就相当于让整体纳税人来承担其进行高风险投机带来的损失，私人成本高度社会化。而类似的情况在美国、日本等发达资本主义国家比比皆是，议会变成资产阶级及其利益集团实现其利益的有效途径，这样的议案被不断提交给议会并通过，所造成的后果是社会财富不断向高收入人群集中，社会两极分化越来越严重，经济和金融危机爆发越来越频繁，经济陷入长期的停滞。

第三，通过对立法权和司法权的腐蚀，整个法律体系及其实施和执行都反映了资本和上层群体的利益。西方国家制度体系赋予了法律制度较高的地位，而在经济分析中通常假设法律的公正性和有效性，从而诸多不利于经济发展和分配公平的因素均被限制。但法律作为社会制度的一种，政治是其根本性的基础，所关涉的事务乃是对于社会生活主体利益关系的调整和规范化处置。因此，尽管西方国家宣扬法律的正义、公平、平等和自由的法律原意及其法律至高无上的思想，但作为调适社会利益关系的制度体系，不可避免在其产生和实施过程中受到不同力量的冲击，特别是在社会不同阶级之间存在巨大的经济和政治力量差距的情况下，西方法律注定成为维护资本和上层社会群体利益的工具。

对法治的侵蚀是通过影响立法和法律实施来实现的。在代议制民主政治体制中，议会是最高立法机构，在西方社会管理中起着举足轻重的作用，也是资本和不同利益集团侵蚀的重点。某一法律和法规对社会不同的阶层和社会主体的影响是不同的，因此对立法的影响取决于这些主体或者团体之间的经济和政治力量对比。但无论从经济力量还是从社会组织程度而言，社会大众对立法的影响是微乎其微的，而对议会立法产生影响的大多是不同的利益团体，而不同的利益集团通过对立法过程施加的影响直接决定着法律法规的出台及其从中受益的程度。在美国，私人利益集团的冲突和争斗让腐败的立法机构丑态百出，如19世纪末纽约中央铁路公司的铁路巨头范德比尔特与厄利铁路公司巨富古尔德为了争夺厄利铁路公司的控股权，同时对纽约州的立法机关施加影响，最终竟然导致了该机构的立法危机。随着权力争夺的日趋白热化，被逼无奈的纽约州参议院和众议院的立法者最终决定公开拍卖政策法规，由于古尔德集团的出价更高，代表其利益的议案得以顺利写入该州法律。美国公共债务上限不断上调也是立法权被侵蚀一个典型例子，虽然美国民主党和共和党两党在一定程度上对上调债务上限存在一定的分歧，但这种分歧的存在并不是因为债务本身，而在于两党的党争。因为债务上限的上调从根本上是符合两党的利益的，因此在一番政治作秀和闹剧后，政府的债务规模就会被议会立法通过。

除了立法权被金钱和资本的力量所侵蚀外，西方国家法律在实施过程中也存在严重不公正的状况。19世纪末20世纪初，美国的司法腐败高发，由坦慕尼协会老板挑选的纽约州最高法院法官卡尔多对上百名与特威德集团有瓜葛的罪犯进行减刑或者赦免。而通过贿赂和收买法官、陪审团干涉判案过程的事件也是屡见不鲜，如洛克菲勒家族的美孚石油公司的前身标准石油公司就不惜采用恐吓、收买相关证人、重金贿赂法官、偷窃或毁坏证据等各种手段，来阻止竞争对手获得巨额赔偿金。

第四，大量的利益集团对国家立法和行政机构施加影响，推广和实行对其有利的法规或者政策。利益集团是由一群拥有共同利益的、在社会中占少数的人组成的团体，通过对国家立法或政府政策的形成与执行施加对己有利的影响；不仅如此，他们还会图谋组织政府或垄断立法机构，以期最便捷地实现自身的利益。在市场经济中，利益集团一般谋求从政府那里得到优惠和特别的照顾，如获得政府大量的补贴、借助政府对某些市场进行垄断、通过实施或者阻止实施某些政策，甚至通过影响立法来保障利益的实现。

在西方国家，利益集团的影响充斥于政府的各种决策之中，对社会产生巨大的影响。从某种程度上来说，美国政治无疑是被利益集团所控制和掌握的，有人总结美国政治就是"一山"和"一街"，所谓的"一山"指的是国会山，而"一街"就是华盛顿的 K 街，也就是著名的游说一条街，在这条街云集了大量的智库、游说公司、公关公司和民间组织，每天有大量的政治和权力交易在这条街实现。政治游说是美国各利益集团进行政治博弈的渠道，也是资本通过政治实现自己利益的普遍做法。2010 年以来，美国企业每年在游说者身上的花费就超过了 35 亿美元，而华盛顿的全职说客数量达到 1.5 万人，并且保持较快的增长速度。① 根据追踪游说和政治捐款的机构政治响应中心（Center for Responsive Politics）发布的数据，在 2018 年中，脸谱网、苹果、亚马逊、微软和谷歌母公司 Alphabet 等五家美国科技巨头，花在政府游说上的开支高达 6500 万美元，创下了史无前例的纪录，这也是美国最大的五家银行政府游说开支的 2.5 倍。其中，Alphabet 公司 2018 年在游说美国政府方面投入了 2174 万美元，而在 2003 年只有 8 万美元。② 但在游说方面花费最大的并不是企业，而是行业协会，如连续多年蝉联游说投入冠军的美国商会，2019 年在游说方面的投入就达到了 1.65 亿美元，而美国商会所代表的是诸多企业和财团的利益。③

这些大企业和团体利益花费如此庞大的资金对华盛顿进行游说，其目的是获得巨大的利益和巨额的回报。根据自由派智库美国进步中心（Center for American Progress）负责人约翰·波德斯塔（John Podesta）的估计，能源行业游说投资的回报率有时会达到 3000%（即将企业因规定更改而赚取的额外利润与游说费用相比）。另外一个非常显著的例子是美国的禁枪法令的持续难产，多年来美国各地频繁发生枪击案件，不断引起人们对公共安全的担忧，也导致社会的不稳定，但因为禁枪会给军工企业带来巨大的损失，因此这些军工企业不断的游说使禁枪令迟迟不能出台。与军工企业相关的另一项政府支出是美国的军事采购和对外战争，9·11 事件后美国不断投入对外战争，给军工企业带来了庞大的利益，2011 年仅购买洛克希德马丁公司生产的 F-35 联合打击战斗机的订单就价值 3820 亿美元，相当于奥巴马当年经济刺激计划的一半费用。这与洛克希德马丁公司花费在游说上的资金相比，其回报是庞大的，也难怪这些利益集团不惜代价对都要对美国的政治产生巨大影响。

欧洲的利益集团也在不断崛起，并对欧洲政治产生巨大的影响。较为著名的有欧洲工业和雇主协会联盟（UNICE）、欧洲商会联合会（Eurochambers）、欧洲工业家圆桌会议（ERI）、美国商会欧洲委员会（AMCHAM-EU Committee）、欧洲医药工业协会联合会（EFPIA）、欧洲农业组织委员会/欧洲农业合作委员会总会（COPA/COGECA）等，这些利益集团通过所在国和欧盟的相关组织机构发挥作用，如推行欧洲单一市场、影响欧盟的立法和决策等方式，不断利用欧盟及其各国的政治权力为其经济利益保驾护航。

第五，通过影响政府宏观经济政策来实现自己的经济利益。任何宏观经济政策都具有非常明显的分配效应，这在西方经济学的分析中经常被刻意忽略。经典的经济学分析认为

① 搜狐网.金钱与谎言：民主的另一面［EB/OL］. https：//business. sohu. com/20121105/n356639431. shtml.
② 第一财经.6500 万美元！硅谷取代华尔街：美五大科技巨头去年游说资金创纪录［EB/OL］. https：//finance. sina. com. cn/roll/2019 - 06 - 12/doc - ihvhiews8406462. shtml？cref = cj.
③ 搜狐网.美国各界正在游说建立加密行业监管［EB/OL］. https：//www. sohu. com/a/322055831_758952.

财政政策和货币政策的松紧配合，能使经济保持长期稳定的增长，并保持物价的稳定和充分就业，以及实现国际收支的平衡，这也是政府实施宏观经济政策目标。但不同的政策会对不同的社会个体和群体产生不同的风险和收益，也涉及谁将在未来的经济活动中收益或者受损。因此，不同利益资本所组成的利益集团会通过各种手段影响政府的宏观经济政策的出台和实施，并在这些政策实施中获取巨大的利益。

从财政政策的角度来看，自从"大萧条"以后，凯恩斯主义将政府的扩张性财政政策当作是拯救经济于衰退的有效政策，在政府的经济政策中占据了非常重要的地位。但在第二次世界大战以后，各国已经不仅仅把这个政策作为应对经济危机和衰退的措施，而是看成促进经济发展的万灵药，在经济平稳的时候通过实施扩张性的财政政策促进经济增长；而在经济出现问题甚至是危机的时候，扩张性的财政政策更是促进需求和就业的必要手段。由此也给政府带来了巨大的财政负担，而其实施的效果却并不尽如人意，并且已经招致了诸多经济学者的批评，如布坎南和诸多的新制度经济学家。布坎南认为凯恩斯经济政策的核心就是扩张性的财政政策，而这对经济的作用并不明显。但即使在后来供应学派、理性预期学派乃至货币学派等经济学的自由主义学派主导了美国政府的经济政策，政府也会有意无意地放纵凯恩斯主义经济政策的实施，最终也导致了政府财政的不堪重负。自由主义经济学家巴罗甚至认为政府扩张性财政政策的收益乘数基本为零，即政府扩张性的财政支出并不像经典的经济学里所分析的那样具有非常大的乘数效应。

布坎南的分析并没有涉及财政政策的分配效应。如果从凯恩斯主义的扩张性财政政策的分配后果来看，扩张性财政政策所鼓吹的减税和增加政府财政支出，从根本上并没有使大部分普通人受益，政府这些政策的实施仅仅是基于假定社会整体将受益于企业生产的扩张和利润的增加的基础上，但实际上政府对富人和企业的减税，以及增加政府的购买和消费等财政政策仅仅是在很大程度上把政府取自公众的税收收入转移到企业和财团手中而已，普通人从中获得的收益微乎其微。

相对于财政政策，货币政策对分配的影响更加直接，程度也更大。经典的经济学理论认为较低的利率能极大促进社会投资，进而促进就业和社会生产。同样，扩张性的货币发行也能取得同样的效果，虽然带来了一定的通货膨胀。甚至有的经济学者认为通货膨胀本身就能促进经济的增长。这些扩张性的货币政策对经济增长的作用并没有明确的证据，但对社会收入和财富分配的作用却是非常直接和明显。货币发行的增加直接使所有人所持有财富的购买力持续性萎缩，在收入一定的情况下普通人的消费直接将手中持有的货币不断向企业集中，通货膨胀的财富分配效应明显更有利于资本。在经济较为低落的情况下，降低利率确实能增加银行的流动性，增加社会的贷款，但并不一定能增加社会投资，原有的产能利用率本来就比较低，由于社会需求的不足使大量的资金流入金融市场，导致大量的投机行为，并形成巨大的房地产和金融市场泡沫。投资和投机市场再一次发挥其"大鱼吃小鱼"的本能，财富被再一次集中到拥有庞大资本的"金融巨鳄"手中。第二次世界大战后，各国普遍实施的金融抑制在充分发挥金融市场对经济的促进作用的同时，也抑制了金融市场投机性及其对经济破坏作用。但20世纪80年代以来，庞大的资本力量促使各国政府和中央银行放松了对金融的管制，金融行业得到解放，金融投机市场规模不断扩大，出现了不断增大的金融泡沫，并且累积了庞大的市场风险。次贷危机、国际金融危机和主权债务危机的连续爆发，正是这个泡沫的破裂和市场风险的释放。而金融抑制的放松正是通过扩张性的货币政策不断实现的，但金融市场规模的扩大和投机的不断兴起，受到损害的仅仅是政府和被高额收益吸引进金融市场的个人，以及拥有大量负债的家庭和个人。

# 第二节　西方民主异化、政治权力分散与财政支出"硬约束"

任何经济政策都具有很强的分配效应，财政收支是政府参与经济分配并进行再分配的过程，财政收入的来源和使用直接关系到市场经济主体的利益，因此也不可避免受到市场参与主体的影响。毋庸置疑，政府的财政收支决策并不仅仅是一个经济过程，从决策的主体和决策的过程而言，更是一个政治过程，因此无论财政的收入还是支出均受到各种社会政治力量的影响。

## 一、减税的政治动因

政府取得收入的来源主要有税收和货币发行，从一般意义上来说，货币发行也可以看作政府的一种税收，因为增发货币所带来的通货膨胀导致货币的购买力下降，这相当于是对所有货币持有者征收了一种特殊的税，因此也把货币发行称为政府征收的货币税。

征税会直接导致征税对象的损失，因此拥有更多经济和政治资源的个人或者团体会以自身的资源和影响力来对政府的征税行为进行影响和干预。因此，政府征税必然是社会不同政治和经济力量博弈的结果。

第二次世界大战后，西方国家吸取了1929～1933年经济大萧条的教训，对资本的逐利本性进行一定的限制，并有意识地利用政府的税收政策进行有效的收入再分配，这对战后西方国家经济的恢复和快速发展有非常重要的意义。与此同时，政府利用这些收入进行投资，并对经济进行强有力的干预，为经济的发展做出了巨大的贡献。经过战后多年的发展，西方国家资本的力量得到了很大的加强，特别是全球市场的逐渐形成，更使资本逐渐脱离各国政府的控制。20世纪70年代后西方国家经济普遍陷入长期的停滞，导致大量的资本从西方发达国家流向发展中国家。

庞大的资本力量在社会经济中无疑地占据统治地位，并且其在政治上的影响力亦逐渐增加。为了维护本身的利益，利益相关方要求政府对资本和利润所得进行减税，并解除第二次世界大战后长期实施的金融抑制政策。为了达到减税的目的，代表资本利益的经济学家不断鼓吹降低税收能够促进投资和社会消费，从而有利于经济的恢复，使经济走出长期滞胀的状态。同时，利益相关方亦会大力资助赞同其观点并代表其利益的政治家当选，以推行相应的减税政策。20世纪80年代，资本在这方面的努力终于取得了成功，美国里根总统和英国首相撒切尔夫人的上台，打着促进投资、恢复经济的幌子，开始实施大规模的减税计划。

美国的个人所得税的最高税率曾经达到94%的最高水平，也就意味着在最高档的个人收入中，几乎全部收入都归国家所有。自1982年开始，里根总统上台后，大幅度降低个人所得税，减少个人所得税的征税层次，1988～1990年，不仅税率降至接近历史最低水平，而且还将所得税的累进层次减少为两层，即0～23900美元以及23900美元以上，这种做法不仅使所有低层的收入者都需要负担 15% 的个人所得税，而且使高层次收入者的纳税额急剧减少。在降低个人所得税的同时，里根政府还调低了公司所得税，将最高税率从原来的 46% 下调至 34%。里根大幅度的减税使高收入者和公司缴纳的税款急剧减少，但也加大了低收入者的税务负担，并进一步拉大了美国的收入分配差距。与此同时，里根政府的税制改革也导致美国政府的财政赤字不断扩大，自 20 世纪 80 年代开始，美国不得不依靠日益扩大的政府债务来维持政府庞大的支出。特朗普上台后启动的新税改，进一步降低了个人所得税的最高税率。图 6.1 为 1925～2020 年美国个人所得税最高税率变化。

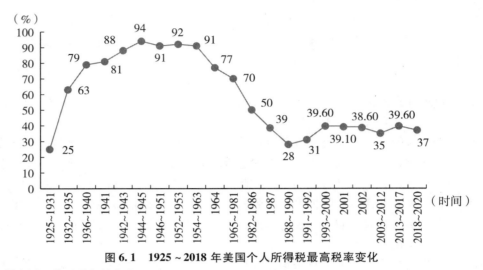

**图 6.1　1925～2018 年美国个人所得税最高税率变化**

资料来源：美国税务基金会，http：//taxfoundation. org/。

　　同一时期，英国的撒切尔夫人上台，也进行了大刀阔斧的改革，把降低税率作为促进投资和稳定物价的法宝，把个人所得税的税制由累进税改为平税制，即无论收入的高低，均按照同一税率进行纳税；大幅度降低税率，刚开始将个人所得税的最高税率由原来的 83% 降为 40%，后来更是实行"人头税的方式"将个人所得税率调整为 10%。这种征税的方式使税制对社会收入分配的调整功能完全丧失，反而不断加剧社会的不平等，由此也导致了英国人民的激烈反对。

　　皮凯蒂在其《21 世纪的资本》中以翔实的数据证明了西方国家自 20 世纪 80 年代以来收入不平等的状况快速恶化与新自由主义在西方国家的流行是高度相关的。高度的自由主义即意味着政府管制的全面放开，较低的税率，对资本的逐利天性进行了解放并鼓励其参与经济的各个领域。这种经济的治理模式必须有非常强势的政治和军事实力做保障。

　　因此，自 20 世纪 80 年代以来，西方国家进行的大规模减税的政治动因在于资本通过西方国家的代议制民主政治制度重新主宰了西方国家的政治，强有力的经济力量和政治权力保障了有利于资本的经济政策实施，如大规模的减税和私有化。而由此也导致了西方国家长期的政府财政赤字和主权债务规模的不断累积。

## 二、财政支出规模不断扩大的政治动因

政府的财政支出决策不仅受到国家政治权力分布的影响，也受到政策决策过程的影响。从某种程度上来说，政府财政支出决策的政治性要远超其经济性，因为财政支出政策的决策者和实施者均为国家政治体制中的一员，受到社会政治权力分布和政治体制的影响。

20世纪80年代以来，西方国家财政支出主要用于社会福利和保障支出、政府行政支出、军事支出、利息支出、教育支出和经济事务支出等方面，从对财政支出结构的分析可以看到，社会保障支出、政府的雇员及产品和服务支出、利息支出都呈现出增加的趋势，而资本和非金融资产支出、教育及卫生支出等却出现逐年递减的趋势，政府的财政支出越来越多用于一般性的政府消费而不是形成社会资本，这种趋势固然与西方国家的产业空心化和大量资本的产业转移和国际转移相关，但也是各种社会力量在政治领域和政府决策过程中博弈的结果。

第一，西方国家社会福利和保障支出的居高不下，固然是与社会分配两极分化和贫困人口日益增加导致对政府保障和救济的需求不断增加有关，也与西方代议制民主政治条件下政党之间的竞争与政治权力的分散化直接相关。

社会保障与福利支出包含养老支出、医疗保障支出、失业与社会救济支出等方面，这样的不同支出结构不仅体现了低收入人群的不同需求结构，同时也体现了代表不同利益的社会团体在政策决策过程中相互博弈的结果，因为在私有化程度较高的西方国家，养老和医疗保险大部分由营利性的私人企业和机构参与，政府在社会保障和福利方面的支出直接影响了这些组织的利益，也必然受到这些组织的经济和政治力量的影响。同样，由西方国家的选举政治和政党之间的竞争决定，任何政党主导的政府都不可能主动削减社会福利和保障支出，甚至为了在竞选中获胜，候选人及其所代表的党派还会做出比竞争对手更多的承诺，甚至有些承诺是欺骗性的，因为这些承诺注定是无法实现的。

分配也是一种政治行为，任何权力机构的主要特征之一，就是拥有分配福利的权力——也就是给予别人和自己物质利益和特权利益。福利由权力机构来分配，并不必然总是取自富人，救济穷人，也有可能是"倒退"的，即取自穷人而帮助富人，如商业公司通常也通过股票买卖的特权把更多的福利分给公司领导，这远比公司为低工资工人花在添置体育设施上的钱要多得多；通过降低贷款门槛、降低利率以及政府提供担保等方式，不断推高房地产的价格，使房地产市场泡沫不断被吹大，更多的人被卷进房地产市场中，由此导致社会财富的重新分配，最终导致了美国次贷危机的发生。

同样，即使是保障低收入者的社会福利和保障制度，也更多是当政者或者候选人为了获得更多的政治支持，而很少完全是出于利他主义的动机。由于政治权力的分散，因此候选人与民众之间通常存在着某种暗中进行的讨价还价，一种政治与经济方面的交易。如政府利用福利的分配赢得了一批选民的有效支持。由于政府财政的公共性质，当权者用公共财政来收买选民，在当选后利用手中的权力来实现自己的利益，这实际上也是私人成本社会化的一种形式。

第二，第二次世界大战后西方国家政府规模不断扩大，说明随着资本主义生产方式和

基本矛盾的不断深化，需要政府不断扩大行政权力以协调不断扩大的社会冲突和矛盾。

1970 年以来，各国政府消费支出占 GDP 的比例呈现逐渐上升的趋势，虽然有些国家在 20 世纪 90 年代以后政府消费支出有小幅度的下降，但自 2000 年以来政府支出占 GDP 的比例大多都恢复到原来的水平，甚至大部分国家政府的消费支出比例远远超过以前的最高水平。其中欧洲国家政府支出的规模一度扩大到占其 GDP 的 40% 以上。这说明西方各国政府消费支出在整个社会消费支出中所占的比例逐渐增加，政府规模在不断扩大（见图 6.2）。

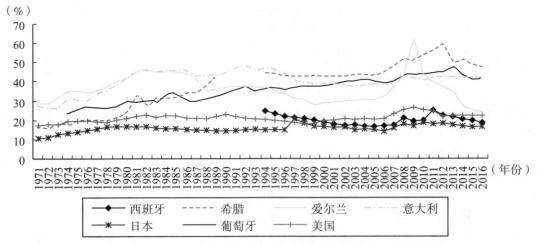

**图 6.2　1971～2016 年各主权债务危机国家政府消费占 GDP 的比例**

注：这里的政府消费并不包含政府的军事支出。
资料来源：世界银行 WDI 数据库。

另一个衡量政府规模的重要指标是各国的政府雇员数。2009 年爆发主权债务危机的希腊，庞大的公务员队伍及其给财政带来的巨大负担被认为是导致主权债务危机的重要原因。在希腊 1100 万人口中，全国 20% 以上的工作人口都是某种意义上的政府雇员①。而希腊政府公务员的待遇也远比其他部门要高，公务员的月薪不仅高于社会平均工资，还有巨额的奖金，加总后公务员的收入甚至可以达到社会平均收入的 2 倍左右。如此庞大的公务员队伍，给希腊财政带来了巨大的压力。同时，也正是由于如此庞大的公务员队伍和优厚的待遇，这些人构成了一个庞大的利益群体，这些人会对政府的任何损害其利益的政策进行反对。这也是导致希腊政府在债务危机爆发后财政紧缩政策实施面临重重困难的主要原因。2010 年 10 月，100 名希腊政府文化部雇员封锁雅典卫城，阻止游客进入，目的是要求政府立即支付所欠的 500 万欧元薪金；2013 年 9 月，希腊政府雇员工会举行了为期两天的罢工和抗议示威活动，以抗议"国际债权人通过该国政府强加于其身上的'不公'待遇"；2015 年 4 月，希腊议会通过了一项紧急法令，授权没收研究经费作为现金储备，以支付公共部门雇员的薪水，仅占 GDP 的 0.3% 的科研支出也被用于政府雇员的薪金支

---

① 新浪财经. 希腊危机波及 95% 以上温商业务量缩水最高达 70% ［EB/OL］. http：//www. techweb. com. cn/commerce/2010 - 05 - 12/599823. shtml.

出①，这引起了希腊科学家们的集体愤怒。

同样的情况，在欧洲大部分发达国家都存在。在第二次世界大战后，各国政府雇员呈现不断增加的趋势，同时，庞大的公务员队伍也对政府的财政紧缩计划带来了很大的变数。自2009年欧洲主权债务危机发生以来，欧洲各国的政府雇员进行了多次游行示威和抗议活动，以反抗本国政府实施的财政紧缩计划。如西班牙2010年西班牙航空调度员罢工、2012年3月万人大罢工、2012年7月数百警察和消防员等政府雇员连日在马德里进行游行以抗议政府的紧缩计划；葡萄牙、爱尔兰等国的公务服务人员也在主权债务危机后进行了多次的罢工和游行示威运动，以抗议政府进行紧缩政策。

美国作为世界上唯一的超级大国，政府规模也在不断扩大，见图6.3。1946年以来，美国政府雇员的人数在不断扩大，虽联邦政府的雇员一直保持在一个较为稳定的水平，但20世纪70年代以后各州政府的雇佣人数甚至超过了联邦政府，并以一个比较稳定的速度上升。

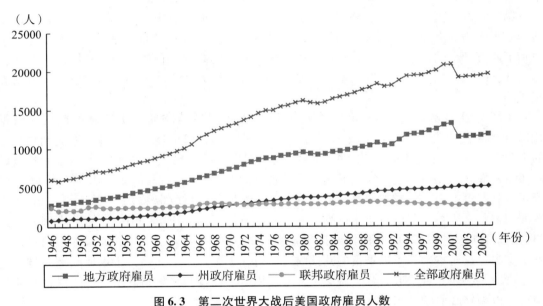

图6.3 第二次世界大战后美国政府雇员人数

资料来源：美国data360网站，http://www.data360.org/dsg.aspx? Data_Set_Group_Id=228。

在2009年主权债务危机后，西方各国纷纷实施紧缩计划，开始着手缩小政府规模，减少政府雇员，在危机后的几年内虽然减少了一定数量的公务员，但政府雇员的薪金支出并没有降低，反而在2011年以后均出现不同程度的恢复和上升。与此相对的是政府产品和服务消费，即使政府的财政已经入不敷出，大多数主权债务危机国家政府的购买性支出呈现稳定上升的趋势。

西方国家巨大的阶级差异和政治不平等，以及资本主义市场经济生来具有的缺陷，都是导致政府规模不断扩大的因素。西方国家经济的周期性危机，要求政府以其财政支出为

---

① 杭州日报.希腊千方百计四处抠钱.https://hzdaily.hangzhou.com.cn/dskb/html/2015-05/07/content_1955899.htm.

资本主义的贪婪埋单，而巨大的阶级差异导致西方民主政治变成赤裸裸的金钱政治，金钱与权力结合带来的巨大利益使政府成为各方政治力量争夺的重点，政府官员利用手中的权力织就了盘根错节的社会关系网，解雇政府官员也就变成了牵一发而动全身的问题，这也是西方国家政府紧缩计划实施困难重重、政府行政支出不断增长的原因。就像道格拉斯·多德对美国政治的分析：

美国的政治已经走向了这样一个极端，即所有从事公职的人，不论级别，从街头的警察到总统，都懂得"金钱万能"；他们最好能听明白：与之相伴的是政治势力的范围。①

在金钱政治中，经济的力量决定了政治势力的范围，因此即使迫于压力需要削减政府规模，首先削减的是那些"清水衙门"，而不是那些更具有权力的部门。如 2018 年美国财政悬崖导致政府不得不关闭政府的某些部门，如公园、博物馆，以及部分民间联邦雇员不得不接受无薪休假，而如美国国家气象局及其下属机构、医疗服务、邮政服务、军队、航空管制以及刑罚系统等政府核心部门均正常运行。这不仅是这些核心部门对一个国家的正常运行更重要，也是因为关闭这些部门会招致更多政治力量的反对。

第三，西方国家在司法、警察和监狱等社会安全方面的支出居高不下。西方社会以金钱的多寡作为标准衡量一个人成功与否的社会理念是造成这种局面的原因，这个理念的确鼓励了西方社会的创新，但也导致西方国家经济犯罪的高发。种族歧视、长期的失业和贫困、社会收入分配不平等状况的不断加剧，必然导致西方社会冲突的不断加剧和社会暴力犯罪的不断增加。

2016 年欧洲委员会召开会议，商讨如何解决欧洲各国监狱人满为患的问题。根据 2018 年的年度报告，欧洲委员会 47 个成员国共羁押罪犯 128.85 万人，在押率达到总人口的 1.24‰，最高时达到总人口的 4.18‰。被羁押人数平均已经达到整个欧洲监狱容量的 87.6%，最高的北马其顿监狱人数达到监狱容量的 122.3%，罗马尼亚、葡萄牙等 12 个国家超过其羁押能力。就成本而言，羁押人数的不断增加给财政带来了巨大的压力，2017 年欧洲国家每天为每名服刑者支出的费用平均高达 128 欧元，远超 2010 年的平均每人每天 93 欧元。如此计算，2017 年欧洲监狱预算费用高达到 146.2 亿欧元②，如果加上政府社会安全支出，这对本来就不堪重负的欧洲财政而言，无疑是雪上加霜，也难怪欧洲委员会建议尽量对某些轻罪者采取教育、做义工，或使用电子设备监视限制其出行等手段代替监狱服刑，以减轻政府的负担。

美国监狱羁押人数为世界最多，2014 年共有 223 万人在监狱服刑，2016 年虽然有所下降，但也达到了 216 万人。同时，美国被监视居住的人口在 2007 年达到最高峰 734 万人，后来虽然有所下降，但在 2016 年还是达到了 661 万人。图 6.4 为 1980～2016 年美国联邦和州监狱服刑人数。

1980 年以来，美国的在监狱服刑人数逐渐上升，在 2017 年每 10000 人就有 568 人被判入狱，其中大多数是在州监狱服刑。同时，在这些服刑人员中，以暴力犯罪、占有和贩卖毒品以及公共秩序犯罪为主，其中公共秩序犯罪中非法持有武器威胁公共安全的比例逐渐上升，占全部服刑人员的一半以上。

---

① 道格拉斯·多德. 不平等与全球经济危机 [M]. 逸昊，译. 中国经济出版社，2011：5.
② 数据来源于欧洲委员会监狱年度统计，SPACE I：Populations of penal institutions，http：//wp. unil. ch/space/files/2019/06/FinalReportSPACEI2018_190611－1. pdf。

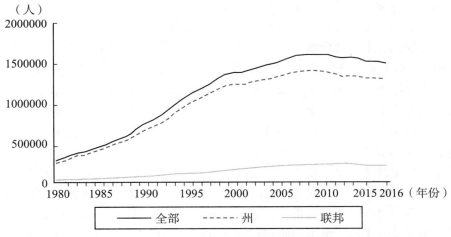

**图 6.4　1980~2016 年美国联邦和州监狱服刑人数**

资料来源：美国司法统计局，https：//www. usa. gov/federal-agencies/bureau-of-justice-statistics。

　　更为严重的是，由于监狱爆满，大量的罪犯无处安排，只能将犯罪程度较低的人员安排假释或者监视居住。根据美国司法部数据，2013 年全美需要矫正的人员总数为 689.9 万人，其中被缓刑和假释的人员为 475.1 万，占全部需要矫正人口的 68.87%，也意味着全美犯罪的人员中仅仅有 31.13% 在监狱服刑。

　　如此庞大的犯罪群体和在押人员，对政府财政的耗费也是非常严重的。仅就监狱在押人员而言，美国为此需要每年支付 680 亿美元，这对捉襟见肘的美国财政而言，无疑是一个巨大的压力。而这些罪犯的年纪大多在 16~45 岁，这么庞大的劳动力游离于生产以外，对社会生产也产生了非常不利的影响。

　　西方国家如此庞大的社会安全支出和居高不下的犯罪率，有着其深刻的政治和经济原因。从根本上来说，资本主义的私有制基础及其金钱至上的社会理念是导致西方社会安全支出不断扩大和犯罪率高发的根本原因，而资本主义为了实现其利益而采取的政治行为也是导致出现如此局面的原因之一。几乎所有的美国人都认识到枪支自由是造成美国犯罪率如此之高以及暴力犯罪不断的罪魁祸首之一，但正是由于这关系到如洛克希德—马丁公司等军工业巨头的利益，禁枪的提议虽被无数次提出，但总得不到批准和实施。而把对金钱的无限追求作为所谓的"资本主义精神"，将金钱作为衡量成功的标准，也必然导致社会的混乱和犯罪的高发；同样，资本主义的基本矛盾必然导致西方国家的两极分化，长期的失业和贫困、种族歧视等也给社会带来了诸多的不安定因素，这就要求西方国家政府需要不断地加大社会安全方面的投入，以维护资本主义生产所必需的社会安定局面。从某种程度上来说，这也是资本主义将私人成本社会化的一种方式，正是因为资本主义生产和分配活动的外部性，导致了社会成本的产生，而这个成本却由整个社会来承担。

　　第四，西方大国利用军事优势维持其在全球的统治和扩张，不仅为本国资本主义提供廉价的资源和稳定的市场，庞大的军事开支本身对本国的资本主义就意味着庞大利益。因此，西方国家维持巨大的军事支出也是相关利益集团不断施加政治影响的结果。

　　第二次世界大战后，虽然世界总体趋于和平，但区域冲突和战争的阴影总是挥之不去，而在这些冲突和局部战争背后西方大国的影子总是阴魂不散。如以美国为首的北约国家在安哥拉、柬埔寨、智利、刚果、古巴、越南、巴拿马、洪都拉斯、尼加拉瓜等国家战争中的军事干预，法国对非洲连续的军事干预以确保法国的影响力等。冷战结束后，世界上两大军事集团的长期对峙结束，但北约国家对其他国家的军事干预并没有结束，反而以"反恐战争"的名义不断挑动对其他国家的政治和军事冲突，加大对其他国家的军事干预。1990 年以来，北约各国参与了两次海湾战争，对阿富汗、伊拉克、利比亚和叙利亚等多个国家的反对派予以支持甚至多次对他国进行军事干预，美国实施的重返亚洲战略亦在不断挑动中国与周边国家的争端等行为，给世界和平与政治秩序带来了巨大的冲击。但应该注意到的是，这实际上是代表了西方国家军国主义的再度兴起。

无论是不宣而战的军事干预还是被冠以"反恐战争"名义的直接军事打击，其都是为了实现其经济和政治目的。从经济目的而言，这些被军事干预的国家都是资源比较丰富的国家，无论是伊拉克、利比亚还是叙利亚都在全球的石油市场中占据了重要的地位；而阿富汗的矿产资源非常丰富，美国国防部调查称在阿富汗境内探明了约 1 万亿美元的矿藏，其中 2011 年就在阿富汗发现了巨型的稀土矿。同时，对这些国家的军事占领也为国内企业开拓了巨大的海外市场。就如上面所提到的，对其他国家的军事干预使美国等西方各国的军事预算大幅度增加，这就意味着大型的军工企业和资本可从中受益，以美国为例，2008 年伊拉克和阿富汗战争中美国的预算就达到了 6850 亿美元，加上其他的支出，美国财政为伊拉克和阿富汗的战争总支出甚至超过了 3 万亿美元。而这些支出大多是通过军事采购的方式落入了各大军工企业口袋中。

从政治目的而言，对这些国家的军事打击和占领不仅体现了西方国家强大的军事力量，对北约国家特别是美国的全球统治地位的维持也具有重要的意义，同时也能通过军事行动转移国内因为持续的经济危机带来的巨大政治压力。

## 三、政治权力分散化与西方国家财政支出的"硬约束"

西方国家普遍的多党制选举政治和代议制民主政治制度，以及利益主体的多元化，使西方政治权力呈现多元化和分散化的趋势。在权力分散化的社会，政府的决策作为一个政治过程更多受到政府及社会上各种利益组织和社会力量的干预和影响，各种政治力量的博弈很容易在政府决策中陷入"囚徒困境"。具体到政府的财政上，不同利益主体都对政府提出了相应的诉求，并试图利用自己的政治力量对政府的决策和财政的再分配进行影响，从而导致了西方国家财政的"硬约束"，进行财政紧缩政策必然招致相关利益集团的反对而使紧缩政策失效。

西方政治制度中最为明显的原则是权力之间的相互制约，无论是选举制度还是三权分立均体现为不同部门之间权力的平衡，政府的行政权力受到立法机构的有效制约，在这里，立法机构作为治权机关而存在。对个人和公民权利的强调使多元化的利益在社会关系中得以体现，利益主体相容或者相对的利益体现在政治秩序中，表现为不同的利益群体，有组织的利益群体就形成了影响政治秩序的利益集团。西方国家的选举制度和代议制政治制度，允许各种相互对立的利益集团通过各种途径参与社会政治生活，并力求使自己的利益诉求和决策建议受到重视，进而影响政治决策，这些利益集团之间的博弈体现为客观上的社会政治权力分配与制衡，这也是西方政治制度权力制衡的一种。理论上而言，政治权力的制衡极大地制约了政府的行政权力，能避免权力的失控和寻租行为的泛滥；但权力的制衡是建立在所有的社会主体都能被很好地组织起来并参与政治过程的假设之上的，所有社会主体的利益诉求均能在政治力量博弈之中体现出来。在西方资本主义社会中，基于私有制建立起来的经济和政治秩序必然导致社会的两极分化和阶级之间的对立，阶级之间的巨大差异体现为经济和政治力量之间的不平衡，低收入阶层的人口基数大、力量较弱且呈现高度的分散化特征；高收入阶层人口基数小，力量随着财富的不断集中而增大，并且通过企业以及俱乐部等方式被有效组织，这也构成了多样化的西方社会利益集团。因此参与西方政治过程的利益集团中并没有代表占大多数人口的低收入阶层利益的团体，所有能产生较大政治影响力的利益集团均代表了资本的利益，只是不同的利益集团所代表的利益不同而已，而且个人具有"重叠的身份"，即个人有可能属于多个不同的利益集团，这也被称为"横断分裂"现象。因此，基于私有制的政治多元化就可能导致理论与现实的困境：在社会政治资源分配不公却无法改变的现实社会之中，很难做到他们原先所设计的理论初衷——共享权力的各利益集团能够像在市场上那样讨价还价地作出民主决策，能够公正地有效地制约国家（政府）权力。实际上，在资源分配和实力不均的现实资本主义社会中，多元社会中的许多实力弱小的利益集团的"议价能力"有限，很难做到对权力的有效影响和制约。

利益主体的多元化体现为不同主体之间利益诉求的不一致，政府财政具有稀缺性，不同利益主体在对政府财政分配中的关系是竞争性的。从根本上来说，西方国家的财政分配最终体现了资本的利益，区别仅仅在于体现了哪些产业的资本的利益而已。在财政分配决策的政治过程中，代表不同资本利益的集团先是利用民主选举制度推选代表其利益的候选人上台，企图从一开始就将其利益代表确立成为决策者，然后再进一步利用其政治资源对决策过程进行影响和施压，从而在财政决策中不断推出有利于利益集团的决策。

无论是在美国还是英国，地方政府都具有非常强的独立性，中央政府（联邦政府）与地方政府之间的关系并不简单是直属的上下级关系，地方政府在立法和政策决策上都具有非常强的独立性。规模较小的地方政府受到利益集团的影响和控制的程度越高，在财政决策中就越加偏向于相关的利益集团。

由于庞大的人口基数和高度的分散化，低收入阶层并没有形成真正意义上的利益集团，但选举政治却赋予了占据绝大部分人口的低收入阶层一定的政治权力，特别是在多党制国家中，这些低收入阶层虽然不能决定是否被剥削，但能决定接受谁的盘剥，因此也具有一定的政治权力。这种政治权力决定了西方国家的候选人和政党会在一定程度上对占据庞大人口基数的低收入阶层进行讨好，讨好的方式就是在财政分配中给予一定的好处，通过构建庞大的社会福利和保障体系来对低收入阶层的养老、医疗和失业等进行救助和保障。在竞争性的政党政治中，无论是哪个党派的候选人都无法忽视如此庞大的人口，这也是导致西方国家社会福利和保障支出居高不下，甚至在危机期间也不降反升的根本原因。而低收入阶层唯一能影响政治决策过程的就是利用手中的选票在两个或多个候选人和政党中进行选择，并在重复博弈中对未来是否选择某一政党或者候选人来对其行为进行约束，或者利用媒体举行的民调来表达自己的不满。但这种约束往往是非常弱的，西方选举制民主政治中经常存在非常明显的道德风险问题。但无论如何，在财政的再分配过程中，在正常的情况下任何政党都不会非常明显地削减社会福利支出这唯一偏向低收入阶层的政策，低收入阶层也会利用手中掌握的选票来对政府的财政再分配提出自己的诉求。而候选人之所以也不会主动提出削减这些政策，因为承担这些支出的资金来源大部分是公共性的，而如果选举获得成功后能够给自己和所代表的利益集团带来的收益却是归属私人的。

因此，在西方的政治制度中，政治权力分散于利益集团和选民，导致政府的财政决策受到不同利益集团和选民的影响，这些利益相关者都会利用手中的政治权力对政府的财政再分配决策进行影响，并提出自己的诉求。而这些利益集团在进行相互之间的政治竞争过程中，使用国家公共财政来收买人心，西方国家的财政支出只能维持一个递增的趋势，政府的财政成为资本主义无限索取的财源，政府不得不利用不断累积的政府债务来满足这些不断增长的利益诉求，最终导致主权债务危机。

## 第三节　代议制政府、政府债务与国家信用崩溃

前面已经分析了西方民主政治制度下政府财政收入减少和财政支出扩大的政治动因，也谈到了政府的财政收支决策时各种社会政治力量之间博弈的结果。正是对财政的不断透支，使各国政府不得不保持了长期的财政赤字，当财政赤字还不能完全满足政府的日常消费支出后，国家信用被不断扩大，政府得不断负债来满足资本主义利益集团对财政不断扩大的需求。

在债务不断累积和债务违约风险不断增大的情况下，西方政府为什么能利用国家信用不断得到融资，债权人为什么相信政府能够并愿意偿还这么庞大的债务，即西方政府对其债务做出的可信性承诺为什么会被广大的债权人相信，并将资金出借给政府。本书认为，西方的代议制民主政治和政府不断扩大国家信用的行为被所有的利益集团一致同意，而代议制民主政治也使债权人相信各国政府所做出的偿还债务本息的承诺是可信的，从而各国政府能够从市场上得到其所需要的资金。

### 一、财政政策的集体决策、国家信用与政府债务需求扩大

主权债务危机是政府对其债务违约的危机，是政府财政支付不可持续的问题。政府财政不仅仅是一个经济问题，也是一个政治问题。西方发达国家主权债务危机爆发的直接原因是政府公共财政支出长期居高不下，但财政收入来源枯竭，因而才不得不求助于财政赤字和负债来满足日益扩大的公共财政支出。前面已经指出，阶级之间巨大的差异导致西方的政治被资本和高收入阶层完全控制，政府财政的再分配也更多偏向于这些阶层；但政治权力部分分散于普通民众手中，也导致被利益集团控制的政党和政府必须考虑低收入阶层的利益。

在西方国家，政府的负债大部分被用于日常的消费，从理论上来说这些消费的绝大部分应该归类于公共产品。按照公共选择理论，政府提供公共产品属于集体决策的一种。那么，西方发达国家的政治权力分散化是如何通过这个集体决策和选择使政府提供公共产品的水平居高不下的？政府利用负债来满足公共支出的资金需要是如何反过来影响政府公共产品的提供的？

政府提供公共产品的决策是一个政治决策过程，在一个有效的民主政治秩序下，集体决策过程把个人表示的偏好作为投入，并以某种方式把这些偏好结合在一起以产生结果。因此，在一个完全公平有效的投票集体决策中，中等投票者的偏好更容易在社会范围内达成一致，即集体决策的"中等偏好"原则。但这个原则成立的前提是个人对公共收入贡献的"收入累进制"，即对公共产品需求必须满足收入排列的次序，低收入者对公共产品的需求较少，高收入者对公共产品的需求较多；另外单个个人的政治参与度和影响力是相同的，即政治权力分配的完全公平。

政治完全平等是不可能的，特别是在西方国家完全异化的民主体制中，集体决策并不是"一人一票"，而是"一美元一票"，经济和政治的不平等和阶层之间巨大差异导致集体决策更多偏向于拥有更多经济和政治资源的阶层，因此在加入政治不平等这一因素后，集体决策的结果就不再是所谓的"中等偏好"了，特别是在以非累进制税率结构为特征的地方社会，尤其在中上等收入范围内，政治联盟可能联合高收入和低收入阶层，来反对中等收入阶层。

在西方资本主义国家中，更多公共产品的提供实际上是资本主义经济和政治行为私人成本的社会化。相对于中低收入者来说，资本的实际拥有者更多受益于社会公共产品，无论是社会基础设施建设还是社会福利和保障支出，无不是为资本主义的生产提供更加便利的生产条件或者更为健康且低成本的劳动者，因此高收入阶层和资本偏好于政府提供更多的公共产品。但这并不是说中等收入和低收入阶层就不赞同政府提供更多的公共产品，特别是在征税和政府公共支出两个过程并不连续甚至被完全分开的情况下。布坎南认为，复合和间接的支付结构造成了财政错觉，它将逐步导致比在简单支付结构下我们所能观察到的还要高的公共支出水平。正如表 6.2 所示，在征税与公共产品决策分离的时候，个人对增加支出的意愿是非常强烈的，但如果需要增税才能增加公共支出，那么就会有更多的人对增加支出持更为谨慎的态度。

表 6.2　　　　征税与公共产品决策过程同步或者分离的决策后果　　　单位：%

| 类别 | 认为应该增加支出的回答者所占的百分比 | 即使需要增加税收仍认为应该增加支出的回答所占的百分比 |
|---|---|---|
| 对老人的帮助 | 70 | 34 |
| 对贫困者的帮助 | 60 | 26 |
| 教育 | 60 | 41 |
| 贫民区清洁 | 55 | 无数据 |
| 医院和医疗 | 54 | 25 |
| 公共工程 | 48 | 无数据 |
| 防务 | 47 | 30 |
| 小企业 | 37 | 无数据 |

| 类别 | 认为应该增加支出的<br>回答者所占的百分比 | 即使需要增加税收仍认为<br>应该增加支出的回答所占的百分比 |
|------|------|------|
| 公路 | 36 | 13 |
| 失业救济 | 29 | 10 |
| 公园，娱乐 | 27 | 7 |
| 空间 | 26 | 14 |
| 农业 | 20 | 6 |
| 对外救援 | 7 | 2 |

资料来源：詹姆斯·M. 布坎南. 民主财政论［M］. 穆怀朋，译. 北京：商务印书馆，1999：212.

个人可能具有的财政意识，会随着集团中公民人数的增加而变得愈来愈弱，个体公民基本上感觉不到私人的财政责任。在这种情况下，个体在提供公共产品的集体决策中的成本与收益之间的对比就变成投票的成本与有可能的情况下就能享受政府提供的公共产品的收益之间的对比。与可能享受到的公共产品相比，个人投票的成本可能是极低的，而个人对公共产品的集体决策并不一定就要直接参与公共产品的直接决策中，也可能通过选举投票选出能提供更多公共产品的人。征税过程和决策过程的分离使这种直觉被严重扭曲，这与两个过程没有分离时的公共产品的集体选择结果是完全不同的。

仅就公共产品进行决策时，对增加公共支出的呼声比较高；而当两个过程进行统一时，个人对增加公共支出的要求就出现了明显的降低，而且对增加公共支出的排序也发生了变化。但在现代国家中，征税过程和公共支出决策过程是明显分离的，因此，在集体决策中公众对公共产品的需求要远比正常的水平高得多。

同样，对减税的集体决策也会由于征税和公共收入过程的分离而变得更加容易达成一致，资本和利益集团努力使政府和公众相信减税能够使他们增加投资并促进经济的增长，从而使每个人都获益。而相对于总体财政收入而言，个人更加关心政府的税收政策会不会使自己的收入减少，在西方代议制政府中，利益集团不断提出减税的建议很容易被大众所接受，这不仅是因为信息被理解的程度与被接受的某一特定信号的强度成正比，还因为减税促进投资并使全社会受益这一理念被广泛接受，以及其他减税政策的出台也增加了与自己相关减税政策出台的预期。

在代议制政治体制中，权力的分散导致财政政策的集体选择更加偏向于减税和增加公共产品的提供，因此财政收支的失衡也就成为必然，政府求助于赤字来弥补不断扩大的财政缺口就成为一种常态。但长期且不断扩大的财政赤字会带来严重的经济和政治后果，所能筹集到的资金也比较有限。而当财政赤字还不能满足财政的需求时，政府就不得不求助于借款。对于政府来说，借款作为替代征税的一种筹措公共支出所需资金的方法，在有限的程度内几乎总是可以利用的。而且政府的借款从总体上来说并不会给财政带来更大的负担，因为只要政府能够偿付利息就能够长期保持一定的借款额度，在财政上具有非常强的可持续性。

借款是国家信用的一种，因为国家拥有货币的发行权以及庞大的资产规模，从而发生债务违约的可能性较小，因此以国家信用为担保借入的款项一般都比较安全，对资产安全性要求较高的债权人一般更加愿意将手中的货币借给政府以获得稳定的收益。因此，当政府需要扩大支出又不能从正常的财政渠道得到满足时，就很容易求助于借款，利用国家信用从各种渠道以一定的代价获得资金，借款规模的不断扩大就意味着国家信用的扩张。现代金融的发展使政府债务逐渐实现证券化和标准化（即政府债券），并发展出庞大的市场进行债券的交易，从而解决了政府债务的流动性的问题。

政府利用债务的增加来满足公共支出不断增加的需求，反过来会进一步增加社会对公共产品的需求。因为公共债务涉及跨期的消费和支出，只要个人更加关注增加政府的公共支出给自己带来的收益现值而不是增加债务给自己未来或者子孙后代带来的偿还义务，他就会认为债务财政降低了他必须支付的公共服务的价格，就会更加赞成以债务融资的形式来增加现期的政府公共服务支出和公共产品的提供。

正是因为政府财政政策的集体选择导致了西方各国财政收支的失衡和政府债务的累积，债务证券化给现代政府债务融资提供了一个更为合适和方便的途径，资本市场规模的不断扩大也极大地拓展了政府债务融资的规模。

除了政府需要不断增加负债来满足公共消费外，西方民主政治制度下政党之间的竞争和对持续经济增长的强烈需求也是促进政府债务需求不断扩大的重要因素。现代政府的职能不断从传统的政治和军事等领域向经济领域扩张，政府在经济发展中所起的作用越来越重要。保持经济的持续增长作为现代政府的重要职能之一，需要政府不断实施宏观调控政策抚平经济的剧烈波动，对市场的需求和供给进行管理，使经济要素得到充分的利用，对资源进行合理的分配等，而政府的这些行为均需要大量的人力和物力去维持，但长期财政收支的失衡导致现代政府并没有多余的资金来实现如此庞大而复杂的经济调节和刺激计划，只能利用庞大的负债来满足这一资金的需求。现代政府对持续经济增长的不懈追求除了因为坚信经济增长能够解决或者缓解大多数的经济、政治和社会问题外，还基于经济的增长能够给政府带来财政收入的增长，从而偿付负债本息。同时，现代西方政府对持续的经济增长的痴迷还在于其竞争性的政党政治。哪个政党能够在选举中获胜取决于持有选票的民众对其执政能力的认同，因为大多数的民众都能够从经济增长中获得一定的收益，或者起码能够保持原来的利益不会受损，因此在西方选举政治中，选民对持续经济增长的关注导致任何政党都会把促进经济增长作为赢得选票的一个噱头。在政治生活的重复博弈中，保持一定程度的经济增长也成为执政党努力的目标，凯恩斯主义为政府如何保持经济的持续增长提供了一条思路，依靠扩张性的财政政策和货币政策能够使经济保持一定的增长速度，所需要的是政府对经济的持续刺激。由此为了实现保持经济持续增长的目标并使人们相信经济增长能够完全补偿政府债务的增长就成为西方国家执政党及其政府不断扩大债务规模的理由。

## 二、代议制政府、可信性承诺与政府债务的资金供给

政府为什么能从资本市场上筹集所需要的资金，或者说债权人为什么相信政府能够偿还到期的债务而不会产生违约，又或者是债权人为什么愿意购买政府发行的债券等，这其

实是一个问题的不同表述，即债权人认为政府做出的偿还债务的承诺是可信的。

西方竞争性的政党政府能够在一定程度上确保政府履行偿还债务的承诺，因为在多元冲突的社会中债权人可能是政党中的一员，可以利用政党来影响政府偿还债务的决策。同样，现代政府的行政授权也能改善政府偿还债务的承诺的可信性，特别是现代政府越来越多地将偿还债务的决策授权给非民选的行政机构和官员，如中央银行或者财政部门等，而银行等金融资本作为政府最主要的债权人，会在很大程度上影响代议制政府及其行政授权的机构，例如美国的财政政策和货币政策甚至是整个经济就受到华尔街的全面影响和控制。

将政府债务利益相关者的行为和经济后果放入重复博弈的模型中，很容易就能理解为什么市场愿意给代议制政府提供更多的资金，因为代议制政府具有的稳定性和权力的分散使政府偿还债务的承诺是可信的；而债权人不再给政府提供资金的威胁也是可信的；同样债务的实际承担者——公众，在政府扩张债务的过程中也起到了推波助澜的作用。

假设在初期政府从债权人手中借入款项，从第一期开始决定是否履行承诺对债务进行偿还，如果履行承诺就意味着政府需要借入更多的资金，用来补充日渐扩大的财政收支缺口以及前期负债本息的偿还，同时也需要对国内征收更多的税以保障债务的可持续性，在政治分散化的代议制民主政治中，征税可能会导致政府承受一定的政治压力，但政府利用增加的负债进行公共服务支出则会获得公众的支持，这两个力量之间会相互抵消，而在有限任期的政党政治下，政府债务的发行与偿还之间具有一定的时间间隔，如果债务的期限足够长，就会将增加税收的政治压力转移到下一任政府，因此利用增加债务来满足公共支出的需要会增加公众对其的支持，却未必因为增加税收而面临公众的政治压力。同时，增加负债使政府有充足的资金对以前所借债务进行偿还，给债权人带来足够的收益，因此也会使政府在政治上得到债权人的支持。但如果政府选择违背偿还债务的承诺，则会受到来自各方的政治压力，如政府因为资金不足而减少公共服务支出会面临来自公众的政治压力；不能偿还到期债务会引起债权人的政治施压；同时在竞争性的政党政治中还会使政府面临反对党的攻击。因此，在正常的情况下，政府会不断扩大其负债，因为从政治上来说，扩大负债以满足财政支出的需要，会得到各方政治力量的支持，而出现债务违约则会导致其面临各方的政治压力。

在西方的民主政治体制下，债权人可以通过几个不同的途径确保代议制政府所做出的偿还债务的承诺是可信的。

首先，政府对债权人资金的严重依赖。只有当西方国家的政府严重依赖于债权人资金的供给，才能确保政府不得不偿还其到期债务，政府偿还债务的承诺才是可信的。在这种情况下，不论是哪个政党上台，为了使政府持续运行，就必须依赖于债权人的资金供给，因此就必然会满足债权人对偿还债务的要求，甚至债权人可以要挟政府满足一些其他的要求。2010年奥巴马通过金融改革的《多德—弗兰克法案》时，一名在奥巴马竞选时捐过款的重量级华尔街风险投资家对记者表示："我给奥巴马首席经济顾问萨默斯赠言：和美国的债权人要搞好关系，不要自讨苦吃。"① 将绝大部分的负债用于公共消费的西方政府面临着财政收入来源的枯竭，财政严重依赖于负债。

---

① 搜狐网. 环球时报：华尔街想驱逐奥巴马［EB/OL］. http：//news. sohu. com/20101014/n275661767. shtml.

其次，债权人能通过施加政治压力影响其偿还债务的决策。利息率作为衡量一个国家债权人向一国政府提供资金的意愿，在很大程度上能对政府是否进行债务违约产生约束力，因为如果一国政府产生债务违约后，债权人对政府再次产生违约的评价就会提高，从而这个政府需要以更高的利率才能再次获得债权人的资金，在欧洲主权债务危机和美国财政悬崖出现后，欧洲各国和美国的债券利率就出现较为明显的上升。但这并不能促使政府对以前的债务进行偿还，因此如果债权人不能在政治上对一国政府偿还债务的决策进行影响，那就不能完全确保政府做出偿还债务的决策。西方政治权力的分散化和代议制政府使债权人参与政治或者施加政治压力的机会得以扩大，这在一定程度上能说明为什么西方国家在第二次世界大战后特别是 20 世纪 80 年代后在政府债务规模不断扩大的情况下，依然能够以较低的利率获得国内银行等金融机构甚至是普通民众的资金。同样，一个国家政治环境是否稳定，并且后续的政府是否承认前任政府所欠的债务，这也决定了债权人是否愿意向一国政府提供债务资金的重要原因。相对而言，一个愿意为国家之前所欠下债务负责任的政府更加能够获得债权人的信任，这也使债权人更加愿意向代议制政府提供资金，购买政府债券的积极性也就比较高。

再次，政府必须有偿还债务的多种方式。政府拥有庞大的资产和诸多的政治权力，这也是政府为什么能够以国家信用作为抵押获得大量的债务资金的原因。同样，政府的债务可以通过未来的财政收入来偿还，也可以用特许经营权等方式利用手中的权力获得债权人的让步或者减免。同样，如果政府不能偿还到期债务而要求进行债务的重组，在谈判中政府必须给予债权人更多的优惠或者特权。总之，无论政府能否偿还到期债务，债权人都能获得足够的补偿。

最后，经济发展的状况及其政府经济管理的水平能够为债权人所评估。经济的持续增长就意味经济规模的不断扩大，政府能够从未来的经济发展中获得更多的收入，从而增强政府的偿债能力。政府经济管理水平的高低在很大程度上影响经济的发展，政府利用财政政策、货币政策、法律调节和行政命令等方式对经济进行宏观调控，能使经济避免剧烈的波动，利用需求和供给的调节使经济保持快速增长。而债权人对政府经济管理水平的信心以及对一国经济增长速度的预期会直接影响他对资金安全的判断，并影响他愿意向政府提供借贷资金或者购买政府债券的意愿。

## 三、预算平衡、政治妥协与国家信用的崩溃

2009 年以来在发达国家不断爆发的主权债务危机再一次将人们的目光集中到政府的债务负担和财政平衡上，财政过程可以分解为两个部分，即反映社会偏好的公共财政支出过程和反映政府参与经济分配的财政收入过程，两者之间的缺口形成财政的盈余或者赤字。发达国家拥有强大而成熟的经济，政府发生的债务危机的原因要明显区别于发展中国家。如果说发展中国家的主权债务危机是因为长期的贫穷导致政府不得不借债以维持国家的运行，那么发达国家的主权债务危机更多的是由于经济和政治的不平等导致政府在财政的收入和支出上持续采用偏向于高收入阶层的政策所导致的国家信用的扩张和崩溃。

从长期来看，任何社会主体都应该量入为出，收支的长期失衡必然导致严重的经济后果。一国政府也是如此，因此现代国家发明了财政预算这一制度，意图用制度来约束政府

的财政收支行为，做到财政的收入与支出的平衡。最初的平衡预算原则是最为传统的"以收定支"，用来遏制政府（或者国王）的横征暴敛和无节制的财政支出（如战争或者奢侈消费）；第二次世界大战后，公共部门开始大量介入社会经济活动，凯恩斯主义的流行以及福利国家的建设，导致政府支出的规模和范围不断扩大，政府财政预算的作用也就更加明显。同时，预算支出长期超出预算的收入，也导致原来的"量入为出"的平衡预算原则逐渐失效，凯恩斯提出政府的预算应该是"平衡整个经济"而不是平衡政府财政账户的思想，各种平衡预算的折衷原则就应运而生了。① 全周期预算平衡、自动调节的预算平衡、充分就业条件下的预算平衡等预算平衡的概念相继被提出，并用于政府的财政预算过程中。实际上，这些折衷的财政预算平衡原则，本身就是对原有平衡预算原则的突破，使财政预算由原来的硬约束变成具有不同弹性的软约束。

预算过程本身就是一种政治决策的过程，各社会集团、各级政府部门、办事机构等诸多利益相关者对政府的财政安排进行博弈并共同决定了"谁在何时、何地、如何得到什么"②。西方国家的代议制政治制度中，预算过程成为各个利益集团之间进行政治博弈的重心，各个财政主体在申请预算的时候本着"别人之所得即是我之所失"的原则，尽可能多地增加申请额度，同时利用手中的力量尽量实现申请的额度，这也导致政府支出预算的逐年增长态势不可逆。

西方国家的财政预算过程受到了各个利益集团的影响，并在预算的安排上偏向于这些利益集团，受益的程度取决于这些利益集团政治力量的大小及其在游说或者贿赂上的花费。各利益集团对政府预算的影响和控制和财政预算的不可逆性，导致西方国家的财政预算变成了硬性的支出，而且在实际执行的时候还有可能增加。由于长期的经济停滞，西方国家财政收入的来源枯竭，且政府不愿也不能保持长期的财政赤字的情况下，政府只能利用债务来满足不断增加的资金需求。

政府债务由于借入和偿还时间的不一致，以及维持一定债务额度的成本比较低（特别是政府能够以极低的利率发行债券或者获得贷款时），使各国政府在发生财政失衡时，就会利用政府债务来获得资金，以满足不断扩大的财政支出资金需求。为了获得各方政治力量的支持，西方国家的执政党及其政府不得不维持着居高不下的财政支出及其政府债务，这种不断对未来透支的行为为后面政府信用的崩溃埋下了祸根。

也许会有很多人甚至社会团体对西方发达国家不断利用债务满足当前消费的行为担忧，并对当前西方国家的政府债务规模和违约风险表示极大的担忧。但即使政府违约风险已经非常之高，西方国家却没有任何的办法来解决这个问题，因为西方资本主义的市场经济发展出来的"大市场微政府"导致西方各国政府不但不能从经济中获得更多的财政收入，却还要弥补资本主义经济方式带来的市场失灵，甚至还要承担资本主义私人行动所带来的巨大社会成本。负债的政府承担过多的政治、经济和社会职能，表现为财权与事权之间的失衡，最后不得不严重依赖于国内金融机构和外国资金的供给，以维持政府的正常运行和西方资本主义生产方式和社会秩序的延续。当西方国家连续发生债务危机后，政府所能做的仅仅是逐渐减少政府的固定资本投资以及在教育、科技等方面的支出，但这不但不

① 布坎南，瓦格纳. 赤字中的民主——凯恩斯勋爵的政治遗产［M］. 刘廷安，罗光，译. 北京经济学院出版社，1988：149.
② 靳继东. 预算政治学论纲：权力的功能、结构与控制［M］. 北京：中国社会科学出版社，2010：65.

能解决任何问题，反而不利于国家的长期发展。

在西方国家，政党之间的竞争无疑是激烈的，反对党在任何时候都会抓住执政党的缺陷进行攻击，从而为自己争取到更多的政治支持。但在债务这个问题上，这些政党之间却意外地达成了一致。无论是欧洲还是美国，均对政府债务的上限做出过具体的规定，如欧洲的《马斯特里赫特条约》规定的政府赤字和债务的上限分别为3%和60%，美国更是立法确立了具体的债务上限。但无论是欧洲还是美国，均没有遵守这个要求，政府债务规模的不断扩大，使这些所谓的条约和立法作为"遮羞布"的功能完全丧失。西方国家政党对于政府债务规模不断超过他们所规定的上限视而不见。因为西方国家的政府除了持续不断地负债，再也没有任何办法能够解决如此严重的财政收支失衡问题。因此，在债务问题上，西方国家政党之间充分表现出政治的妥协，或者说在这个问题上，西方国家的政党之间是具有一致的利益，由此也导致西方国家政府债务在政治上也是软约束的。

政治的软约束必然导致西方国家信用的不断扩张和政府债务的不断累积，但经济出现波动的时候，政府的债务就变得不可持续了，财政收入的减少导致连支付债务利息都会变成一个巨大的负担，最终必然导致政府债务的违约和国家信用的崩溃。而即使西方国家和世界组织采取了一定的措施，在一定程度上缓解了西方各发达国家的债务风险，但持续扩大的债务危机及其采取的财政紧缩政策也必然导致西方发达国家债务违约风险的长期存在，国家的破产仅仅是时间上的区别。整个西方资本主义发达国家也都会面临政府的巨债问题。经济和政治的双重失效，将使整个资本主义世界政府出现全面的崩溃，从而扩展到资本主义这一生产方式，正如马克思所分析的那样。

# 本 章 小 结

政治和国家皆起源于阶级的分化和对立，是经济上占统治地位的阶级实现其阶级统治的工具，不同阶级对财产的占有关系决定了政治制度的性质，以及政治为谁服务。建立在私有制和资产阶级统治之下的国家政治模式，其核心是普选制、代议制和"三权分立"的政治制度，这些制度似乎能以权力的制衡关系来保证完全民主的实施，但马克思尖锐地指出，这仅仅是"承认原则的正确性，但是从来不在实践中实现这种原则"。严重的阶级差异和对政治经济资源占有的极度不均衡，使选举投票制度和代议制等西方民主政治制度产生异化，本来应该是"大众的选举"变成了"选举统治者"，因为候选人都是被资本和利益集团所控制的政党提出的，而在选举过程中公开且合法化的腐败更使西方的选举制度由"一人一票"变成了"一美元一票"。对政府职能的实现及其决策机制而言，西方民主政治制度中所谓的"三权分立"也因为西方社会政治和经济权力的不平等而沦落为利益集团服务的一种政治决策机制，即利益集团以向规制者支付价格的形式"俘获"了西方模式的民主政府。

通过对西方民主政治制度的异化，作为统治者的资产阶级将自己的利益化妆成了社会的公共利益，并通过操控政党和选举过程、操纵议会、侵蚀法律和法治，形成诸多具有共同利益的不同利益集团，并通过利益采用的贿赂、游说等方式影响政府的决策和操纵宏观经济决策等，在政治上确保这些利益能得以实现，并受到严格的保护，从而使其经济利益在西方民主政治制度的掩盖下得以实现。

西方国家财政收入枯竭和财政支出长期居高不下导致的财政失衡，也是由西方民主的异化和政治权力的分散化导致的。被资本主义控制的政府具有强烈的减税冲动，在政治上占据绝对优势的资产阶级也要求在政府的财政再分配中获得更大的份额，因此大量的政府支出被用于军事支出和政府消费，同样，手中握有选票的普通民众也要求政府不断增加社会福利和保障支出，因为竞争性的政党政治使普通民众手中也掌握着分散化权力，这个权力赋予了他们无法选择"被剥削"，但可以选择"被谁剥削"。在西方的政治制度中，政治权力分散于利益集团和选民，导致政府的财政决策受到不同收入阶层的影响，各个阶层都会利用手中的政治权力对政府的财政再分配决策进行影响，并提出自己的诉求。而在无论是哪个阶层的利益都不能受损的情况下，西方国家的财政支出只能维持一个递增的趋势，各国政府不得不利用不断累积的政府债务来满足这些不断增长的利益诉求，最终必然导致主权债务的违约和危机的爆发。

政府债务是利用国家的信用来作抵押来进行融资，以满足政府不断扩大的财政支出需要。在西方的代议制民主政治中，债权人的利益集团能够参与到政府的政治决策过程中，这也确保了政府偿还债务承诺的可信性，使债权人更加愿意向政府提供资金，因为即使政府无法偿还债务，债权人也可以获得其他形式的偿还。同时，受利益集团影响和控制的西方代议制政府，不同的利益集团想方设法在预算平衡的概念上进行变通，很容易就会为政府不断上升的债务达成政治妥协，而西方国家的民主政治的软约束导致西方国家信用的不断扩张和政府债务的不断累积，国家信用的不断扩大已经远远超过这些政府的承担能力，当出现外部的冲击如经济的衰退时，国家信用的自我循环很容易就会被打破，并出现国家信用的整体崩溃，而这就意味着国家的破产。

# 第七章 20世纪80年代以来发展中国家的主权债务危机

20世纪80年代以来发展中国家集中爆发过两次主权债务危机，分别为80年代的拉丁美洲债务危机及1997年亚洲金融危机引起的世界性主权债务危机；同时2014年以来阿根廷、俄罗斯、委内瑞拉等国家主权债务风险也引发了人们对发展中国家债务危机的担忧，而世界经济发展状况的持续低迷，将极大制约发展中国家经济的增长和财政状况的好转，这也将导致未来发展中国家主权债务风险出现新的变化。2019年世界银行的报告再一次提及发展中国家的主权债务问题，担忧新兴市场国家过快增长的债务会给世界经济带来又一次重创。

前面已经分析了发达国家发生主权债务危机的经济和政治原因，正是由于资本主义基本矛盾所导致的经济的不平等和西方权力分散化的代议制政治共同导致了欧洲和美国的主权债务问题和危机的爆发。那么，对于广大发展中国家而言，是否也是同样的原因导致了主权债务危机的爆发？西方发达国家在发展中国家的主权债务危机中扮演了什么样的角色？资本的全球流动、自由主义和民主政治制度的传播等又对发展中国家主权债务危机产生了什么样的作用？

## 第一节 拉丁美洲主权债务危机分析

20世纪80年代出现的拉丁美洲主权债务危机是迄今为止规模最大，涉及国家最多的区域性债务危机，也导致了拉丁美洲"失去的十年"，其余波跨越了20世纪的最后20年，甚至延续到现在。拉丁美洲各国债务危机如此密集的爆发和如此大的影响力，不仅是由于拉丁美洲畸形的经济结构和薄弱的经济基础，它更反映了建立在大量负债基础上的工业化就像建在沙滩上的建筑一样脆弱和不堪一击，以及发达国家资本主义主宰下的经济发展并不是"共同发展"，而是强加于发展中国家颈项上的一条铁链。

### 一、20世纪60~80年代不断扩大的拉丁美洲债务

20世纪60年代，拉丁美洲国家纷纷独立，迫切需要发展的新政府对资金的需求已经达到一种渴望的境地，国内能筹集到的资本非常之少，因此只能寄希望于通过国外借款来补充资本，但直到20世纪60年代末拉丁美洲对外国金融资本都没有太大的吸引力。但随

着欧洲美元市场①的兴起，以及大量石油美元的存在，国际银行界控制了大量的巨额资本，需要找到新的借款者。同时，联合贷款制度和贷款保险制度的建立及其灵活的利率使向拉丁美洲的贷款变得有利可图，1974～1975 年第一次石油危机使大量的国际资金流向拉丁美洲，低廉的融资成本极大地拉动了拉丁美洲各国的贷款，导致拉丁美洲国家的外债快速上升。银行借贷占拉丁美洲公共外债的比例就从 1966 年的 10% 上升至 1972 年的 26.1%，债务增加值的一半是外国银行的贷款。

20 世纪 70 年代以后外国银行和金融机构对拉丁美洲各国政府的贷款激增，并很快超过了政府之间及其国际组织提供的双边和多边贷款。1960～1972 年，拉丁美洲的外债还是以外国政府和国际组织为主，到 1982 年外国私人持有的拉丁美洲的外债比例已经达到近 70%。图 7.1 为 1960～1982 年拉丁美洲外债债权人结构。

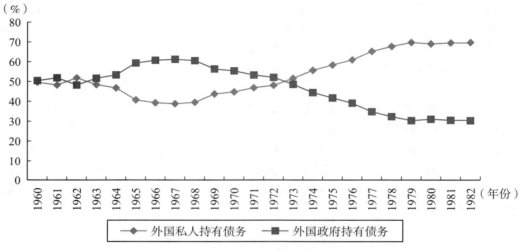

**图 7.1　1960～1982 年拉丁美洲外债债权人结构**

注：私人持有债务包括外国个人、银行、券商等持有的债务；外国政府持有的债务包括双边和多边政府所持有的债务。

资料来源：美洲开发银行（IDB），Economic and Social Progress in Latin America，1984。

外国银行从对拉丁美洲国家提供的贷款中获得了大量的收益，1976 年，花旗集团仅向巴西贷款业务的利润就占其当年总利润的 13%。丰厚的利润进一步刺激西方国家的金融资本大量流向拉丁美洲。

1960 年以来，拉丁美洲各国的外债迅速扩张，20 世纪 70 年代增加的速度更是前所未有，截至 1982 年，拉丁美洲的外债总和已经超过 2000 亿美元，其中借债最多的三个国家分别为阿根廷、巴西和墨西哥，1980 年巴西所借的外债占拉美国家外债总和的 31.61%，墨西哥占 24.22%，阿根廷占 7.8%，三个国家加起来的外债规模占拉美外债总规模的 60% 以上（见图 7.2）。

---

　　① 即经营美国以外美元存款的国际资金借贷市场，清算中心设在英国伦敦。这个市场现在已经成为国际资本市场的象征，现在已经突破了地域和货币的限制，我们可以在中国香港、新加坡都可以看到发达的"欧洲美元""欧洲日元""欧洲马克"等市场。

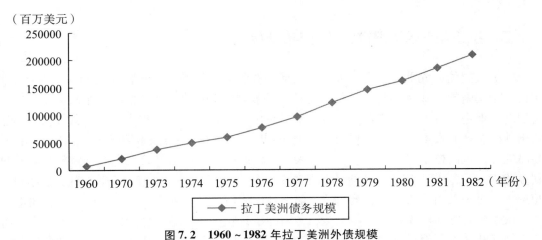

**图 7.2　1960～1982 年拉丁美洲外债规模**

资料来源：IDB，Economic and Social Progress in Latin America，1984.

　　从 1970 年起，拉丁美洲各债务国家的债务占 GDP 的比例就开始上升，其中玻利维亚的债务率最高，1985 年的债务占 GDP 的比例达到 205.2%；而智利在 1980 年以前其债务率已经有所下降，但到 1981 年以后又开始快速上升，1984～1988 年的债务率均在 100% 以上，最高达到了 166.5%。而拉美三大主要债务国的债务率则稍低，阿根廷在 1987 年达到最高点的 72.6%；墨西哥在 1986 年达到最高点 78.1%；巴西在 1980 年债务违约时，其债务比率仅为 33.1%；但到 1989 年时其债务率达到了 102%，导致了 1990 年时再次出现债务违约（见图 7.3）。

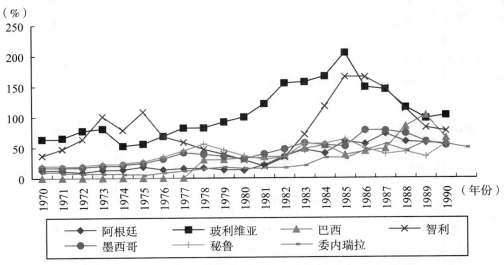

**图 7.3　1970～1990 年部分拉丁美洲债务国家债务占 GDP 的比例**

资料来源：Abbas S. M. Ali，Belhocine Nazim，ElGanainy，Asmaa A，Horton Mark A. A Historical Public Debt Database，IMF Working Paper，http：//www. imf. org/external/pubs/cat/longres. cfm？sk＝24332. 0.

## 二、拉丁美洲各国财政的失衡与财政赤字

拉美主权债务危机爆发的直接原因也是财政收支的失衡。这与拉丁美洲自 20 世纪 70 年代开始实施的"赤字财政——负债增长"的发展战略是直接相关的，这个战略虽然在一定程度上促进了拉美经济的发展，但由于当时拉丁美洲经济刚刚起步，而且其经济大量依赖于外国企业和资本，导致其财政收入与 GDP 的增长有着一定程度的背离。同时，代价高昂的外债也给拉丁美洲各国的财政带来了巨大的压力，特别是第二次石油危机以后全球利率急剧上升，1981 年伦敦和纽约的基本利率已经达到 16%，银行债务利率更是超过了 20%，这对于采用灵活利率政策的拉丁美洲各国的债务融资来说，利息负担进一步加重。

从财政收支的规模来看，拉丁美洲各国的财政收支状况是不平衡的，财政收入占 GDP 的比例逐渐下降，而财政支出占 GDP 的比例却逐步上升，导致了拉美国家长期的财政赤字。以爆发危机的墨西哥、玻利维亚和阿根廷为例，三国的财政支出要远远大于财政收入，而财政赤字占 GDP 的比例在 20 世纪 80 年代初均达到过 10% 以上，而玻利维亚和墨西哥更是在 1984 年达到 20% 以上。对这三个国家从更长的历史时期进行观察，更能看到这三个典型的拉丁美洲国家自 70 年代以来奉行的"赤字财政——负债增长"发展战略是如何一步步推高其财政赤字，最终引发了财政危机和债务危机的。三个国家在 1970 年时，财政赤字均保持在 5% 以内，但到 1975 年时其财政赤字不断扩大，到 20 世纪 80 年代引爆债务危机前后达到峰值，如图 7.4 所示，而墨西哥在 1986 年和 1987 年的高赤字率也再一次引发了其债务违约和债务危机。

从财政收入的结构来看，20 世纪 80 年代大多数拉美国家依靠间接税来实现财政收入。在第一次石油危机以前，拉丁美洲的经济发展依赖于向西方国家特别是美国的出口，因此随着出口规模的不断扩大，拉丁美洲各国的财政得到了一定的改善。但随着第一次石油危机的爆发，西方国家的市场急剧萎缩，不仅积极限制进口，还想方设法地积极拓展国际市场。从而迫使拉丁美洲各国采用了所谓的"进口替代战略"，拉丁美洲沦为了西方发达国家企业倾销产品的市场，国内生产逐渐萎缩，从而导致了财政收入的减少。

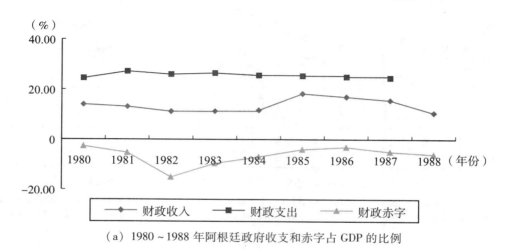

（a）1980~1988 年阿根廷政府收支和赤字占 GDP 的比例

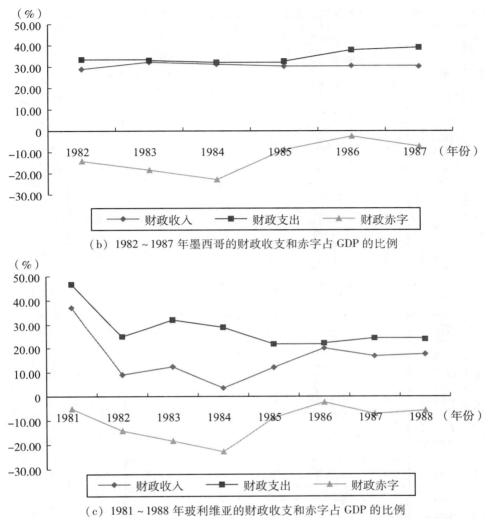

（b）1982 ~ 1987 年墨西哥的财政收支和赤字占 GDP 的比例

（c）1981 ~ 1988 年玻利维亚的财政收支和赤字占 GDP 的比例

**图 7.4　20 世纪 80 年代拉丁美洲三国财政收支与赤字占 GDP 比例的比较**

　　资料来源：1975 年前的数据来自张森根，高铦，拉丁美洲经济 ［M］. 北京：人民出版社，1986：252 - 253；1980 ~ 1988 年数据来自 Paolo Mauro，Rafael Romeu，Ariel Binder，Asad Zaman，A Modern History of Fiscal Prudence and Profligacy，World Bank working paper，January 2013，WP/13/5；智利和墨西哥 1982 年后的数据来自 William C. Smith，Carlos H. Acuna and Edurdo A Gamarra，Democracy，Markets，and Structural Reform in Latin America ［M］. Transaction Publishers，1994.

　　虽然拉丁美洲各国在财政收入的结构上各有不同，但除委内瑞拉外，其他国家的财政的最主要收入来自间接税，且大部分的拉丁美洲国家在 1975 ~ 1980 年，间接税占财政收入的比例有所上升，而针对收入、利润和财产的直接税收入比例变动幅度不大。这说明虽然拉丁美洲经过多年的发展，经济活动虽然有了很大的改善，但大多数发展带来的利益被外国投资者占有，本国国民所占有的收益较少，因为大多数拉丁美洲国家的所得税和财产税占财政收入的比例是呈下降趋势的，特别是拉丁美洲国家的工资水平更是呈现下降趋势的，个人收入对税收的贡献更是呈现递减的趋势。表 7.1 为 1970 ~ 1980 年拉美危机国家的财政收入结构。

表 7.1　　　　　1970～1980 年拉美危机国家的财政收入结构（占财政收入的平均比例）　　　　　单位：%

| 国家 | 年份 | 直接税 | | | 间接税 | | | 税收收入总计 | 非税收入 |
|---|---|---|---|---|---|---|---|---|---|
| | | 所得税 | 财产税 | 直接税总计 | 生产与销售税 | 关税与国际贸易税 | 间接税总计 | | |
| 阿根廷 | 1971～1975 年 | 14.1 | 4.2 | 18.8 | 35.3 | 29.1 | 69.7 | 88.5 | 11.5 |
| | 1980 年 | 12.0 | 5.6 | 17.6 | 44.7 | 23.7 | 72.2 | 89.8 | 10.2 |
| 巴西 | 1971～1975 年 | 24.7 | — | 24.7 | 51.5 | 8.0 | 62.8 | 87.5 | 12.5 |
| | 1980 年 | 25.1 | — | 25.1 | 28.8 | 7.2 | 46.9 | 72.0 | 28.0 |
| 智利 | 1971～1975 年 | 23.6 | 3.5 | 28.0 | 50.7 | 15.5 | 66.2 | 94.2 | 5.8 |
| | 1980 年 | 23.3 | 0.3 | 23.7 | 62.6 | 5.4 | 69.1 | 92.8 | 7.2 |
| 墨西哥 | 1971～1975 年 | 38.3 | 1.4 | 39.7 | 36.6 | 12.3 | 52.7 | 92.4 | 7.6 |
| | 1980 年 | 38.6 | 0.8 | 37.0 | 24.0 | 27.0 | 58.5 | 95.5 | 4.5 |
| 秘鲁 | 1971～1975 年 | 25.7 | 4.3 | 30.0 | 35.7 | 19.0 | 57.1 | 87.1 | 12.9 |
| | 1980 年 | 28.6 | 3.0 | 31.7 | 38.7 | 20.0 | 61.0 | 92.7 | 7.3 |
| 委内瑞拉 | 1971～1975 年 | 62.0 | 0.3 | 62.3 | 3.6 | 5.4 | 10.1 | 72.4 | 27.6 |
| | 1980 年 | 71.7 | 0.1 | 71.9 | 3.2 | 5.4 | 9.4 | 81.2 | 18.8 |

资料来源：张森根，高铦. 拉丁美洲经济 ［M］. 北京：人民出版社，1986：257.

　　与此同时，拉丁美洲各国财政对石油出口的依赖却在不断加大。由于政府不能从经济中有效获取足够的财政收入，只能通过扩大产能，向西方国家提供廉价的石油来获取收入。如墨西哥，石油出口收入占财政收入的比例最高时达到了将近 40%。

　　从财政支出项目来看，由于拉丁美洲各国存在巨大的政府债务，利息负担非常沉重。而在拉丁美洲独立后，其政治和经济制度完全模仿西方国家，建立了现代民主制度和现代公共财政制度，在经济上实施积极政府干预的凯恩斯主义，还超前地建立社会福利和保障制度，导致其财政支出规模的不断扩大。政府沉重的利息负担，也挤占了政府其他支出的增加，特别是教育和卫生支出的减少幅度更是明显。

## 三、20 世纪 80 年代拉丁美洲各国债务结构与成本

由于国内资金的缺乏，拉丁美洲各国并不能从国内获得足够的资金，因此不得不向国际货币基金组织、外国政府和金融机构进行贷款，而这些都属于外债的范畴。因此从债权人结构上来看，拉丁美洲的债务基本上属于外债。

从债务的期限结构来看，拉美各国的主权债务大多为 1～5 年期短期债务，5 年以上的债务所占比例比较小，这给拉丁美洲各国的财政带来了非常大的压力。表 7.2 为 1960～1979 年拉丁美洲外债期限结构。

表 7.2　　　　　　　　　　1960～1979 年拉丁美洲外债期限结构　　　　　　　　　单位：%

| 债务期限 | 1960 年 | 1966 年 | 1970 年 | 1973 年 | 1974 年 | 1975 年 | 1976 年 | 1977 年 | 1978 年 | 1979 年 |
|---|---|---|---|---|---|---|---|---|---|---|
| 1～5 年 | 54 | 48 | 45 | 43 | 48 | 50 | 56 | 58 | 59 | 49 |
| 5～10 年 | 27 | 23 | 23 | 29 | 31 | 27 | 24 | 23 | 25 | 35 |
| 10 年以上 | 19 | 29 | 32 | 28 | 21 | 23 | 20 | 19 | 16 | 16 |

资料来源：Pradip K. Ghosh. Developing Latin America：A Modernization Perspective ［M］. London：Greenwood Press：117.

1975 年拉丁美洲的经济受到西方经济危机的影响出现下跌趋势后，各债权人减少了 10 年以上的长期贷款，逐渐增加 10 年以内的中短期贷款。这也在很大程度上增加了拉丁美洲各国的偿债压力。

发行国家债券的成本主要是筹资成本，即承诺支付的利息。这个成本的高低取决于国家的经济状况、财政状况以及国家的违约历史等多种因素。从前面财政支出结构来看，财政收支差异越大、债务占 GDP 的比例越高，且有违约历史的国家，其债务利息率就必然会比较高。总体来看，20 世纪 70 年代拉美各国的政府利率水平不断升高，特别是到 1977 年以后，由于拉丁美洲各国经济增长速度放缓，以及资金向西方国家的回流，导致资金的紧缺，拉丁美洲各国的债务利率水平不断上升，特别是占据债务绝大部分的银行和各种金融机构所提供的资金利率水平上升到了 10% 以上，这也是造成 20 世纪 80 年代以后拉丁美洲各国债务状况恶化的原因之一。表 7.3 为 1970～1979 年拉美洲各国外债利率水平。

表 7.3　　　　　　　　　1970～1979 年拉丁美洲各国外债利率水平　　　　　　　单位：%

| 年份 | 全部债务 | 双边债务 | 多边债务 | 资本市场 | 银行和金融机构 |
|---|---|---|---|---|---|
| 1970 | 7.1 | 4.7 | 6.8 | 6.7 | 8.4 |
| 1971 | 7.0 | 4.4 | 7.0 | 7.1 | 7.9 |
| 1972 | 6.9 | 4.9 | 7.0 | 7.0 | 7.6 |
| 1973 | 8.2 | 5.5 | 6.5 | 6.6 | 9.9 |

续表

| 年份 | 全部债务 | 双边债务 | 多边债务 | 资本市场 | 银行和金融机构 |
|------|---------|---------|---------|---------|--------------|
| 1974 | 9.3 | 6.2 | 6.3 | 7.1 | 11.1 |
| 1975 | 8.4 | 6.0 | 7.2 | 7.7 | 9.3 |
| 1976 | 7.5 | 6.4 | 7.1 | 8.1 | 7.7 |
| 1977 | 8.0 | 6.3 | 7.3 | 8.0 | 8.3 |
| 1978 | 9.5 | 7.0 | 6.8 | 7.3 | 10.5 |
| 1979 | 10.9 | 6.2 | 6.8 | 8.6 | 12.4 |

资料来源：Pradip K. Ghosh. Developing Latin America：A Modernization Perspective［M］. London：Greenwood Press：117.

随着借款利息的不断升高，各国借款的利息支出也在逐渐增加，整个拉丁美洲在 1982 年的利息净支出达到了 380 亿美元。表 7.4 为 1976～1986 年拉丁美洲各国净资本流入和净利息支出情况。

表 7.4 　　　　　　　　　1976～1986 年拉丁美洲各国净资本流入和净利息支出 　　　　单位：十亿美元

| 年份 | 净资本流入 | 净利息支出 | 净转移 |
|------|-----------|-----------|--------|
| 1976 | 17.9 | 6.8 | 11.1 |
| 1977 | 17.2 | 8.2 | 9.0 |
| 1978 | 26.2 | 10.2 | 16.0 |
| 1979 | 29.1 | 13.6 | 15.5 |
| 1980 | 29.4 | 17.9 | 11.5 |
| 1981 | 37.5 | 27.1 | 10.4 |
| 1982 | 20.0 | 38.7 | −18.7 |
| 1983 | 3.2 | 34.3 | −31.2 |
| 1984 | 9.2 | 36.2 | −27.0 |
| 1985 | 2.4 | 35.3 | −32.9 |
| 1986 | 8.6 | 30.7 | −22.1 |

资料来源：CEPAL, Panorama economic de América Latina 1986, Santiago. 转自 Patricio Meller, The Latin American Development Debate：Neostructuralism, Neomonetarism, and Adjustment Processes［M］. Westview Press, 1991：135.

20 世纪 80 年代以来政府利息支出的快速增加，以及随着经济下滑导致的财政收入的不断减少，导致了拉丁美洲各国还本付息能力的快速萎缩。自 1976 年开始，拉丁美洲国家还本付息额占商品和服务出口的比例就在不断上升，特别是 20 世纪 80 年代更是达到 50% 以上，这么高的还本付息额不仅导致大量的外汇用于还款，本国外汇储备的不断减少，也加重了本国的通货膨胀水平，从而导致了 20 世纪 80 年代拉丁美洲普遍的恶性通货膨胀，对经济产生了极其不利的影响。在 1998 年以后，拉丁美洲各国的债务又有新一轮的上升，导致政府还本付息额的再一次升高，这也是造成 2000 年后拉丁美洲部分国家（如阿根廷、墨西哥、委内瑞拉）出现新的债务危机的原因之一。

## 第二节　1997 年亚洲金融危机后的世界主权债务危机

与 20 世纪 80 年代的拉美债务危机相比，1997 年亚洲金融危机后出现的多个国家的主权债务危机无论在危机国家的数量还是在影响和破坏程度上均较小。但不同类型的国家为什么在亚洲金融危机的影响下均会发生主权债务危机，这些主权债务危机国家为什么会出现财政的失衡和债务的不可持续性，这对分析金融危机如何导致政府的债务风险问题具有非常重要的借鉴作用。

### 一、1997 年亚洲金融危机后危机国家的主权债务

1997 年亚洲金融危机的爆发，引起了亚洲的印度尼西亚、马来西亚、缅甸，非洲的科特迪瓦和肯尼亚，拉丁美洲的阿根廷、厄瓜多尔等国家，欧洲的俄罗斯等国家的违约。

在 2000 年前后出现债务违约的国家中，缅甸的债务率是最高的，1998 年的债务占 GDP 的比例就已经达到 169.3%，即使在 2002 年出现违约之后的几年内，虽然已经有一定的减少，但依然保持在 100% 以上。其次是阿根廷，2001 年之前阿根廷的债务比率并不是很高，但在出现债务违约后，阿根廷的债务比率突然上升，并在之后的几年内保持较高的比率。2004 年阿根廷与大多数债权人达成重组协议后，其债务比率才逐渐下降。图 7.5 为 1996～2006 年债务违约国家的公共债务占 GDP 的比例。

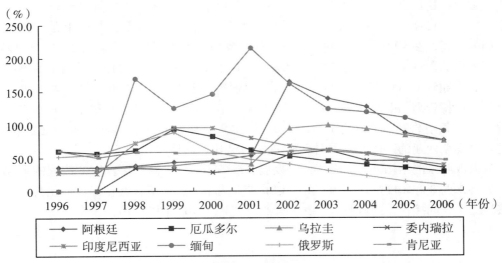

图 7.5　1996～2006 年债务违约国家的公共债务占 GDP 的比例

资料来源：世界银行 WDI 数据库，http：//databank. worldbank. org/data/views/variableSelection/select-variables. aspx？source = world-development-indicators。

从债权人结构来看，这些发展中国家的债务资金来源主要为国际货币基金组织、世界银行及其各国政府，也有一部分金融机构，但无论是俄罗斯还是拉丁美洲国家，对外债俱有较为严重的依赖。而在1997年亚洲金融危机后急剧缩小的出口贸易和恶化的经济状况使外国资本快速从这些国家流出，从而更导致了政府债务链条的断裂和主权债务的违约。

俄罗斯的债务结构也是以外债为主，但在1995年以后，经济的恶化导致俄罗斯很难从金融市场上以较低的成本筹集长期资金了，只能大量发行短期卢布债来满足政府的财政开支。而这些债务的累积以及当时石油价格的下跌导致了1998年俄罗斯债务危机的发生。表7.5为1995~1997年俄罗斯债权人结构。

| 表7.5 | 1995~1997年俄罗斯债权人结构 | | 单位：% |
|---|---|---|---|
| 年份 | 短期卢布债比例 | 其他国内债权人比例 | 外国债权人比例 |
| 1995 | 10 | 14 | 76 |
| 1996 | 21 | 10 | 69 |
| 1997 | 27 | 10 | 63 |

资料来源：Homi Kharas, Brian Pinto, and Sergei Ulatov. An Analysis of Russia's 1998 Meltdown：Fundamentals and Market Signals，World Bank Working Paper.

## 二、亚洲金融危机与各国的财政失衡和财政赤字

在1997年亚洲金融危机后爆发的主权债务危机的国家中，由于各国的经济状况不同，在危机爆发前并不是所有的国家均出现财政的失衡和财政赤字。1997年以前，肯尼亚、马来西亚和阿根廷均出现了财政盈余，但1997年亚洲金融危机的爆发使这些国家的财政出现了赤字，并且在1999年后政府的财政状况大多出现了恶化，赤字占GDP的比例急剧升高。如阿根廷，在1997年前经济状况的好转极大地改善了其财政收支的状况。但1997年的金融危机的影响又导致其财政状况的恶化，并在接下来的几年内保持了较高的财政赤字水平，最终导致了2001年政府的再次违约。同样，俄罗斯、肯尼亚和马来西亚也是在危机爆发前保持较高的财政赤字，特别是肯尼亚，在1999年以后的财政赤字非常之高，导致政府的债务违约就不可避免了。图7.6~图7.9分别为1996~2006年阿根廷、俄罗斯、肯尼亚、马来西亚的财政收支和财政赤字占GDP比例的情况。

从财政收入的结构来看，由于经济发展状况的不一样，这些国家财政收入的来源也不同，如马来西亚和印度尼西亚由于经济以旅游业为主，且经济状况较好，因此其收入就以直接税为主，间接税占财政收入的比例较小（见图7.10、图7.11）。

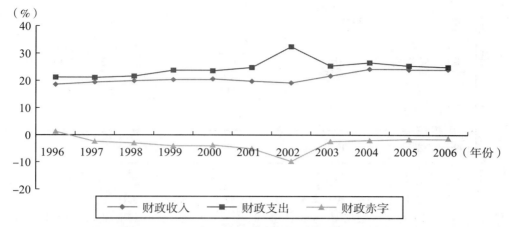

**图 7.6　1996~2006 年阿根廷财政收支和财政赤字占 GDP 比例**

资料来源：世界银行 WDI 数据库，http：//databank. worldbank. org/data/views/variableSelection/select-variables. aspx？ source = world-development-indicators。

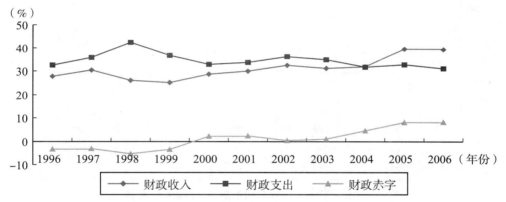

**图 7.7　1996~2006 年俄罗斯财政收支和财政赤字占 GDP 比例**

资料来源：世界银行 WDI 数据库，http：//databank. worldbank. org/data/views/variableSelection/select-variables. aspx？ source = world-development-indicators。

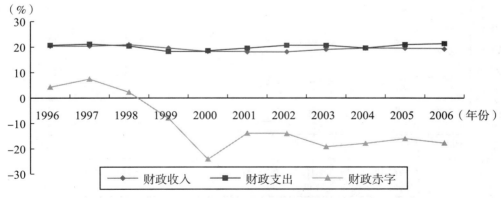

**图 7.8　1996~2006 年肯尼亚财政收支和财政赤字占 GDP 比例**

资料来源：世界银行 WDI 数据库，http：//databank. worldbank. org/data/views/variableSelection/select-variables. aspx？ source = world-development-indicators。

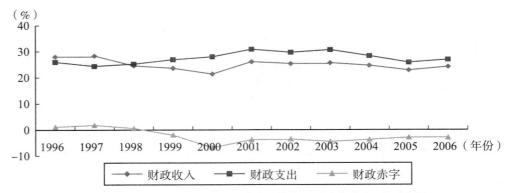

**图 7.9　1996～2006 年马来西亚财政收支和财政赤字占 GDP 比例**

资料来源：世界银行 WDI 数据库，http：//databank. worldbank. org/data/views/variableSelection/select-variables. aspx？source = world-development-indicators。

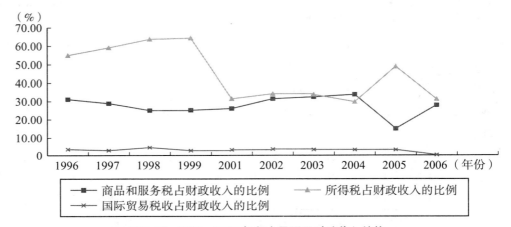

**图 7. 10　1996～2006 年印度尼西亚财政收入结构**

资料来源：世界银行 WDI 数据库，http：//databank. worldbank. org/data/views/variableSelection/select-variables. aspx？source = world-development-indicators。

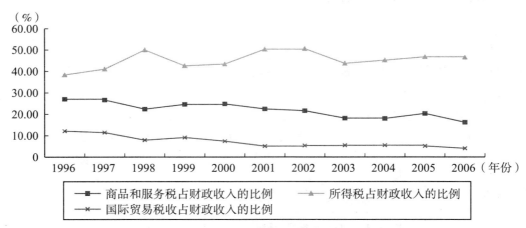

**图 7. 11　1996～2006 年马来西亚财政收入结构**

资料来源：世界银行 WDI 数据库，http：//databank. worldbank. org/data/views/variableSelection/select-variables. aspx？source = world-development-indicators。

俄罗斯和委内瑞拉的财政则更多依赖于石油收入，制造业和商业较弱，这也导致其财政的脆弱性，当石油价格出现波动的时候，政府债务风险就急剧上升。从这两个国家的财政收入来源来看，其他税收占财政收入的比例均在不断下降，而非税收收入却在不断上升，这主要得益于 20 世纪末石油价格的不断上升。特别是俄罗斯在 1998 年发生债务危机后，借助国际石油价格的上涨，极大地改善了其财政状况。图 7.12 和图 7.13 分别为 1996~2006 年俄罗斯和委内瑞拉的财政收入结构。

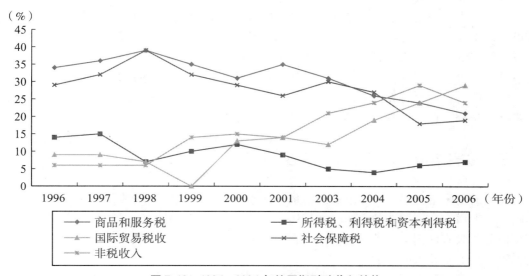

**图 7.12　1996~2006 年俄罗斯财政收入结构**

资料来源：世界银行 WDI 数据库，http：//databank. worldbank. org/data/views/variableSelection/select-variables. aspx？source = world-development-indicators。

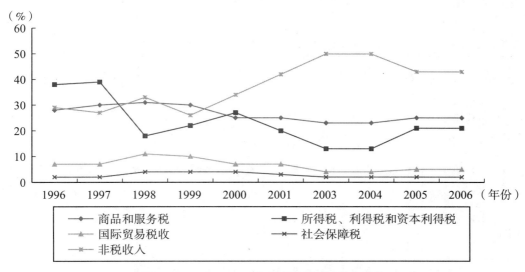

**图 7.13　1996~2006 年委内瑞拉财政收入结构**

资料来源：世界银行 WDI 数据库，http：//databank. worldbank. org/data/views/variableSelection/select-variables. aspx？source = world-development-indicators。

其他的发展中国家如缅甸、肯尼亚和乌拉圭等，则更多依赖于商品和服务的税收，因此其受到亚洲金融危机的影响主要表现为商品的出口受到严重的影响，从而导致财政状况的恶化和失衡。

从上面的分析可以看到，这些危机国家的经济结构和财政收入来源较为单一，要么依赖于旅游业的发展，要么依赖于石油出口，要么依赖于产品出口贸易而获得财政收入，很容易受到外部经济的冲击，特别是国际性的经济危机导致的石油价格下跌和出口的萎缩等外部经济的冲击，会直接导致这些国家财政收入不断减少。

从财政支出的结构来看，这些国家庞大的政府债务均产生了非常大的利息支出，这对政府财政形成了较大的压力。同时，这些国家利用凯恩斯主义的经济干预政策，在财政出现较大赤字的情况下依然强行运用扩张性的财政政策来改善国内的经济状况，而其单一的经济结构又限制了这些政策的实施，导致徒劳无功，在大量支出的情况下对经济的改善微乎其微，政府自然也就无法从经济增长中得到相应的补偿，最终也就导致了政府财政失衡和赤字的长期存在，政府负债不可持续从而引发了主权债务危机。

## 三、债务结构、债务成本与偿还

债务的期限结构不仅会影响政府借债的成本，还会对政府偿还债务的压力产生不同的影响。一般而言，短期债务由于时间较短，面临的不确定性较小，因此利率也就较低。但短期债务使政府使用资金的时间缩短，在短期使用后就要对这些债务进行偿还，因此对政府的财政会产生较大的影响。

印度尼西亚和马来西亚等亚洲国家 2 年内到期的外债要远远高于其他的主权债务危机国家，特别是印度尼西亚，2 年内到期的短期外债所占的比例在 50% 以上，这对政府的财政和债务偿还造成了沉重的压力，由此也导致印度尼西亚和马来西亚在亚洲金融危机后政府发生债务违约。表 7.6 为 1995 ~ 2005 年部分主权债务国家外债期限结构。

表 7.6　　　　　　　　1995 ~ 2005 年部分主权债务国家外债期限结构　　　　　单位：%

| 国家 | 债务类型 | 1995年 | 1996年 | 1997年 | 1998年 | 1999年 | 2000年 | 2001年 | 2002年 | 2003年 | 2004年 | 2005年 |
|------|---------|--------|--------|--------|--------|--------|--------|--------|--------|--------|--------|--------|
| 印度尼西亚 | 长期外债 | 44.17 | 42.86 | 42.43 | 44.67 | 44.39 | 43.55 | 43.74 | 44.16 | 43.66 | 43.40 | 46.38 |
| | 短期债务 | 55.83 | 57.14 | 57.57 | 55.33 | 55.61 | 56.45 | 56.26 | 55.84 | 56.34 | 56.60 | 53.62 |
| 马来西亚 | 长期外债 | 78.82 | 72.10 | 68.37 | 80.03 | 85.22 | 88.67 | 84.66 | 82.30 | 82.61 | 80.75 | 79.40 |
| | 短期外债 | 21.18 | 27.90 | 31.63 | 19.97 | 14.32 | 10.90 | 14.95 | 17.31 | 16.99 | 18.89 | 20.30 |
| 肯尼亚 | 长期外债 | 86.22 | 87.31 | 83.81 | 84.90 | 85.27 | 84.28 | 86.57 | 85.68 | 84.46 | 87.17 | 89.04 |
| | 短期外债 | 8.67 | 7.75 | 12.32 | 12.23 | 11.94 | 12.89 | 10.82 | 12.08 | 13.13 | 10.54 | 7.70 |
| 厄瓜多尔 | 长期外债 | 89.33 | 87.95 | 85.58 | 84.86 | 92.69 | 92.60 | 88.55 | 83.56 | 86.73 | 87.43 | 89.41 |
| | 短期外债 | 9.42 | 11.04 | 13.54 | 14.69 | 7.03 | 5.98 | 9.81 | 14.27 | 10.63 | 10.62 | 9.87 |

| 国家 | 债务类型 | 1995年 | 1996年 | 1997年 | 1998年 | 1999年 | 2000年 | 2001年 | 2002年 | 2003年 | 2004年 | 2005年 |
|---|---|---|---|---|---|---|---|---|---|---|---|---|
| 阿根廷 | 长期外债 | 72.17 | 73.26 | 70.15 | 74.02 | 77.12 | 77.01 | 77.03 | 79.72 | 76.23 | 75.23 | 65.04 |
| | 短期外债 | 21.62 | 21.10 | 25.22 | 22.09 | 19.61 | 19.27 | 13.36 | 10.14 | 13.85 | 15.97 | 27.18 |
| 委内瑞拉 | 长期外债 | 85.17 | 85.82 | 74.73 | 77.68 | 80.07 | 79.41 | 79.21 | 79.36 | 80.24 | 78.73 | 76.71 |
| | 短期外债 | 8.57 | 7.86 | 21.23 | 19.55 | 17.22 | 19.15 | 19.78 | 19.48 | 18.52 | 20.02 | 22.29 |

注：短期外债是指在2年内到期的外债，长期外债则是2年以上的外债。

资料来源：世界银行WDI数据库，http：//databank.worldbank.org/data/views/variableSelection/select-variables.aspx？source=world-development-indicators。

1997年亚洲金融危机后，各国的政府债务融资成本大幅度上升，其中以俄罗斯和印度尼西亚以及阿根廷最为明显。

外债的偿还是要依赖于国家的外汇储备，因此用还本付息额占出口总额的比例来衡量一个国家偿还债务的能力。1997年亚洲金融危机后，由于出口受到影响，从而导致本国的还本付息额占出口总额的比例都有不同程度的上升，政府偿还外债的能力减弱。

# 第三节　资本主义全球化、自由主义与发展中国家债务危机

第二次世界大战后，资本主义进入了垄断资本主义的阶段，资本的不断累积导致企业规模的不断扩大，并逐渐形成了规模庞大的跨国企业，资本开始以一种新的方式走向世界。到20世纪80年代，垄断资本的国际统治逐渐形成，资本主义开始了全球性的经济掠夺。

20世纪80年代以后，垄断资本主义实现了全面的国际化。在这一阶段，经济全球化的进程加快，形成了势不可当的趋势，发达国家的跨国投资和国际化经营达到了新的水平，表现为商业资本、借贷资本和产业资本的国际化。这种新的掠夺方式导致了发展中国家的经济日渐脆弱，多年的经济发展成果被国际性资本占有，这些国家则陷入了长期的衰退，最明显的例子是20世纪80年代拉丁美洲主权债务危机以及随后拉美国家"失去的十年"的长期经济低迷。

## 一、资本主义的全球化与掠夺

第二次世界大战以后的全球化是基于资本主义的全球扩张而发生的，因此也可以称为资本主义的全球化或西方的全球化。这种全球化是以资本主义为主导的、以实现全球少数人利益为目的的资本征服整个世界的过程。西方发达国家所要达到的全球化，绝不仅仅是要在经济上维护不公正、不合理的国际经济的旧秩序，更是意图建立更加不公正、不合理的所谓国际经济新秩序；不仅仅是推动国际间的经济联系、合作与交流，更是促进社会生产关系和财

产所有制，其中包括社会政治制度和思想文化价值观念的趋同（李慎明，2000）。

第二次世界大战以后，资本主义国家改变了其扩张的方式，以政治干预和经济侵略为主要方式的新殖民主义成为垄断资本主义世界扩张的手段。经济侵略主要体现为贸易和对外投资的大幅度增长，如在第二次世界大战后发达资本主义国家对外贸易的增长速度要远远快于经济增长速度，1950 年发达资本主义国家出口总额为 363.7 亿美元，1960 年为 838.7 亿美元，1970 年为 2203 亿美元，大体上为十年翻一番，而到 1980 年猛增到 12394 亿美元，相当于 1970 年的 5.5 倍。1969～1978 年发达资本主义国家的国民生产总值的年增长率大概只有 4.3%，这些国家的出口总额的增长率大概是国民生产总值的增长率的 2～3 倍。更为重要的是这些国家的资本输出以更加惊人的速度增长，如美国私人对外直接投资额从 1950 年的 118 亿美元，增长到 1980 年的 2154 亿美元，期间增长了近 20 倍；日本私人对外直接投资从 1950 年的 3 亿美元增长到 1980 年的 365 亿美元，期间增长了 121.7 倍[①]。资本输出超过国民经济增长，是西方资本主义全球经济扩张的一个显著特征。

这个阶段的另一个重要特征就是国际卡特尔和跨国公司在很大程度上排挤了各国的国家垄断资本在国内乃至国际上的权势和地位。国际卡特尔产生于 19 世纪 60 年代，于第一次世界大战后得到快速发展，到第二次世界大战前其数量已超过 1000 家，控制了世界 40% 左右的贸易量。在第二次世界大战过程中，大部分国际卡特尔逐渐解体，并被跨国公司所替代。战争结束后，一些已经解体的卡特尔又重新恢复，并在很多领域发挥着重要的作用。20 世纪 60 年代后，跨国公司逐渐代替跨国卡特尔成为国外投资的主体，1968～1969 年世界主要发达资本主义国家所拥有的跨国公司达到 7276 家，在国外的子公司在 1969 年为 27300 家，1978 年为 82266 家，1980 年为 98000 家，1987 年达到 10 万家以上。跨国公司的对外投资额已占资本主义国家对外直接投资总额的 70% 以上[②]。

20 世纪 80 年代，资本主义的全球化表现出明显的商业资本、借贷资本和产业资本的国际化。

首先是商业资本的国际化。这主要指流通领域资本在国际市场上的活动与增值，其主要形式是国际贸易。在第二次世界大战后，发达资本主义国家发生了新科技革命，生产力得到了很大发展，商品种类大量增加，极大丰富了世界贸易的内容，从而推动了国家贸易的快速增长和商业资本的国际化。第一，国际贸易快速增长，规模空前扩大。世界出口贸易总额占世界国民生产总值的比例由 1960 年的 12.2% 增长到 1989 年的 18.2%，1953～2000 年，世界出口量增长了 14.2 倍，年均增长 5.8%。而在进入 21 世纪后，世界商业资本流动加快，2000～2005 年间，世界贸易年均增长 10%，同期世界经济年均增长率仅为 3.2%。[③] 第二，国际贸易商品结构发生较大改变，服务贸易所占比重攀升。第二次世界大战前，原材料和粮食等初级产品的出口占世界商品出口的 60%。这种情况在第二次世界大战后有了较大的改变，工业制成品的出口日渐增加，到 1999 年工业制成品的比例达到了 76.5%，2000～2005 年间，工业制成品的出口年均增长 9%。这些工业制成品中高新技术产品的比例有了较大的上升，传统轻工业产品的比例下降。同时，"无形贸易"兴起并得

---

① 王金存. 帝国主义历史的终结——当代帝国主义的形成和发展趋势 [M]. 北京：社会科学文献出版社，2008：186.

② 陈同仇，薛荣久主编. 国际贸易 [M]. 北京：对外经济贸易大学出版社，1997：206.

③ 朱青梅，崔京波主编. 政治经济学 [M]. 济南：山东人民出版社，2009：146.

到迅速发展，特别是服务和技术的交易发展迅速，1990~1999年间，世界服务贸易额从7827亿美元增长到13500亿美元，2000~2005年年均增长10%，占全球贸易额的比例上升到25%。第三，国际贸易的地理方向发生明显变化。第二次世界大战前，贸易主要发生于发达的资本主义国家和落后的殖民地之间，是工业制成品和初级产品之间的不平等交换。第二次世界大战后，变成发达资本主义国家之间的工业制成品的服务的交换，与发展中国家之间的贸易退居其次。1938年，发达资本主义国家之间的贸易仅占39.5%，而1992年则上升到了71%。第四，跨国公司在国际贸易中发挥着重要的作用。跨国公司的兴起，不仅促进了企业内部的国际贸易，也极大地促进了跨国公司之间的相互贸易。美国企业内贸易额在1977~1982年增加了约65%，1982~1989年扩大到70%以上。目前，跨国公司内部贸易和跨国公司之间的贸易约占全世界贸易总额的60%[①]。

其次是借贷资本的全面国际化。即资本以货币形态在国际范围内的流动和增值，主要表现为国际间接融资。自20世纪80年代以来，随着资本主义国际分工的发展和资本国际化的加强，以及电信技术的进步，出现了一个世界金融一体化的浪潮，世界各国的金融市场和金融机构已经紧密联系在一起，形成了遍布全球的国际金融市场，大大加速了国际资本的流动，促进了借贷资本的全面国际化，具体表现为以下四个方面[②]：第一，以跨国大型银行为主体，加快国际借贷资本的运转，实现全球流动和全球赢利；第二，欧洲货币市场呈现地区化发展趋势，扩大了跨国货币货款和离岸金融业务，加速了国际借贷资本的运转；第三，国际借贷市场更趋证券化，扩大了信贷规模，流通性更趋全球化；第四，跨国公司对外直接投资的发展，不仅使跨国公司作为资金的需求者，也作为国际资本的供给者出现，两个不同的角色推动了货币资本市场国际流动的加速发展。

最后是产业资本的全面国际化。即资本跨越国家从事商品生产和经营，通过对外直接投资，在国外兴建生产性企业来实现。产业资本的国际化是在商业资本国际化和借贷资本国际化的前提下形成的，是第二次世界大战后资本国际化的主要形式，是垄断资本主义发展出现的大量过剩资本的必然结果，其主要表现在以下几个方面：第一，对外直接投资发展迅速。1960年世界对外直接投资余额仅为580亿美元，到1990年国际对外直接投资额为2043亿美元，1995年为3150亿美元，而到1999年以后更是增加到了1万亿美元以上[③]，在2011年增加到13231亿美元，是1990年的6.5倍。第二，跨国公司成为发达资本主义国家对外直接投资的主体。在20世纪八九十年代，跨国公司在数量和规模上都急剧扩大，1980年全世界跨国公司有1.5万家，其在国外开设分公司和子公司3.5万家；到1995年跨国公司有4万家，其在国外开设分公司和子公司约25万家。而到2004年，全球跨国公司的数目增至约7万家，在国外开设分支机构69万家。跨国公司对外直接投资在1995年为3175亿美元，到2007年增至2.1万亿美元，增长了6.6倍。第三，对外直接投资的主要形式变为跨国兼并和收购。20世纪80年代以来，资本主义企业兼并高潮迭起，跨国并购成为产业资本国际扩张的主要形式。1991年，跨国并购涉及金额为其对外直接投资总额的30%，到2000年更是达到1.1万亿美元，占全球投资总额的85%。第四，对外

①　朱青梅，崔京波主编. 政治经济学［M］. 济南：山东人民出版社，2009：147.
②　谢成德. 借贷资本国际化的新发展［J］. 世界经济，1992（6）：71-74.
③　王金存. 帝国主义历史的终结——当代帝国主义的形成和发展趋势［M］. 北京：社会科学文献出版社，2008：185.

直接投资流向发达国家。在第二次世界大战前，国际资本的流动主要是发达资本主义国家向发展中国家的单向流动。到 20 世纪 60 年代末，发达国家之间的相互投资成为国际产业资本流动的主体，特别到 20 世纪 80 年代末，发达国家之间的相互投资占到 75% 以上，而流向发展中国家的投资资金下降到不足 25%。[①]

随着信息革命在全球范围内的推进及资本主义生产关系在全球范围内的扩张，金融市场日益国际化。资本市场的全球化导致了股份制企业的全球化特征日渐明显，生产社会化已经不再局限于一国的范围，而是扩展到了全世界。据国际货币基金组织统计，1980 年全球金融资产价值只有 12 万亿美元，与当年全球 GDP 的规模大体相当；1993 年全球金融资产的价值为 53 万亿美元，达到当年 GDP 的 2 倍；2003 年全球金融资产价值达到 124 万亿美元，超过当年 GDP 的 3 倍；2007 年全球金融体系内的商业银行资产余额、未偿债券余额和股票市值达到了 230 万亿美元，是当年 GDP 的 4.21 倍。全球金融资产与 GDP 的比例，从 1 倍增长到 2 倍用了 13 年，从 2 倍增长到 3 倍用了 10 年，从 3 倍增长到 4 倍仅用了 4 年。

这些跨国企业和金融资本由于西方国家不断发生经济和金融危机，以及 20 世纪 70 年代以后西方经济陷入长期的滞胀而大量流向发展中国家，其中 20 世纪 60 年代以来经济增长速度较快的拉丁美洲和 80 年代以来经济发展较快的亚洲就成为国际商业和借贷资本泛滥的地区。国际产业资本的转移虽然在一定程度上促进了这些地区的经济发展，也从中获得了巨额的利润，但这些产业资本在获得利润后，并没有完全投入再生产之中，而是把资金转回到了国内，由此也造成了拉丁美洲和亚洲分别在 20 世纪 80 年代和 90 年代的大量资金外流。同时，国外借贷资本流向这些国家，给拉美和亚洲国家的政府提供了较为便宜的资金，而这些政府也由于受经济乐观情绪的影响大量借入资金，导致了政府大量外债的累积。而国际投资资本流向这些国家，更是造成这些国家金融市场的动荡，在赚取大量的利润后，这些资金很快流出，进一步造成这些国家经济的动荡，政府收入受到严重影响。

第二次世界大战后，特别是 20 世纪六七十年代，外国资本大量流入拉丁美洲，其中以产业资本和借贷资本为主。就产业资本而言，60 年代前半期进入拉丁美洲的外国直接投资年平均资本额为 3.3 亿美元，其中 1971～1975 年外国直接投资增加了 17.12 亿美元，1976～1980 年更是达到了 37.1 亿美元。而在这些外国投资中，又以美国的投资为主。表 7.7 为 1950 年和 1969 年部分拉美国家吸收外国资本直接投资累计金额对比。

**表 7.7　　　1950 年和 1969 年部分拉美国家吸收外国资本直接投资累计金额对比**

| 国家和地区 | 1950 年 | | 1969 年 | |
|---|---|---|---|---|
| | 累计金额（亿美元） | 美国投资占比（%） | 累计金额（亿美元） | 美国投资占比（%） |
| 阿根廷 | 8.00 | 44.5 | 18.92 | 65.8 |
| 巴西 | 13.42 | 48.0 | 36.61 | 45.0 |

---

① 朱青梅，崔京波主编. 政治经济学 [M]. 济南：山东人民出版社，2009：150.

续表

| 国家和地区 | 1950 年 | | 1969 年 | |
| --- | --- | --- | --- | --- |
| | 累计金额（亿美元） | 美国投资占比（%） | 累计金额（亿美元） | 美国投资占比（%） |
| 哥伦比亚 | 4.23 | 45.6 | 7.48 | 91.4 |
| 智利 | 6.20 | 87.1 | 10.22 | 82.8 |
| 墨西哥 | 5.66 | 73.3 | 30.23 | 54.0 |
| 秘鲁 | 2.70 | 53.7 | 10.02 | 70.2 |
| 委内瑞拉 | 26.30 | 37.8 | 45.19 | 59.0 |
| 拉丁美洲 | 73.82 | 51.5 | 179.35 | — |

资料来源：拉美经济委员会，转引自赵雪梅. 拉丁美洲经济概论 [M]. 北京：对外经济贸易大学出版社，2010：98－99.

20 世纪 60 年代中后期，外国贷款的规模明显扩大，70 年代初以后，借贷资本超过了外国直接投资，其中官方贷款所占的比例超过了私人贷款。

20 世纪六七十年代初，由于跨国公司以利润、利息、专利使用费和技术使用费等形式汇出的资金不断增多，引发了拉美国家对外国直接资本使用的担忧，并相应增加了对外资经营领域、利润汇出、资本抽回等方面的限制，导致外国直接投资的流入逐渐变少。同时，由于国际资本市场上存在大量便宜的外国借贷资本，使缺钱的拉美国家意图通过实施"负债发展战略"来刺激经济的发展，大量举借外债。拉美国家外债规模在 1974～1977 年年均增加 203.55 亿美元，到 1978～1981 年则每年增加 292.33 亿美元。[①] 而且这些贷款中大多数为浮动利率债务，随着国际金融市场的利率随时调整。在 1980 年以后，发达国家的国内金融市场利率大幅度提高，从而也不断加重拉美国家的债务负担，仅 1979～1980 年因美国利率的上升就使拉美各国多支付了近 500 亿美元的债务本息。

## 二、经济自由主义与发展中国家经济政策

20 世纪 80 年代的拉丁美洲债务危机和 1997 年的亚洲金融危机的发生，背后都有着经济自由主义的影子。经济自由主义促进了国际资本的自由流动，在给这些国家带来大量资金的同时，也在不断掠夺着这些国家经济发展的成果；而经济自由主义思想在这些国家的传播和自由主义经济政策的不断实施，也为国际资本的掠夺提供了便利；同时，自由主义经济政策的实施也导致了这些国家内部经济结构的失衡和收入分配的不平等不断恶化，这些因素共同导致了这些国家经济危机和主权债务危机的发生，

20 世纪 70 年代以来西方国家陷入了长期的经济停滞，导致了人们对凯恩斯经济干预持怀疑和失望态度。20 世纪 80 年代后，以美国总统里根的上台开始，西方国家逐渐奉行新自由主义的经济思想和政策，自 20 世纪 30 年代以后销声匿迹的自由主义重新抬头，被

---

① 郝名玮. 外国资本与拉丁美洲国家的发展 [M]. 北京：东方出版社，1998：35.

称之为新自由主义。由此，西方资本主义也由原来的国家管制资本主义逐渐被新自由主义的资本主义形式所取代。

新自由主义的理论家们宣称，如果没有国家的管制，金融市场会更有效率，人们就能把有限的资源投入回报率最高的领域。他们主张市场是完全有效的，政府干预经济只会造成混乱，因此应该：（1）放松对经济和金融的管制，允许自由市场的存在；（2）政府不再对宏观经济进行积极调控，追求低通胀率而非低失业率；（3）减少社会福利；（4）积极打击、削弱工会力量；（5）鼓励自由竞争；（6）积极促进商品、服务和资本在不同国家之间相对自由的流动。①

新自由主义认为，只要放开市场，就会引起资本的自动流入，并快速促进经济的发展。这种理论对当时正处于资金缺乏的拉美国家和亚洲国家而言具有巨大吸引力，由此也推动了各国的经济自由化改革。智利常常被当作"好的自由市场主义者"的代言人，是拉美新自由主义经济轨迹的最高点。1973 年智利发生政变，军事独裁首脑皮诺切特搬来了美国及其正统的经济学家，这些人被称为"芝加哥弟子"，他们深受米尔顿·弗里德曼、阿诺德·哈勃等自由主义经济学家的影响，试图用教科书上的理论来重塑智利经济，率先在拉美实施自由市场战略，不断推动拉美国家的私有化，大量出售国有企业。但在外国资本横行的拉丁美洲实施自由主义，其实质却是保障了外国资本在拉丁美洲各国的利益，必然导致外资对拉美多年发展成果的掠夺和拉美经济的崩溃。20 世纪 80 年代初，智利引发了拉美最为惨烈的银行危机，经济受到极大打击，GDP 下降 14.5%，从而导致其主权债务危机的发生。2019 年智利更是因为公交费用上涨 30 比索引起全国大罢工，其口号是"不是 30 比索，而是 30 年！"

20 世纪六七十年代，虽然亚洲各国的外国直接投资并不多，但国际借贷资本大量流向亚洲国家，导致许多亚洲国家本身就负有规模较大的外债。为了改善经济发展状况，在 20 世纪 70 年代以后，各国大力发展出口工业，并不断吸引外国资本的进入，为此大幅度提高外资的优惠幅度，放宽外资投资的限制。如以马来西亚为例，对外国投资企业实施非常优惠的所得税，规定对获得"新兴工业地位"资格的外商投资企业，自生产之日起 5 年内只对公司 30% 的营业利润征收所得税，凡是在马来西亚设立机构进行科学技术转让及培训的，10 年内免征所得税等。同样，马来西亚还出台了一系列的外资企业减免税收优惠条件，极大地促进了外资的流入。

为了保障外国资本在亚洲的利益，西方发达国家在亚洲积极推行新自由主义政策。从 20 世纪 90 年代初，受美国影响并在美国国会议员和知名学者的游说下，泰国、韩国、印度尼西亚、菲律宾等国开始推行新自由主义改革。不断推行自由贸易，放松甚至取消金融管制，全面开放金融领域；大幅度进行私有化，反对政府干预，主张让市场机制自发调节包括生产要素、私人产品和公共产品在内的一切社会资源。新自由主义政策在亚洲国家的不断流行，弱化了亚洲国家的经济主权，严重打击了民族工业，削弱了政府对本国经济和金融的控制，金融风险逐渐加大，导致经济增长迟缓、贫富分化加剧、社会矛盾激化等消极后果，最终酿成亚洲金融危机，损失达数千亿美元。菲律宾从 1946 年独立以来一直是美国式的自由市场经济和民主制度在亚洲的"橱窗"，较之许多亚洲国家，其经济和社会

---

① 大卫·科茨. 美国此次金融危机的根本原因是新自由主义的资本主义 [J]. 红旗文稿，2008（13）：32－34.

状况明显落后，贫富差距异常明显。在亚洲金融危机的影响下，各国财政收入大幅度减少，同时为了使经济快速恢复，各国大幅度增加支出刺激经济，更进一步加重了各国的债务负担，最终导致了 2002 年马来西亚、印度尼西亚等亚洲国家的主权债务违约。俄罗斯在 20 世纪 90 年代接受西方经济学家的建议，推行自由化模式的"休克主义"，企图快速在俄罗斯确立市场经济的主体地位，并把大量的俄罗斯国有企业私有化，美其名曰推进"市场"主体的构建。虽然俄罗斯政府在私有化的过程中获得了一定的收益，但大量进入的外资和本国垄断资本从俄罗斯私有化改革中获得了更加巨大的收益。这些外国资本在获得收益后，并没有在俄罗斯国内进行再投资，而是选择流入俄罗斯金融市场，大量购买俄罗斯政府发行的"欧洲债券"，获得收益后直接转移到国外。俄罗斯的自由化经济改革变成了一场外国资本瓜分俄罗斯政府多年积累财富的盛宴。1997 年亚洲金融危机后，俄罗斯经济再一次受到严重的打击，导致政府财政危机并无力偿还所欠的大量外债，从而最终导致 1998 年的主权债务危机。

## 三、资本的全球流动与发展中国家主权债务危机

经济全球化有利于各发展中国家从中获取庞大的资金和先进的技术，它所带来的国际分工的大发展、产业的大转移和生产技术的大流动，对于发展中国家弥补国内资本、技术等缺口，充分利用产业转移的优势迅速实现本国产业结构的调整和生产技术的进步等方面具有积极的意义，这有利于落后的发展中国家实现经济的快速发展，并因此有了利用后发优势后来居上的机会。

市场化是经济全球化的客观要求和所有参与全球化的国家的起点，也只有成功塑造出市场主体并让其根据市场的需求进行生产和竞争，才能打破国家和地域的限制，日益形成一个世界经济体系。资本主义的经济全球化也是如此，对利润的渴求和对广大发展中国家市场的开拓的需要，各国开放自己的市场，并允许这些庞大的资本进入，市场之间的连接逐渐形成今天发达的国际贸易和全球市场。

各国实现市场化后，贸易与投资的自由化也必然成为经济全球化的政策条件。不论是发展中国家还是发达国家，都在贸易和投资的自由化中获得巨大的收益，不同的国家在贸易和投资的自由化中既有共同的利益，也会产生各种冲突。在第二次世界大战后，世界贸易组织及其前身关贸总协定在促进世界贸易和投资的自由化中起到了关键的作用。但无论是在国际贸易还是国际投资中，发达国家始终占据了主动的地位。

从国际贸易的角度而言，发达国家操纵国际贸易组织制定出有利于他们的规则，利用对生产过程和产品质量等方面严苛的标准来限制发展中国家的出口，实施另类的贸易保护主义；同时还利用区域一体化组织纷纷建立自己的后花园，在这些区域内尽情倾销其国内企业生产的产品，排挤其他国家的产品。

从国际投资的角度而言，从第二次世界大战以后，发达国家一直是国际投资资金的主要提供者，国际投资的形式逐渐从第二次世界大战后到 20 世纪 80 年代的以直接投资为主演变成今天的以间接投资为主，这种形式的转变有利于发达国家的国际资本更快地掠夺发展中国家经济发展的成果。20 世纪 90 年代以来，新自由主义在发展中国家普遍传播并占据主导地位，使各国管制逐渐放松，国际自由投资的障碍基本扫除，国际资本利用庞大的

资金和丰富的投资经验，在各国金融市场上不断掠夺发展中国家积攒起来的微薄家底。1992 年全球证券市场资产存量达到 98710 亿美元，远远超过当年国际直接投资总额的 2.1 万亿美元的规模①。在全球化过程中，资本的自由流动导致全球资金流动的速度要远远高于生产力发展的速度，经济的过度金融化不仅已经席卷了发达国家，也不断在发展中国家中发酵。

经济全球化以后，发展中国家越来越卷入国际经济中，受到国际经济波动的影响也越来越大。由于薄弱的经济基础，发展中国家抵御经济危机的能力要远远低于发达国家，因此在经济危机中更多依赖于国际经济组织如世界银行和国际货币基金组织的援助，这些援助虽然有助于发展中国家暂时缓解经济的困难，但也会加重发展中国家的债务负担。

国际贷款和投资、外援、贸易依赖和战争催生了大量的外债，大大超出了这些国家的偿付能力或偿付意愿，最终也只能通过债务支付期限的不断延长或债务减免来加以缓解。在与债权国和国际货币组织的谈判中，债务国政府被告知不仅要为外国投资者提供一个友好的环境，自 1980 年以来，还要开始向债权国的投资者以事实上的破产贱卖价格出售其国有财产和自然垄断部门②。但这也并不能缓解发展中国家的主权债务状况，因为这些国家所欠下的债务已经远远超过了其可以预见的出口收益的偿还能力。而重新募集资金以取代旧债的债务条款规定：债务国必须出口债权国所需要的原材料，甚至规定这些国家必须降低人口增长率以减少对资源的消耗；不能补贴本国的工业，以避免与债权国的相同工业竞争；必须实施紧缩的货币政策，以阻止向社会基础设施和工业进行投资；开放自己的农业等生产部门等。因此，这种政府之间的非军事贷款已经成为一种掌控世界资源分配的国际控制的新形式。

# 本 章 小 结

通过对 20 世纪 80 年代后集中爆发在发展中国家的两次主权债务危机进行分析后，我们认为这两次主权债务危机的爆发都具有相同的原因，那就是全球化和自由主义背景下西方国家资本对发展中国家的掠夺，这种掠夺的方式是通过资本在全球的自由流动实现的。垄断资本主义的国际化不断加快经济全球化的进程，发达国家资本的跨国投资和国际化经营表现为商业资本、借贷资本和产业资本的国际化，这种新的掠夺方式导致了发展中国家多年的经济发展成果被国际性资本占有，而这些国家则陷入了主权债务危机和长期的衰退。

拉丁美洲的主权债务危机爆发还因为其财政上过多依赖外资所导致的。拉丁美洲国家自 20 世纪 70 年代开始实施的"赤字财政—负债增长"的发展战略虽然在一定程度上促进了拉美经济的发展，但由于其经济严重依赖于外国企业和资本，再加上财政收入与 GDP 的增长存在背离，最终导致了拉丁美洲国家的危机和"失去的十年"。

① 刘力，章彰. 经济全球化：福兮？祸兮？[M]. 北京：中国社会出版社，1999：81.
② 迈克尔·郝德森. 国际贸易与金融经济学：国际经济中有关分化与趋同问题的理论史（第二版）[M]. 丁为民，张同龙等，译. 北京：中央编译出版社，2014：275.

　　通过对亚洲金融危机后爆发的世界性主权债务危机的分析，我们可以发现这些国家由于其单一的经济结构和财政收入以及对外债的严重依赖，加之凯恩斯主义经济干预政策的徒劳无功，导致政府不但无法从经济增长中得到相应的补偿，还需要承担非常高的债务利息和偿还债务的压力，最终也就因政府财政失衡和赤字的长期存在，导致了政府负债不可持续从而引发了主权债务危机。

# 第八章　中国的主权债务分析与应对

　　根据世界银行 2019 年 6 月的全球经济展望报告，认为全球经济放缓至 3 年来最低水平，前进势头乏力，且面临着重大的风险，并指出首要的风险是 2018 年以来许多新兴经济体和发展中经济体举债过多而带来的巨大债务风险，在低利率不可持续等极端情况下，由于债务增加可能会导致新的违约和救助。2020 年 6 月，国际货币基金组织以 "前所未有的危机，不确定的复苏" 为标题更新了其世界经济展望报告，并将 2020 年的世界经济增长率下调至 −4.9%，其中发达经济体的预测经济增长率下调为 −8.0%，新兴经济体的预测增长率下调至 −3.0%。2020 年 7 月，由于新冠病毒在全球各地特别是美国的反复进一步加重了这种不确定性，给全世界经济的恢复蒙上了更深的阴影。世界银行和国际货币基金组织等组织在 2015 年以后不仅对发达国家的主权债务有较为悲观的情绪，对新兴市场国家和重债穷国的主权债务问题更是显得忧心忡忡。

　　中国房价不断上升和信贷政策的持续宽松使家庭和企业负债不断增加，地方政府负债规模的持续高位，银行的风险不断加大，同时中央政府债务规模也在不断扩大，经济进入增速放缓的新常态，收入分配状况也呈现恶化的趋势等，这些在未来都有可能成为引爆中国债务问题的导火索。从长期来看，如果这种状况得不到改善，中国也具有爆发主权债务危机的可能性。

　　但中国的情况与西方发达国家也有不同的地方，一是经济增长速度虽然有所放缓，但依然保持在较高的水平上；二是中央政府债务的负担并不是很重；三是政府债务并不是用于消费，而是用于基础设施建设和环境、教育等能够增加长期生产力的项目上；四是人均收入水平在不断提升，国内消费需求在不断扩大；五是随着技术进步和产业结构调整，中国企业的国际竞争力不断增强。这些原因使中国的债务风险要远远低于国际机构所估计的水平。

　　从中国的政府债务规模和结构、财政收支规模和结构等来分析中国政府债务的可持续性，并从收入分配状况、产业结构等更深层次的经济原因对中国政府债务进行分析，最终对中国政府的债务风险进行评价；同时，中国应如何从 20 世纪 80 年代连续发生的主权债务危机中吸取教训，从而更好管理中国的政府债务，如何在充分利用政府财政和债务促进经济的发展和社会的进步的同时，有效规避政府的债务风险等，这些正是本书的最终目的和价值所在。

## 第一节　中国政府债务规模与财政可持续性

　　主权债务危机的爆发首要在于政府规模的无限制增加而导致财政支出的不可持续，进而导致政府偿还债务本息的违约，因此要分析一国主权债务危机爆发的可能性首先要分析其债务规模、债务风险和财政偿还的可持续性。

中国经济在改革开放以后就保持了较快的增长速度，政府财政收入也随之不断增加。但同时，中国的政府债务也随着政府所承担的经济职能不断扩大而呈现不断增加的趋势。中国地方政府承担着较重的经济建设和社会保障任务，财政负担较重，在经济竞标赛的激励下，各地方政府对发展地方经济的愿望很强，不断通过地方基础设施的大规模投资等方式来吸引更多的外部投资进入，进而促进地方经济的快速发展。但这需要大量的财政资金投入，特别对于经济发展滞后的省份而言，财政资金不足已经成为一种常态。在中央政府开放地方政府债务筹资平台后，中国地方政府债务规模迅速增加，这在保障各省份经济发展中起到了非常积极的作用，但也给中国带来了较大的债务风险。

## 一、中国政府债务规模、结构与债务负担

改革开放以后中国 40 多年的经济增长，在很大程度上受益于中国政府在基础设施及教育、文化、科技等各方面支出的大幅度增加。在财政收入无法满足这些支出时，政府不得不通过债务的方式进行融资，以满足经济发展对这些基础建设的需求，有效促进经济增长。

从总体规模来看，中国债务规模的扩张主要体现在私人部门债务规模的快速扩大，政府债务规模处于较低水平，主权债务风险较低。

1985 年以来，中国私人债务规模持续上升，特别是亚洲金融危机以后，中国宽松的货币政策和持续升高的固定资产价格使私人部门的负债率进一步上扬，私人部门债务占 GDP 的比例超过 100%。2008 年金融危机以来，固定资产的阶段性大幅上涨和国家一系列刺激经济的政策导致私人部门的负债规模以前所未有的速度增加，在 2017 年私人部门负债占 GDP 比例上升至 206%。如此大规模的负债带来了巨大的金融和经济风险，在中国特有的经济体制下，这些风险最终有可能转化为政府的债务风险，最终导致政府对其债务偿还的不可持续。

与快速增加的私人部门债务不同，中国政府公共债务虽然为了应对危机而保持了持续增长的态势，但其规模相对于整体经济规模而言保持了一个较低的水平，2018 年整体政府债务占 GDP 的比例为 50.8%，低于国际公认的 60% 的风险警戒线，更远远低于全球大部分的国家，风险处于可控的范围。图 8.1 为 1985 ~ 2018 年中国私人债务和政府债务占 GDP 比例。

1981 年起中国恢复发行国债，但由于改革初期经济规模不大，国债发行市场并不成熟，1981 ~ 1990 年的国债发行规模并不大。自 1991 年开始，为了弥补不断扩大的财政赤字，中国政府发行国债的规模迅速扩大，1991 年首次接近了 200 亿元的大关；1994 年新的财政金融体制改革正式确定了财政赤字不得向银行透支或不得用银行的借款来弥补，发行国债就成了弥补财政赤字和债务还本付息的唯一手段，导致了国债规模的第二次飙升，年度国债发行额首次突破了千亿元大关。

**图 8.1 1985~2018 年中国私人债务和政府债务占 GDP 比例**

资料来源：国际货币基金组织财政监测报告，https：//www.imf.org/en/publications/fm。

从中国中央政府债务占 GDP 的比例来看，中国中央政府债务自 1979 年以来呈稳定增长的趋势。在 1997 年以后，中国中央政府债务占 GDP 的比例上升速度加快，因为经济软着陆后，中国经济进入了快速增长，政府对资金的需求不断增加。到 2007 年中国政府债务占 GDP 的比例达到最高点，接近 20%。在开通地方政府债务融资平台以后，中国中央政府的债务水平就逐渐下降。从增长的速度来看，中国中央政府债务年增长率自 1999 年以后保持在一个较低的水平，为避免政府债务风险，2009 年以后更是有意识地控制了中央政府债务的增加幅度。

1993 年以后中国的中央政府债务余额随着经济的增长和财政支出的不断增加，呈现快速上升的趋势。特别是在 2007 年以后，由于庞大的政府支出计划，中国政府利用债券融资的方式满足了大量的资金需求。图 8.2 为 1979 年以来中国中央政府债务占 GDP 的比例。

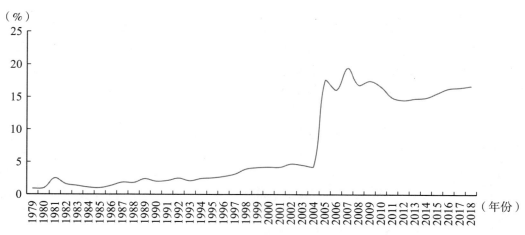

**图 8.2 1979 年以来中国中央政府债务占 GDP 的比例**

注：由于实施了债务余额管理的方法，2006 年后的数据为未偿还债务余额。

资料来源：中国国家统计局，http：//data.stats.gov.cn/。

中国地方政府债务在开放地方债务融资平台后，地方政府债务规模呈现急剧扩大的趋势，而在中国特殊的政治和财政体制下，一旦地方政府出现大规模的债务违约，中央政府就必然进行救助，也就意味着高企的地方债务风险会转化为中央政府的风险并进而引发主权债务危机。根据审计署的审计报告，中国地方政府债务在 2008 年底仅为 55687 亿元，到 2010 年底已上升到 107175 亿元，仅两年时间上升幅度接近 100%。另根据部分金融机构的研究显示，地方政府债务金额 2011 年为 13.2 万亿元，2012 年达到 15.3 万亿元。至 2013 年 6 月底，全国各级政府负有偿还责任的债务为 20.7 万亿元，负有担保责任的债务为 2.93 万亿元，可能承担一定救助责任的债务为 6.65 万亿元。2013 年 6 月底至 2014 年 3 月底，审计的 9 个省级和 9 个市级政府性债务余额增长 3.79%。[1] 到 2013 年 6 月底，地方政府债务就超出了中央政府债务 23940 亿元。2018 年中国的地方政府债务总计更是增加到了 18 万亿元，比 2013 年 6 月底增加了 35.68%。这说明中国地方政府债务在近年来呈不断扩大趋势。表 8.1 为 2012～2018 年全国政府债务情况。

表 8.1　2012～2018 年全国政府债务情况　　单位：亿元

| 政府层级 | 2012 年 | 2013 年 | 2017 年 | 2018 年 |
| --- | --- | --- | --- | --- |
| 中央 | 97212.43 | 100730.20 | 134770.15 | 149607.42 |
| 地方 | 121153.16 | 135514.94 | 164706 | 183862 |
| 合计 | 218365.59 | 236245.14 | 299476.15 | 333469.42 |

注：2012 年和 2013 年数据为政府债务加上负有担保责任的债务，其他年份数据不包含或有债务。
资料来源：根据审计署，全国政府性债务审计结果，2013 年第 32 号和中国财政部网站数据整理得出。2017 年和 2018 年数据来自财政部。

2015 年以来，中央政府将化解地方债务风险当作三大攻坚战之一，积极出台各种措施对债务的增加进行控制，并利用各种手段化解地方债务风险。从债务规模的增长来看，2012～2018 年地方政府债务急剧扩张的势头得到了有效的遏制，并且通过设置地方债务限额的方式，将各地方政府的债务控制在一定的范围之内。

从债务的资金来源看，中国政府债务中外债所占比例较小，主要资金来源是中国的银行等金融机构以及个人和企业的资金。

从中国中央政府的债权人结构来看，99% 以上都是国内债务，其中 80% 以上来自国内银行等金融机构；外债所占比例非常小，大约在 1%。[2] 中国地方政府债务的资金来源也更多的是来自国内的银行。在中国地方政府债务融资中，银行的资金占 50% 以上，BT融资（即建设—移交融资，详见表 8.2 注）和发行债券也是地方政府融资的主要来源。目前外债在地方融资中所占的比例非常小。表 8.2 为 2013 年 6 月地方政府债务资金来源情况。

---

[1]　国务院关于 2013 年度中央预算执行和其他财政收支的审计工作报告。
[2]　中国国家统计局，http://data.stats.gov.cn/。

**表 8.2**　　　　　　　　**2013 年 6 月地方政府债务资金来源情况**　　　　　单位：亿元

| 债权人类别 | 政府负有偿还责任的债务 | 政府或有债务 | |
|---|---|---|---|
| | | 政府负有担保责任的债务 | 政府可能承担一定救助责任的债务 |
| 银行贷款 | 55252.45 | 19085.18 | 26849.76 |
| BT | 12146.30 | 465.05 | 2152.16 |
| 发行债券 | 11658.67 | 1673.58 | 5124.66 |
| 其中：地方政府债券 | 6146.28 | 489.74 | 0.00 |
| 企业债券 | 4590.09 | 808.62 | 3428.66 |
| 中期票据 | 575.44 | 344.82 | 1019.88 |
| 短期融资券 | 123.53 | 9.13 | 222.64 |
| 应付未付款项 | 7781.90 | 90.98 | 701.89 |
| 信托融资 | 7620.33 | 2527.33 | 4104.67 |
| 其他单位和个人借款 | 6679.41 | 552.79 | 1159.39 |
| 垫资施工、延期付款 | 3269.21 | 12.71 | 476.67 |
| 证券、保险业和其他金融机构融资 | 2000.29 | 309.93 | 1055.91 |
| 国债、外债等财政转贷 | 1326.21 | 1707.52 | 0.00 |
| 融资租赁 | 751.17 | 193.05 | 1374.72 |
| 集资 | 373.23 | 37.65 | 393.89 |
| 合计 | 108859.17 | 26655.77 | 43393.72 |

注：BT 融资模式是指建设（B）-移交（T）的项目融资模式，也称 BOT 项目融资方式，这种融资方式不受资质和抵押品的影响，项目回报较高，但也出现了地方政府在资金使用后违约的情况。

资料来源：中华人民共和国审计署，全国政府性债务审计结果，2013 年第 32 号。

　　从债务的期限结构来看，中国中央政府发行债券一般为 10 年期和 20 年期为主，债务期限结构较为合理，对中央政府的偿还压力并不大。但地方政府债务的偿还期限更多偏向于短期，需要地方政府在 5 年内偿还的债务达 80% 以上，这给地方政府的财政带来了巨大的压力。在 2015 年为了缓解地方政府债务的偿还压力，中国财政部下发了 1 万亿元的债务置换计划，置换范围是 2013 年政府性债务审计确定截至 2013 年 6 月 30 日的地方政府负有偿还责任的存量债务、2015 年到期需要偿还的部分。这 1 万亿元的总债券额度占 2015 年到期政府负有偿还责任的债务的 53.8%。由此来看，中国地方政府债务的风险已经达到一个较为严重的地步，地方政府的财政收入根本无法偿还快速累积的债务。借新债还旧债的做法只能缓解中国地方政府债务的状况，但如果这种状况不断持续，地方政府债务的规模将越来越庞大。

衡量一国债务风险更加准确的是债务负担水平，中国债务负担总体上并不重，各项指标均低于国际水平（见表8.3）。从2018年中国的债务负担来说，负债率和外债负债率的实际值基本都低于世界公认的安全标准，说明从总体上来说中国的政府债务风险处于可控的范围。但从财政偿还债务的角度来看，债务率处于不断上升的过程中，说明随着中国政府债务的不断增加，对财政已经形成一定的压力。

表8.3　　　　　　　　　　　　　2018年中国政府债务负担　　　　　　　　　　　　　单位：%

| 指标 | 实际值 | 世界安全标准 |
|---|---|---|
| 总负债率 | 37.18 | 60 |
| 外债负债率 | 14.4 | 20 |
| 债务率 | 181.87 | 90~150 |
| 逾期债务率① | 5.38 | — |

注：①总负债率＝年末债务余额/GDP，债务率＝年末债务余额/财政收入，逾期债务率＝年末逾期债务余额/年末债务总余额；②预期债务率数据是2012年国家审计局数据。

资料来源：中华人民共和国审计署，全国政府性债务审计结果，2013年第32号。

但地方政府债务的快速上升导致了地方政府债务负担的不断加大，已经给各省级及以下政府造成了非常重的偿债压力。债务率是目前衡量地方政府债务风险的重要指标之一，占霞和汤钟尧（2018）通过对全国31个省级地方政府债务率的计算，发现全国大部分省份债务率都超过了80%，陕西、海南、青海、云南、湖南等5省区债务率处于100%~150%，而内蒙古、贵州和辽宁都超过了150%，分别为154.51%、164.35%和168.95%，债务风险处于高位。图8.3为2017年全国31个省份地方政府债务率。

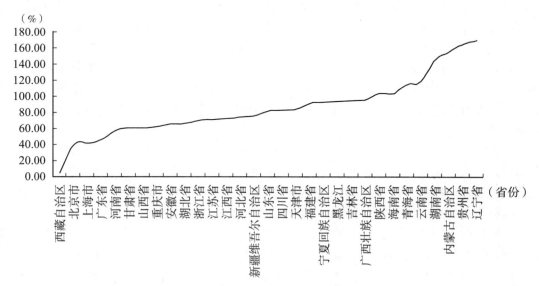

图8.3　2017年中国31个省份地方政府债务率

资料来源：占霞，汤钟尧.中国地方政府债务的可持续风险分析及评估［J］.上海金融，2018（8）：81－91.

　　如此高企的地方政府债务风险，也导致 2008 年以来中国不断加强对地方政府债务的监控和风险控制，并不断利用债务置换等方式缓解地方政府的还债压力。2013 年通过全国性的审计对地方政府债务总体规模进行清理，2015 年对 1 万亿元的地方债务进行置换；党的十九大提出要坚决打好防范化解重大风险攻坚战的战略部署，其中地方政府债务风险成为防范化解重大风险攻坚战的重点之一，并在 2017 年召开的中央经济工作会议和全国金融会议上对地方债务管理提出了具体的要求。自 2017 年开始，不断完善地方政府债务的管理框架和机制设计，新《中华人民共和国预算法》的颁布实施及国务院出台的系列文件形成了中国地方政府新的债务管理制度框架，按照"开前门、堵后门"的治理思路，依法设置地方政府债务的"天花板"，将地方政府债务全部纳入预算等，使地方政府债务管理取得了积极成效。2017 年财政部下发了关于债务限额分配管理、规范融资行为、预算管理、风险评估、应急处置以及监督问责等一系列相关文件，进一步完善地方政府债务的发行和管理制度。

## 二、财政规模与财政赤字：中国政府债务的可持续性

　　无论是一国政府债务还是地方政府债务，都需要以未来的财政收入来进行本息的偿还，因此一个国家或者地区未来财政收入规模越大，财政盈余越多，就意味着未来偿还债务的能力越强，财政因素是衡量政府债务可持续性的主要内部因素。

　　中国目前的财政体制实行的是分级财政体制，中央政府和地方政府具有自己独立的财政权力，同时也具有独立的事权，地方政府自收自支，自行预算并自求平衡。税收分为中央税、地方税和中央地方共享税，在合理划分事权的基础上进行财政收入的分配，并由地方政府自行管理。同时，中央政府对地方政府还进行费用的划拨和税收的返还，返还的额度在 1993 年前是全额返还，1993 年以后以 1993 年为基数，逐年按 1：0.3 的比率递增返还。因此，在分析中国财政收支规模时，要分别分析中央和各省级的财政收支规模和结构，从而将其与中国的中央和地方政府债务相互联系。

　　财政收支规模依赖于整体经济的规模和增长，从长期来看，财政的可持续性依赖于经济的持续增长，从中国的财政收支规模来看，财政收入规模是随着经济的发展而不断增加的，中国在过去的 30 多年中经济取得大幅度的增长，这也带动中国财政收入规模的不断扩大。

　　但这种状况并不能长期持续，随着中国经济增长速度的逐渐回落，自 2012 年以来，中国财政收入的增长逐渐回落到与经济增长速度持平，与此相对是中国财政支出的增长速度虽然也在逐渐回落，但 2012 年以来的大多数年份其增长速度均超过财政收入增长的速度，由此也导致中国财政赤字规模的不断扩大。

　　从财政收支规模上来看，在大部分年份内，中国财政支出一般都要大于财政收入，财政赤字规模呈缓慢扩大的趋势。虽然在 2007 年出现了盈余，但在随后的年份中，为了应对国际性经济和金融危机而实施的积极财政政策导致财政赤字增加的速度较快，到 2012 年以后已经超过 1 万亿元了，2012 年以来随着财政收入增速的下滑以及财政支出规模的不断扩大，财政赤字占 GDP 的比例逐年上升，2015 年以后占 GDP 的比例已经超过了 3% 的警戒线，2018 年更是达到了 4% 的新高度。因此，从财政可持续性角度而言，近些年来中

国政府债务的偿债风险是有所上升的。图 8.4 为 1979～2018 年中国的财政收支和赤字占 GDP 的比例。

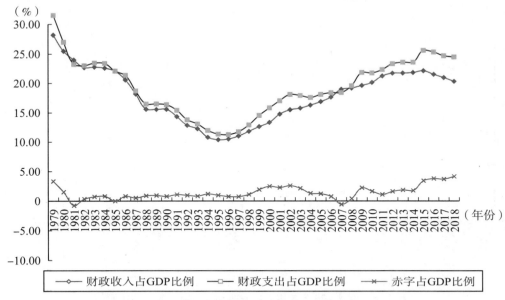

**图 8.4　1979～2018 年中国的财政收支和赤字占 GDP 的比例**

资料来源：中国国家统计局，http：//data. stats. gov. cn／。

中国一直存在的一个问题是中央和地方财权和事权区分得不清晰，导致中央和地方财政收支的倒挂，这也是导致中国政府总体负债不严重，但地方政府债务风险较大的主要因素之一。

1993 年后，中国的中央和地方的财权和事权就出现了倒挂，目前中国的中央和地方财政倒挂的现象不仅没有得到任何改变，反而日渐扩大。在 1993 年前，中央财政收入在财政收入中所占的比例低于中央财政支出在财政支出中所占的比例，而在 1993 年后则出现相反的情况。这说明在 1993 年后中国地方政府存在明显的财政赤字，地方政府承担的事务所要求的支出要远远大于现有财政体制下所能获得的收入。在持续多年的财权与事权严重失调的情况下，地方政府的财政长期保持有 30% 的财政缺口，地方政府只能依靠中央的财政转移支付或者利用负债进行融资。图 8.5 为 1979～2018 年中央财政收支占总财政收支的比例，图 8.6 为 1979～2018 年地方财政收支占总财政收支的比例，图 8.7 为 1981～2013 年地方政府财政缺口。

1993 年以后，地方政府的财政支出的增加速度要远远大于财政收入的增加速度，导致财政缺口的快速扩大。特别是在 1997 年以后地方政府财政缺口扩大速度突然加快，这是因为当时政府实施的扩张的财政政策大部分是由各级地方政府来负责的，这就使地方政府的财政压力提高。为了缓解地方政府的资金紧张，中国开发了地方政府融资平台，允许各级地方政府以地方债的方式进行融资，结果导致各级地方政府的债务迅速增加。但在地方财政缺口越来越大的情况下，地方政府不但不可能偿还这些债务的本金，甚至债务利息也不能如期支付，因为这些地方政府债券的融资成本要远高于国债利率，甚至高于银行的同期贷款利率。这么庞大的地方政府债务，以及高企的融资成本，在目前的财政体制下，根本看不到任何解决地方政府债务的可能。这也导致地方政府不断利用征地等方式来获取大量的收益，"土地财政"也就应运而生。

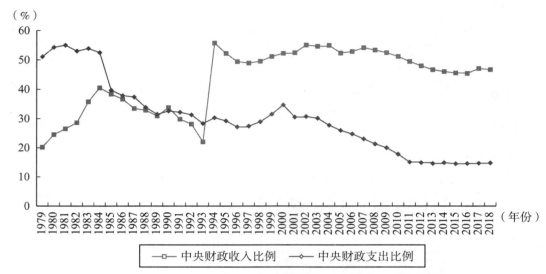

**图 8.5　1979～2018 年中央财政收支占总财政收支的比例**

资料来源：中国国家统计局，http：//data. stats. gov. cn/。

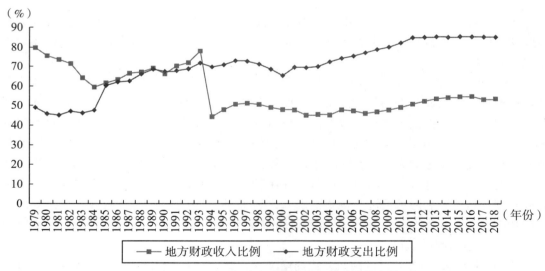

**图 8.6　1979～2018 年地方财政收支占总财政收支的比例**

资料来源：中国国家统计局，http：//data. stats. gov. cn/。

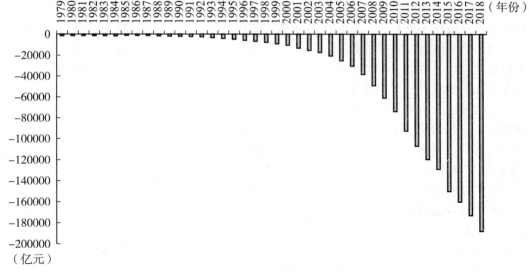

**图 8.7 1979~2018 年地方政府财政缺口**

资料来源：根据相关数据计算。

占霞和汤钟尧（2018）通过构建基于流动性的短期地方政府债务可持续性评估体系，从经济实力、财政收支状况和地方政府债务状况三个角度对中国 31 个省份地方债务可持续性风险进行评估，认为截至 2017 年底宁夏、广西、海南、湖南、贵州、云南等多个省份存在较高的短期流动性风险，而上海、北京、广东、江苏等经济较为发达的地区则存在较低的短期流动性风险。

党的十八大以来，党中央高度重视地方政府债务风险累积的现象以及中央和地方之间财权事权严重失衡的状态，对改进预算管理制度、完善税收制度、建立事权和支出责任相适应的制度等提出明确要求，为深化财税体制改革提供了根本遵循，为推动现代财政制度建设指明了方向。接下来，中国将加快划分中央与地方财政事权和支出责任；优化中央对地方转移支付制度；加快税制改革，构建以共享税为主的央地收入分配格局，健全财政收支预算管理等多个举措，并在主要领域将中央与地方财政事权和支出责任大体划分清楚后，配套相应转移支付制度，有力促进中央与地方权责清晰、财力协调，推进基本公共服务均等化，化解由于长期财政缺口导致的地方政府债务风险高企的现状。

## 三、从债务资金使用方向来看中国政府债务风险

古典经济学理论对政府负债持否定的态度，特别关注政府债务资金的使用带来的负面效应，认为一国政府通过举借国债用于非生产性支出，会对私人资本的形成产生侵蚀进而对一国经济的长期增长产生不利的影响。20 世纪 30 年代大萧条对古典经济学中平衡财政思想形成了巨大冲击，凯恩斯经济学理论开始大行其道，开始认同政府干预经济的正面作用，进而认为政府通过负债融资，通过扩张性的财政政策会增加有效需求，进而增加社会的消费和投资，对经济的恢复和发展具有非常强的现实意义。

经济职能的拓展和扩张性财政政策的持续实施给政府带来了巨大财政压力，同时不断

实施的减税政策又使政府的财源进一步衰竭，在财政赤字融资被严格限制的情况下，西方政府债务融资规模不断扩大，以弥补不断扩大的财政收支缺口。在前面的分析中，我们也可以看出，自 20 世纪 80 年代以来，西方尤其是欧洲各国财政支出中增长最快的是社会福利支出和政府产品和服务消费支出，也就是说西方各发达国家增加的政府债务大多用于弥补不断增加的消费性支出而非生产性支出。

与西方国家发行政府债券用于消费的做法不同，中国的债券筹集的资金一般用于基础设施建设，以及教育、文化和科技等方面，这有助于促进社会长期生产力的增长，对未来经济发展有利。同时，中国也在制度上保证政府债务融资都用于生产性投资上，如中国的《预算法》就规定："省一级的地方政府可以通过发行地方政府债券筹措部门建设资金"，同时还规定政府债券只能在国务院限定额内举借债务，并确定债务的上限。这些规定不仅使政府的大量资金能够投向基础设施建设等生产性投资用途，还从总额上对地方政府债务风险进行控制。

根据 2013 年审计署的第一次全面审计，在当年已经支出的政府具有偿还责任的 101188.77 亿元地方政府债务中，用于市政建设、土地收储、交通运输、保障性住房、教科文卫、农林水利和生态环境保护等基础性和公益性项目的支出达到 87806.13 亿元，占全部债务的 86.77%。这些项目要么马上就会产生收益，要么能极大促进当地的生产能力，对未来经济的发展有利。这对缓解地方政府沉重的债务包袱具有非常积极的作用。表 8.4 为中国地方政府债券的使用投向。

表 8.4　　　　　　　　　　中国地方政府债券的使用投向　　　　　　　　单位：亿元

| 债务支出投向类别 | 政府负有偿还责任的债务 | 政府或有债务 | |
| --- | --- | --- | --- |
| | | 政府负有担保责任的债务 | 政府可能承担一定救助责任的债务 |
| 市政建设 | 37935.06 | 5265.29 | 14830.29 |
| 土地收储 | 16892.67 | 1078.08 | 821.31 |
| 交通运输设施建设 | 13943.06 | 13188.99 | 13795.32 |
| 保障性住房 | 6851.71 | 1420.38 | 2675.74 |
| 教科文卫 | 4878.77 | 752.55 | 4094.25 |
| 农林水利建设 | 4085.97 | 580.17 | 768.25 |
| 生态建设和环境保护 | 3218.89 | 434.60 | 886.43 |
| 工业和能源 | 1227.07 | 805.04 | 260.45 |
| 其他 | 12155.57 | 2110.29 | 2552.27 |
| 合计 | 101188.77 | 25635.39 | 40684.31 |

资料来源：中华人民共和国审计署，全国政府性债务审计结果，2013 年第 32 号。

2016 年，为了进一步平衡中央和地方政府之间财权事权，中央出台过渡性政策，规定在全面推开营改增试点后，为了进一步理顺中央和地方收入划分的要求，明确在未来 2 ~ 3 年的过渡期内，增值税中央和地方将按照五五比例分成，以确保地方既有财力，不影响地方财政平稳运行。2019 年 10 月 10 日，国务院印发《实施更大规模减税降费后调整中央与地方收入划分改革推进方案》，在进一步明确中央地方增值税"五五分成"的同时，进一步调整完善增值税留抵退税分担机制，并后移消费税征收环节并稳步下划地方，从而将收入进一步向地方政府转移，使中央和地方政府之间的财权和事权失衡的问题得到改善。

# 第二节　产业、就业与收入分配：中国主权债务风险的深层次分析

中国的主权债务风险总体并不高，目前虽然还存在一定的地方债务风险，但造成这种局面的仅仅是中央和地方政府之间财权和事权失衡导致的，随着中国财政分配体制的进一步改革，地方政府债务风险也会不断降低。下面分别从财政收入来源、产业发展、就业和收入分配等方面来对中国主权债务风险进行深层次的分析。

## 一、从财政收入来源和财政支出结构看中国财政制度的性质

财政具有明显的政治属性，政府的财政收入和财政支出决定着政府是从哪些人手中获得收入，而这些收入又将重新分配到哪些人的手中。即现在的政府有利于谁，又不利于谁的问题。政府的财政收入是政府参与社会的初次分配，利用税收等财政收入机制从社会的其他成员中获取收入的过程；而财政支出则意味着政府将获得的收入怎样进行再分配，从而有益于社会某一群体或者阶层的过程。

税收是中国财政收入的主要来源，随着中国经济的发展和财政制度的不断改革，中国的税种逐渐丰富，财政收入中间接税和直接税占据了最主要的地位。如图 8.8 所示在 1985 年以前，中国财政收入中税收所占的比例不大，为 40% ~ 60%。因为那时候国有企业的利润也是国家财政的主要收入来源。1985 年以后税收占财政收入的比例快速上升，成为财政收入的最重要来源。1993 年以后，中国进行税制改革，多方面开辟新的税源，通过国有企业改革的"抓大放小"也出售了一部分国有企业，使税收占 GDP 的比例逐渐下降。而在 1999 年以后，国有企业改革极大改善了低效率国有企业的经营条件，使国有企业利润对财政收入的贡献不断增大，因此 1999 年后中国的税收占财政收入的比例是呈现逐渐下降趋势的。

在税收收入中，增值税、消费税和营业税等间接税无疑对财政的贡献是最大的，在 1998 年之前甚至占据了整个财政收入的 80%。随着国家财政各种收入来源的开辟，间接税在财政收入中的比例逐渐下降，企业所得税和其他税收如土地使用税、土地增值税、契税和印花税在财政收入中所占的比例逐渐上升，而各种非税收入也在不断增加，从而体现了中国财政收入来源的多样化趋势。

如图 8.9 所示，与中央政府相比，中国地方政府更多依赖于非税收入，以实现其诸多的经济和社会目标。在 1995 年以前，地方政府非税收入占财政收入比例较少，但随着中

国的税制改革和地方财权事权失衡的日渐严重，到 2016 年，中国地方政府非税收入占地方财政收入的比例达到了 34.85%，占到地方财政收入的 1/3 以上。

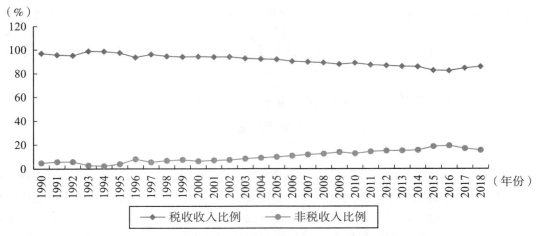

图 8.8　1990～2018 年中国税收收入和非税收收入占财政收入的比例

资料来源：中国国家统计局，http：//data. stats. gov. cn/。

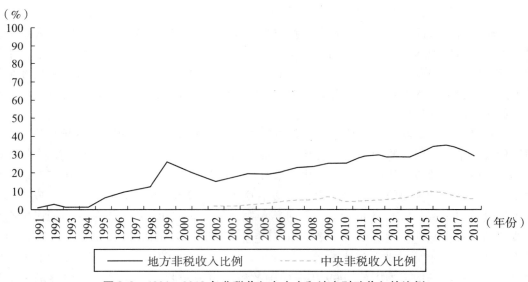

图 8.9　1991～2018 年非税收入占中央和地方财政收入的比例

资料来源：中国国家统计局，http：//data. stats. gov. cn/。

　　同时，地方政府对土地财政的依赖也达到了一个较为严重的程度，房地产的繁荣又进一步增加了地方政府的契税收入。地方政府通过土地出让金、土地增值税和契税等途径获得的收入在地方财政收入中占据了举足轻重的地位。特别是在 2000 年以后，这个收入迅速上升，这与中国 2000 年以来房地产行业繁荣是同步的。2017 年，与土地和房地产相关的收入占地方财政收入的比例达到了 34%，如图 8.10 所示。

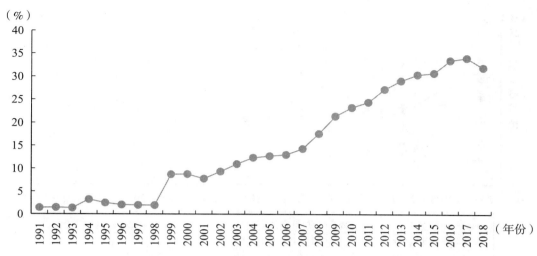

图 8.10　1991～2018 年土地和房地产相关收入占地方财政收入比例

注：这部分收入为地方财政的房地产税、土地增值税、土地财政使用税、耕地占用税、契税和国有资源（资产）有偿使用收入等收入的总和，其中地方财政国有资源（资产）有偿使用包括土地出让金收入、新增建设用地土地有偿使用费、海域使用金、探矿权和采矿权使用费及价款收入、场地和矿区使用费收入；出租汽车经营权、公共交通线路经营权、汽车号牌使用权等有偿出让取得的收入，因为无法获得准确的土地出让金收入和新增建设用地土地有偿使用费的数据，因此整个纳入了计算范围，导致比例偏大。

资料来源：根据国家统计局相关数据计算得出。

　　财政支出是政府对取得收入的再分配，体现一个国家的财政分配是如何对社会收入进行调整的。与西方发达国家消费性的财政支出相比，中国财政支出更具生产性和可持续性。从财政支出的项目来说，中国财政支出中占有最大比例的是科教文卫和环境保护支出，农林水事务支出和交通运输支出等项目在近些年来均保持稳定，因为这类支出均属于投资额大、回收年限长的生产性支出。同时在 2015 年以后中国社会保障和就业支出以及医疗卫生支出均有较大幅度的增长，这也是中国实施全面小康社会过程中不断强化兜底政策的必要民生支出。而在 2007 年后中国的一般公共服务支出以及国防和公共安全支出呈现较大幅度的下降，更是体现了中国重视生产性投资而不断减少消耗性支出的财政特征。从中国财政支出的结构来看，中国的财政支出用于消费的项目并不多，大部分的财政支出用于公共性的支出，特别是基础设施建设和社会发展。这说明中国的财政支出结构是一种生产性的支出结构，能够利用财政支出刺激经济的发展。同时社会保障和就业支出的稳定增加说明中国正在逐渐发挥财政对收入调节的再分配功能，更有利于社会的公平和发展。图 8.11 为 2007～2018 年主要支出项目占财政支出的比例。

## 二、中国的收入分配与需求结构

　　社会根本制度决定了资源禀赋的占有和分配，进而决定了社会的收入结构，同时社会收入结构又直接决定了总需求结构，强调了由于社会收入分配的不均导致了整个经济体系陷入了需求连续减少和产业结构虚拟化的恶性循环，进而会导致政府收入的减少和财政压力的不断增大，最终必然导致主权债务危机的产生。因此，分析一国的收入分配状况，能

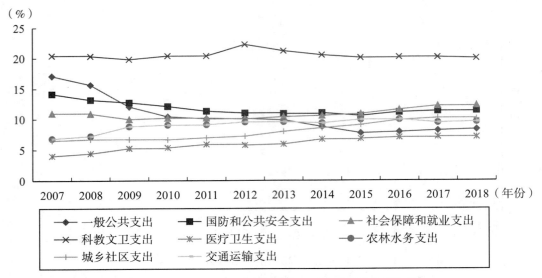

**图 8.11    2007 ~ 2018 年主要支出项目占财政支出的比例**

资料来源：中国国家统计局，http：//data. stats. gov. cn/。

够看出该国的总需求的状况和产业发展的可持续性，得出一国未来的财政收入状况及其可持续性，从更深层次把握主权债务的风险。从基尼系数来看，随着中国经济的快速发展，收入分配不平等状况也随之不断升高，并超过了 0.4 的警戒线。表 8.5 为 2003 ~ 2017 年中国基尼系数。

表 8.5                                    **2003 ~ 2017 年中国基尼系数**

| 年份 | 基尼系数 | 年份 | 基尼系数 |
|------|----------|------|----------|
| 2003 | 0.479 | 2011 | 0.477 |
| 2004 | 0.473 | 2012 | 0.474 |
| 2005 | 0.485 | 2013 | 0.473 |
| 2006 | 0.487 | 2014 | 0.469 |
| 2007 | 0.484 | 2015 | 0.462 |
| 2008 | 0.491 | 2016 | 0.465 |
| 2009 | 0.49 | 2017 | 0.467 |
| 2010 | 0.481 | | |

资料来源：笔者根据国家统计局数字汇总，http：//data. stats. gov. cn/。

中国的收入分配不平等呈现不断加剧的趋势，到 2009 年以后稍微有所改善，但依然高于 0.4 的警戒线。造成这种现象的原因是在经济发展过程中，各种不同生产要素依据各自在经济发展中的作用，都得到了相应的报酬。但也说明中国经济发展中分配机制还不健全，需要加快收入分配机制的改革。自 2009 年开始，基尼系数呈现逐步下降的趋势，说明中国收入分配格局正在改善。

这个趋势也可以从社会消费角度来说明，社会需求总额直接受到收入分配状况的影响，体现了一国消费能力和收入分配的均衡状况，不均衡的收入分配会导致需求的两极分化并进一步引起产业结构的失衡。

虽然中国的基尼系数依然高于 0.4 的警戒线，但是中国的社会消费品零售总额处于快速上升的趋势，说明中国的居民消费能力在逐渐增强，虽然在收入分配上存在一定的问题，但随着居民收入的不断增加，消费能力也在不断增强，经济的快速发展也极大促进了居民收入的增加。图 8.12 为 1999～2018 年中国社会消费品零售总额。

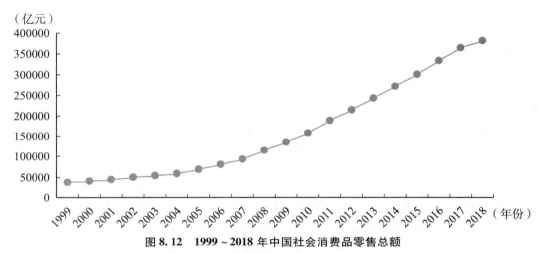

**图 8.12 1999～2018 年中国社会消费品零售总额**

资料来源：中国国家统计局，http：//data. stats. gov. cn/。

近年来，中国居民收入的增长远高于 GDP 的增长，城乡居民的消费支出也呈现快速增长的势头，而且出现农村居民的收入和支出增长均超过城镇居民的状况，这说明近些年来低收入的农村居民收入状况得到了较大的改善，这也印证了这些年来中国基尼系数的下降。表 8.6 为 2013～2018 年中国城乡居民收入和消费情况。

表 8.6　　　　　　　　　　　　　　　2013～2018 年中国城乡居民收入和消费

| 年份 | 居民人均可支配收入（元） | 居民人均可支配收入同比增长（%） | 城镇居民人均可支配收入（元） | 城镇居民人均可支配收入同比增长（%） | 农村居民人均可支配收入（元） | 农村居民人均可支配收入同比增长（%） | 城镇居民人均消费支出（元） | 城镇居民人均消费支出同比增长（%） | 农村居民人均消费支出（元） | 农村居民人均消费支出同比增长（%） |
|---|---|---|---|---|---|---|---|---|---|---|
| 2013 | 18310.76 | | 26467 | | 9429.59 | | 18487.54 | | 7485.15 | |
| 2014 | 20167.12 | 10.1 | 28843.85 | 9 | 10488.88 | 11.2 | 19968.08 | 8 | 8382.57 | 12 |
| 2015 | 21966.19 | 8.9 | 31194.83 | 8.2 | 11421.71 | 8.9 | 21392.36 | 7.1 | 9222.59 | 10 |

续表

| 年份 | 居民人均可支配收入（元） | 居民人均可支配收入同比增长（%） | 城镇居民人均可支配收入（元） | 城镇居民人均可支配收入同比增长（%） | 农村居民人均可支配收入（元） | 农村居民人均可支配收入同比增长（%） | 城镇居民人均消费支出（元） | 城镇居民人均消费支出同比增长（%） | 农村居民人均消费支出（元） | 农村居民人均消费支出同比增长（%） |
|---|---|---|---|---|---|---|---|---|---|---|
| 2016 | 23820.98 | 8.4 | 33616.25 | 7.8 | 12363.41 | 8.2 | 23078.9 | 7.9 | 10129.78 | 9.8 |
| 2017 | 25973.79 | 9 | 36396.19 | 8.3 | 13432.43 | 8.6 | 24444.95 | 5.9 | 10954.53 | 8.1 |
| 2018 | 28228.05 | 8.7 | 39250.84 | 7.8 | 14617.03 | 8.8 | 26112.31 | 6.8 | 12124.27 | 10.7 |

资料来源：中国国家统计局，http：//data.stats.gov.cn/。

## 三、产业发展与劳动力就业吸纳

产业结构、就业结构和需求结构之间具有非常紧密的联系，三者相互影响和相互制约，共同决定着一国经济的健康和稳定发展。需求结构直接影响着一国的产业结构，劳动力通过在各个产业中就业取得收入，形成了该国的社会总需求；同时，一国的产业发展和劳动力收入状况也决定了其财政收入状况，产业发展和居民生活保障、公共产品需求状况也会导致一定的财政支出，因此深入分析产业发展及其对劳动力就业的吸纳，对于从经济基本面分析一国的主权债务风险具有重要的意义。

首先，中国的三次产业对国民经济的贡献在不断变化。从总体上而言，第一产业和第二产业在国民经济中的贡献不断下降，而第三产业的贡献则在不断上升。

从总体趋势来看，第一产业和第二产业对 GDP 的贡献逐渐下降，第三产业的增加值和对 GDP 的贡献则在不断上升（见图 8.13）。从产业结构来看，无论是按照布莱克标准还是按照因克尔斯标准都已经达到工业化后期或者现代化的标准了，无论是产业结构的合理化和高级化在改革开放以来都有了长足的进步，有力促进了经济的快速发展。现阶段中国产业结构合理化对经济发展的贡献要远远大于产业结构高级化（干春晖、郑若谷、余典范，2011），虽然中国产业结构已经具有较明显的高级化发展态势；但产业结构合理化进程并不明显，特别是产业结构的高级化和合理化的进程并不一致，产业结构调整并没有取得"对经济发展方式转变具有促进作用"的优化效果（何平、陈丹丹、贾喜越，2014）。中国目前经济发展不充分和不平衡，中国产业结构还存在一定的问题，产业结构质量不高，小农经济导致农业和农村经济较为脆弱且呈现明显的周期性波动；制造业大而不强，面临发达国家的再工业化和发展中国家积极承接全球产业转移的"双向挤压"，资源和环境约束不断强化，劳动力等生产要素成本不断上升，投资和出口增速明显放缓等问题，中国制造业发展面临新的挑战；第三产业的发展也经历了从结构红利向成本病的转变，经济增长与第三产业份额增长之间呈现明显的负相关关系（李翔、刘刚等，2016）。因此，加快供给侧改革和产业结构的优化升级，就成为中国产业发展的重心。

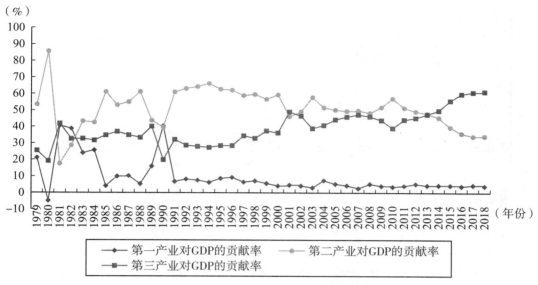

**图 8.13　1979～2018 年中国三次产业对 GDP 的贡献率**

资料来源：中国国家统计局，http：//data. stats. gov. cn/。

产业结构的合理化和高级化与就业具有正相关的关系，配第和克拉克认为随着经济的发展和产业结构的不断演进，劳动力会逐渐从第一产业依次向第三产业转移。中国劳动力就业的转移也大致遵循了配第—克拉克定理，劳动力逐渐从生产率较低的第一产业逐渐向生产率较高的第二、三产业转移，第一产业就业比例从 1985 年的 62% 逐渐下降至 2018 年的 26%，且随着制造业吸纳劳动力人数的不断增加促进服务业的需求不断扩大，第三产业就业人数逐渐增加并逐渐超过第一和第二产业就业人数。但随着中国外部经济环境的恶化和制造业产业升级压力的出现，自 2013 年开始中国第二产业就业人口特别是制造业就业人口呈现下降的趋势，出现劳动力加快向第三产业转移的趋势。

一国产业结构决定了其就业结构，但反过来劳动力就业结构也在一定程度上决定了产业结构的发展和优化升级，并进而影响经济的持续健康发展。在中国的经济发展过程中，劳动力充沛带来的"人口红利"使中国经济保持了较长时间的快速增长，但也存在着劳动力素质较低、不适应产业结构升级的状况，特别是在中国实施制造强国战略目标背景下，目前的人才结构与制造业升级之间存在不平衡问题，不利于中国制造业乃至整体产业结构的升级和经济的持续健康发展，也会从更深的层次影响中国的主权债务风险状况。

一般用就业弹性和结构偏离度两个指标来衡量产业结构与就业结构之间的均衡问题，就业弹性为就业人员增长率与产业生产总值增长率之比，强调经济增长对劳动力的吸纳能力。从就业弹性来看，中国在改革开放前期第二和第三产业对劳动力吸纳的能力相对较强，第一产业对劳动力的吸纳在改革开放后多数年份出现负数，表明广大农村劳动力大量的流出，特别是在 2003 年以来农村劳动力流出呈现加速的趋势。第二产业增长速度较高，但对劳动力的吸纳却在近些年呈下降趋势。第三产业在近些年来无论是增长率还是对国民经济的贡献率均居首位，也是吸引低端劳动力的主要产业，但自 2013 年以来，其吸纳能力呈现逐渐降低的趋势。这也体现出随着产业的优化升级，中国整体素质较低的劳动力已经不适应产业发展的趋势。图 8.14 为中国总体和三次产业就业弹性。

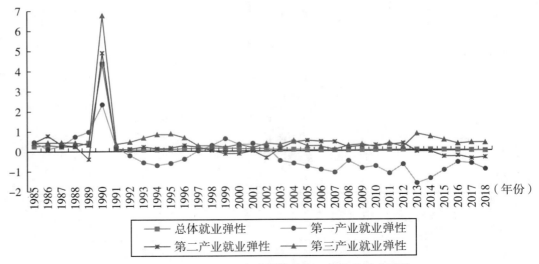

图 8.14　1985～2018 年中国总体和三次产业就业弹性
资料来源：根据中国国家统计局数据计算。

　　这个趋势也可以用另外一个指标体现出来，那就是产业就业结构偏离度，即（产值比重/就业比重）－1，表示产业结构和就业结构之间的对称或者均衡状况。指标越接近 0，说明产业结构和就业结构偏离越小；指标为负数，则说明该产业容纳了过多的劳动力；指标为正数，则说明该产业容纳的劳动力低于其产业比例，劳动力吸纳不足。表 8.7 为中国产业就业结构偏离度。

表 8.7　　　　　　　　　　　　　　1985～2001 年中国产业就业结构偏离度

| 年份 | 第一产业 | 第二产业 | 第三产业 | 年份 | 第一产业 | 第二产业 | 第三产业 |
|---|---|---|---|---|---|---|---|
| 1985 | －0.55 | 1.05 | 0.75 | 2002 | －0.73 | 1.08 | 0.48 |
| 1986 | －0.56 | 0.99 | 0.73 | 2003 | －0.75 | 1.11 | 0.43 |
| 1987 | －0.56 | 0.95 | 0.71 | 2004 | －0.72 | 1.04 | 0.35 |
| 1988 | －0.58 | 0.94 | 0.71 | 2005 | －0.74 | 0.97 | 0.32 |
| 1989 | －0.59 | 0.96 | 0.80 | 2006 | －0.75 | 0.89 | 0.30 |
| 1990 | －0.56 | 0.92 | 0.75 | 2007 | －0.75 | 0.75 | 0.32 |
| 1991 | －0.60 | 0.94 | 0.83 | 2008 | －0.74 | 0.73 | 0.29 |
| 1992 | －0.64 | 0.99 | 0.80 | 2009 | －0.75 | 0.65 | 0.30 |
| 1993 | －0.66 | 1.06 | 0.63 | 2010 | －0.75 | 0.62 | 0.28 |
| 1994 | －0.64 | 1.04 | 0.50 | 2011 | －0.74 | 0.58 | 0.24 |
| 1995 | －0.62 | 1.03 | 0.36 | 2012 | －0.73 | 0.50 | 0.26 |
| 1996 | －0.62 | 1.00 | 0.29 | 2013 | －0.72 | 0.47 | 0.22 |
| 1997 | －0.64 | 0.99 | 0.33 | 2014 | －0.71 | 0.44 | 0.19 |
| 1998 | －0.65 | 0.95 | 0.39 | 2015 | －0.70 | 0.39 | 0.20 |
| 1999 | －0.68 | 0.97 | 0.43 | 2016 | －0.71 | 0.37 | 0.20 |
| 2000 | －0.71 | 1.02 | 0.45 | 2017 | －0.72 | 0.42 | 0.17 |
| 2001 | －0.72 | 1.01 | 0.49 | 2018 | －0.73 | 0.44 | 0.15 |

资料来源：根据国家统计局数据计算。

从数据上来看，农业作为劳动力密集型产业，容纳了远超其产业比例的劳动力；第三产业对劳动力的吸纳能力较强，产业就业结构偏离度呈现逐渐下降的趋势；第二产业虽然其偏离度也呈现下降的趋势，但产业与就业不协调的状况依然较大，且随着自动化技术的进步和智能制造的不断升级，近些年对现有劳动力的需求逐渐下降，或者说中国制造业的劳动力供需之间出现了越来越严重的结构性失衡。

第三产业增加值与吸纳的劳动力都呈现不断扩大的趋势，在第三产业占 GDP 的比例超过 40% 后，也吸纳了 30% 以上的社会劳动力就业。第三产业可以分为生产性服务业和生活性服务业两类，生产性服务业的发展水平关系着经济运行效率、经济增长与结构调整和优化，对推动农业、工业、贸易等转型升级、增强竞争力，都能起到重要的作用。生活性服务业直接向居民提供物质和精神生活消费产品及服务，其产品、服务用于解决购买者生活中（非生产中）的各种需求。

中国在服务业领域的就业增加的更多是生活性服务业方面的就业，生产性服务业就业人数虽然在绝对数上是增加的，但占服务业就业总人数的比例却趋于下降。图 8.15 为中国生产性服务业和生活性服务业就业人数比例。

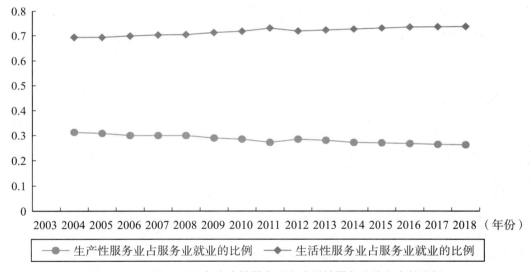

**图 8.15　2003～2018 年生产性服务业和生活性服务业就业人数比例**

注：根据国家统计局口径，生产性服务业包括为生产活动提供的研发设计与其他技术服务，货物运输、仓储和邮政快递服务，信息服务，金融服务，生产性租赁服务，商务服务，人力资源管理与职业教育培训服务，生产性支持服务等。

资料来源：根据中国国家统计局计算得出。

## 四、财政实质、产业结构、就业和收入分配与中国主权债务风险

表面上看主权债务违约的风险来自财政本身的收支失衡，但从更深层次而言，财政的政治属性决定着一国财政取之于谁，又用之于谁。同时，一国的产业结构、税收结构及就业结构等因素，会从更深层次对一国财政可持续性产生巨大的影响。同时，这些因素也决定着一国经济抵抗经济风险的能力。

　　与西方发达国家明显的消费性财政相比，中国无论是从财政收入结构还是财政支出结构都体现出更多的生产性性质。生产性的财政着眼于基础设施、科技和人才等各方面的投入，有意识地引导社会的资金流动的方向，最终会达到优化产业结构，并且有效促进经济的快速发展。而消费性的财政把大量的资金用于社会保障和一般公共支出，虽然能够在短时间之内有效扩大市场需求，越来越多的贫困人口必然要求政府增加更多的社会保障支出，这必然导致恶性的循环。政府利用公共负债来支付不断增加的保障支出更是不可取。对于中国而言，中国的财政具有明显的生产性财政的特征，政府利用财政对中国的基础设施和科学技术、教育、卫生等部门的投入，能够在很大程度上增加企业的收益，同时引导社会资本的投资方向，从而实现中国的宏观调控目标。财政的大量生产性投入推动了产业的不断优化和发展，并由此增加政府的收入，政府的收入又反过来有利于产业的优化和经济的发展，由此进入一个良性循环。中国政府债务的风险更多出现在地方债务上，而这是由中央和地方财权和事权的倒挂所引起的，但这也是近年来中国税制改革的重心，党的十九大就提出要建立"权责清晰、财力协调、区域均衡的中央和地方财政关系"，这对平衡央地财政失衡，化解中国地方政府债务风险具有非常积极的意义。

　　就产业结构而言，虽然社会保障支出的增加能有效刺激市场需求，但市场的产品需求结构必然两极分化，即集中于高端奢侈品产业和基本生活品产业。而西方国家高企的生活成本必然推高劳动力的成本，资本对低利润的基本生活品的投资必然不会太多，从而导致实体经济的萎缩，由此导致追求利润的资本大量流入金融市场，进而导致产业结构的虚拟化。金融行业的扩张和繁荣固然会给市场带来更多的资金，但这些资金本来就是产业萎缩后才流进金融市场的，因此对实体经济并不会有更大的推进作用；同时金融行业的劳动力吸纳程度不高，也不会推动社会的就业；在资本主导的国家中，具有明显政治偏向的政府必然不会对资本征收很高的税收，因此也不会对改善财政状况有任何的作用。在《21世纪资本论》中，皮凯蒂认为解决西方主权债务危机的唯一方式就是征收高额的资本税，但他也认为这在西方国家是不可能的。中国的产业发展始终坚持"实业兴国"的战略，坚持走有中国特色的新型工业化道路，促进制造业的创新发展和提质增效，并提出要引导金融业助力于制造业高质量发展。与西方发达经济体产业结构"金融化"和"虚拟化"有很大的不同，该战略对强化中国制造业在经济中的基础支撑作用，保证经济的持续平稳健康发展具有重要的意义，也是中国面临日益恶化的国际经济和贸易环境能够保证经济的快速健康发展的信心来源。

　　收入分配决定着需求结构，进而对产业结构产生巨大的影响。两极分化的收入分配结构必然导致需求结构的异化，进而导致产业结构乃至经济的空心化。中国的收入分配虽然在改革开放以来基尼系数超过了国际警戒线，这只是由于经济发展过程中各种生产要素充分涌流并获得相应报酬。虽然目前收入分配依然存在一定的问题，但并没有出现西方发达资本主义国家两极分化的局面，城乡居民收入呈现稳步上升的趋势，社会总需求不断扩大，人们消费能力也在不断增强，这又反过来促进产业结构的优化升级，保证经济的健康良性循环，增强中国抵御和应对主权债务风险的能力。

# 第三节  主权债务危机对中国的启示

在分析了自 20 世纪 80 年代以来发生在拉美、亚洲、欧洲和美国、日本等国家的主权债务危机和困境后，我们得出结论认为资本在全球的掠夺以及新自由主义在全球的流行导致了全球国家之间及其国家内部的收入不平等，由此导致实体产业的萎缩和失业，以及经济的过度金融化，再加上人口老龄化的影响，诸多因素导致了 20 世纪 80 年代以来发展中国家和 2008 年以后西方发达国家的主权债务危机。自 2009 年开始，经过国际组织和各国的不断努力，危机虽然暂时得以缓解，但更加庞大、更加复杂的主权债务危机正在不停酝酿，下一次的世界范围的经济危机和经济衰退也非常有可能会通过主权债务危机引发。

就中国而言，虽然总体政府债务并不高，且中央政府的违约风险并不大。但因为长期财权与事权的倒挂，导致地方政府债务也在不断累积，并且出现一定的违约风险，如果这种财政的困境一直得不到解决，那么中国地方政府债务也可能出现崩盘。

因此，我们要在充分分析各国主权债务危机爆发原因的基础上，不断调适中国的经济体制和经济政策，夯实中国的经济基础，积极应对中国面临的地方债务风险以及正在不断酝酿的世界性危机。

## 一、适度的政府债务规模与债务的高效利用

主权债务危机的爆发无一例外都是因为这些国家政府债务的过度累积。利用"借新债还旧债"的方式满足财政不断扩大的支出并不可取。随着国家债务违约风险的不断扩大，必然推高新债务的融资成本，加重政府负担。因此，在政府负债融资时，必须充分考虑政府财政的状况和偿还能力，让政府的债务保持一个较为合适的规模，这样既有效利用了社会闲置的资金，又不会给政府和经济带来更大的负担。

同时，也必须注意政府债务的使用。债务融资的基本原则是这些资金使用的收益必须要超过这些资金借入的成本。因此政府进行债务融资也必须充分考虑到这些资金的支出方向。自 20 世纪 80 年代开始，主权债务危机国家无不存在一个相同的问题——政府债务使用的无效率。20 世纪 80 年代拉美债务危机中，拉丁美洲各国对国家经济发展过于乐观，同时国际市场大量低成本资金的流入引发其大量融入外债；而为了借入这些外债，拉美各国接受了债权人非常苛刻的条件，如这些债务的利息必须根据市场利率而不断调整。同时，拉丁美洲把这些庞大的外债用于基础设施的投资和建立国有企业，债务的短期化和建设项目的长期性必然导致政府面临巨大的偿债压力。而为了偿还这些到期的外债，拉美国家不得不把这些投入大量资金建设的国有企业和项目廉价卖给外国资本和投资者。而西方国家对政府债务的使用就更为不合理，这些国家利用大量债务来满足国内不断扩大的社会福利保障支出和政府公共服务等消费性支出，是一种典型的"寅吃卯粮"的做法，最终导致债务危机的产生和社会财富的不断集中。

中国地方政府债务也存在债务的期限与项目投资期限不一致的情况。地方政府财政的缺口使其不得不扩大债务进行融资，但考虑到融资的风险和成本，政府优先考虑短期的融

资，因此虽然大部分的地方政府债务都投向了生产性的公共支出，但这些项目产生的收益与债务的期限结构并不是很相洽，这也是导致 2015 年 3 月地方政府债务出现 1 万亿元到期债务的展期的原因所在。2015 年以后，中国实行地方债务限额管理，并将化解地方政府债务风险当作近些年来政府工作的重心，通过债务置换，将以前期限短、利率较高的地方政府债务逐渐规范化并替换成期限较长的政府债券，规范地方政府融资方式，对缓解中国地方政府面临的债务压力，化解地方政府债务风险起到了重要的作用。

因此，对于中国的政府债务而言，首先要在考虑经济发展状况和财政收支状况的前提下进行适度的负债，短期内削减地方政府债务的规模；其次，要调整中国地方政府债务的期限结构，根据政府投资项目的收益期限和收益额度来确定债务融资的期限，最好能利用这些项目产生的收益偿还债务，做到债务使用的收益高于融资的成本。再次，要考虑这些债务资金的投入方向和使用效率。从对 1994 年墨西哥债务危机、1998 年俄罗斯债务危机及 2008 年以后欧洲和美国的主权债务危机等诸多危机的分析来看，利用负债来满足政府的消费性支出，最后必然导致灾难性的后果。最后，政府的债务必须要用于合适的投资项目，特别是要用于基础性和能促进未来生产力发展的项目。同时在债务资金的使用过程中必须注意资金使用的效率，杜绝低水平项目投资以及资金的浪费。

## 二、充分发挥金融市场功能，加强金融监管，强化债务风险控制

2008 年冰岛主权债务危机、欧债危机及其美国债务危机都是在 2007 年美股次贷危机所引发的全球金融危机后爆发的。金融市场的自由化和高风险投机行为的泛滥，衍生产品规模无限扩大，债务的证券化等诸多金融市场的问题导致了金融风险的不断累积和泡沫的不断扩大，最终引爆了次贷危机，并由此扩散到全球其他国家。与其说 2007 年次贷危机及其 2008 年以来的主权债务危机是由于市场流动性不足引起的，还不如说是由于对金融自由化以来急剧扩大的全球金融泡沫和债务泡沫引起的。

金融市场的功能是进行资金的融通，以提高社会资金的流通和使用效率。投机和对利润的追逐是吸引大量资金进入金融市场的初衷，但是完全放任自由的金融市场必然推动各种投机产品和投机行为的爆炸性增长，使得金融市场陷入巨大的泡沫和风险之中。如美国的次贷，产生巨大风险的并不是次贷本身，而是投资银行等金融机构创造出来的包含巨大风险的相关金融衍生品市场，这个市场的泡沫最终导致诸如美国、冰岛和爱尔兰等国家的政府为金融部门的冒险行为埋单，最终造成严重的全球性危机。

因此加强金融监管，对于金融市场的健康发展是非常必要的，这对于降低银行风险乃至整体经济风险，在有效抵御金融波动对经济的影响等各方面具有积极的意义。而加强金融监管的重点是要建立有效的监管标准和监管制度；降低金融机构的杠杆率，增强金融机构抵御风险的能力；建立存款保险制度，完善中央银行作为最后存款人的角色，降低银行风险；建立金融安全预警系统，科学评估金融系统即将面临的风险；完善社会监督约束体制，通过金融中介评价机构和资信评估给社会公众传递相关风险和信息，从而加强对金融机构的约束。

债务市场是金融市场的一部分，放任自由的债务市场也必然导致风险的高度累积和巨大的泡沫。通过控制债务规模，加强债务管理，完善债务评价和资信评估制度，完善债券

交易制度，不仅有利于扩大债券市场，降低债券市场的风险，还可以极大降低政府融资的成本，减轻政府的债务负担。

## 三、优化产业结构，促进经济的稳定健康发展

财政收入的规模取决于一国经济发展的程度和经济发展的持续性，而产业结构的健康程度决定了这个国家经济的发展状况。从 20 世纪 80 年代拉美债务危机、委内瑞拉自 1980 年以来的多次违约、俄罗斯 1998 年债务危机以及 2008 年以来发达国家的主权债务危机都可以看到，一国的产业结构是如何导致经济的停滞和财政收入的减少的。

产业结构与就业结构高度相关，随着经济的发展，经济结构和就业结构必然发生变化。在经济发展的初期，一般是以农业部门的就业为主，这时候社会平均收入较低；随着一国工业的不断发展和工业化进程的不断推进，农业部门就业的人数就会逐渐减少，工业和制造业开始不断吸纳社会多余的劳动力，这些劳动力在工业部门能获得高于农业部门的报酬；而随着工业化的不断进步和经济的不断发展，服务业在国民经济中所起到的作用和占 GDP 的比重不断上升，并不断加大对劳动力的吸纳。在整个产业优化的过程中，经济得到较快的发展，国家财政收入也在不断增加，政府利用财政收入对国家的产业结构进行有意识的引导和调控，这不仅更加有利于国民经济的发展，对于促进就业，减轻政府在社会福利上的负担具有非常积极的作用。

但如果产业结构失调，一国经济严重依赖于某一部门或产业，那么经济发展就会受到严重的影响。20 世纪 70 年代中期以后，发达国家由于受到经济危机的影响而导致需求锐减，这使严重依赖于发达国家市场的拉丁美洲经济受到严重打击，不得不实施所谓的"进口替代"扩大本国产品在国内的销售，但这个战略的失败最终导致了拉丁美洲陷入经济衰退，并导致拉美主权债务危机的发生以及拉丁美洲"失去的十年"；委内瑞拉和俄罗斯的财政严重依赖本国的石油收入，其他产业特别是轻工业非常落后，连最基本的日常生活用品都得靠石油美元进口来满足，当石油价格持续下跌，必然给本国的经济和财政带来致命的打击，并导致主权债务违约风险的大幅度攀升，因此自 20 世纪 80 年代以来委内瑞拉发生多次主权债务危机，1998 年俄罗斯也发生了主权债务危机。2014 年石油价格的持续下跌又再一次引起了这两个国家的通货膨胀和物资紧缺等问题，债务融资成本也在不断提高，主权债务违约风险大幅度提高；欧美国家的产业结构的问题在于实体经济的萎缩和虚拟经济部门的不断扩大，这使得政府税收收入中来自企业和间接税等来源的部分不断减少，不得不严重依赖于个人所得税的征收，而当经济运行出现问题并导致失业率不断上升时，对政府收入的打击就比较明显。

经过多年的经济发展，中国的产业结构已经得到很大的改善，实体经济得到很大的发展，这也是中国能够在 1997 年亚洲金融危机和 2007 年次贷危机中经济能够保持较为稳定发展的基本条件之一。但在 2009 年以后，国际经济发展持续低迷，贸易保护主义不断兴起，特别是美国特朗普政府上台以来不断掀起贸易摩擦，全球贸易环境不断恶化。中国出口受到严重影响，很多外向型的制造业因此遭到一定的打击，对经济产生了一定的负面影响。为此，习近平总书记提出中国进入经济"新常态"，着力于调整和优化产业结构，提升产品在国际市场的竞争力，并利用创新推动产业结构的不断优化，促进经济的健康快速

发展。还通过"一带一路"倡议的实施和人民币国际化,不断优化中国的国际贸易环境,对中国出口企业的发展和国际贸易的扩大起到了积极的作用。

在2001年以后,中国也出现了产业空心化的苗头,大量的资金进入房地产市场和证券市场,并不断推高中国的固定资产价格。这不仅抽空了发展实体产业的资金,还使得企业的生产成本不断增加,催生了庞大的房地产金融泡沫。因此,下一步中国必须加强实体经济的发展,提高各行业的技术水平,塑造世界知名的品牌,有效利用信息技术和交通运输的发展大幅度降低企业的成本,提高运营效率;同时,提高各产业的科研水平,增加附着于产品的附加值和技术含量,构建良好的产业结构以保障经济的稳定健康发展。

## 四、改革收入分配制度,让更多的人享受改革的红利

与拉美国家和欧美等发达国家不同,中国收入分配差距是由于收入分配制度的不合理导致的,改革带来的经济发展的红利在之前更加有利于资本,劳动者收入增加的幅度不如资本所获取的收益。但广大劳动者的收入的快速增长使中国国内需求持续旺盛,从而中国能够以较为从容的姿态应对多次经济和金融危机。

长期的收入不平等必然带来严重的社会问题和社会冲突,导致国内不满情绪的程度增加,进而影响经济的发展。同时不平等带来的医疗和养老等问题使人们的幸福感下降。从一个更长的时期来看,长期的收入不平等必然影响市场需求的进一步扩大。为此,中央政府提出要建立合理有序的收入分配格局,加快健全、细化收入分配政策改革,先后出台并实施了关于打赢脱贫攻坚战、深化央企高管薪酬制度改革等一系列政策文件,形成了涵盖初次分配、二次分配以及相关配套改革的政策体系,同时政策的针对性和可操作性大大增强,为深化收入分配改革提供了全面系统的政策支撑,逐步缩小城乡收入差距,打赢脱贫攻坚战,实现全面小康,让更多人享受改革和经济发展的红利。

## 五、健全社会保障体系,加快完善城乡医疗和民生保障体系

造成欧美和日本主权债务危机的一个主要原因是庞大的社会保障支出。以日本为例,日本社会保障支出在财政支出中占比最大,为了确保社保支出有稳定的财源收入,日本立法明确规定把消费税收入全额用于社会保障,把10%的消费税全部用于政府社会保障四项经费支出——养老金、医疗费、老人看护费、少子化对策会费。

面对重大的公共医疗卫生危机和即将到来的人口老龄化浪潮,如何保障和改善民生也成为中国政府面临的重大问题。加快健全社会保障体系,加强公共卫生体系建设,完善城乡医疗保险制度,从制度上加大基本民生保障的力度,建立健康、可持续的民生保障体系,对稳定社会秩序,进而保障经济的稳定发展具有重大的意义。

党的十九届四中全会提出要完善覆盖全民的社会保障体系,要将更多的群众纳入社会保障范围,同时需要逐步健全保障项目,努力做到全覆盖。在《中共中央关于坚持和完善中国特色社会主义制度、推进国家治理体系和治理能力现代化若干重大问题的决定》中提出健全基本养老保险、基本养老保险全国统筹、社保转移接续、规范社保基金管理、稳步提高保障水平等一系列的制度建设任务,也是未来几年内中国健全社会保障

制度体系的重点。

但也应该看到，完善和健全社会保障制度体系需要庞大的财政支出，这会在一定程度上加剧财政收支的失衡。西方国家庞大的社会保障支出导致其财政表现为明显的消费性实质，最终导致了财政失衡的长期存在和财政缺口的不断扩大，债务风险不断累积。因此在完善社会保障制度体系时，不仅不能完全模仿西方的"高福利"制度，不能使社会保障成为国家发展和经济增长的负担，更应该坚持共建共享的多主体参与格局和互助共济的制度基石，建立基于政府、个人和商业主体等多元筹资的多层次社会保障制度体系，使社会保障制度体系健康可持续，减轻政府的财政负担。

## 六、区分市场经济和私有化的差异，充分发挥国有企业在经济中的重要作用

在很多时候，人们经常将私有化与市场经济等同起来，简单地认为私有化就是市场经济，而市场经济就必须私有化。在第三章已经分析，西方完全私有化的市场经济并不是真正意义上的市场经济，由此必然导致分配的两极分化和阶级之间不断扩大的差距，而这也是造成西方国家产业空心化和经济虚拟化的最根本原因，也是西方政治制度不断异化的根源所在。基于私有制建立的经济制度和政治制度异化，完全成为西方资本主义私人成本社会化的工具。因此，在中国经济改革的过程中，应该将市场经济和私有化两个不同的概念区分开来，充分认识到私有化并不必然促进竞争和提高效率，基于私有制的市场经济本身就是反对竞争的。同样，国有经济并不必然意味着反对竞争和低效率，与私有制企业仅仅是市场主体的不同而已。

因此，在中国的经济改革中要更加注重建立让所有市场主体都能公平竞争的市场规则，政府作为保证公平竞争规则有效实施的第三方存在，让所有的市场主体能够利用自己的竞争优势获胜，这才是市场经济的本意所在。因此在国有企业改革中，要处理好政府与市场的关系，定位好政府在市场经济中的角色。

国有企业作为中国经济体系中非常重要的组成部分，对中国的政府和市场经济都具有非常重要的意义。国有企业作为中国政府宏观调控中供给调控非常有效的手段，对中国应对经济波动、保持经济的稳定发展具有非常重要的意义；国有企业还为中国政府进行经济管理和国家建设提供必不可少的资金支持；同时国有企业能够以更为廉价的方式向社会提供公共产品和准公共产品，这也是构成社会生产率并促进生产率提高的重要因素。因此，在进行国有企业改革时，要不断加强国有企业在市场经济中的竞争力，充分发挥国有企业促进市场竞争和宏观调控中的重要作用，以加强国家经济干预的力量，维持经济的稳定和持续增长。

## 七、积极参与国际经济合作，防范国际经济和金融风险

随着全球化的不断推进，世界各国的政治和经济已经形成一种"我中有你，你中有我"的局面。自 2007 年以来，国际金融危机和主权债务危机在各国之间快速、全方位的传导已经说明经济和金融危机不是单个国家的问题，需要不断完善全球经济治理，促进各国参与国际经济的合作，建立和健全国际金融风险防范机制，从而保障全

球范围的合作共赢。

随着中国经济的不断发展和开放程度的不断提高，中国在很大程度上也受到全球金融和经济波动的冲击，中国应积极参与国际经济和金融合作，并在其中发挥带头作用，特别是在目前协调各国防范全球金融风险和债务风险的 G20 平台，中国更应该发挥更加重要的作用。

新冠肺炎疫情全球大流行对全球经济带来了巨大冲击，以美国为首的部分国家奉行单边主义和逆全球化思维，不断掀起贸易争端，试图通过巧取豪夺来缓解自身困境，给全球经济的未来造成了诸多不确定性。疫情对各国财政造成庞大的压力，未来全球出现主权债务危机的可能性更大。因此，加强政府间的国际经济合作，特别是形成多边合作的国际经济治理体系，对防范国际经济和金融风险具有重要的意义。

党的十九届四中全会《决定》中提出，要高举构建人类命运共同体旗帜，秉持共商共建共享的全球治理观，倡导多边主义和国际关系民主化，推动全球经济治理机制变革。正如习近平总书记指出的那样，在目前完善和加强全球经济治理时，要重点抓好五个方面的建设：一是要努力构建公正高效的全球金融治理格局，保持经济金融稳定；二是要构建开放透明的全球贸易治理格局，促进全球贸易持续增长；三是要构建开放透明的全球投资治理格局，以更好地释放全球投资潜力；四是要构建绿色低碳的全球能源治理格局，推动全球绿色发展；五是要构建包容联动的全球发展治理格局，以更好地落实联合国 2030 年可持续发展议程。[①]

## 八、转变政府职能，进行财税体制改革，实现财权与事权相匹配的央地关系

政无财不举，要实现政府的职能，就必须要有相应的财税体制相配合。政府的财税体制具有明显的再分配特征，是政府利用手中的权力参与资源分配的过程。一个好的政府善于利用财税体制的再分配机制，对资源进行优化配置。

转变政府职能的核心是要解决政府、市场和社会之间的关系。当前中国政府还存在对微观经济运行干预过多过细，宏观经济调节还不完善，市场监管问题较多，公共服务比较薄弱，社会管理职能亟待加强等方面的问题。因此，中国转变政府职能就意味着中国政府必须减少对经济的微观干预，加强政府公共产品和公共服务的提供，加强市场监管和社会管理。

中国政府的这种职能的转变也就意味着中国的财税体制必须随之转变。首先要建立有效促进市场竞争的税收体制，优化税种和税率的设置，对社会投资和生产进行有效激励。如中国在近几年就一直在实施"营改增"的税收体制改革，利用税收减免和有利于中小企业的税收政策来促进中小企业和服务业的繁荣；通过税收政策的引导作用，实现产业结构的调整等。

在财政支出制度上，需要对财政的再分配功能进行转变，不断减少政府在微观经济干预上的花费，如对企业的直接投资，而增加政府公共服务支出和公共产品的提供；完善社

---

① 胡必亮，加强和完善全球治理体系 [N]. 经济参考报，2017 – 10 – 12。

会医疗和保障体系；利用财政调整社会的收入分配；加强政府财政在环境治理上的支出；扩大政府在公共基础设施建设上的支出；不断扩大政府在教育和基础科学研究等方面的支出；合理安排政府在公共安全上的支出等。只有财政支持弥补了市场配置的缺陷，才能保证市场经济的良好运行和发挥在资源配置中的决定作用。

中国目前面临的一个重要问题就是中央和地方政府在事权和财权上的不对称的问题，这也是导致中国地方政府债务规模不断扩大和债务风险不断提高的重要原因。因此中国的政治和财政体制改革不仅要理顺中央和地方政府之间事权分配的关系，还需要进一步理顺中央和地方财权的分配关系，建立财权与事权相配合的中央和地方关系，从而加强政府整体的行政能力。

## 九、加强地方政府债务的管理，有效防范和化解政府债务风险

中央和地方政府财权和事权倒挂的情况下，中国地方政府债务规模曾经出现扩大趋势，地方政府债务面临着较大违约风险。因此，如何防范和化解中国地方政府债务风险，是近些年中国面临和亟待解决的重大问题。

（1）加强中央政府对地方政府举债行为的监督和约束。2014年，财政部印发了《关于加强地方政府性债务管理的意见》（下称《意见》），对地方政府的举债行为进行监督和约束，通过明确举债主体、规范举债方式、严格举债程序等措施，解决好"怎么借"的问题。同时，通过控制举债规模、限定债务用途、纳入预算管理等措施，解决好"怎么管"的问题。财政部对地方政府债务实施限额管理，强化对地方政府债务的约束，要求各地合理确定分地区地方政府债务限额，实现不同地区地方政府债务限额与其偿债能力相匹配；同时全面实施绩效管理要求，建立健全"举债必问效、无效必问责"的政府债务资金绩效管理机制。

（2）建立和健全地方债务风险预警机制。风险预警机制的建立使中央政府更好观察地方政府债务所面临的风险，并节约大量的精力和成本。财政部在《意见》中认为要建立债务风险预警机制，需要对偿债率、负债率、借债率和债务依存度等指标设置警戒区域，一旦债务规模接近警戒线，及时向政府发出预警。同时，要督促下级政府编制科学的举债计划和偿债方案，并将其纳入目标管理考核，将债务风险控制在合理范围内。同时督促高风险地区采取有效措施逐步化解风险；发挥地方政府财政重整计划作用，督促相关高风险地区恢复财政收支平衡状态。

（3）制定偿债方案，保证地方政府债务的有序偿还。对需要政府偿还的债务，应制订长期偿债计划和年度偿债计划，明确偿债顺序、资金来源和偿债时间。只有这样，让各地方政府做到心中有数，才能使各地方政府在财政上保证债务的可持续性。财政部在《意见》中指出，要通过划清偿债责任、建立风险预警、完善应急处置等措施，解决好"怎么还"的问题。

（4）剥离收益债务，优化和重组债务结构。有些债务形成的项目有一定的收益性，能够利用项目本身产生的收益来偿还债务，如收费公路、污水厂、保障性住房等项目，这样的债务可以将其从政府手中剥离，按照市场化运行。

（5）构建和强化对各个地方债务的信用评级机制，增加各地方政府债务的透明性，加

强市场和社会对地方政府债务的监督和约束。目前，中国对地方政府债务的信用评级尚不完善，不仅不利于地方政府债务的后续发行，也不利于对这些债务的监督和约束。因此，尽快建立对不同地方政府债务的信用评级，对中国地方政府债务的市场化以及发挥市场和社会对这些债务的监督和约束作用具有重要的意义。为了增强地方政府债务的透明性，财政部印发了《地方政府债务信息公开办法》，明确了预决算地方政府债务信息公开要求，规范了地方政府债券信息公开内容，并强化监督机制，稳步推进地方政府债务信息"阳光化"，更好地发挥社会公众对地方政府举债融资的监督作用，坚决打好防范化解重大风险的攻坚战。

# 本 章 小 结

从总体规模上来看，2018 年中国政府债务占 GDP 的比重为 50.8%，无论是债务负担率还是债务比率等各个指标的实际值基本都低于世界公认的安全警戒线，从总体上来说中国的政府债务风险处于可控的范围之内。

从中国地方政府的财政收支规模以及地方政府债务的规模和结构来看，中国地方政府债务存在着一定的问题，债务规模扩张过快，债务期限结构不合理，地方政府长期存在着财政收支不平衡等问题都使中国地方政府的债务风险不断上升。

结合中国的财政体制和财政规模对中央和地方政府债务风险进行分析，发现中国目前的财政体制存在的中央和地方在财权和事权上的倒挂，是导致中国地方政府债务规模不断扩大的根本原因。特别是中央和地方两级政府之间财权和事权之间的失调导致地方政府的财政支出增加的速度要远远大于财政收入增加的速度，如财政缺口在 1997 年后的快速扩大，但这可以通过财税体制改革和政府行政改革来改善。

通过分析中国财政的可持续性、产业结构、就业与收入分配等因素对中国政府债务风险的影响，认为中国财政具有明显的生产性财政的特征，财政的大量生产性投入推动了产业的不断优化和发展，并由此增加了政府的收入，政府的收入又反过来促进产业的优化和经济的发展，由此进入一个良性循环。

面对着世界经济增长乏力、国际贸易环境的不断恶化和西方发达国家主权债务风险不断扩大，特别是 2020 年全球新冠肺炎疫情大流行对经济的巨大冲击，中国经济发展面临着不确定性，政府债务规模还在不断扩大，因此我们更须在借鉴发展中国家和发达国家主权债务危机的经验和教训的基础上，及时采取措施，避免中国政府主权债务的违约和危机。

# 参 考 文 献

［1］阿代尔·特纳. 债务和魔鬼：货币、信贷和金融体系重建［M］. 北京：中国人民大学出版社，2015.

［2］阿维纳什·K. 迪克西特. 经济政策的制定：交易成本政治学的视角［M］. 刘元春，译. 北京：中国人民大学出版社，2004.

［3］埃格特森. 经济行为与制度［M］. 北京：商务印书馆，2009.

［4］艾伦和托马斯. 公共开支管理——供转型经济国家参考的资料［M］. 章彤，译. 北京：中国财政经济出版社，2009.

［5］安东·布朗代，弗洛朗丝·皮萨尼，埃米尔·加尼亚. 主权债务危机［M］. 江时学，李罡，吴大新等，译. 北京：中国社会科学出版社，2014.

［6］安东尼·吉登斯. 民族—国家与暴力［M］. 胡宗泽，译. 上海：生活·读书·新知三联书店，1998.

［7］安东尼·唐斯. 民主的经济理论［M］. 姚洋，邢予青，赖平耀，译. 上海：上海世纪出版社，2010：83.

［8］白钢，林广华. 论政治的合法性原理［J］. 天津社会科学，2002（4）：42－51.

［9］保建云. 论欧洲主权债务危机内生形成、治理缺陷及欧元币制演化［J］. 欧洲研究，2011（6）：34－49.

［10］鲍金红，倪嘉. 马克思的利润率趋向下降规律探析——基于金融危机的视角［J］. 当代经济研究，2012（6）：15－20.

［11］彼得·D. 希夫. 国家为什么会崩溃［M］. 刘寅龙，译. 北京：中信出版社，2013.

［12］布坎南，瓦格纳. 赤字中的民主——凯恩斯勋爵的政治遗产［M］. 刘廷安，罗光，译. 北京：北京经济学院出版社，1988.

［13］蔡宏标. 美国个人所得税税率结构演变对我国个税改革的启示［J］. 特区经济，2011（4）：95－97.

［14］柴宝勇. 必然还是或然：再论民主与政党的"纠结"［C］. 世界政党格局变迁与中国政党制度发展——中国统一战线理论研究会政党理论北京研究基地论文集（第六辑），2012：33－41.

［15］陈才兴. 二战后巴西和智利应对西方危机之路的比较［J］. 江汉大学学报（社会科学版），2011（2）：43－48.

［16］陈共. 财政收入占国民收入的比重及其客观依据［J］. 财贸经济，1984（11）：12－15.

[17] 陈抗，Arye L. Hillman，顾清扬. 财政集权与地方政府行为变化——从"援助之手"到"攫取之手" [J]. 经济学（季刊），2002（1）：111-130.

[18] 陈平. 新自由主义的兴起与衰落：拉丁美洲经济结构改革（1973-2003）[M]. 北京：世界知识出版社，2008.

[19] 陈同仇，薛荣久，主编. 国际贸易 [M]. 北京：对外经济贸易大学出版社，1997.

[20] 陈西果. 欧洲主权债务危机爆发的原因、影响及启示 [J]. 武汉金融，2010（5）：21-24.

[21] 陈晓冬. 希腊主权债务危机：根源、影响和启示 [J]. 特区经济，2010（8）：93-94.

[22] 陈晔，余晓明. 欧元区债务危机区域传染研究 [M]. 上海：上海交通大学出版社，2014.

[23] 陈艺云，郑少贤. 欧元区主权债务危机的原因、影响及启示 [J]. 国际经贸探索，2010（9）：16-21.

[24] 陈志武. 再谈西方的兴起——银行（证券和商业信用票据）：金融技术推动了西欧文艺复兴 [N]. 证券市场周刊，2006-09-04.

[25] 程芝芸. 拉丁美洲对外经济关系 [M]. 北京：世界知识出版社，1991.

[26] 大卫·科茨. 美国此次金融危机的根本原因是新自由主义的资本主义 [J]. 红旗文稿，2008（13）：32-34.

[27] 大卫·斯塔萨维奇. 公债与民主国家的诞生 [M]. 毕竟悦，译. 北京：北京大学出版社，2007：52.

[28] 丹尼尔·贝尔. 资本主义文化矛盾 [M]. 严蓓雯，译. 凤凰出版传媒集团，南京：江苏人民出版社，2007.

[29] 丹尼尔·科恩，色塞勒·瓦拉迪尔. 似是而非的主权债务危机，摘自主权债务与金融危机：这次将不同以往？ [C]. 卡洛斯·普莱莫·布拉佳，加琳娜·文思利特，编. 上海：复旦大学出版社，2014.

[30] 道格拉斯·多德. 不平等与全球经济危机 [M]. 逸昊，译. 北京：中国经济出版社，2011.

[31] 道格拉斯·多德. 资本主义及其经济学：一种批判的历史 [M]. 熊婴，译. 南京：江苏人民出版社，2013.

[32] 道格拉斯·诺斯，罗伯特·托马斯. 西方世界的兴起 [M]. 历以平，蔡磊，译. 北京：华夏出版社，2009.

[33] 邓小华，王宝宝，李颖. 欧洲主权债务危机的原因、模式及启示 [J]. 经济问题探索，2011（11）：177-181.

[34] 邓郁凡. 主权债务危机 [D]. 天津：南开大学，2013.

[35] 董磊. 战后经济发展之路：印度篇 [M]. 北京：经济科学出版社，2013.

[36] 范方志，胡梦帆，李顺毅. 从马克思的视角解析当代发达资本主义国家的产业结构 [J]. 马克思主义研究，2012（10）：73-80.

[37] 费尔南·布罗代尔. 15~18 世纪的物质文明、经济与资本主义 [M]. 施康强，

顾良，译．上海：生活·读书·新知三联书店，1993：435，450.

[38] 费尔南·布罗代尔．市场经济与资本主义 [J]．天涯，译．2000 (2)．

[39] 弗朗西斯·福山．美国政治制度的衰败 [J]．宋阳旻，译．国外理论动态，2014 (9)：6-15.

[40] 干春晖，郑若谷，余典范．中国产业结构变迁对经济增长和波动的影响 [J]．经济研究，2011 (5)：4-16.

[41] 龚斌恩．欧洲主权债务危机的作用机制及影响研究 [J]．中国外资，2011 (2)：39-41.

[42] 关雪凌．俄罗斯社会转型期的经济危机 [M]．北京：中国经济出版社，2002.

[43] 广发证券．日本QE：那些被忽略与被误读的（真相与预期）[N]．2013 (4)．

[44] 桂理昕．坚定三个自信自觉抵御新自由主义思潮的侵袭 [N]．广西日报，2014-8-28.

[45] 桂又华，贾健，彭岚，赵晓斌．欧洲主权债务危机：原因、影响及启示 [J]．区域金融研究，2010 (9)：45-49.

[46] 郭忠华．西方政党与民主：在共生和悖论的结构中 [J]．岭南学刊，2006 (2)：19-24.

[47] 郝名玮．外国资本与拉丁美洲国家的发展 [M]．上海：东方出版社，1998.

[48] 何帆．欧洲主权债务危机与美国债务风险的比较分析 [J]．欧洲研究，2010 (4)：17-25.

[49] 何平，陈丹丹，贾喜越．产业结构优化研究 [J]．统计研究，2014 (7)：31-37.

[50] 何自力．论西方资本主义经济停滞的常态化 [J]．政治经济学评论，2014 (4)：31-45.

[51] 胡绍元．政治制度比较分析 [M]．成都：四川大学出版社，2006.

[52] 黄小军．美国消费信贷的发展历史和现状 [J]．国际金融研究，1995 (5)：16-20.

[53] 黄宇光，白明本．也谈财政收入占国民收入比重问题 [J]．经济研究，1991 (7)：62-64.

[54] 霍伊．自由主义政治哲学：哈耶克的政治思想 [M]．刘锋，译．北京：三联书店，1992.

[55] 江时学．阿根廷危机反思 [M]．北京：社会科学文献出版社，2004.

[56] 姜洪．日本会爆发主权债务危机吗？[J]．国际经济评论，2012 (5)：140-147.

[57] 杰夫·摩根．蝗虫与蜜蜂——未来资本主义的掠夺者与创造者 [M]．北京：中国人民大学出版社，2014.

[58] 靳继东．预算政治学论纲：权力的功能、结构与控制 [M]．北京：中国社会科学出版社，2010.

[59] 瞿旭，王隆隆，苏斌．欧元区主权债务危机根源研究：综述与启示 [J]．经济学动态，2012 (2)：87-93.

[60] 卡门·M. 莱因哈特，肯尼斯·罗格夫. 这次不一样？800 年金融荒唐史 [M]. 綦相，刘晓峰，刘丽娜，译. 北京：机械工业出版社，2010.

[61] 孔祥富. 经济全球化与当代资本主义矛盾的发展趋势 [J]. 马克思主义研究，2001 (4)：46 – 57.

[62] 拉古拉迈·拉詹. 断层线：全球经济潜在的危机 [M]. 刘念，蒋宗强，孙倩等，译. 北京：中信出版社，2011.

[63] 李春辉. 拉丁美洲史稿（上册）[M]. 北京：商务印书馆，1983.

[64] 李慎明，张宇燕. 全球政治与安全报告（2015）[M]. 北京：社会科学文献出版社，2015.

[65] 李慎明. 全球化与第三世界 [J]. 中国社会科学，2000 (3)：5 – 15.

[66] 李翔，刘刚，王蒙. 第三产业份额提升是结构红利还是成本病 [J]. 统计研究，2016 (7)：46 – 54.

[67] 李旭东. 南欧主权债务危机研究 [D]. 财政部财政科学研究所，2013.

[68] 李玉蓉. 当代国际资本流动对后发国家经济增长的效应研究 [M]. 北京：经济科学出版社，2008.

[69] 利普塞特. 政治人 [M]. 刘钢敏，聂蓉，译. 北京：商务印书馆，1993.

[70] 列宁. 列宁全集（第 31 卷）[M]. 北京：人民出版社，1985.

[71] 刘佳. 二十年后的世界格局 [J]. 中国新时代，2013 (1)：12.

[72] 刘军. 国家起源新论：马克思国家起源理论及当代发展 [M]. 北京：中央编译局出版社，2008.

[73] 刘力，章彰. 经济全球化：福兮？祸兮？[M]. 北京：中国社会出版社，1999.

[74] 刘亮. 美国次贷危机对欧洲主权债务危机的传导效应研究 [J]. 南方金融，2011 (12)：60 – 63.

[75] 刘溶沧，夏杰长. 中国国债规模：现状、趋势及对策 [J]. 经济研究，1998 (4)：13 – 20.

[76] 刘尚希. 财政风险：一个分析框架 [J]. 经济研究，2003 (5)：23 – 31.

[77] 刘迎霜. 欧元区主权债务危机分析 [J]. 国际贸易问题，2011 (11)：3 – 84.

[78] 刘永祯. 资本主义财政学 [M]. 大连：东北财经大学出版社，1988.

[79] 刘元春，蔡彤娟. 论欧元区主权债务危机的根源与救助机制 [J]. 经济学动态，2010 (6)：4 – 8.

[80] 刘志广. 财政制度变革与现代国家的构建——关于国家治理模式的新政治经济学分析 [C]. 上海市社会科学界第五届学术年会文集（2007 年度）（青年学者文集）.

[81] 刘志广. 民生与财政：一个财政社会学研究框架 [J]. 上海行政学院学报，2013 (1)：92 – 99.

[82] 刘志强. 主权债务危机财政风险形成的制度分析 [J]. 当代经济研究，2011 (7)：65 – 71.

[83] 卢中原. 世界产业结构变动趋势和我国的战略抉择 [M]. 北京：人民出版社，2009.

[84] 鲁品越. 为什么说西式竞争民主是资产阶级民主 [J]. 高校理论战线，2013

（2）：69 - 74.

[85] 栾彦. 全球视角下的欧洲主权债务危机研究 [D]. 沈阳：辽宁大学，2012.

[86] 罗伯特·米歇尔斯. 寡头统治铁律 [M]. 任军锋等，译. 天津：天津人民出版社，2003.

[87] 罗传建. 欧洲主权债务危机及其对中欧贸易的影响研究 [J]. 国际贸易问题，2011（2）：3 - 9.

[88] 罗春婵. 金融危机传导理论研究 [D]. 沈阳：辽宁大学，2010.

[89] 罗尔夫·莫里恩，雅纳·约尔格·基普. 即将来临的国家破产 [M]. 陈敏汝，于景涛，译. 上海：东方出版社，2012.

[90] 罗杰·布托. 市场的麻烦 [M]. 孙颖，译. 北京：中国人民大学出版社，2011.

[91] 马景生，何自力. 西方国家主权债务危机的成因探析 [J]. 当代经济研究，2012（8）：73 - 79.

[92] 马克思恩格斯全集第46卷下册 [M]. 北京：人民出版社，1979.

[93] 马克思恩格斯选集第1卷 [M] 北京：人民出版社，1995.

[94] 马克思恩格斯选集第2卷 [M]. 北京：人民出版社，1995.

[95] 马克思·韦伯. 经济与社会 [M]. 林荣远，译. 北京：商务印书馆，1997.

[96] 马克思. 资本论第2卷 [M]. 北京：人民出版社，2004.

[97] 马艳，李真. 马克思平均利润率变动规律的动态模型 [J]. 海派经济学，2006（16）：42 - 55.

[98] 马宇，程道金. 主权债务危机影响因素的实证研究及启示——对新兴经济体与发达经济体的比较 [J]. 经济学家，2014（8）：73 - 82.

[99] 迈克尔·赫德森. 国际贸易与金融经济学：国际经济中有关分化与趋同问题的理论史 [M]. 丁为民，张同龙等，译. 北京：中央编译出版社，2014.

[100] 迈克尔·刘易斯. 自食恶果：欧洲即将沦为第三世界 [M]. 北京：中信出版社，2012：25.

[101] 梅利亚姆. 美国政治思想：1865 - 1717 [M]. 朱曾汶，译. 北京：商务印书馆，1984.

[102] 孟捷. 新自由主义积累体制的矛盾与2008年经济——金融危机 [J]. 学术月刊，2012（9）：65 - 77.

[103] 缪勒. 公共选择理论（第三版）[M]. 韩旭，杨春学等，译. 北京：中国社会科学出版社，2010.

[104] 牛定柱. 东西方财政职能演进的启示与思考 [J]. 云南财贸学院学报，2006（4）：32 - 36.

[105] 逢锦聚，洪银兴，林岗等，编. 政治经济学（第二版）[M]. 北京：高等教育经济学，2003.

[106] 裴小革. 《资本论》是研究和应对国际金融危机的强大理论武器 [J]. 学习与探索，2010（3）.

[107] 皮凯蒂. 21世纪的资本论 [M]. 巴曙松，陈剑，余江等，译. 北京：中信出版社，2014.

[108] 让·布隆代尔，毛里齐奥·科塔. 政党政府的性质 [M]. 曾淼，林德山，译. 北京：北京大学出版社，2006.

[109] 沈安. 阿根廷债务危机的形成与启示——阿根廷金融危机探源之二 [J]. 拉丁美洲研究，2003（3）：15 – 18.

[110] 沈君克，李全海，张新东. 欧洲主权债务危机研究 [M]. 济南：山东人民出版社，2013.

[111] S. 埃克斯坦. 评国家的财政危机 [J]. 崔树义，译. 国外社会科学，1989（11）：76 – 79.

[112] 苏珊·斯特兰奇. 国家与市场 [M]. 杨宇光等，译. 上海：上海世纪出版社，2006.

[113] 孙寿涛. 20 世纪 70 年代以来发达国家经济全球化的表现及其对雇佣劳动者的影响 [J]. 马克思主义研究，2014（8）：84 – 92.

[114] 田向阳，雍旭. 欧洲主权债务危机的演变及影响 [J]. 证券市场导报，2010（6）：14 – 18.

[115] 托尼·克莱森兹. 凯恩斯主义的终点——摆脱债务危机，拯救全球经济 [M]. 韩媛媛，刘维奇，译. 北京：人民邮电出版社，2012.

[116] 汪行福. 当代资本主义批判——国外马克思主义的新思考 [J]. 国外理论动态，2014（1）：36 – 44.

[117] 王德文，张凯悌. 中国老年人口的生活状况与贫困发生率估计 [J]. 中国人口科学，2005（1）：58 – 66.

[118] 王德祥. 现代外国财政制度 [M]. 武汉：武汉大学出版社，2005.

[119] 王金存. 帝国主义历史的终结——当代帝国主义的形成和发展趋势 [M]. 北京：社会科学文献出版社，2008.

[120] 王英津. 国家与社会：马克思主义经典作家之阐释 [J]. 江苏行政学院学报，2004（2）：75 – 80.

[121] 王书瑶. 我国最优宏观税率的数理统计 [J]. 数量经济技术经济研究，1989（1）.

[122] 王志伟. 欧元区的经济困境：主权债务危机及其出路 [J]. 山东大学学报（哲学社会科学版），2012（1）：1 – 7.

[123] 维托·坦齐，卢德格尔·舒克内希特. 20 世纪的公共支出 [M]. 胡家勇，译. 北京：商务印书馆，2005.

[124] 温军伟. 欧元区主权债务危机与欧元的前景 [J]. 金融理论与实践，2012（1）：44 – 50.

[125] 沃尔夫冈·施特雷克. 购买时间：资本主义民主国家如何拖延危机，常咺，译. 北京：社会科学文献出版社，2015.

[126] 席克正. 试论资本主义财政的实质和作用 [J]. 财政研究，1981（1）：43 – 48.

[127] 谢成德. 借贷资本国际化的新发展 [J]. 世界经济，1992（6）：71 – 74.

[128] 谢地，邵波. 欧美主权债务危机的经济政策根源及我国的对策 [J]. 山东大学

学报（哲学社会科学版），2012（1）：8 – 13.

[129] 谢富胜，李安，朱安东．马克思主义危机理论与 1975～2008 年美国经济的利润率 [J]．中国社会科学，2010（5）：1 – 21.

[130] 谢世清．从欧债危机看"中国式主权债务危机" [J]．亚太经济，2011（5）：21 – 25.

[131] 谢世清．历次主权债务危机的成因与启示 [J]．上海金融，2011（4）：62 – 65.

[132] 熊彼特．资本主义、社会主义与民主 [M]．吴良健，译．北京：商务印书馆，1999.

[133] 徐梅．论主权债务危机形成的门槛条件、类型与治理机制构建——文献、模型及实证检验 [J]．云南财经大学学报，2012（1）：3 – 14.

[134] 徐明棋．欧元区国家主权债务危机、欧元及欧盟经济 [J]．世界经济研究，2010（9）：18 – 87.

[135] 许毅，陈宝森．财政学 [M]．北京：中国财经出版社，1984.

[136] 阎坤，王进杰．公共支出理论前沿 [M]．北京：中国人民大学出版社，2004.

[137] 杨晓龙．基于技术效率视角的欧元区国家主权债务危机原因分析 [J]．国际金融研究，2012（12）：47 – 57.

[138] 姚建宗．法律的政治逻辑阐释 [J]．政治学研究，2010（2）：32 – 40.

[139] 姚绍学．最优财政收入规模问题研究评析 [J]．经济研究参考，2003（64）：9 – 15.

[140] 应霄燕．主权债务危机是金融资本主义的主要危机形态 [J]．马克思主义研究，2011（7）：94 – 99.

[141] 俞可平．马克思论民主的一般概念、普遍价值和共同形式 [J]．马克思主义与现实，2007（3）：4 – 13.

[142] 约翰·肯尼思·加尔布雷斯．富裕社会 [M]．赵勇，周定瑛，舒小昀，译．南京：凤凰出版集团，江苏人民出版社，2009.

[143] 约翰·肯尼思·加尔布雷斯．美国资本主义：抗衡的力量 [M]．王肖竹，译．北京：华夏出版社，2008.

[144] 约翰·兰彻斯特．大债：全球债务危机，我们都是倒霉蛋 [M]．林茂昌，译．南京：江苏人民出版社，2012.

[145] 约瑟夫·E. 斯蒂格利茨．不平等的代价 [M]．张子源，译．北京：机械工业出版社，2014.

[146] 詹姆斯·A. 卡波拉索，戴维·P. 莱文．政治经济学理论 [M]．刘骥，高飞，张玲等，译．南京：凤凰出版传媒集团，江苏人民出版社，2009.

[147] 詹向阳，邹新，程实．希腊杠杆撬动全球经济——希腊主权债务危机的演变、影响和未来发展 [J]．国际金融研究，2010（7）：79 – 88.

[148] 占霞，汤钟尧．我国地方政府债务的可持续性风险分析及评估，上海金融，2018（8）：81 – 91.

[149] 张俊勇．日本邮政服务私有化透析 [J]．现代日本经济，2007（7）：43 – 46.

[150] 张朗朗. 马克思主义视角下的欧洲主权债务危机 [D]. 成都：西南财经大学, 2013.

[151] 张雷宝. 公债经济学——理论、政策、实践 [M]. 北京：浙江大学出版社, 2007.

[152] 张丽. 后金融危机时代国际安全结构新变化与国家安全战略 [J]. 国际安全研究, 2014 (2)：130 – 160.

[153] 张锐. 希腊主权债务危机的成因与影响 [J]. 中国货币市场, 2010 (3)：36 – 40.

[154] 张森根, 高铦. 拉丁美洲经济 [M]. 北京：人民出版社, 1986.

[155] 张彤玉, 崔学东, 刘凤义. 当代资本主义经济的新特征 [M]. 经济科学出版社, 2013.

[156] 张新光. 社会如何制约权力——多元主义民主解析及其困境 [J]. 学术论坛, 2003 (5)：35 – 38.

[157] 张幼文. 金融危机后的世界经济：重大主题与发展趋势 [M]. 北京：人民出版社, 2011.

[158] 张宇燕, 富景筠. 美国历史上的腐败与反腐败 [J]. 国际经济评论, 2005 (5 – 6)：5 – 11.

[159] 张宇燕. 利益集团与制度非中性 [J]. 改革, 1994 (2)：97 – 106.

[160] 张志前, 喇邵华. 欧债危机 [M]. 北京：社会科学文献出版社, 2012：16.

[161] 张子荣. 我国地方政府债务风险研究——从资产负债表角度 [J]. 财经理论与实践, 2015 (1)：95 – 99.

[162] 赵瑾. 国家主权债务危机：理论、影响与中国战略 [M]. 北京：中国社会科学出版社, 2014.

[163] 赵雪梅. 拉丁美洲经济概论 [M]. 北京：对外经济贸易大学出版社, 2010.

[164] 赵宗博. 欧元区国家主权债务危机的根源与本质 [J]. 求实, 2011 (3)：67 – 70.

[165] 郑宝银, 林发勤. 欧洲主权债务危机及其对我国出口贸易的影响 [J]. 国际贸易问题, 2010 (7)：9 – 16.

[166] 郑小娟. 欧洲国家的债务危机传导研究 [D]. 武汉：武汉大学, 2014.

[167] 中共财政部党组. 建立支撑国家治理体系和治理能力现代化的财政制度 [J]. 求是, 2018 (24).

[168] 中国社会科学院"国际金融危机与经济学理论反思"课题组. 国际金融危机与马克思主义 [J]. 经济研究, 2009 (11)：11 – 20.

[169] 钟伟, 郑英, 张明. 国家破产：主权债务重组机制研究 [M]. 上海：上海财经大学出版社, 2013.

[170] 周茂荣, 杨继梅. "欧猪五国"主权债务危机及欧元发展前景 [J]. 世界经济研究, 2010 (11)：20 – 25.

[171] 周永坤. 权力结构模式与宪政 [J]. 中国法学, 2005 (6)：3 – 15.

[172] 周舟, 董坤, 汪寿阳. 基于欧洲主权债务危机背景下的金融传染分析 [J]. 管

理评论，2012（2）：3-11.

[173] 朱寰. 世界中古史 [M]. 长春：吉林文史出版社，1986.

[174] 朱青梅，崔京波，主编. 政治经济学 [M]. 济南：山东人民出版社，2009.

[175] Aart Kaary & Vikram Nebru. When is External Debt Sustainbale? [J]. The World Bank Economic Review, August 28th, 2006：1-25.

[176] Abbas, S. M. A., Akitoby, B., Andritzky, J. R., Berger, H., Komatsuzaki, T. & Tyson, J. Dealing with High Debt in an Era of Low Growth [J]. Staff Discussion Notes No. 7, 2013.

[177] Abbas, S. M. A, Belhocine, N., ElGanainy, A. & Horton, M. A Historical Public Debt Database [J]. Working Paper No. 245, 2010.

[178] Afonso, A., Nickeland, C. & Rother, P. Fiscal Consolidations in the Central and Eastern European Countries [J]. Review of World Economics, 2005, 142 (2)：402-421.

[179] Aizenman, J. & Marion, N. Using Inflation to Erode the U. S. Public Debt [J]. NBER Working Paper No. 15562, 2009.

[180] Aizenman, J., Kletzer, K. & Pinto, B. Economic Growth with Constraints on Tax Revenues and Public Debt：Implications for Fiscal Policy and Cross - Country Differences [J]. NBER Working Paper No. 12750, 2007.

[181] Alesina, A. & Drazen, A. Why are Stabilizations Delayed? [J]. American Economic Review, 1991, 81 (5)：1170-1188.

[182] Alesina, A. & Perotti, R. Fiscal Adjustments in OECD Countries：Composition and Macroeconomic Effects [J]. NBER Working Paper No. 5730, 1996.

[183] Alesina, A. & Perotti, R. Fiscal Expansions and Fiscal Adjustments in OECD Countries [R]. NBER Working Paper No. 5214, 1995.

[184] Alesina, A., Ardagna, S., Perotti, R. & Schiantarelli, F. Fiscal Policy, Profits, and Investment [J]. American Economic Review, 2002, 92 (3)：571-589.

[185] Andrew K·Rose. One Reason Countries Pay Their Debts：Renegotiation and International Trade [J]. Journal of Development Economics 77 (2005)：189-206.

[186] Arai, R., Kunieda, T. & Nishida, K. Is Public Debt Growth - Enhancing or Growth - Reducing? Working Paper No. 2012037, 2013.

[187] Arellano, M. & Stephen, B. Some Tests of Specification for Panel Data：Monte Carlo Evidence and an Application to Employment Equations [J]. Review of Economic Studies, 1991, 58 (2)：277-297.

[188] Auerbach, A. J. Long - term Fiscal Sustainability in Major Economies [J]. BIS Working Papers No 361, 2011.

[189] Baldacci, E. & Kumar, M. S. Fiscal Deficits, Public Debt, and Sovereign Bond.

[190] Baldacci, E., Gupta, S. & Mulas - Granados, C. Restoring Debt Sustainability After Crises：Implications for the Fiscal Mix [J]. IMF Working Paper No. 232, 2010.

[191] Bank for International Settlements. 81st Annual Report [R]. Basel, 2011：51.

[192] Bank for International Settlements. Basel Ⅲ：International Framework for Liquidity

risk Measurement, Standards and Monitoring [R]. Basel Committee on Banking Supervision, 2010: 8 - 9.

[193] Barro, R. J. On the Determination of the Public Debt [J]. Journal of Political Economy. 1979, 87 (5): 940 - 971.

[194] Batini, N., Callegari, G. & Melina, G. Successful Austerity in the United States, Europe and Japan [J]. IMF Working Paper No 190, 2012.

[195] Bekaert, G., Harvey, C. & Lundblad, C. Emerging Equity Markets and Economic Development [J]. Journal of Development Economics, 2001, 66 (2): 465 - 504.

[196] Benjamin Brodsky & Sami Mesrour. Developing Divergence: BLACKROCK SOVEREIGN RISK INDEX UPDATE, JANUARY 2015 [J]. http: //www. blackrock. com/corporate/ en-us/literature/whitepaper/bii-bsri-q4 - 2014 - international-version. pdf.

[197] Bernheim, B. D. A Neoclassical Perspective on Budget Deficits [J]. Journal of Economic Perspectives, 1989, 3 (2): 55 - 72.

[198] Blanchard, O., Ariccia, G. & Mauro, P. Rethinking Macroeconomic Policy [J]. IMF Staff Position Note, 2010.

[199] Blinder, A. Is Government too Political? [J]. Foreign Affairs, 1997, 76 (6): 115 - 126.

[200] Blommestein, H. J. & Turner, P. Interactions Between Sovereign Debt Managem and Monetary Policy Under Fiscal Dominance and Financial Instability [J]. OECD Working Papers on Sovereign Borrowing and Public Debt Management No. 3, 2012.

[201] Blundell, R. & Bond, S. Initial Conditions and Moment Restrictions in Dynamic Panel Data Models [J]. Journal of Econometrics, 1998, 87 (1): 115 - 143.

[202] Borensztein, E. & Panizz, U. The Costs of Sovereign Default [J]. IMF Working Paper No. 238, 2008.

[203] Bos, F & Teulings, C. The World's Oldest Fiscal Watchdog: CPB's Analyses Foster Consensus on Economic policy [J]. CPB Netherlands Bureau for Economic Policy Analysis Discussion Paper No. 207, 2012.

[204] Brancaccio, E. Current Account Imbalances, the Eurozone Crisis, and a Proposal for a European Wage Standard [J]. International Journal of Political Economy, 2012, 41 (1): 47 - 65.

[205] Davide Furceria, Aleksandra Zdzienicka. How Costly Are Debt Crises? [J]. Journal of International Moneyand Finance, 2012 (31): 726 - 742.

[206] Deininger, K. and Squire, L. Measuring Income Inequality: a New Data Set, 1996.

[207] Douglass · C. North Barry · R. Weingast. Constitutions and Commitment The Evolution of Institutional Governing Public Choice in Seventeenth Century England [J]. The Journal of Economic History. VOLUME XLIX: 804 - 832.

[208] E. Barker. Some Ideas on the Government [M]. Oxford: Oxford University Press, 1942.

[209] Eduardo Boreinsztein & Ugo Panizza. The Costs of Sovereign Default [J]. IMF Staff Papers. 56 (4): 683 – 741.

[210] Juan Luis Londoño & Miguel Székely. Persistent Poverty and Excess Inequality: Latin America [J]. 1970 ~ 1995. IDB Working Paper 357, 1997.

[211] Krugman, Paul R. The Age of Diminished Expectations [M]. Cambridge, MA: MIT Press, 1990.

[212] Kucnets, Simon. Economic Growth and Income Inequality [J]. American Economic Review, 1955 (45).

[213] Laeven. L, & F. Valencia. Systemic Banking Crises: A New Database [J]. IMF Working Paper 08/224, International Monetary Fund, Washington, DC, 2008.

[214] North, Douglass & Barry Weigast. Constitutions and Commitment: The Evolution of Institutions Governing Public Choice in Seventeenth Century England [J]. Journal of Economic History, 1989, Vol. 49: 802 – 832.

[215] Paolo Mauro, Rafael Romeu, Ariel Binder & Asad Zaman. A Modern History of Fiscal Prudence and Profligacy. WorldBank working paper [J]. January 2013, WP/13/5.

[216] Robert Michels & Political Parties: A Socio logical Study of the Oligarchic Tendency of Modern Democracy [M]. New York: Free Press, 1958.

[217] Rodrigo Valdés. Emerging Market Contagion: Evidence and Theory [M]. Unpublished manuscript, MIT, 1996.

# 致　　谢

本书是在我的博士论文基础上修改而成的，值此付梓之际，首先感谢我一生的导师——何自力教授。感谢恩师的谆谆教诲。何老师博闻广记，治学严谨，其深厚的学术造诣和敏锐的学术视角，及其经济问题针砭时弊，对真理的坚持和孜孜不倦的求索更是为吾辈树立了一个典范。本书的写作是我的一个学术转型，由原来的偏向于微观研究转向宏观研究，这种转型对于导师的考验更甚于我自己。为确定研究的提纲，找到一个较好的切入点，并对主题进行更好论述，提纲几易其稿，我们费尽心力。何老师更是不厌其烦地纠正行文中的诸多逻辑和文字问题，提出诸多关键的修改和完善意见，本书写作的每一步都凝聚了老师无数的汗水和心血，都体现了老师精深的思想。

感谢贾根良老师、张世晴老师、张俊山老师、刘凤义老师等对本书写作中给予的诸多指导和建议。他们渊博的知识、深刻的见解和中肯的建议，为我的写作提供了巨大的帮助。

感谢同门的兄弟姐妹们，你们真诚的友谊和提供的诸多帮助，使我感受到了师门之间的友爱和温暖。感谢诸多同学和益友：海啸、文强、贤才、志勇、磊哥等，感谢你们一直以来的陪伴和分享，让我深深怀念在南开的日子。

感谢我的父母，是你们的包容和理解，让我在求学的道路上能够走到今天，你们给予我的太多，是我一辈子都难以报答的。特别要郑重感谢我一生的爱人，人生有幸能得此贤妻。感谢你多年来的陪伴和扶持，为我的生活增添了许多精彩，你无私的付出和关爱一直是我前进的动力。还要感谢你在繁忙工作之余对我论文写作提供的帮助，在你的帮助下，我的论文写作才能顺畅地如期完成，本书如果没有你的润色和修正，将失色不少。同时，也感谢诸多关心我成长的长辈们，祝大家幸福安康。

还要感谢在桂林理工大学的同事们，你们一如既往地给予了我极大的鼓励、支持和帮助。

最后，要感谢经济科学出版社的编辑李晓杰老师，感谢她对稿件认真负责的态度，以及在文字校正过程中的付出，特别是对行文中诸多不好的表述习惯的纠正，使我受益颇多。

邓作勇

2020 年 7 月于桂林